정치적인 이유로 대학을 세재한 교육부 조치와
그것을 감싼 법원의 판결 사례

교육부와 무너진 법치

정치적인 이유로 대학을 제재한 교육부 조치와
그것을 감싼 법원의 판결 사례

교육부와 무너진 법치

김필구 지음

머리말

　삼인성호(三人成虎)라는 말이 있다. 저잣거리에 호랑이가 나타날 리 없지만, 호랑이를 본 사람이 세 명이 나타나면 사람들이 믿기 시작한다는 뜻이다. 이와 관련하여 실험한 영상도 꽤 흥미롭다. 길거리에서 세 명이 빈 하늘을 열심히 쳐다보도록 했다. 그러자 지나가는 대부분의 사람이 같은 하늘을 쳐다보는 것이다. 그리고 아무것도 못 보자 자기 눈을 의심하는 것이다. 사람 속에 살면서 다른 사람에 의존할 수밖에 없는 인간의 한 단면이다. 촛불시위를 되돌아보면 이와 같은 우리 모습을 발견할 수 있다. 당시에 횡행했던 수많은 유언비어와 일방적인 주장들은 지금 와서는 거의 기억에조차 남아 있지 않다. 그렇지만 촛불시위의 결과로 정권이 바뀌었다. 아마 알게 모르게 우리 사회의 많은 부분이 영향을 받았을 것이다. 저자가 쓰는 내용은 촛불시위가 암시하는 정치권력을 추종하는 인간들의 억지와 촛불시위가 준 권력을 남용하는 인간들의 이야기이다. 그들에게는 진짜 호랑이의 존재는 전혀 중요하지 않았을 것이다. 필요하면 누군가에게 호랑이 가죽을 덮어씌우고 진짜 호랑이라고 소리쳤을 것이다.

이은재 국회의원은 당시 새누리당을 탈당함으로써 정치적으로 촛불시위를 지지했다. 무슨 이유에서인지 모르지만, 생면부지인 저자를 국회 교육문화체육관광위원회에서 마구 매도했다. 도대체 해명의 기회를 주지 않았다. 교육부 장관은 이화여대 사태 등으로 이것저것 바빴을 것이다. 어차피 국정은 정상궤도를 벗어나 있었다. 이럴 때는 부화뇌동하는 인간들이 꼭 나타나는 법이다. 교육부 내에도 촛불시위의 지지자들은 많은 것 같았다. 국회의원의 국회 상임위원회에서의 시비를 빌미로 경기과학기술대학교의 총장인 저자를 쫓아낼 생각을 했다. 자기들이 얼마나 힘이 센지 한번 보여주고 싶었던 것이다. 경기과학기술대학교에 마침 시비의 빌미가 있었다. 저자가 2014년 2월 총장으로 취임하기 몇 개월 전에 내부고발과 내부고발에 대한 명예훼손 고소 등의 사건이 일어났었다. 저자가 취임했을 때는 수사기관의 수사가 시작되어 있었다. 저자는 수사결과를 지켜보았고 수사결과에 맞춰 학교에서 할 수 있는 조치도 했었다.

저자 취임 후 2017년 초에 이르기까지 경기과학기술대학교는 내부적으로 꽤 변화가 있었다. 당시 교육부의 대표적인 전문대학 육성 시책인 특성화전문대학으로 지정되었다. 연차 평가에서 해당 분야 최우수대학으로도 선정되어 매년 40억 원 이상 지원을 받았다. 학생들에 대한 특강을 확대하고 실습 장비를 확충하는 한편, 산학협력을 강화했다. 경기과학기술대학교 장학재단도 설립했다. 명문전문대학 달성이라는 목표를 세우고 꾸준히 노력했다. 그러한 노력을 인정받아 저자는 동아일보사가 주최하고 산업통상자원부와 미래창조과학부가 후원한 2016년 혁신기업인 대상 시상식에서 경영 부문 상을 받기도 했다.

교육부는 2017년 초 촛불시위의 격화와 더불어 저자가 2014년 취임 초에 부당학점 부여 등의 내부고발 건에 대해 추가조사를 하지 않았다는 멍에를 씌웠다. 저자가 추가조사를 해서 내부고발이 된 교수를 징계에 회부하였어야 했다는 것이다. 내부고발자가 옳고 내부고발 대상자가 잘못했는데 반대로 대응했다는 프레임을 만들었다. 그리고는 사립학교법에 따른 징계 관련 대응, 대법원판례를 고려한 형사 기소된 교수에 대한 조치, 내부고발자를 배려한 재임용과 실적 기준 인사, 고등교육법령에 따른 교원확보율 보고를 전부 잘못한 것으로 몰아갔다. 특히 교원확보율은 대학에서 중요한 지표이고 보편적인 사항인데 터무니없는 주장을 하며 학교를 제재하였다. 명백한 관련법과 대법원판례나 사실관계 증빙자료들을 그냥 무시했다. 거기에 더해 경기과학기술대학교 장학재단 설립과 운용까지 문제 삼았다. 장학재단 설립을 위해 동문을 초청한 행사에 학교 행사비를 사용하고 장학재단 사무실로 학교 사무실을 제공한 것 등이 교비 회계의 손실을 초래한 것이라고 했다. 장학재단에 1억 원을 기부한 총동문회장이 학교 공간을 임대하여 학생들에게 무료교육을 하는 것에 대해 임대료를 감면한 것도 교비 회계 전출이라고 했다. 너무 억지 주장들이어서 말문이 막히게 하는 내용이다. 그렇지만 촛불에 휩싸여 상식이 말을 하기 힘들 때였다. 교육계가 교육부의 지록위마(指鹿爲馬)에 대항하기는 평시에도 쉽지 않다. 교육부는 정말 힘이 센 기관이다.

필연적으로 저자는 행정소송을 제기했다. 법원이 이런 정도의 교육부 잘못은 쉽게 바로잡으리라 기대했다. 그러나 저자가 기대했던 법원은 저자의 착각에 불과했다. 정치적으로 촛불시위 지지자이냐 그렇지 않으냐가 중요한 것이었다. 법원에는 법원의 방법이 있었다. 판사가 마음대로 사실관계를 추론하는 것이다. 재판 당사자가 모든 사실관계를 영화처럼 판사에게 보여줄 수는 없다. 어쩌면 판사는 일부러 사실 부분을 묻지 않았는지도 모른다. 논의되지 않은 사실관계는 판사가 마음대로 추론할 수 있다. 예를 들면 내부고발 동기 같은 것이다. 원고인 저자도 피고도 내부고발 동기를 언급하지 않았다. 그러자 판사는 판결문에서 내부고발을 의심할 이유가 없다고 했다. 저자에게는 내부고발 동기는 재판과 무관한 것이었다. 판사가 법만 보고 시행령을 보지 않을 수도 있다. 학교에 흠이 있음을 이유로 실정법을 무시할 수도 있다. 거짓말한 사람의 물건은 훔쳐도 절도죄가 성립되지 않는다는 것과 같다. 관련법이 없으니 잘못이라고도 하였다. 체력증진법 없이 등산하면 안 된다고 하는 것과 마찬가지다. 그야말로 엉터리요 위법한 판결이다. 그렇게 1심 판결을 했다.

2심 재판부는 재판 시작 전에 바뀌었다. 3심은 재판부는 배당되었지만 주심 판사 결정이 신속하지 않았다. 무슨 기준과 원칙에 따라 이루어지는지 알 수 없었다. 2심, 3심은 재판부가 눈을 감았다. 다른 어떤 말도 하지 않고 1심이 옳다고만 하는 것이다. 하급심이 잘못한 내용을 법령 조문과 상세한 사실관계를 들어 지적해도 못 본 체하는 것이다. 자신들은 1심처럼 틀리거나 위법한 내용을 직접 언급하지는 않는다. 그렇게 이유 한 줄 없는 판결문은 누구도 주목하지 않을 것이다. 아무도 모르게 그렇게 묻어버릴 수가 있었다.

교육부와 사법부는 우리 일상에 매우 중요한 기능이다. 그런 기능이 우리가 믿는 대로 정상적으로 작동하지 않으면 큰 문제이다. 실수로 하는 오작동은 있을 수 있다. 그런데 실수가 아닌데도 당연히 해야 할 일을 하지 않고 잘못 작동하면 우리 사회가 고장 난 것이다. 더 나아가 고의로 잘못 작동하면 심각한 고장이다. 교육부와 사법부의 고장은 TV에 비유하면 볼륨 조절이 잘 안 되는 단순한 고장이 아니다. 채널 바꾸기도 안 되면서 유해 방송만 마구 내보내는 심각한 고장일 수 있다. 이렇게 고장 난 부분이 여기뿐인가? 이런 고장은 전반적인 구조의 결함 때문이거나 만연한 고장의 일부분일 수도 있다. 어쨌든 이런 고장은 방치되어서는 안 된다.

촛불 정권이 들어서고 법원에 대한 정치적 편파성 논란이 부쩍 많아졌다. 교육부에 대한 비판은 뿌리 깊은 것이지만 법원의 정치성 논란은 민주화 이후 새롭다. 그래도 법원은 아랑곳하지 않는다. 아랑곳하지 않는 이유 중의 하나가 국민이 사안의 전체를 알기는 어려울 것이라는 계산이 깔려있다고 생각한다. 즉 정치적 편향성 문제가 제기되어도 그 정도를 '의심되는 수준'으로 축소하거나 오히려 정치적 편향성 주장이 '정치적 주장'이라고 치부하는 것이다. 요즈음은 정보의 과다를 넘어 홍수 시대이다. 유무선 통신 기술의 발달로 온갖 정보가 넘쳐난다. 거기에 정치나 이해관계가 결합하여 정보인지 주장인지도 모호해지고 있다. 어디까지가 사실이고 어느 것이 주장인지 구분하기도 쉬운 일만은 아니다. 교육부와 법원에 관한 저자의 기술 내용이 과연 사실인가? 솔직히 믿고 싶지 않고 잘 믿기지 않는 내용이다. 그래서 관련 서류를 첨부하였다. 문제가 있으면 직시하고 대응해야 한다. 있는 문제를 못 본 체하면 점점 더 악화할 뿐이다. 세상 만물에는 밝은 면과 어두운 면이 있다. 촛불시위가 가진 순기능은 우리 사회의 진면목을 우리 스스로가 알게 해준 것이라고 생각한다.

　이 책은 촛불시위에서 시작하여 촛불 정권에서 매듭지어진 교육부의 불법적인 조치와 그것을 감싸고 덮은 행정소송 전반의 기록이다. 다소 지루하고 반복적인 내용일 수 있다. 그러나 사실관계를 정확히 전달하는 것이 중요하다고 생각한 결과라는 점을 양해해 주시기 바란다. 이 책에서 제기하는 일을 겪고 난 후 할 수 있는 일은 기록을 남기는 것이라고 생각했다. 무엇이 어떻게 잘못되었는지 정확한 사실관계가 있어야 추후라도 맞는 처방이 나올 수 있는 것 아닌가? 기록을 남겨 놓는 것이 이 책을 쓴 중요한 이유 중의 하나이다.

2020년 1월 김필구

목차

Ⅳ 사학에 대해 무지막지한 힘을 가진 교육부의 압력 / 97

Ⅴ 어쩔 수 없는 선택인 행정소송의 제1심

맺음말 / 213

사건의 시작과 생뚱맞은
국회의원의 억지

경기과학기술대학교에 '이xx 교수'라는 사람이 있었다. 2016년에 들어서 이 사람이 교육부를 비롯하여 청와대, 총리실 등에 민원을 지속해서 제기하였다. 경기과학기술대학교(이하 '학교'라 한다)가 비위 행위자인 김ㅁㅁ 교수를 감싸고 자신을 박해한다는 내용이다. 이xx 교수는 비정년계열 교수로서 2년마다 재임용 여부 심사를 받아야 한다. 대학 내에 다수인 정년계열 교수는 조교수로 시작하여 부교수를 거쳐 교수가 되면 더 이상 재임용 여부 심사가 없다. 정년까지 교수직이 보장된다. 비정년계열 교수는 그런 정년보장 없이 재임용 심사가 정년까지 계속된다. 정년계열 교수의 재임용 심사 통과는 상대적으로 수월하다. 재임용 기간도 길다. 보수체계 등 모든 것이 다르다. 학생을 가르치고 연구를 하는 기본 임무는 다 같은 교수이지만 비정년계열 교수는 학교 행정업무에서 소외되는 경우가 많다.

이xx 교수의 민원에 따라 2016년 11월에 교육부에서 학교에 실태조사를 나왔다. 학교는 사실관계를 해명하였다. 이xx 교수가 민원을 제기하는 이유는 2016년 말에 재임용 여부 심사대상에 해당하는 자신을 재임용해달라는 것이다. 그렇지만 교수의 신규채용이나 재임용은 사립학교법의 규제대상이다. 정해진 절차에 따라야 한다. 정부 기관에 민원을 제기하여 학교를 성가시게 한다고 해서 고무줄 잣대를 적용하여 재임용할 수 있게 되어있지 않다. 그러므로 재임용을 목표로 불문곡직하고 민원을 제기하는 교수를 말릴 방법도 없다. 이xx 교수는 교육부로 가서 전문대학정책과장도 만났다. 대면하여 자신의 민원을 제기하기도 한 것이다.

이xx 교수는 당시 국회의 교육문화체육관광위원회 소속이던 이은재 의원과 연결이 되었다. 이xx 교수와 이은재 의원과의 구체적인 관계는 모른다. 이xx 교수가 교육부 전문대학정책과장을 만난 것이 이은재 의원실의 소개를 통해서였는지도 모른다. 하여간 교육부는 학교에 대해 2017년 2월 6일부터 2월 8일에 걸쳐 다시 실태조사를 하였다. 실태조사 마지막 날인 2017년 2월 8일에는 국회에서 제349회 교육문화체육관광위원회가 개최되었었다. 이은재 의원은 거기에서 교육경험도 없는 낙하산 총장이 법원의 유죄판결을 받은 김ㅁㅁ 교수를 감싸고 있으므로 학교에 대한 종합감사와 행·재정적인 조치를 하라고 요구하였다. 당시 이은재 의원은 새누리당에서 탈당하였고 바른정당 소속이 되었다. 새롭게 국회 원내교섭단체로 구성된 바른정당의 교육문화체육관광위원회 간사위원이었다.

당시 학교 총장으로서 저자는 뜬금없이 이은재 의원이 국회상임위원회에서 학교와 저자에 대해 앞뒤를 불문하고 터무니없이 공격하여 매우 당황스러웠다. 그래서 이은재 의원을 만나 전후 사정과 사실관계를 직접 해명하기 위해 많은 노력을 하였다. 학교 보직교수들과 함께 이은재 의원의 국회 의원회관 내의 사무실을 몇 번 찾아갔다. 물론 지역구 사무실까지 찾아가서 만날 것을 요청했으나 이은재 의원을 만날 수 없었다. 또한, 저자와 친분이 있는 정치인들에게도 이은재의원과의 만남을 주선해 달라고 부탁하였다. 그런데 정말 이상했다. 이은재 의원은 한사코 만남을 거절했다. 자신이 국회 상임위에서 특정 학교와 특정 인물을 직접 거론하며 비난했다. 5천 명이 넘는 재학생이 있는 학교에 대해 행·재정적인 조치까지 요구하였으면 당사자를 만나 확인을 할 의무도 있을 텐데 말이다.

국회의원으로서 소속 상임위에서 특정 인물을 비난하려면 사실관계 확인이 먼저이어야 할 것이다. 의원으로서 국회에서 발언하기 전에 학교의 해명을 들어보는 것이 최소한의 정당한 의원 활동이라 할 것이다. 이은재 의원은 한 교수의 민원 관련 사항을 듣고는 상대측에 사실 확인은 전혀 없이 국회에서 몇천 명의 학생에게 피해가 갈 수 있는 학교에 대한 행·재정적인 조치를 불쑥 요구한 것이다. 학교에서는 너무 황당하여 자문변호사에게 법적인 대응수단을 문의하였지만 마땅한 대응수단이 없다는 의견이었다. 정말 무소불위의 국회의원이었다.

저자와 학교의 사실관계 해명 노력에도 불구하고 만남을 회피하던 이은재 의원은 저자와의 만남은 지속해서 거절하였다. 하지만 더 이상 국회에서 학교와 저자를 비난하지 않겠다는 메시지를 학교에 전해오기도 했다. 물론 그 메시지는 저자만의 추측일 수 있다. 그렇지만 당시 학교 교무처장과 같이 한시름 놓았다고 좋아하기도 했다. 보직 교수들이 교육부에 가서 느끼는 분위기도 비슷했었다. 저자는 사실관계 자료를 작성하여 친분 있는 국회의원을 통하여 이은재 의원에게 대신 전달하는 등의 해명 노력이 통하였나 생각하고 안도하기도 했다. 그런데 웬일, 2017년 3월 23일 개최된 제350회 교육문화체육관광위원회 회의에서 이은재 의원은 자신이 지적한 학교의 비리가 교육부의 점검 결과, 전부 사실로 확인되어 교육부에 진심으로 감사를 드린다고 발언한다. 그리고 추가로 파워포인트로 만든 자료를 제시하면서 학교가 산학협력단 회계 관련 비리를 저질렀다고 주장한다. 또 저자가 교육부 현장점검 결과를 하나도 인정하지 않는 대신 산자부를 통해 구명 로비를 하고 있다고 했다. 저자는 교수는 커녕 교육자로서 자질이 전혀 없는 사람이라고도 비난했다. 참 말문이 막혔던 대목이다. 그 순간까지 저자와 이은재 의원은 일면식도 없는 사이였다. 저자는 2017년 7월경에 이은재 의원의 지역구 사무실에서 이은재 의원을 인생에서 처음으로 만났었다. 그 자리에서 저자는 교육부의 학교제재 부당성을 감사원에 심사청구하였음을 알렸다. 그리고 이은재 의원에게 더 이상 저자 문제에 개입하지 말 것을 요청했었다. 이은재 의원은 그러겠다고 했었다. 5분여의 짧은 만남이었다. 사실 이때는 이미 이××교수는 재임용이 되었고 저자는 징계위원회에 회부된 때이다. 저자로서는 그래도 국회의원의 개입 없이 모든 문제가 원칙에 따라 해결되기를 희망했었다. 감사원은 몇 개월 뒤인 2017년 12월에 학교법인이 아닌, 학교의 전임 총장은 교육부의 학교제재에 대해 심사청구를 할 이해관계자가 될 수 없다고 통보해 왔다. 저자가 제기한 교육부의 부당한 조치인 행·재정적 제재에 대해서는 당연히 언급이 없었다. 말하자면 당사자 부적격으로 결론을 내리고 교육부의 제재에 대해서는 심사를 하지 않고 종결한 것이다. 감사원의 심사청구제도는 주로 세금 부과와 관련하여 활용되고 있다고 한다. 개인의 해임 같은 문제는 제도의 대상이 아니라고 했다. 그래서 학교에 대한 제재문제만 심사청구 했었다. 감사원도 처음 당면하는 문제에 실무적인 부담은 있었을 것이다. 결국 촛불 정권의 교육부 조치에 눈을 감았다 .

국회의원이 진짜 비리 문제를 제기했으면 주무 부처가 확인해 보는 것은 당연하다. 그 비리가 사실이라면 주무 부처가 국회의원에게 감사해야 하는 것이 정상적인 국정 운영일 것이다. 그런데 국회의원이 '이 사람 내가 봐서 문제가 있으니 힘센 교육부 당신이 손 좀 보시오'라고 하고 교육부가 그에 호응하니 고맙다고 인사를 하는 꼴이다. 저자는 당시만 해도 잘못한 것이 없었기 때문에 사실관계 해명 외에 구명 로비를 한 적이 없다. 결국은 법적으로 문제가 될 것은 없다고 생각했었다.

저자는 지금도 이은재 의원이 왜 그렇게 했는지 모른다. 이××교수에게 남에게는 말 못 할 빚이 있어 무조건 이××교수를 편들어야 했을 수 있다. 아니면 저자가 당시 새누리당 정권하에 총장으로 취임하였기 때문에 저자를 낙하산이라고 비난하고 궁지에 밀어 넣는 것이 자신이 박차고 나온 정권을 공격하는 소재라고 생각했는지도 알 수 없다. 지금도 궁금하다.

당시 학교에는 이××교수가 이은재 의원이 아니라 이은재 의원실의 보좌관과 연계가 있다는 소문이 있었다. 이 소문은 이xx 교수가 이은재 의원실을 찾아간 시기가 자신이 여러 정부 기관을 상대로 구명 민원을 시작한 2016년 초가 아니라 한참 뒤인 촛불시위가 한창인 시기였다는 점을 고려하면 상당한 신빙성이 있어 보였다. 이xx 교수가 이은재 의원을 잘 알았다면 정부 기관에 민원을 제기하기 전에 이은재 의원을 먼저 찾아갔을 것 같다. 또 이은재 의원이 진정 원하는 것이 이xx 교수의 구명이었다면 먼저 저자와 학교에 대해 그 가능성을 타진하는 것이 상식적인 일의 진행 과정이었을 것이다. 그 소문은 그럴듯했다.

즉, 이은재 의원은 보좌관을 통해서든 또는 직접 이xx 교수로부터든 하여간에 학교의 한 교수가 형사사건으로 유죄판결을 받은 사실을 알게 되었다. 그러자 그 사건을 이용하여 저자를 헐뜯은 것이다. 저자를 헐뜯는 것이 당시 박근혜 대통령과 새누리당 정권을 비난하는 한 방편으로 생각했을 가능성이 크다고 생각한다. 그렇지 않다면 이은재 의원의 행태는 이해가 불가하다. 거듭 말하지만, 이은재 의원과 저자는 생면부지의 사이였다. 거기에다가 당시 이은재 의원과 같이 탈당을 했던 국회의원이 저자가 있는 자리에서 이은재 의원과 통화를 했다. 저자가 불합리한 사람은 아니므로 직접 저자의 해명을 들어보는 것이 나쁘지 않다고 거들어 주었다. 그래서 저자는 2017년 3월 23일 개최된 제350회 교육문화체육관광위원회 회의에서 이은재 의원이 저자를 다시 비난하기 전에는 이은재 의원의 개입 문제는 해결된 것으로 착각했었다.

저자는 공직생활 대부분을 산업통상자원부에서 했지만, 대구시 신기술산업본부장으로도 2년여 근무했다. 이때 대구광역시 당정협의회에 저자도 참석했다. 박근혜 당시 국회의원도 늘 참석했었다. 이 자리에서 저자는 몇 번의 업무보고를 하였다. 당시 박근혜 의원이 저자를 인지하게 된 계기였을 것이다. 대구광역시 당정협의회란 중앙정부의 집권 여당과 정부 부처가 참석하는 업무협의에 상응하는 시·도 단위의 당정업무협의회이다. 일반적으로 시·도 단위 해당 지방정부와 그 지역의 지역구 국회의원들이 참석한다.

이후 저자는 원래 소속이던 산업통상자원부로 복귀하였다. 국장으로 근무하던 중 박근혜 정부 첫 번째 산업통상자원부 장관이었던 윤상직 장관의 권고로 경기과학기술대학교 총장 공개 초빙 공모에 응하였다. 일련의 경쟁절차를 거쳐 총장이 되었다.

지금 이은재 의원은 새누리당의 후신이라고 할 수 있는 자유한국당으로 복귀해 있다. 참 우리나라 정치인들의 행태는 이해 불가한 측면이 많다. 어떤 정치적인 신념이나 도의도 없이 이합집산하는 정치인들의 짓거리에 환멸을 느낀다. 하지만 유권자가 비난만 할 것이 아니라 책임을 느껴야 한다고 생각한다.

국회의원과 발맞춘 교육부의
학교에 대한 처분(안)

2017년 3월 15일은 촛불시위가 극에 달하고 박근혜 대통령에 대한 헌법재판소의 탄핵 결정이 있은 지 며칠 지난 날이다. 교육부는 저자에 대한 해임요구를 비롯한 학교에 대한 제재를 실태점검 처분(안)으로 통보해 왔다. 교육부가 통보해 온 내용을 요약하면 이렇다.

 "학교에서 야간의 산업체 위탁 학생인 김○○ 학생이 정식으로 수강한 것이 아니라 청강한 것에 대하여 2011년과 2012년에 정식으로 학점을 부여하였다. 그리고 그 성적을 근거로 장학금을 지급하였다. 이는 부당한 학사관리에 해당한다. 앞에서 언급한 이×× 교수는 2013년 말에 이런 부당한 학사관리를 주도한 김□□ 교수에 대해 내부고발을 하였다. 학교는 내부고발에 대해 진상조사팀을 구성하여 조사보고서를 작성하였다. 조사보고서에는 김□□ 교수가 부당하게 학점을 부여한 사실을 인정한다는 내용이 들어있다. 이 보고서는 2014년 2월 말에 취임한 총장인 저자에게도 보고가 되었다. 그런데 저자는 보고서('13.12.5.)에서 향후 검토사항으로 1. 김○○ 졸업자의 면담 및 사실 확인, 2. 김○○의 청강에 대한 성적처리에 동참한 교수들의 면담 및 사실확인, 3. 성적이 임의로 조작된 사건에 대한

행위자 및 조작범위 확인 등이 명시되어 있었음에도 자체적인 추가
조사를 통하여 학점을 취소하고 장학금을 환수하지 않았다. 김ㅁㅁ
교수를 징계에 회부하지도 않아 징계시효를 도과시켰다. 오히려
2015년에는 학교에 대한 업무방해 혐의로 기소된 김ㅁㅁ 교수에게
연구년을 부여하는 혜택을 제공하였다. 연구년을 제공하면서 인사위
원회에 부당하게 참석하여 인사위원들의 의사결정에 개입하였다.

내부고발을 한 이xx 교수를 본인의 의사에 반하는데도 불구하고
중소기업경영과에서 미디어디자인과로 소속을 변경시켰다. 이xx 교
수의 소속학과 변경을 인사위원회에 부의하지 않았다. 이로 인해 이
xx 교수는 2015년에 중소기업경영과 수업만을 40시간 배정받았다.
2016년에는 책임 시간에도 못 미치는 강의시간을 배정받아 재임용
에서 탈락하였다. 이는 내부고발자에 대한 부당한 차별을 금지하는
'교원의 지위 향상 및 교육 활동 보호를 위한 특별법'에 위배된다.
미디어디자인과에서는 2015년 2월 말에 새로이 미디어디자인과 소
속이 된 이xx 교수에게 2015년 9월에 시작되는 2학기에도 강의과목
을 배정하지 않았다. 그러나 강의를 하는 것처럼 서류를 조작하고
교원확보율에 포함했다. 교원확보율 허위보고를 하였으므로 학교 입
학정원 10% 내의 신입생 모집정지 제재에 해당한다.

저자가 경기과학기술대학교 장학재단의 설립을 추진하면서 장학
재단 발기인 총회 개최 등을 위해 학교의 행사비용 등을 사용하였
다. 학교직원이 별도 법인인 장학재단의 직원을 겸직하도록 하는 한
편, 학교 공간을 장학재단의 사무실로 무상 제공하여 학교 교비 회

계의 손실을 초래했다. 그리고 경기과학기술대학교 장학재단에 1억 원을 기부한 학교의 총동문회장에게 학교 공간을 임대하면서 임대료 26백여 만 원을 감면하여 교비 회계의 손실을 초래했다. 이상과 같은 사안들에 관련된 모든 교직원을 징계해야 한다. 특히 전임 총장과 현 총장은 중징계(해임)해야 하나 전임 총장은 퇴직하였으므로 불문에 부친다."

이와 같은 교육부의 처분(안)을 읽은 독자들이 우선 어떻게 느낄지 궁금하다. 대학의 운영을 잘 모르는 분들은 교육부가 엄격하게 법대로 사학을 계도 한다고 생각할 수도 있을 것이다. 미리 이야기하지만, 교육부의 처분과 관련하여 대법원에 이르기까지 저자와 교육부 간에 논쟁하게 된다. 그런데 그 논쟁은 사실관계의 존부가 아니라 사실관계가 이루어진 상황이나 필요성, 타당성에 관한 논쟁이다. 즉, 예를 들면 학교가 이×× 교수를 본인 동의 없이 소속학과를 변경한 것이 사실이다. 장학재단에 무상으로 사무공간을 제공한 것도 사실이다. 따라서 법원이나 다른 제3자는 그 사실이 합법이냐 불법이냐 하는 판단만 하면 된다. 어느 측이 주장하는 사실이 진실이냐 하는 어려울 수 있는 판단은 할 필요가 없는 것이다. 저자는 교육부가 지적하는 사안들의 기승전결을 알고 있었으며 많은 경우 저자가 직접 선택한 조치들이었다. 결국은 해명이 되고 학교에 문제가 생길 것으로 생각하지 않았다.

그렇지만 학교에서는 난리가 났다. 앞에서와 같은 내용의 교육부 공문을 받고 난리가 나지 않으면 이상할 것이다. 징계대상으로 이름이 거론된 교직원 숫자만 해도 전·현직 총장을 포함하여 20명에 가까웠다. 학점 부당부여 관련하여 거명된 교원 중 시간강사이어서 이미 학교에서 강의하지 않고 있던 교원 10명을 제외한 숫자다. 교직원들은 총장으로서 저자의 교육부를 상대로 한 해명 및 수습능력에 반신반의했다. 총장의 업무처리가 교육부가 지적하는 것처럼 부당하다고는 생각하지 않았다. 그렇지만 교육부가 국회의원과 합세하여 작정하고 학교와 총장을 압박하면 물러서서 순응할 수밖에 없다고들 생각했다. 어떤 교수는 저자를 찾아와 지금은 옳고 그른 것을 가릴 때가 아니라 무조건 교육부가 하자는 대로 하고 교육부의 선처를 바라는 것이 옳은 대응 방향이라고 강변했다. 그 교수는 학교가 학생들의 취업률 제고 등을 위해 머리를 싸맬 때도 수업이 없는 날이면 학교에 잘 나오지 않는다는 보고가 있었던 사람이다. 그래서 저자가 그 얼마 전엔가 총장실로 불러 학교발전을 위해 다 같이 노력하자고 당부를 했던 교수였다. 학교가 교육부로부터 핍박을 받자 어느 틈에 교수들을 대표하고 있었다. 하여간 교직원들은 무엇보다 다음 학사 연도(2018년)의 학교에 대한 입학정원 10%까지에 이를 수 있는 신입생 모집중단 제재를 힘들어했다. 그리고 향후 교육부와의 관계 악화로 인해 초래될 수 있는 장래 문제를 두려워했다. 저자도 물론 교육부의 억지가 전부 이해되지 않았었지만, 특히 학교에 대한 입학정원 모집 제재에 대해서는 억장이 무너졌다. 학교의 명예는 물론 결국은 학교 재정압박을 통해 5천 명에 이르는 재학생에게까지 영향을 미치는 엄청난 조치이었다. 그런데 완전히 실정법에 어긋나는 것이었다.

2017년은 저자의 취임 4년 차이었으며 임기 마지막 해였다. 저자는 취임 3년간 명문전문대학 육성을 목표로 나름대로 열심히 성실하게 노력하였다. 학교법인의 빈약한 재정지원하에서도 비정년계열 교수들과 비정규직 직원들의 처우 개선에 노력했다. 교수들에게 부담이 가지만 학생들의 수강신청 완전자율제도 도입했다. 특히 산학협력을 통한 실용교육의 토대를 강화하는 데 각별한 관심을 기울였다. 일반대학보다 강점을 가질 수 있는 분야이고 취업에 큰 도움이 될 수 있기 때문이었다.

어떤 사람들은 전문대학과 일반대학의 차이를 잘 모르는 것 같다. 사실 그 차이를 명확하게 설명하는 것이 가능한지도 잘 모르겠다. 어쩌면 있는 그대로 주로 전문학사 학위과정을 담당하면 전문대학이고 학사학위 과정을 담당하면 일반대학이라고 하는 것이 가장 정확한 설명인지도 모르겠다. 너무 다양해서 일반화의 오류를 범할 가능성이 크기 때문이다. 공과계열 중심의 경기과학기술대학교는 비교적 일반대학교의 공과대학과의 차이를 설명하기 용이한 측면이 있다. 일반대학의 경우 4년제의 기계공학과가 있다. 경기과학기술대학교는 일반대학의 기계공학과를 2 내지 3년제의 '기계설계과', '금형디자인과', '자동화설비과', '정밀기계과', '에너지기계설비과'로 나누어 개설한다. 그리고는 해당 분야를 깊이 가르치고 현장실습을 중시한다. 일반대학이 폭넓은 이해를 목표로 한 이론 교육에 중점을 둔다면 경기과학기술대학교는 특정 분야에 대한 깊은 이해를 목표로 한 실용 지식에 중점을 둔다. 전문대학들도 전공심화과정이라는 학사학위 과정을 운영한다. 경기과학기술대학교 기계 관련 학사학위

과정은 일반대학처럼 통합되어 기계공학과 과정이 된다. 현실은 이론 위주의 폭넓은 교육을 선택할 것인지 또는 우선 좁은 분야를 깊게 공부하고 필요하다고 판단되면 학사학위까지 하는 교육을 선택할 것인지가 아니다. 그냥 성적이 더욱 우수한 학생들이 일반대학을 주로 선택한다. 그리고 일반대학을 진학하지 못한 학생들이 전문대학을 많이 선택한다. 전문대학의 경우 전문학사 학위를 취득하고 취업을 해서 학비를 벌면서 야간 과정으로 학사학위를 선택할 수 있는데도 그렇다. 그러나 실용음악과처럼 전문대학의 특성을 선호하여 성적과 관계없이 전문대학을 선택하는 사례도 늘어나고 있다. 말하고자 하는 요지는 전문대학은 제도적인 장점도 있음에도 불구하고 학생들의 사기가 높지 않았다는 것이다.

매년 신입생 입학식 때에 일부 학생들과 학부모들 사이에서 대학 입시에 실패하였다는 어두운 분위기가 감지되었다. 입학 후 1개월 이내에 휴학하는 학생들도 많았다. 학생들의 사기를 돋우고 혹시 있을지도 모를 패배의식을 없애는 것이 중요하다는 생각을 자연스럽게 했다. 그래서 입학식에서 학생과 학부모들께 전문대학 입학이 학업의 종점이 아니라는 말을 꼭 했다. 본인들이 원한다면 제도적으로 얼마든지 석사, 박사과정을 밟을 수 있다는 점에서 일반대학과 같이 대학교육의 출발점에 있다는 점을 강조했다. 거듭 강조하지만, 전문대학은 기초이론보다 실기 위주로 공부하여 빨리 전문학사 학위를 취득하고 취업을 해서 직업과 학업을 병행할 수 있다는 것이 간과할 수 없는 큰 장점이다. 경제적인 것뿐만 아니라 배우는 시스템 자체에 이점이 있는 것이다. 책만으로는 잘 이해되지 않아도 실무를 해

보면 이론이 쉽게 다가오는 점이 분명히 있다. 실제 학교가 소재하고 있는 시화 산업단지 내에 있는 많은 중소기업의 설립자 겸 대표이사들은 일반대학보다 전문대학 출신들이 많다고 느꼈다. 학사학위를 가진 경우에도 취업 후에 획득한 사례도 많았다. 전문대학 교육의 장점을 보여주는 실증 지표라고 할 수 있을 것이다. 그런 점을 학생들이 더욱 현실감 있게 느끼도록 하고 싶었다. 중소기업 사장들이 와서 자신들의 성공스토리에 대해 릴레이 강의를 하는 과목을 정식 과목으로 개설했다. 그리고 장래에 대해 학생들 스스로 유리 천장을 만들지 않게 하려고 경기과학기술대학교 장학재단 설립을 추진했다. 장학재단의 설립을 추진하면서 동 재단은 경기과학기술대학교에서 전공심화과정을 통하여 학사학위를 취득한 학생이 세계 유수 대학의 석·박사과정에 입학할 때 우선으로 지원한다는 것을 분명히 했다. 전문대학교의 경우 자신들의 학생을 위한 장학재단이 있는 경우는 매우 드물다. 현실적으로 전문대학 학생들이 일반대학 학생들보다 상대적으로 학업에 대한 열의가 낮은 것도 한 가지 이유일 것이다. 그리고 전문대학을 졸업하신 많은 성공한 분들은 후에 일반대학에서 추가로 학위를 취득하는 경우가 대부분이다. 그래서 자신들이 졸업한 전문대학에는 크게 관심을 두지 않는 것도 또 다른 이유라고 생각된다. 다행스럽게 경기과학기술대학교에는 총동문회가 있었다.

경기과학기술대학교는 사립대학으로서 1999년에 개교하였다. 그렇지만 그 뿌리는 1966년에 설립된 정밀기기센터(Fine Instrument Center: FIC)이다. 이 센터는 UN으로부터 차관을 들여와 설립되었었다. 정밀기기를 다룰 수 있는 인력을 양성하는 직업교육 기관이었다.

이 센터의 준공식에는 당시 정일권 국무총리가 참석했었다. 학업능력과 열의가 있으나 경제적 어려움으로 인해 대학에 갈 수 없었던 사람들을 모집하여 국가에 필요한 인재를 양성하였다. 따라서 동 센터를 포함하는 의미의 경기과학기술대학교 출신임에 자부심을 느끼고 학교에 애정이 있는 동문도 많다. 학교는 저자 취임 전에도 장학재단 설립을 몇 번 추진하였으나 뜻을 이루지는 못하고 있었다. 그리고 학교가 산업단지 내에 있다. 저자가 총장으로서 적극적인 산학협력을 추구하여 주변의 기업체와 교류를 많이 했다. 결국, 동문과 주변의 기업인들께서 전문대학의 육성 발전이라는 명제에 동의하고 적극적으로 장학재단 설립에 참여하였다. 그 결과 우리나라에는 흔치 않은 전문대학교 학생들을 위한 장학재단이 설립된 것이다. 그런데 교육부는 그런 장학재단에 대해서까지 말도 안 되는 시비를 건 것이다.

III

교육부 지적사항의 허위와 오류

교육부의 지적사항이 왜 엉터리인지는 지금부터 당시 상황을 포함하여
하나하나 설명을 하고자 한다.

1. 학점 부당부여와 관련하여 추가조사를 통한 시정 조치를 하지 않았다는 지적

저자는 2014년 2월 말에 총장으로 취임을 하였다. 취임 후 곧 신입생 입학식을 하는 등 업무파악과 더불어 바쁜 일정을 보내고 있었다. 3월 초 무렵으로 기억한다. 당시 교무처장이던 김△△ 교수가 전년도 말에 김ㅁㅁ 교수에 대해 내부고발이 있었고 3인의 교수들로 조사 TFT(Task Force Team)가 구성되어 조사하였다고 저자에게 보고하였다. 그러면서 조사 TFT가 작성한 보고서도 보여주었다. 김△△ 교수는 교무처장으로서 조사팀의 팀장이던 자신과 김ㅁㅁ 교수 사이에는 욕설이 오가기도 했다고 했다. 그리고 김ㅁㅁ 교수가 내부고발자인 이×× 교수를 시흥경찰서에 명예훼손으로 고소하였다고 하였다. 김△△ 교수는 김ㅁㅁ 교수와의 욕설 섞인 다툼에 대해서 비교적 담담하게 이야기하였다. 그러나 마음속으로 굳은 생각이 있는

듯했다. 그 순간 표정이 지금도 기억난다. 김△△ 교수는 시흥경찰서에서 수사협조 요청이 왔다고 했다. 수사기관의 수사로 제기된 비위 혐의와 관련된 모든 것이 명백히 밝혀지기를 기대했다. 저자는 두 교수 간에 욕설이 오간 설전이 있었다는 사실과 비위 혐의로 내부고발이 된 당사자가 오히려 사법기관에 고소하였다는 사실이 놀라웠다. 물론 교무처장인 김△△ 교수가 김ㅁㅁ 교수보다 연상이다. 김△△ 교수의 보고는 주로 구두보고였다. 전년 말에 작성된 조사 TFT의 보고서는 참고하라는 뜻으로 저자에게 전달되었던 것으로 기억한다. 얼핏 본 보고서에는 전임 총장의 결재란은 있었으나 결재는 되어있지 않았다.

저자도 수사기관의 수사가 시작되었으니 사실관계는 명확히 정리될 것으로 생각했다. 그리고 김△△ 교수는 그 자리에서 자신은 집안 문제가 생겨 보직을 수행하기가 어렵다고 했다. 신임 총장도 취임했으므로 교무처장직에서 물러나겠다고 했다. 솔직히 수사기관에서 수사가 진행 중인 사안보다 당장 교무처장 인선 문제가 어렵게 다가왔다. 하여간에 교무처장을 새로이 임명했다. 주 3회씩 처장단 회의를 통해 학교의 중요한 문제들을 결정했다. 새로이 임명된 교무처장도 조사팀의 일원이었고 전임 교수협의회 회장이었다. 또 한 명의 조사팀 교수는 기획처장이었으며 유임되었고 처장단 회의에 참석했다. 이 회의에서도 내부고발과 관련된 사안을 논의했었다. 김ㅁㅁ 교수의 비위 혐의 중 금전 관련 비위 혐의가 사실인지와 관련 사실이 현재도 진행 중인 것이 있는지가 중요한 논점이었다. 학교가 또다시 조사팀을 구성하여 수사기관과 별개로 비위 여부를 조사한다는 제안은 누구도 하지 않았었다. 김□□ 교수가 처음 학교에서 조사 중에 인정했다가 자필서명을 요구하자 거부했다는 부당학점 부여에 대해 다른 비위 혐의와 분리하여 징계하자는 논의도 아예 거론되지 않았다. 학교의 당시 분위기는 추가조사나 분리 징계 같은 생각 자체가 생뚱맞거나 어이없는 것이었다. 형사처분도 아닌 징계에서 분리 징계가 타당성과 현실성이 얼마나 있는 것인지 모르겠다. 하여간 그런 생각을 하는 사람은 학교 내에는 없었다고 확신한다. 학교에는 김□□ 교수의 내부고발된 비위 혐의와 관련하여 수십 명이 수사기관에 소환되어 조사를 받았다는 사실이 알려졌다. 학교 컴퓨터시스템에 대한 압수수색도 이루어졌다.

학교의 교직원들은 대부분 그런 상황이 내심 당황스러웠을 것이나 총장에게 그 이야기를 잘 끄집어내려 하지 않았다. 총장 취임 전에 일어난 일인 데다가 자칫하면 총장에게 동료 교수 중 한 사람의 편을 드는 결과가 될 수도 있기 때문이었던 것으로 생각된다. 그렇지만 꼭 필요한 정보는 전달되었다. 내부고발자인 이××교수와 전임 교무처장이자 내부고발 조사팀의 팀장이었던 김△△ 교수 그리고 전임 총장이 같은 대학 동문이라고 했다. 그 기회를 이용해 비정년 계열이었던 이××교수가 정년계열인 김□□ 교수를 몰아내고 그 자리를 차지하려 한다는 소문이 학교에 있다는 것을 누군가가 저자에게 전해주었다. 그 말을 듣는 순간 김△△ 교수와 김□□ 교수가 욕설을 주고받았다는 것이 이해되었다. 그리고 수사가 진행 중인 상황에서 내부고발자와 내부고발대상자인 양 당사자가 어떤 입장인지 혹시 학교가 사전적으로 대처해야 할 일은 없는지 등을 알아보기 위해 총장으로서 두 교수를 면담할 필요가 있다는 건의를 받아들였다. 두 교수를 각각 총장실로 불러 사안에 대한 각자의 의견을 들었다. 두 교수는 모두 자신들이 잘못한 것은 없다는 태도를 강하게 견지했다. 아무튼, 이 사안은 수사기관의 수사를 통해 종결되어야 한다는 것이 교내의 컨센서스이며 그것이 옳은 방향이라는 생각이 저자에게 자연스럽게 굳어졌다.

돌이켜 생각해보면 그때 조사팀에 참가했던 3명의 교수는 김ㅁㅁ 교수 주도로 청강한 과목에 대해 학점을 부여하는 부당한 학사관리가 일어났다는 것에 대해 상당히 확신을 가졌던 것 같다. 그렇지만 그 범위에 대해서는 결론을 내리지 못하고 심지어 이미 졸업한 해당 학생인 김ㅇㅇ에 대해서 면담조사도 하지 않았다. 저자가 총장으로 취임하기 전의 일이라 왜 일이 그렇게 흘러갔는지 알 수 없다. 하지만 교내에 해당 교수를 밀어내고 그 자리를 차지하기 위한 내부고발이라는 소문이 생겨난 것, 당시 총장이 조사보고서에 결재하지 않은 것, 그리고 결정적으로 비위 혐의로 내부고발을 당한 김ㅁㅁ 교수가 오히려 수사기관에 고소한 것 등이 복합적으로 작용하여 수사기관을 통한 사실관계 규명이라는 매우 상식적인 컨센서스가 형성되었다고 할 수 있을 것이다.

2014년 전반기는 국내의 모든 전문대학 총장들이 매우 바쁜 시기였을 것이다. 그때 정부의 향후 5년간 전문대학육성시책의 근간이 될 특성화전문대학 지원 대상 선정 계획을 교육부가 확정 발표했기 때문이다. 각 전문대학으로부터 자기 대학의 특성화 계획을 제출받아 평가하고, 우수한 계획을 세운 전체의 50%에 해당하는 대학에 대해서는 계획의 원활한 추진을 위한 재정지원을 한다는 것이었다. 이 시책에 교육부 전문대학 지원예산의 대부분이 투입되었다. 정부 시책에 부응하여 지원을 받을 수 있느냐 여부가 향후 5년간 학교발전의 성패를 결정지을 수 있었다. 모든 전문대학이 경쟁에 참여하였고 경기과학기술대학교도 마찬가지였다. 저자는 총장으로서 처음 맞이하는 주요 미션임을 직감했고 자신 있었다. 교육부 사업계획 수립 안내서를 보고 정부에서 30년 가까이 근무한 경력으로 어떤 계획서를 수립해야 할지 쉽게 파악이 되었다. 그래서 사업계획서 수립을 진두지휘했고 선정이 되었다. 5년간 약 200억 원을 지원받을 수 있게 된 것이다. 나날이 치열해지는 대학의 생존 경쟁을 위한 구조조정에 큰 지원을 확보한 것이다. 특성화 사업 연차 평가에서 해당 분야 최우수대학으로 평가받기도 했다. 그 지원이 경기과학기술대학교의 발전에 밑거름이 되었다는 것을 부정할 수는 없을 것이다.

이와 같은 2014년 1학기를 보낸 저자에게 2017년에 와서 2014년 당시에 수사기관의 수사와 별개로 학교에서 조사하여 사실관계를 밝혀내고 학점 취소 등을 해야 했다는 것이다. 더군다나 교육부는 전임 총장이 결재하지 않은 "민원진상조사 TFT 보고서('13.12.5.)에서는 향후 검토사항으로 1. 김○○ 졸업자의 면담 및 사실 확인, 2. 김○○의 청강에 대한 성적처리에 동참한 교수들의 면담 및 사실확인, 3. 성적이 임의로 조작된 사건에 대한 행위자 및 조작범위 확인 등을 명시하고 있고 총장 스스로도 동 사실을 명확히 인지하고 있었음에도 어떠한 조사 및 처분을 하지 않았으며"라고 지적사항에서 적고 있다. 그렇지만 참고 자료로 첨부한 저자의 행정소송 소장의 증거자료로서 제시된 동 TFT 보고서의 어디에도 위 1, 2, 3과 같은 내용이 적혀있지 않다. 그리고 저자가 무엇을 명확히 인지하고 있었단 말인지 모르겠다. 저자는 솔직히 당시에 조사단이 김○○ 졸업자를 면담하지 않았다는 사실을 인지하지 못했다. 저자가 당시에 머릿속에 그리고 있던 상황은 조사팀과 김□□ 교수가 언쟁을 벌이고 조사팀이 청강과목에 학점을 부여한 것은 맞지 않냐고 따지니까 김□□ 교수가 그렇게 했다면 어쩔 것이냐고 다투는 장면이다. 그래서 조사팀이 김○○ 졸업자를 면담해서 청강과목에 대한 학점부여에 대해서 어느 정도 심증을 갖고 조사를 했다고 생각했다. 따라서 2017년에 와서 2013년 말 당시 조사팀이 김○○ 졸업생을 면담하지 않았다는 사실을 인지하고 저자는 속으로 의아했었다.

거듭 말하지만, 그 보고서는 전임 총장으로부터 처리 방침을 받지 못하고 있다가 수사기관의 수사로 이어졌다. 그래서 수사결과를 주목하고 있는 상황에서 신임 총장인 저자에게 당시 상황 설명을 위하여 보고된 문서이다. 그러니까 교육부가 지적사항에서 제시한 1, 2, 3은 교육부의 조작 문구이다. 저자 본인도 모르는 사실을 교육부는 저자가 명확히 인지하고 있었다고 하는 것이다. 만약에 그 TFT 보고서가 유실되기라도 했으면 저자가 거짓말을 한다고 덮어씌울 것이다. TFT 보고서에는 '김□□ 교수와 내부고발자인 이xx 교수가 김○○ 학생이 청강한 각 담당 과목에 대해 임의로 성적처리를 했다. 김□□ 교수가 인정했다'라고 적혀있다. 그렇지만 학교가 보관하고 있는 다른 조사 관련 서류에는 이xx 교수가 자신은 부당하게 학점을 주지 않았다고 진술하는 내용이 적혀있다. 즉 TFT 보고서는 조사단이 김ㅁㅁ 교수를 면담한 내용을 정리한 것이었다. 김ㅁㅁ 교수는 조사단의 결론에 동의하지 않고 자신이 이 문제를 수사기관으로 가져간 다소 이해하기 어려운 사건이었다.

2016년에 이르러 김ㅁㅁ 교수는 자신의 고소가 계기가 되어 이루어진 수사의 결과로 자신이 형사처벌을 받게 된다. 애초 자신이 이xx 교수를 명예훼손으로 고소했고 사실관계 여부에 대한 수사가 이루어졌다. 하지만 내부고발은 명예훼손이 되지 않는다는 법리에 따라 이xx 교수의 명예훼손 혐의는 일찌감치 소멸하였다. 사실관계에 있어 부당학점 부여는 사실로 판명되어 자신이 처벌을 받은 것이다. 나중에 법원판결을 통해 저자도 전모를 파악하게 된 구체적인 부당학점 부여내용은 다음과 같다. 김ㅇㅇ 학생은 야간 산업체 위탁 교육과정에 입학하기 전에 중소기업경영과 학과장이었던 김ㅁㅁ 교수에게 부탁한다. 부탁 내용은 자신이 입학해서 수업을 따라갈 수 있을지 걱정이 되니 허락해주면 한 학기 먼저 청강을 하고 나서 자신이 할 수 있다고 생각되면 입학하겠다는 것이었다. 야간 산업체 위탁 교육과정은 정규과정의 입학정원과는 별도이며 입학시험도 없고 산업체에서 근무하는 등의 자격요건만 갖추면 입학할 수 있다. 많은 학교가 산업체 위탁생 모집에 노력을 기울인다. 학교 정규과정 입학정원은 엄격하게 규제되며 수도권대학은 증원은 꿈도 못 꾼다. 그래서 학교들은 교수들에게 홍보비를 지급하며 산업체 등에 홍보를 나가 학생을 모집하라고 장려하기도 한다.

김○○ 학생은 청강생으로서 공부를 매우 잘했던 모양이다. 그래서 2011년에 입학해서 1학기를 공부하고는 2011년 2학기는 지난해 청강생으로 공부했던 것으로 대체했다. 대신 수업시간에 2학년 과정의 2학기를 또 청강하여 그 결과를 2012년의 2학기 성적으로 인정을 받았다. 즉 김□□ 교수는 학과장으로서 주도적으로 김○○ 학생의 전문학사 2년 과정 중 1년 과정을 청강한 것을 학점으로 인정해준 비위행위로 벌금 5백만 원을 선고받았다. 이 판결에 따르면 부당학점이 부여된 2011년 2학기와 2012년 2학기 과목은 합해서 총 15과목이다. 김□□ 교수가 담당했던 것이 2과목, 내부고발자인 이××교수가 2과목이고, 그 외 11명의 교수가 1과목씩 담당한 것으로 적시되어있다. 즉 총 13명의 교원이 부당학점 부여와 연루되었을 수 있다고 할 수 있다. 그리고 13명 중 10명이 시간강사로서 이미 학교에서 강의하지 않고 있었다. 13명의 교원이 연루되었다고 단정하지 않는 이유가 있다. 학교는 부당학점을 부여한 김□□ 교수에 대한 판결이 2심을 거쳐 확정된 후 2017년 4월경에 김○○ 졸업생에 대한 학위취소 및 장학금 회수와 관련하여 청문회를 개최했다. 이 청문회에서 김○○ 졸업생은 4학기인 전문학사과정을 자신은 5학기를 다녔고 공부도 가장 열심히 했다며 억울해했다. 2번씩 수강한 과목도 있다는 주장이었다. 즉, 2012년 2학기에도 학교에 나와 공부를 했다는 것이다. 김○○ 졸업생에 상응하는 주장을 하는 교수도 있었다. 교수와 학생이 같은 주장을 하면 이를 반박하는 것은 거의 불가능하다. 이것이 부당학점 부여의 전모이며 정확한 사실관계에는 미진한 측면이 있다. 그리고 학위는 취소되었다.

과연 이와 같은 사실과 상황에서 저자가 2014년 초에 수사기관의 수사와 별개로 부당학점 부여에 한해 추가조사를 해야 했는가? 사람마다 다른 선택을 할 수 있다. 그렇지만 저자는 돌이켜 생각해도 그런 선택을 했다면 교직원들의 신뢰를 얻지 못했을 것으로 생각한다. 그 당시 저자가 역점을 두어야 했던 것은 특성화전문대학 육성계획을 수립하는 것이었다. 특성화전문대학 육성계획에는 자발적인 입학정원 축소도 포함되어 있었다. 학교가 어떤 부문에 특성화하여 어떻게 역량을 집중하겠다 하는 것이 계획의 큰 방향이어야 했다. 교수들뿐만 아니라 직원들도 허심탄회하게 자신들이 하는 일의 발전 방향을 제시하고 실천할 대안을 제시해야 하는 것이었다. 즉 모두가 머리를 맞대고 아이디어를 제시하고 상호 검증하면서 좋은 계획을 수립해야 하는 시기였다. 전임 총장 재임 시에 일어났으며 교내에서 해결하지 못하고 수사기관으로 넘어간 사안을 끄집어내어 수사기관과 사실관계를 밝히는 걸 경쟁할 시기가 결코 아니었다.

그리고 반드시 짚고 넘어가야 할 부분이 있다. 교육부는 개인과 학교의 잘못을 지적하고 제재를 예고하는 문서에서 앞에서 기술한 것처럼 없는 문구를 지어낸 것이다. 교육부는 중앙정부가 아닌가? 중앙정부가 문구를 조작하여 문서에 제시하는 짓을 한 것이다. 교육부 스스로 억지 트집이라는 걸 아니 궁여지책으로 한 짓이라고 생각된다. 그렇지만 저자의 상식으로는 이해가 되지 않는 행태이다. 이 대목만 봐도 교육부가 어떤 조직인지, 교육부의 지적이 얼마나 엉터리인지 짐작을 할 수 있다.

2. 징계 의결 요구를 하지 않아 징계시효를 도과했다는 지적

교육부가 지적하는 것처럼 김ㅁㅁ 교수에 대한 징계 의결 요구시한은 도과되었던 것이 사실이다. 사립학교법은 비위행위를 한 교원에 대한 징계 의결 요구시한을 당시에는 징계 사유가 발생한 날로부터 2년으로 하고 있었다. 그러면 2012년 12월에 두 번째 부당학점 부여가 일어났던 것을 고려하면 2014년 12월까지는 징계 의결 요구를 하여야 한다. 그런데 사립학교법은 수사기관의 수사가 진행 중이면 징계 절차를 진행하지 않을 수 있는 예외규정도 두고 있다. 명확한 사실관계가 우선이라는 점을 고려하면 당연한 규정이라고 할 것이다. 징계와 관련된 사안에 대한 감사원의 조사가 개시된 때이면 아예 징계 절차를 진행해서는 안 된다고 하고 있다. 징계 절차의 진행이 감사원 조사를 방해할 가능성을 염두에 둔 것이 아닌가 생각된다. 그리고 수사가 종결된 시점이 징계 사유가 발생한 날로부터 2년이 넘은 시점이라면 수사결과 통보를 받은 날로부터 30일 이내에 징계 의결 요구를 하여야 한다고 규정하고 있다. 검찰 안산지청의 김ㅁㅁ 교수에 대한 수사결과 학교 통보는 2015년 7월 27일에 이루어졌다. 그런데 검찰의 수사결과 통보내용은 매우 형식적이었다. 학교에서 처음 통보받은 내용이 너무 요령부득하여 문서로서 수사결과 세부내용을 알려달라고 요청했음에도 불구하고 다음과 같이 세부내용을 보내왔다.

'가. 사기: 혐의없음, 나. 사문서위조: 혐의없음, 다. 위조 사문서 행
사: 혐의없음, 라. 횡령: 혐의없음, 마. 업무방해: 일부 혐의없음, 일
부 불구속 기소, 재판 중이며 미확정'

검찰은 검찰대로 피의사실을 외부에 알리는 데 어려움이 있을 수
있겠다. 그러나 교직원에 대한 수사를 종료한 때에는 해당 학교에
통보하게 되어있는 사립학교법의 취지를 고려하면 매우 아쉬웠다.
불구속 기소된 교원이 재판 결과가 나오기도 전에 '나는 이런 혐의
로 기소되었으니 학교에서는 징계하시오' 하고 학교에 협조하지는
않을 것 같다. 그리고 학교에서 징계대상으로 한 혐의가 재판 결과
나 수사결과와 다르면 어떻게 되나? 더욱이 징계는 징계 그 자체가
목적이 아니다. 시효에 쫓겨 불확실한 징계를 한다는 것은 흔히 말
하는 꼬리가 개를 흔드는 꼴인 것이다. 수사기관의 외부 공개 금지
를 전제로 한 혐의사실 통보 등 입법적 대안이 있으면 좋겠다는 생
각이 든다. 하여간 검찰이 혐의사실을 알려주지 않는 데 무슨 방법
이 있겠는가? 학교 교무처에서는 법원으로 눈을 돌려 학교 교원의
형사사건 기소에 따른 후속 조치를 위해 공소장 사본을 요청해 보았
다. 법원은 응해 주지 않았다. 당시 교무처의 교원인사 담당인 교무
팀에서는 나름대로 엄정한 인사관리를 위해 노력을 했다. 검찰의 수
사결과 통보도 학교에서 수사 진행 상황을 수소문하여 검찰에 수사
결과 통보를 요청하여 이루어진 것이다. 김ㅁㅁ 교수의 비위행위가
무엇인지 학교에서는 징계와 관련하여 어떻게 대응해야 할지 알기
위하여 법원에까지 협조 요청을 했으나 알 수 없었다. 저자가 당시
교무처 관계자에게 김ㅁㅁ 교수에게 직접 공소장 사본을 요청해 보

았느냐고 물어본 기억은 없다. 그래서 혹시 물어보았는지는 모른다. 그렇지만 재판을 앞둔 사람에게 자신에게 불리한 정보를 기대하는 것은 아무래도 무리일 것이다. 아무튼, 저자는 학교에서 더 이상 김ㅁㅁ 교수의 비위행위를 파악하는 것은 어렵고 재판 결과를 기다리는 수밖에 없다고 결론을 내렸다. 그런 결론을 쉽게 내렸던 것도 결코 아니다. 당시 교무팀장과 이런 논의를 했던 기억이 난다. 어떤 교수가 도벽이 있어 백화점에서 물건을 훔치다가 고발을 당했는데 교수가 부인하면 어떻게 해야 하는가? 재판 결과에 상관없이 기소되었으므로 징계해야 하는가? 또는 교수가 뺑소니 운전범으로 기소되었으나 교수가 범죄행위를 부인하면 어떻게 해야 하나? 등에 관해 의견을 나누었다. 물론 돌이켜 생각해보니 교직원 중에는 업무방해 일부 혐의 있다는 수사결과를 보고 학점 부당부여가 사실로 드러났다는 생각을 한 사람도 있었을 것이다. 그렇지만 그 당시에는 김ㅁㅁ 교수의 비위 혐의와 관련하여 학교에는 여러 가지 소문도 있었다. 그리고 무죄 추정 원칙을 생각하는 사람들도 있었다. 저자는 당연히 그런 원칙이 우선이라고 생각했다. 만약 유죄판결을 받으면 그 사실이 품위손상에 해당하여 징계해도 되지 않을까 하는 생각도 했다. 어쨌든 명확한 사실관계가 선행되지 않고 징계를 할 수는 없다고 생각했다. 나중에 다시 논할 기회가 있지만, 사립학교법은 저자와 같은 취지이다.

재판 결과가 2015년 해를 넘기고 2016년 7월경에야 나왔다. 정말 본의 아니게 징계시효를 도과한 것이다. 징계는 징계 그 자체가 목적이지는 않은 것 아닌가? 징계대상인 행위를 나쁜 것으로 규정하고 재발을 막기 위한 것이다. 그런데 구체적으로 무엇 때문에 기소되었는지도 모르면서 징계시효 도과를 걱정하여, 징계 의무 미이행이 두려워, 징계한단 말인가? 사실 무엇 때문에 기소되었는지 모르기 때문에 엄밀히 이야기하면 징계기한도 알 수 없었다고 하는 것이 사실관계에 정확히 맞는다.

어쨌든 징계시효를 도과한 것은 저자의 결정에 따른 것이므로 저자의 책임이라고 할 수 있다. 그런데 고의로 또는 날짜 계산의 착오와 같은 실수로 징계시효를 도과한 것도 아니다. 징계시효 도과를 이유로 해임을 요구하는 것이 정당한가? '저자가 고의로 징계시효를 도과 시킨 것은 아니었을까?' 하는 합리적인 의심을 제기할 만한 어떤 증거라도 교육부에 있는지 묻고 싶다. 법원의 판결로 사실이 정해지자 그에 비추어 과거의 모든 조치를 재단하는 것이다. 그야말로 저자에게 신과 같은 혜안을 요구하고 모든 것을 전지전능하게 처리하지 못한 책임을 묻고 있다.

저자는 사실 교직원에 대한 징계를 좋아했던 것은 아니다. 징계절차가 복잡했던 것도 있다. 징계위원회에 회부하기 위해서는 이사회의 의결을 거쳐야 했는데 이사장을 비롯한 이사들이 총장을 제외하고는 비상임이어서 이사회 일정을 잡기도 쉽지 않았다. 김ㅁㅁ 교수가 1심에서 유죄판결을 받고 징계위원회에 회부되는 데 몇 개월이 걸린 것은 이사회 개최에 그렇게 시일이 소요된 것이다. 저자의 징계대상자에 대한 징계요구는 의무이다. 재량행위가 아니다. 그렇지만 징계대상자인가 판단하기는 쉽지 않은 일이다.

사립학교법에 따르면 징계대상자는 "1. 사립학교법과 기타 교육관계 법령을 위반하여 교원의 본분에 배치되는 행위를 한 때 2. 직무상 의무에 위반하거나 직무를 태만히 한 때 3. 직무의 내외를 불문하고 교원으로서의 품위를 손상하는 행위를 한 때"에 해당하는 자이다. 김□□ 교수처럼 법을 위반한 경우는 쉽다. 징계요구를 하여야 한다. 그러나 그 외 직무를 태만히 한 때라든가 품위를 손상한 때와 같은 징계 사유는 어려운 판단이 필요하다. 이 경우 명백한 것은 징계 요구권자로서 징계 의무 소홀 여부를 우선해서는 안 될 것이다. 즉 징계요구가 의무 사항이므로 자신은 의무를 다하지 않았다는 비난을 피하려고 일단 징계부터 요구하라는 것이 입법 취지라고 생각되지는 않는다. 징계가 가져올 효과가 무엇인지 그리고 징계에 회부해야 할 명백한 증거가 있는지 등이 중요한 판단 기준이라고 생각된다. 징계를 통해 일벌백계의 효과를 도모하고 징계대상자가 반성하고 향후 업무에 더욱 충실히 임하도록 하는 것이 징계제도의 취지라는 것은 쉽게 수긍할 수 있다. 그래서 저자는 학교 일을 열심히 하다가 실수를 하거나 의도치 않게 좋지 않은 결과가 초래되었을 때에는 직접 대면하여 책임을 상기시키는 쪽을 선호했다. 그것이 업무 효율성 측면이나 당사자의 실질적 반성이라는 측면에서 더 효과적이라고 믿었기 때문이다. 그렇지만 사리사욕이 개입되었다고 생각되면 총장 명의의 서면 경고를 발하는 데 주저하지 않았다. 교직원들은 단순 서면 경고도 충분히 기피해야 할 것으로 받아들였다. 명예와 자존심에 상처가 가는 일인 것이다. 징계요구를 했는데 징계위원회에서 무혐의로 결정되어 징계요구권자나 징계대상자 양쪽이 다상처를 입는 어리석음도 가능한 한 피하는 것이 바람직했다. 저자가 강조하고자 하는 것은 징계요구 의무를 다하기 위해 불확실한 증거 서류를 제시하면서 징계요구를 하는 것은 징계대상자 못지않은 징계요구권자의 의무태만이라는 것이다. 만약 저자가 수사결과를 통보받고 김□□ 교수에 대해 징계요구를 했었다고 가정해보자. 증거라고 할 수 있는 것은 진상조사 TFT의 조사결과 보고서가 유일하다. 김□□ 교수가 징계위원회에 출석하여 자신의 부당학점 부여를 인정한다면 다행히 징계문제를 매듭지을 수도 있었을 것이다. 그러나 재판 중임을 이유로 진술을 하지 않거나 모호한 태도를 보이면 어떻게 되었을까? 김□□ 교수에 대한 내부고발에는 성적조작 문제도 있었고 학생회비 등의 문제도 있었다. 징계위원회도 쉽게 결론을 내리지 못했을 것이다. 그 결과 증거 불충분으로 징계가 이루어지지 않았다면 교육부는 저자에게 증거가 불충분한데도 징계요구를 했다고 저자를 비난했을 것이다.

3. 직위 해제해야 할 교수에게 연구년 혜택을 부여했다는 지적

2015년 7월 말 김□□ 교수가 학교에 대한 업무방해로 형사기소되었다는 보고를 받고 교무처에 김□□ 교수를 직위 해제할 것을 검토시켰다. 매우 적극적으로 사립학교법에 따른 징계를 검토하던 교무팀에서 이번에는 다음과 같은 대법원판례를 보고하였다.

"형사사건으로 기소되었다는 이유만으로 직위해제 처분을 하는 것은 정당화될 수 없고 당사자가 국가공무원법 제33조 제1항 제3호

내지 제6호에 해당하는 유죄판결을 받을 고도의 개연성이 있는지 여부, 당사자가 계속 직무를 수행함으로 인하여 공정한 직무 진행에 위험을 초래하는지 여부 등 구체적인 사정을 고려하여 그 직위해제 처분의 위법 여부를 판단하여야 한다"(대법원 1997.9.17. 선고 98두15412)

위의 판례에서 언급된 국가공무원법 제33조 제1항 제3호 내지 제6호에 해당하는 것은 금고 이상의 형이거나 자격정지를 말한다. 김ㅁㅁ 교수가 불구속 기소 되었으므로 금고 이상의 형을 선고받을 고도의 개연성이 있다고는 할 수 없었다. 사실 저자는 김ㅁㅁ 교수가 무슨 혐의로 기소되었는지, 그리고 실제 유죄판결을 받을지 전혀 확신하지 못했다. 따라서 직위해제 조치를 할 수는 없다고 생각했다. 사실 이때 저자도 교원소청심사위원회의 사례들을 많이 검토했다. 그리고 명확한 근거 없이 징계권을 행사했다가 학교가 오히려 책임을 지는 사례들이 꽤 많다는 것도 알게 되었다. 당연한 것으로 생각했다. 교무처에서도 당연히 직위해제는 불가하다는 데에 동의했다. 그러자 당장 1달 앞으로 다가온 2015년 2학기 강의가 걱정되었다. 비록 금고 이상의 형을 받아 학기 강의 중에 구속될 개연성은 낮다고 하더라도 만에 하나라도 대비해야 하는 것이 총장의 입장이다. 그리고 김ㅁㅁ 교수가 학교에 대한 업무방해 혐의로 기소되었다는 사실을 학생들도 알게 될 것이다. 그런 사실과 소문이 나도는 상황에서 김ㅁㅁ 교수가 강의하는 것이 결코 바람직해 보이지 않았다. 김ㅁㅁ 교수가 강의에 충실할 수 있을지도 걱정되었다. 학교에 대한 업무방해는 내부고발 건에 한정해 보더라도 청강과목에 대한 부당 학점 부여도 있지만, 성적 임의조작, 장학금 부당지급 등 다른 것일 수도 있다. 어쨌든 학생들이 교수는 물론 학교에 대해 신뢰를 하지 않을 수 있다. 그런 고민을 하면서 혼자서 사립학교법을 다시 검토해 봤다. 그런데 직위 해제하지 않고 현직 교수를 수업에서 배제할 방법이 없었다.

그러던 중에 김ㅁㅁ 교수가 기소되기 전에 해외 연구년을 신청하였지만, 인사위원회에서 보류되었다는 보고가 있었다. 당시 교무처장으로부터 그 말을 듣는 순간 해법이 생각났다. 김ㅁㅁ 교수를 국내 연구년을 보내는 것이었다. 그러면 대법원판례에 배치되어 나중에 학교가 책임을 추궁당할 수 있는 직위해제의 위험도 피하고 학교에 대한 업무방해 혐의로 기소된 교수가 아무 일도 없는 것처럼 수업을 계속하는 것도 피할 수 있었다. 문제는 김ㅁㅁ 교수가 순순히 동의하느냐 하는 것이었다. 김ㅁㅁ 교수는 자기주장이 매우 강한 사람이었다. 아마 부당학점 부여에 대해 죄의식이 없었던 것이 아닌가 싶다. 그렇지 않다면 어떻게 자신이 문제를 수사기관으로 가져갔겠는가? 하여간 교무처장에게 김ㅁㅁ 교수에게 국내 연구년으로 변경 신청할 것을 권해 보라고 했다. 연구년을 가게 되면 식비, 교통비, 초과강의 등의 수당을 받을 수 없게 된다. 따라서 일 년 중 방학 기간이 5개월 가까이 되어 개인 연구에 큰 어려움이 없는 교수들에게 해외 연구년과 달리 국내 연구년은 크게 인기가 없었다. 특별히 국내 기관과 프로젝트가 있는 경우에 신청하곤 했다. 경쟁이 되어 못가는 경우도 없었다. 학교에 대한 업무방해로 재판을 받게 되는 김ㅁㅁ 교수에게 학교로부터 격리되는 것이 큰 부담이 될 수도 있었다. 김ㅁㅁ 교수가 순순히 학교의 제안을 받아들일지 자신이 없었으나 다행히 그러겠다고 하고 서류도 변경 제출했다. 그 결과 김□□ 교수는 6개월간 국내 연수를 가게 되었다.

　김□□ 교수의 국내 연수는 학교의 연구년 규정에 어긋나지 않는 다. 일반적으로 학교를 비롯한 공공기관들이 연수를 포상의 일종으로 제공하는 것은 사실이다. 그렇지만 능력이 모자라거나 문제가 생긴 직원에게 연수를 제공하여 문제해결 기회를 주는 것도 연수 목적에 위배된다고 할 수 없다. 어쩌면 능력이 모자라는 직원에게 적극적인 연수기회를 주는 것이 더 필요할 수도 있다. 그리고 학교 연구년 규정은 포상 대상이 아니라 총장이 필요하다고 생각하는 교원을 연구년 교원으로 선정할 수 있다고 명시하고 있다. 어떤 기관이나 학교도 능력이 모자라거나 정상적인 조직 생활에 문제가 생긴 직원에 대한 연수규정을 별도로 두고 있지는 않으리라고 생각한다. 경기과학기술대학교처럼 포괄적인 연수규정을 두고 탄력적으로 운영할 것이다. 중앙정부는 분명히 그렇게 한다. 특히 교육파견의 경우 신규 승진자를 보내기도 하지만 업무처리를 제대로 못 한 당사자를 문책성으로 보내기도 하는 것이다. 이런 인사가 바람직한가는 별개의 문제이다. 저자가 김□□ 교수의 국내 연구년을 제의했을 때 교무처에서는 반론이 없었다. 당연히 관련 규정을 실무적으로 검토했을 것이지만 규정상 가능하다고 판단했을 것이다. 그 규정은 복잡하지도 않다. 실적이 뛰어난 교원, 학교에 공을 세운 교원 외에 총장이 필요하다고 인정한 교원을 선정한다고 명시되어 있는 것이다. 교육부가 김□□ 교수의 국내 연구년 선정을 문제 삼는 것은 정말 트집 잡기 외에는 아무것도 아니다.

4. 연구년 선정을 위해 인사위원회 의사결정에 부당하게 개입했다는 지적

김ㅁㅁ 교수가 해외 연구년에서 국내 연구년으로 변경 신청서류를 제출하자 김ㅁㅁ 교수의 국내 연구년에 관한 인사위원회의 심의가 있게 되었다. 그런데 교무처장이 인사위원회 교수들이 김ㅁㅁ 교수의 기소 상황과 학교의 대응에 대해 궁금해하니 총장이 직접 설명을 해주는 것이 좋겠다고 건의를 했다. 저자는 총장으로서 내부 소통문제에 특히 유의했다. 학과 단위로 교수들과 식사도 자주 하려고 노력했다. 과거에 없던 학과장 회의도 정례화했다. 대학은 의외로 상하좌우 소통이 쉽지 않은 특성이 있다. 각 교수가 강의와 학점에 대해 권한과 책임을 독점하는 데서 연유하는 것으로 생각된다. 저자가 추구했던 명문전문대학의 육성도 결국은 교수들의 적극적인 동참과 노력이 있어야만 가능하다. 그래서 저자는 교수들과의 토론을 즐겨 했다. 김ㅁㅁ 교수 문제를 인사위원들이 같이 논의해 보고 싶다는데 반대할 이유가 없다. 김ㅁㅁ 교수는 총장이 필요하다고 인정하여 연구년으로 선정코자 하는 것이다. 어쩌면 총장이 직접 인사위원들에게 전후 관계를 설명하는 것이 당연한 일일 수도 있다. 그래서 간담회개최를 지시했고 학교의 관련 기록들에 이런 저간의 내용이 다 녹아있다고 생각한다.

간담회에서 교수들은 총장이 알고 있는 김ㅁㅁ 교수 형사기소 관련 진행 상황을 알고 싶어 했다. 직위해제의 타당성도 같이 점검해

보고 싶어 했다. 혹시 저자가 김ㅁㅁ 교수를 부당하게 감싸는지를 알고 싶어 했는지까지는 저자는 모른다. 그렇지만 저자가 그럴 이유가 없다는 것을 교수들이 잘 알았을 것이다. 그들과 김ㅁㅁ 교수의 관계는 저자와 김ㅁㅁ 교수를 포함한 그들과의 관계보다 훨씬 오래되었다. 틀림없이 저자가 갖지 못한 소통 경로도 있을 것이다. 결국, 이 간담회에서 총장이 생각하는 바와 교수들의 궁금증이 충분히 소통되었다고 생각한다. 김ㅁㅁ 교수의 연구년 선정을 심의하는 인사위원회는 총장과의 간담회개최 1주 후에 개최되었다. 총장과의 간담회에 참석했던 교수들과 이날 인사위원회에 참석했던 교수들은 완전히 일치하지도 않는다. 그런데 저자의 인사위원들과의 간담회개최가 인사위원회의 의사결정에 대한 부당개입이라는 것이다. 정말 말문이 막혀 입이 다물어지지 않는다. 저자가 어떤 강압적인 분위기를 연출했다든가 협박성 발언을 했다든가 하는 꼬투리가 있는 것도 아니다. 교육부가 김ㅁㅁ 교수의 국내 연구년 선정 의결에 참여했던 인사위원 교수들에 대한 징계를 요구하자 해당 교수들은 징계 절차의 일환으로 진술서를 작성하게 된다. 그러한 진술서에는 자신은 직위해제를 주장했지만, 저자가 연구년 선정을 종용했다는 내용이 있다고 한다. 인사위원 교수들은 저자와 함께 징계위원회에 회부되었다. 저자는 해임되었기 때문에 징계위원회가 인사위원 교수들에게 어떤 결정을 했는지 저자는 모른다. 결국, 저자와 같은 의견을 가졌다고 징계위원회에 회부된 꼴이다. 총장의 서면 경고도 싫어했던 교수들에게 징계위원회 회부 자체가 충격이었을 것이다. 이에 대해 저자가 무슨 할 말이 있을까? 저자가 간담회에서 연구년 선정 필요성을 개진했던 것은 맞다. 교무팀장이 대법원판례를 설명하고 저자가 강의 배제 불가피성 등을 설명한 것이다. 간담회이었기 때문에 정식 인사위원회만큼의 발언 기록은 남아있지 않은 것으로 기억한다. 분명히 질의응답이 오갔고 서로의 생각들을 개진하는 토론이 있었다. 당연히 직위해제의 타당성에 대해서도 좀 더 심도 있는 이야기가 오고 갔던 것으로 기억한다. 물론 좀 더 나쁜 쪽으로 일이 전개되는 것을 우려하는 의견도 있었다. 교수들에 따라서 문제를 받아들이는 태도도 달랐다. 저자의 수업배제 불가피성 주장을 종용으로 받아들인다면 그건 그 교수의 생각이다. 학교 공식회의 시간에 저자가 힘주어 말하거나 강조하는 부분은 늘 있었다. 때로는 종용이기도 했을 것이다. 하지만 그날 간담회에서 저자가 반대 의견에 대해 강하게 반박한 기억은 없다. 그렇게 심한 의견 대립이 있거나 하지 않았다. 학교에 좋은 방안을 도출하고자 하는 회의이다. 참석자들 간에 무슨 심각한 이해대립이 있는 회의가 아니다. 그 자리에 참석했던 어느 누구도 그 회의 개최 사실이 훗날 문제가 되리라고 생각했던 사람은 아무도 없었을 것이다. 어쨌든 다자가 참석한 회의에서 강한 의사표현을 했다 하더라도 그것이 귀책사유가 된다는 것은 금시초문을 넘어 황당하기 그지없다. 솔직히 필설로 잘 표현이 되지 않는다. 연구년 선정과 관련하여 공식 인사위원회 회의록 등 문서가 남아있어 다행이다. 그렇지 않다면 인사위원회의 의사결정에 개입했다는 교육부의 지적을 사람들은 어떻게 형상화할까? 저자가 그냥 인사위원회 회의 중에 '김ㅁㅁ 교수는 국내 연구년으로 내가 선정했으니 인사위원들은 서명하시오'라고 진행되었다고 받아들일 것 같다. 그렇지 않으면 최소한 김ㅁㅁ 교수를 연구년으로 선정하지 않으면 불합리한 일이 일어난다고 저자가 거짓말이라도 했다고 생각할 것 같다. 다른 사람들이 교육부가 이런 식으로 행정을 한다는 저자의 말을 믿을까? 도대체 이것이 한 나라의 교육행정을 담당하는 정부 부처에서 하는 행태이고 의사결정이란 말인가? 지금까지 교육부는 사학 위에서 이렇게 군림하고 행동했단 말인가? 직접 피해를 본 당사자로서뿐만 아니라 국민의 한 사람으로서 부끄럽고 화가 난다.

5. 내부고발자인 교수를 인사위원회 심의나 본인 동의 없이 소속학과를 변경 했다는 지적

대학은 고등교육법령에 따른 교원확보율을 준수하여야 한다. 교원확보율이란 학생 수 대비 시간강사 등을 제외한 전임교원 수의 비율을 말한다. 인문계열인지 공학계열인지 등에 따라 기준이 달라진다. 의무 교원확보율 준수는 대학이 갖추어야 할 기본요건 중의 하나이다. 매 학기 교육부에 보고되고 전국적으로 공시도 되는 중요한 학교의 지표이다. 학교 전체적으로도 법정 교원확보율을 준수하여야 하지만 학과별로도 맞추어야 한다. 그런데 학교의 학생 수는 항상 유동적이다. 입학정원이 있지만, 정원 외로 모집하는 야간 산업체 위탁생도 있고 유학생도 있으며 전공심화과정 학생도 있다. 그리고 매년 많은 학생이 군 입대 등을 위해 휴학을 하고 또 복학도 한다. 따라서 대학의 현재 학생 수는 항상 유동적이다. 그에 따라 학교는 매 학기 초에 법정 교원확보율을 점검하고 일정 시점 기준 교원확보율을 보고하는 것이다. 동일 학과라도 매 학기 교원확보율이 꽤 편차를 보이는 문제도 있다.

대학의 교수모집은 사립학교법의 규제를 받는다. 교원이 부족하다고 해서 연중 아무 때나 신규교원을 뚝딱 채용할 수 있는 것이 아니다. 항상 공개모집을 해야 한다. 외부인사를 심사위원으로 포함하여 전공 적합성 검증도 하여야 한다. 특정 전공자를 모집한다고 했을 때 응모한 사람의 전공이 모집내용에 부합하는지를 점검하는 것이다. 실제로 전공 적합성 심사에 통과하지 못했는데 사무착오로 면접심사에 온 지원자가 있었다. 그 외 서류심사 점수가 매우 좋았기 때문인 것 같다. 면접결과도 매우 우수했다. 결국, 전공 적합성이 맞지 않아 채용하지 못한 사례가 있었다. 교수 신규채용에는 3개월가량이 소요되는 것이다. 그 외에도 우수한 인재를 확보하기 위해 사실상 공개모집 시기가 정해져 있다시피 한다. 매년 신규 박사학위자가 직업전선에 대규모로 나오는 12월경에 많은 대학이 같이 초빙공고를 한다. 대기업들의 신입직원 공개 채용이 집중되는 것과 다르지 않다. 따라서 학과별 학생 수의 예상하지 못한 변동에 대비한 대응책이 필요하다고 할 수 있다. 학교는 영어, 수학, 물리 등 많은 학과 학생들이 공동으로 수강하는 과목의 교수들을 형편에 따라 소속학과를 변경하여왔다.

2015년 2월에도 신입생 모집이 끝나고 교원확보율 점검을 하였다. 미디어디자인과의 전공심화과정 학생이 많이 모집되었다. 그 결과 교원확보율이 모자란다고 하였다. 미디어디자인과는 기존의 전통적인 3년제 시각정보디자인과에서 분리하여 출발한 상대적인 신생학과였다. 컴퓨터그래픽을 주로 공부하는 2년제 과정인데 많은 학생이 4년 과정을 희망한 것이다. 당시 교원확보율에 여유가 있는 유일한 학과는 내부고발 문제가 불거진 '중소기업경영과'라고 했다. 이때 학교는 특성화전문대학으로 선정되어 2년 차 지원을 받을 때이다. 교육부는 특성화전문대학 육성과 관련하여 NCS(National Competency Standard: 국가직무 능력표준)를 활용한 교육을 강조했다. 특성화전문대학 사업비를 지원받는 학과는 NCS 직업기초능력 교양과목 10개 중 2과목 이상을 개설토록 하였다. 미디어디자인과는 직업기초능력 교양과목을 개설해야 하는 학과였다. 직업기초능력 교양과목 10개는 의사소통능력, 수리능력, 문제해결능력, 자기계발능력, 자원관리능력, 대인관계능력, 정보능력, 기술능력, 조직이해능력, 직업윤리이다. 직업기초능력 교양과목 전공 교수는 따로 없었다. 경영학 전공 교수가 담당하는 것이 적절한 과목이 많다. 즉 미디어디자인과의 교원확보율 충족을 위해 중소기업경영과 교수의 소속을 변경하는 것이 그렇게 어색하지 않았다. 그리고 앞서 잠깐 언급했다시피 전공심화과정은 학사학위과정으로서 더 폭넓은 교육이 필요하다. 그렇지 않다면 여러 교수의 소속을 회전문처럼 변경했을 수도 있다. 어쨌든 중소기업경영과 교수 1명이 소속변경을 해야 하는 것은 불가피한 것이다. 그래서 교무처의 보고를 받고 중소기업경영과 학과장에게 누구의 소속을 변경할 것인지 의논하여 정하라고 했다.

이때 중소기업경영과 학과장은 비정년계열 교수가 맡고 있었다. 저자가 취임하기 전에 김ㅁㅁ 교수가 내부고발이 된 당사자로서 학과장에서 면직되었었다. 'e 비지니스과' 소속이었던 정년계열 교수가 중소기업경영과 학과장을 맡고 있었다. 저자가 취임하고 보니 중소기업경영학과의 운영이 원활하지 않았다. 그래서 저자가 최초로 비정년계열 교수를 학과장으로 임명하였다. 비정년계열 교수를 학교 행정 관련 보직에 임명하지 않던 관례를 허무는 것이었다. 저자는 재임 기간 동안 정년계열과 비정년계열 간의 벽을 허물기 위해 많은 노력을 하였다. 전체 교원의 약 20%에 해당하는 비정년계열 교수들을 포용해서 적극적으로 학교발전에 참여토록 하는 것이 중요하다고 느꼈기 때문이다.

비정년계열인 중소기업경영과 학과장은 3인의 비정년계열 교원 중 가장 신참인 조○○ 교수를 미디어디자인과로 발령을 냈으면 좋겠다고 건의했다. 조○○ 교수는 신참 교수이지만 대외적으로 넓은 네트워크를 갖고 학교발전에 매우 적극적이었다. 학교가 소재하고 있는 시흥시의 대규모 아웃렛 개발사업에 참여하고 있었다. 그것뿐만 아니라 학생들을 대규모로 대기업에 현장실습을 보냈다. 이것은 저자가 총장으로서 늘 강조한 산학협력 중심 교육이었다. 이 교수는 저자가 모델로 삼아 표창을 해야 하는 사람이었다. 나중에 '중소기업경영과'와 'e 비즈니스과'가 '경영과'로 통합되고 난 뒤에 경영과 교수들이 저자를 찾아왔다. 조○○ 교수를 정년계열 교수로 전환해 달라고 요청하였다. 학과 운영에 큰 힘이 되니까 교수들이 자발적으로 나선 것일 것이다. 정말 드문 일이고 저자도 내심 반가웠다. 그렇지만 비정년계열 교수의 정년계열로의 전환이 총장 말 한마디로 되는 일이 아니다. 규정 제·개정을 포함해 시일을 두고 검토하자고 했다. 그 문제를 공론화해서 매듭짓지 못한 것은 저자에게 개인적으로 아쉽다.

2015년 2월은 저자가 취임한 지 1년이 된 시기였다. 이 시기에 저자가 항상 강조했던 것이 실적 위주 인사였다. 그런데 3인의 대상 교수 중 아무도 원하지 않으니 그냥 신참 교수를 인사발령 내라고 건의한 것이었다. 저자는 그 건의를 받아들일 수 없었다. 그 건의대로 하면 저자가 기회 있을 때마다 강조하는 실적 위주 인사는 그냥 공허한 말 잔치가 될 것이었다. 그래서 교무처에 3인의 대상 교수 실적표를 가져오라고 했다. 내부고발자인 이xx 교수의 실적이 가장 나빴다. 그래서 이xx 교수를 소속변경 대상 교수로 정했다. 이러한 사실들은 교무처와 중소기업경영과 학과장이 알고, 모두 증빙자료가 있다. 도대체 희망자가 없을 때 또는 경합이 있을 때 실적 중심으로 인사하는 것이 기준이나 원칙이 아니라면 무슨 기준이 있어야 한단 말인가? 도대체 말이 안 되는 지적이요 그냥 내 마음에 안 든다는 갑질이다. 교육부 같은 중앙 부처는 학교와 같은 실적 평가표가 없다. 개인이 아니라 조직이 일하는 것이다. 각 과의 구성원이 협동하여 과의 의사결정을 하는 것이다. 그런 구조에서 학교와 같은 개인의 실적점수 개념이 나오기 어렵다. 그러나 각 교원의 개별 실적이 모여서 학교의 실적이 되는 경향이 많은 학교는 중앙 부처와 아주 다르다. 각 교수가 교외 R&D 활동에 얼마나 참여했는지는 연구개발비 규모로 측정이 된다. 각 교수의 연구논문이 모여서 학교의 연구논문 수가 되는 것이다. 실적 기준 인사를 했다는 것을 교육부가 고의로 무시하지 않았다면 교육부는 학교의 실정을 모르는 것이다. 실적 기준 인사가 갖는 의미나 절박함을 전혀 모르고 책상 앞에 앉아 있는 것이다.

요즘의 대학은 학생모집에서부터 국비 지원 획득에 이르기까지 경쟁이 치열하다. 좋은 학생을 선발하여 잘 가르쳐서 높은 취업률을 유지해야 모든 학교 일이 선순환을 할 수 있다. 그러기 위해서는 교수들의 능동적인 참여가 필수적이다. 법으로 신분이 보장되고 승진 경쟁이 치열하지도 않은 교수들의 적극적인 참여를 유발하기는 절대 쉽지 않다. 교수들도 조교수->부교수->교수로의 승진제도가 있다. 그러나 다른 조직사회의 승진탈락에 따른 퇴사나 상하관계 역전 같은 개념은 없다. 후배 교수가 먼저 부교수에서 교수로 승진을 해도 학교 내 또는 학과 내 위상은 선후배의 관계를 뛰어넘기가 쉽지 않다. 오히려 행정업무 수요가 많은 학과장직을 제일 후배 교수에게 떠넘기는 경우가 대학에서는 비일비재하다.

　이 같은 환경에 있는 교수들의 협조를 얻기 위해서 공정한 인사, 실적 위주의 인사를 하는 것은 매우 절실했다. 따라서 저자는 예외 없이 실적 위주의 인사를 했다. 교수들의 실적은 학생들의 강의평가 점수, 논문발표 실적, 연구개발 사업 참여 규모, 취업 지원 학생 수, 학교 사업에의 참여 등 실적 평가표에 계량화되어 있다. 자신들이 점수를 확인할 수 있고 잘못 산정된 경우 시정요구도 할 수 있다. 그 외에 대학발전기여도 평가가 있다. 이것은 정성평가라 하여 총장이 주관적으로 평가했다. 저자는 이 평가도 계량화하기 위해 노력했다. 학생들이 현장실습을 나가는 가족 기업을 몇 개 운용하면 몇 점하는 식이었다. 그리고 가속 평가로써 강의평가 우수 교수에게는 추가 점수 몇 점 부여 등과 같이 평가 기준을 공개했다. 그래야 저자가 원하는 바가 정확히 전달될 것 아닌가? 대부분의 교수는 연봉의 작은 부분인 성과급을 실적평가 순위에 의해 받는다. 성과급이 전체 연봉의 작은 부분이라도 공정한 지급은 중요한 것이다. 그것 또한 교수들의 자존심 문제이다. 공연히 불평불만을 유발할 수 있다. 매 학기 승진 인사 등을 하고 나면 의심의 눈초리가 있었다. 결국은 인사위원들을 통해서 실적순서로 되었다는 것을 모두가 알았을 것이다.

이xx 교수를 내부고발자라는 이유로 차별하였다는 지적은 사실과 정반대이다. 이xx 교수는 언급했다시피 2년마다 재임용 여부를 심사 받아야 하는 비정년계열 교수이다. 이xx 교수는 2014년이 재임용 여부 심사년이었다. 재임용되기 위해서는 실적점수가 총점의 60% 이상이어야 한다. 물론 2개년 평균 점수를 말한다. 저자가 2014년 취임했으므로 2013년 점수는 이미 나와 있었다. 재임용기준에 미치지 못했다. 2014년 점수 역시 좋지 않았다. 이xx 교수는 학교 홍보 또는 가족 기업 운영 등 총장이 대학발전 기여로 인정할 만한 어떤 기타 실적도 없었다. 보통 다른 조직에서도 그렇듯이 계량화된 실적점수가 높은 교수들이 대학발전 기여로 평가받을 수 있는 실적을 가진 경우가 많았다. 이xx교수는 저자가 부여하는 대학발전 기여도 평가가 전체 교수 평균에 못 미칠 때에는 재임용될 수 없었다. 저자는 내부고발을 한 교수가 그 내부고발의 진위가 가려지기도 전에 재임용에서 탈락하는 것은 바람직하지 않다고 생각했다. 이xx 교수의 내부고발 동기와 관련된 소문이 사실이든 아니든 학교 내에서 비위행위가 있으면 내부고발이 있어야 한다. 교수들은 자존심이 강하고 배타성도 강하다. 학과 내에서 하는 일을 외부에서 왈가왈부하는 것을 좋아하지 않는다. 문제가 있어도 자기들끼리 알아서 해결하고자 한다. 그래서 학과 전체가 공모한 부당학점 부여도 가능했던 것 아니었겠는가? 그런 점에서 내부고발 그 자체는 대학발전 기여 행위로 평가되어야 한다고 생각했다. 그래서 재임용이 가능한 수준의 대학발전 기여점수를 부과했고 재임용이 된 것이다. 이는 실적 평가자료로 다 증빙이 되는 것이다. 이xx 교수에게 내부고발 이외에 어떤 특이한 실적도 없었다. 있었다면 교육부는 그런 점을 들어 차별이라고 강조했을 것이다.

교육부는 저자가 이xx 교수의 학과 소속변경을 인사위원회의 심의를 거치지 않는 잘못을 했다고 지적했다. 어떤 사안을 인사위원회에 상정하느냐 하는 것은 당연히 규정과 관례에 따르는 것이다. 경기과학기술대학교 인사 관련 규정은 교수의 학과변경을 인사위원회 심의사항으로 하고 있지 않았다. 당연히 그때까지 인사위원회에서 심의한 전례도 없었다. 교원인사를 담당하는 교무처의 누구도 인사위원회에 부의할 것을 건의하지 않았다. 아마 꿈에서도 그런 생각을 하지 않았을 것이다. 어쩌면 인사위원회에 부의 했었으면 교육부는 이 문제를 넘어갔을까? 교육부는 관례를 무시하고 규정에도 없는데 책임을 전가하기 위해 인사위원회에 부의했다고 지적했을지도 모른다. 그야말로 교육부의 귀에 걸면 귀걸이 코에 걸면 코걸이 식의 트집 잡기이다.

학교에서 교수의 학과 소속변경을 인사위원회에 부의하여 심의를 거치지 않아 온 것에는 나름의 이유가 있다고 할 수 있다. 우선 학교가 이런 소속변경을 좋아서 하는 것이 아니고 선택을 할 여지도 없는 경우가 대부분이다. 교원확보율을 맞추기 위해 계면쩍지만 불가피하게 하는 것이다. 교원확보율 문제가 해소되면 해당 교수의 희망대로 소속을 변경시켜준다. 대부분의 비정년계열 교수들은 소속학과 변경에 크게 신경을 쓰지 않는다. 무엇보다도 비정년계열 교수들은 연구실이 소속학과와 상관없이 비정년계열 교수들끼리 배치되어 있다. 그리고 소속학과가 어디든 자기 전공을 강의하는 것이다. 인적 교류도 비정년계열 교수들 간에 활발하다. 그러니까 비정년계열 교수들에게 소속학과란 어떤 점에서는 그냥 명목상의 또는 서류상의 소속일 뿐이다. 어떤 학과는 학과회의를 하면서 비정년계열 교수에게는 연락도 하지 않는 경우도 많다. 한번은 비정년계열 교수의 자녀 혼사가 있어 축하하기 위해서 갔다. 이 교수는 강의평가에서 늘 선두권이어서 포상은 물론 강의 시범 발표도 한 교수이다. 그런데 결혼식장에 정년계열 교수들이 보이지 않았다. 내심 많이 놀랐다. 저자는 그런 점을 개선해야겠다고 생각했다. 여러 가지 학교 사업을 위한 태스크 포스를 구성할 때 비정년계열 교수를 가급적 포함하려 했다. 인사위원회에도 처음으로 비정년계열 교수를 포함했던 것으로 기억한다. 아무튼, 조직에는 인사관례가 있고 특별한 이유가 없으면 존중하는 것도 중요하다.

교육부는 이xx 교수가 마치 소속학과가 변경되어 강의배정을 못 받고 취업지도 학생도 배정받지 못해 2016년에 재임용에 탈락한 것처럼 지적하였다. 전혀 실상과 다른 것이다. 교육부도 실상을 알면서 그냥 트집을 잡는 것이다. 실상을 모른다면 정말 무능한 것이다. 우선 이xx 교수는 미디어디자인과로 소속이 변경된 2015년에 '중소기업경영과'에서 40시수나 강의를 했다. 40시수란 40시간을 강의했다는 뜻인데 대학에서 사용하는 용어이다. 한 학기에 20시수씩 한 셈인데 강의량으로 따지면 아마 학교에서 탑 레벨에 해당할 것이다. 김ㅁㅁ 교수가 연구년을 간 영향도 있을 것이다. 무엇보다 시간표 작성을 책임지는 학과장이 같은 비정년계열 교수이었다. 이xx 교수가 원하는 수업을 다 주었을 수도 있다. 아무튼, 이xx 교수는 소속이 미디어디자인과로 바뀌었지만, 자신의 교수 생활에 변화는 거의 없었다. 심하게 표현하면 사무실 위치도 변화 없이 주소지만 바뀐 셈이다. 오히려 비정년계열 교수로서 다른 학과 교수와 교류를 하는 기회가 될 수도 있었다. 그렇지만 2016년에는 총 강의시수가 확 줄었다. 연간 18시간인 책임시수에도 미치지 못했다. 2016년에는 학교 구조조정의 일환으로 '중소기업경영과'와 'e 비즈니스과'를 '경영과'로 통합하였다. 따라서 경영과의 교원 수에 여유가 생기고 강의를 맡기가 훨씬 힘들어진 것이다. 무엇보다 이xx 교수의 강의에 대한 학생들의 평가가 대부분 좋지 않았다. 이러한 평가표도 당연히 학교자료로 남아있다. 교육부에 제출도 되었다. '경영과'에서 구태여 이xx 교수에게 강의를 맡길 이유가 없었다.

경기과학기술대학교의 교수 책임시수는 9시간이다. 즉 교수는 한 학기에 9시간 강의는 맡아야 한다. 그 이하로 강의를 맡기 위해서는 총장의 허가를 받아야 한다. 그리고 책임시수 내의 강의에 대해서는 초과강의 수당을 지급하지 않는다. 교육부는 마치 저자가 이xx 교수를 미디어디자인과로 소속을 변경해서 초과강의를 못 한 것으로 지적하고 있다. 그러나 2015년의 예를 봐서도 그렇게 단정할 수는 없다. 소속학과와 강의시수는 반드시 비례하는 것이 아니기 때문이다.

그리고 짚고 넘어가야 할 점이 있다. 이xx 교수가 2016년에 두 학기 책임시수인 18시간에 못 미치는 강의를 한 것은 본인의 책임이라는 사실이다. 학교에서 교수가 다음 학기에 몇 시간을 강의하게 될지는 본인 외에는 모른다. 시간표 작성을 책임지는 학과장은 소속학과 교수가 자기 학과에서 몇 시간 강의를 맡게 되는지는 알 수 있다. 하지만 교수가 소속학과에서만 강의하는 것이 아니므로 특정 교수의 총 강의 시간은 본인만 아는 것이다. 그리고 교수는 한 학기에 9시간 미만 강의를 하려면 총장에게 사전에 허락을 받아야 한다. 그러니까 2016년에 학과 구조조정으로 인해 이xx 교수에게 강의요청이 많이 없었다. 이xx 교수는 책임시수에도 미달하게 되었으며 그런 상황은 자신만 아는데 아무 조치도 하지 않은 것이다. 교무처에 그 사실을 보고할 의무가 있었는데도 불구하고 무시한 것이다. 특히 개강을 앞두고 시간표를 작성하는 시기는 모두가 바쁘다. 자기 일을 자기가 챙기지 않으면 누가 해 준단 말인가? 이런 사실은 2016년 말 이xx 교수의 재임용 여부를 심의하기 위한 인사위원회의 회의록에도 잘 드러나 있다. 즉 인사위원 중 한 교수가 강의시간이 부족하면 스스로 강의를 확보하기 위하여 노력해야 하는데, 어떤 노력을 했느냐고 묻는다. 이에 대해 이xx 교수는 아무 노력도 하지 않았다고 대답한다. 회의록을 읽어 보아도 그걸 내가 왜 노력하느냐 하는 투이다. 이xx 교수가 자신이 맡고 싶은 과목의 강의를 해당 학과장에게 요청하는 노력은 기대도 하지 않는다고 하자. 그렇더라도 책임시수 미달 상황을 교무처에 보고하는 자신의 의무만이라도 했으면 책임시수는 채웠을 것이다. 학교는 학과에 대해 특정 과목을 누가 강의토록 하라고 요청할 수는 없다. 그렇지만 학교 교수의 책임시수 준수를 위한 강의배정은 요구할 수 있다.

학교는 학과별 시간표가 전부 작성되면 학생들의 수강신청을 받는다. 저자는 이공계열 중심의 경기과학기술대학교 학생들의 융복합 교육을 위해 타 학과 수강을 장려했다. 인기 과목을 수강하기 위한 학생들의 경쟁도 일어난다. 수강신청을 마감한 후 수강신청이 매우 저조한 과목은 폐강하고 시간표를 확정한다. 그전까지는 어떤 교수가 몇 시간을 강의하는지 알 수 없다. 한 학기에 강의하는 교수가 시간강사를 포함해 400여 명에 이른다. 강의시수는 교수 자신이 챙겨야 한다. 그래서 책임시수를 넘어서는 강의에 대해서는 초과강의 수당을 지급하고 실적점수를 부여하는 것이다. 한마디로 말해 이xx 교수는 학교 활동에 참여하고 다른 교원들과 융합하여 학교생활을 할 의사가 없었던 것이 아닌가 싶다. 앞에서 기술하였듯이 이xx 교수는 2016년에 학교에서 강의시간 확보 등에는 관심 없고 관계기관에 내부고발자인 자신이 박해를 받는다고 민원을 제기하고 다닌 것이다. 아마 어차피 실적을 쌓는 것은 안된다는 것을 경험으로 알게 되지 않았나 생각된다. 교육부가 이런 상황을 이해 못 했다면 자신들이 직무를 유기한 것이다.

교육부는 또 이xx 교수가 학과소속이 변경되어 취업지도 학생을 배정받지 못하고 취업 지원실적에서도 불리함을 받아 재임용에서 탈락했다고 지적했다. 그냥 저자를 비난하기 위한 지적이다. 경기과학기술대학교의 취업 지원실적점수는 2가지이다. 하나는 학과별 취업률에 따라 학과 교수들이 공동으로 같은 점수를 받는 것이다.

2015년과 2016년에 '미디어디자인과'는 '중소기업경영과'나 '경영과'보다 취업률이 낮지 않았던 것으로 기억한다. 큰 차이는 아니더라도 이××교수가 불리하지 않았다. 다른 한 가지 취업지원실적은 취업지도 학생의 배정과는 무관하다. 교수가 기업체로부터 취업 학생 추천 의뢰를 받으면 학교 취업지원팀에 연락한다. 취업지원팀에서는 기업이 원하는 스펙에 가장 맞는 학생을 기업에 추천한다. 이 학생이 그 기업에 취업이 되면 교수가 취업 지원실적점수를 획득하는 것이다. 결국, 취업지도 학생이 아니라 취업추천 의뢰 기업을 발굴하는 것이 관건이다. 이××교수는 저자가 기억하기로는 2012년부터 단 한 번도 이와 같은 취업 지원실적을 획득한 적이 없는 사람이다. 취업지도 학생이란 학과에서 졸업시즌의 학생들을 교수별로 나누어서 취업지도 상담을 하는 학생을 말한다. 자신이 취업지도 상담을 하는 학생이 스스로 취업을 했다고 해서 지도교수에게 취업 지원실적점수를 부여하지 않는다. 그리고 비정년계열의 교수들에게 취업지도 학생을 배정하는 것도 저자가 교수들과 많은 대화를 나누고 나서 바꾼 제도이다. 저자는 풍부한 현장실습을 통해 높은 취업률을 달성하는 명문전문대학을 추구했다. 비정년계열 교수들은 많은 경우 산업체에서 오래 근무하다가 퇴직하고 그야말로 제2의 직업으로 비정년계열 교수로 채용된 사람들이다. 이에 반해 정년계열 교수들은 대부분 학사과정부터 죽 이어서 박사학위를 취득하고 다른 직업을 갖지 않거나 아주 짧은 기간만 갖고 바로 교수로 채용된 사람들이다. 상대적으로 더 많은 산업체 경력을 가진 비정년계열 교수들의 적극적인 학교 활동에의 참여는 산학협력 강화에 유리한 측면이 있었다. 그래서 비정년계열 교수들의 학교 활동에의 적극적인 참여를 유도

하고자 노력했다. 저자는 비정년계열 교수를 포함한 학과 교수들과 총장실에서 학과별 취업대책 회의를 많이 했다. 교수들도 달갑지 않았겠지만 학교가 나아갈 길이라는 데에는 공감해서 같이 노력을 했다. 그 노력은 취업률을 1% 포인트 높이기 위한 것이다. 그 1% 포인트가 높아지면 전국 최고 또는 최고 수준의 취업률이 되고 명문전문대학이라는 목표에 큰 이정표가 될 수 있어서 그렇게 한 것이다. 우수 취업률 달성학과에 대해서는 포상도 했다. 모든 학과가 취업률 증가를 위해서는 지푸라기라도 잡았을 것이다. 2016년에 워낙 학교에 비협조적이었던 이xx 교수에게 미디어디자인과에서 취업지도 학생을 배정하지 않았는지 혹은 못했는지 모른다. 물론 저자는 비정년계열 교수를 포함한 모든 교수에게 취업지도 학생을 배정하는 평생지도교수 규정을 제정했다. 그렇지만 구체적인 배정은 학과에서 논의해서 할 일이다. 명목적인 배정이 성과를 보장하지 않는다. 취업률 증가는 모든 학과의 과제이고 한 명의 교수가 취업지도 학생을 배정받지 않으면 다른 교수의 부담이 늘어나는 것이다. 그런데 교육부는 그냥 바른 사실에는 눈감은 것이다. 현장의 학교가 어떤 노력을 하고 있는지도 모르고 자기들의 안목으로 그냥 지적하는 것이다.

교육부는 이xx 교수가 소속학과가 변경되어 초과강의 실적과 취업 지원실적을 획득하지 못하고 재임용에 탈락한 것이라고 말했다. 그리고 이xx 교수가 제기한 교원소청심사에서도 그런 주장을 받아들여 이xx 교수를 재임용하라고 결정했다. 지금까지 설명한 것처럼 이xx 교수의 소속학과 변경과 초과강의 실적 및 취업 지원실적이 직접적인 인과관계를 보인다고 할 수 없다. 오히려 이xx 교수는

2015년에는 무려 40시수의 강의를 했다. 22시간에 해당하는 초과강의 실적점수를 받은 것이다. 2015년의 초과 강의실적으로는 학교에서 가장 높은 수준일 것 같다. 그러나 이xx 교수는 2012년부터 취업지도 학생을 배정받은 적이나 취업 지원실적을 획득한 적이 한 번도 없는 교수이다. 취업 지원실적과 학과 소속변경은 무관했다. 이xx 교수는 2013년, 2014년, 2015년, 2016년 연이어서 계량점수 기준 재임용 실적에 미달했다. 저자가 내부고발을 높게 평가하여 2015년 재임용이 된 것이다. 그렇지만 이xx 교수가 교원소청을 제기하고 교원소청심사위원회가 이xx 교수의 소청을 받아들일 때는 이미 학교가 교육부로부터 실태점검 처분(안)을 받아 교육부를 달래야 한다고 난리가 나 있는 때였다. 더구나 나중에 저자가 소송을 제기했을 때 증인으로 나온 교수도 증언한 것처럼 이xx 교수의 교원소청은 미리 정해놓은 것처럼 일사천리로 진행되었었다. 이xx 교수에 대한 교원소청심사위원회 결정은 실상과는 다른 것이었지만 학교는 그냥 수용해야 했다. 교육부의 실태점검 처분(안)의 철회에 대해 교육부를 설득해야 할 학교의 처지에서 이xx 교수에 대한 교원소청심사위원회의 결정을 다툴 겨를이 없었다.

이은재 의원이 국회 교육문화체육관광위원회에서 저자와 학교를 비난하기 전에 당시 교육부의 최성부 전문대학정책과장이 학교의 교무처장과 기획처장을 교육부로 호출하였다. 2016년 11월 말의 1차 점검 이후인 2017년 1월경으로 기억된다. 그 자리에서 당시 교육부 전문대학정책과 최성부 과장은 기획처장이던 손00 교수에게 이xx 교수를 재임용하지 않으면 학교와 총장인 저자를 가만두지 않겠다고 하였다. 손00 교수는 학교에 와서 총장이 주재하는 처장단 회의에서 이 사실을 전했다. 저자는 진짜 속으로 놀라움을 금치 못했다. 도대체 교육부는 사학을 어떻게 생각하길래 그런 말을 할 수 있단 말인가? 교육부에 사학은 그냥 마음대로 처분할 수 있는 하급기관이란 말인가? 도대체 우리나라 사학들은 지금까지 교육부로부터 어떤 대접을 받아왔는가? 여러 생각이 들었지만, 저자는 발언을 가급적 자제했다. 그리고 그 자리에서 교육부 요구를 수용할지를 논의하였으나 결론을 내지 못하였다. 저자는 저자를 제외한 처장단이 끝장 토론을 해서 결론을 내달라고 했다. 처장단은 격렬한 토론을 하였다. 총장실과 가장 가까이에 있는 교무처장실에서 논의하였다. 무슨 말인지까지는 저자에게 들리지 않았으나 큰 소리가 오가는 것은 알 수 있었다. 결국, 합의에 이르지는 못했고 교육부 요구를 수용할 수 없다는 의견이 우세했다고 저자에게 보고하였다.

이xx 교수의 재임용 관련하여서는 이미 인사위원회까지 모두 마친 상황이었다. 이xx 교수 재임용은 학교에 대한 각종 평가나 감사에서 문제가 될 수도 있었다. 무엇보다도 다른 교수들에게 끼칠 악영향도 심각했기 때문에 저자는 처장단 회의 결과를 기쁘게 받아들였다. 이미 기술하였다시피 교육부에서 2차 실태점검을 나왔고 이은재 의원이 국회에서 문제를 제기했다. 그래서 학교에서는 총장이 이xx 교수를 재임용한다고 했으면 상황이 이렇게까지는 안 나빠졌을지도 모른다고 하는 기류도 있었다.

6. 교원확보율 충족을 위해 서류조작 및 허위보고를 했다는 지적

경기과학기술대학교의 2015학년도 2학기 강의시간표 작성지침 (2015.8.3. 교무팀-684)에는 '교원은 소속학과의 전문학사 학위과정 또는 학사학위 전공심화과정 교과목을 1개 이상을 강의하여야 한다'라고 하였다. 그리고 그것은 '교원확보율 충족요건'이라고 하고 있다. 이것이 교육부의 지적이다. 이 지적은 사실이다. 당시 학교에서는 교육부의 방침을 따르는 데 주의했다. 교육부에서는 교수가 소속학과에서 1과목 이상 강의할 것을 장려했다. 아마 경기과학기술대학교의 미디어디자인과 사례처럼 다소 형식적으로 교원확보율을 맞추는 것을 방지하기 위해서일 것이다. 학교에서는 이러한 교육부의 권고를 충분히 수용할 수 있으면 얼마나 좋겠는가? 모든 학과가 학생수가 갑자기 늘어나도 충분히 교원확보율을 맞출 수 있을 만큼 교원을 확보하고 있으면 물론 좋다. 그러나 재정 형편상 쉬운 일이 아니다. 그래서 어떻게 보면 돌려막기라고 할 수 있는 교원의 소속학과 변경이 일어나는 것이다. 더 심한 경우 어떤 대학에서는 정말 연봉이 형편없어 연봉 측면에서 무늬만 교수인 교수도 생겨나는 것이다. 이와 관련해서 교육부의 대학평가 항목에는 교원들의 평균 급여도 들어있다. 이런 저연봉 교수의 양산을 막기 위한 규제인 셈이다. 그런 규제가 과연 제 기능을 할까? 그런 규제의 최종 목적이 도대체 무엇인가? 교원의 급여향상이 아닐 것이다. 좋은 교육을 하라는 것 아닌가? 그런데 이런 규제 저런 규제 늘어놓으면 규제에 대응하는

데도 정신이 없어진다. 육상 트랙을 열심히 달리라고 하면서 이 코스로 가면 안 되니 허들을 놓고 저 코스로 가면 안 되니 또 허들을 놓는다. 허들을 쳐다보느라고 정작 전력으로 달릴 수는 없다.

땜질식 규제가 대학의 발전을 막는다고 우리 사회에서 수없이 지적해왔다. 그런데도 규제 위주의 정책이 계속되는 것은 왜일까? 저자는 단독 관청형인 교육부의 존재에도 일부 원인이 있다고 생각한다. 현안들에 대응하기 편리한 '부' 체제에서 항상 규제적인 처방이 나오는 것이다. 교육정책은 관련 현상을 종합적으로 보고 이해관계자 의견을 망라하여 장기적인 결론을 내야 한다. 흔히 말하는 백년대계이다. 그런 장기적인 정책을 다루는 데는 '부'보다 전문가들로 구성된 위원회가 더 적합한 행정시스템이다. 그리고 규제의 개수가 많아질수록 교육부 관리들의 잔소리 기회가 많아진다. 말하자면 규제 권한이 점점 더 커지는 것이다. 잔소리 자체가 잘못된 것을 모르고 잔소리를 해 대는 것이다. 저자가 총장으로 재임 시에 어떤 대학은 학생들의 발을 씻어주는 세족식을 했다. 그만큼 학생들을 잘 돌보겠다는 뜻일 것이다. 이것이 현실인데 교육부는 자기들이 정해놓은 규제 그 자체를 우선시하고 목표로 하여 잔소리를 해 대고 있다. 현재 대학들은 무한 경쟁의 상황에 몰려있다. 가만히 내버려 두면 발을 씻어주는 것처럼 갖은 아이디어를 짜내어 경쟁력 있는 학교를 만들 것이다. 교원 수와 급여 간의 상관관계도 알아서 최적의 조합을 도출할 것이다. 교육부의 대증요법적인 각종 규제는 대학에서 한정된 재원의 획일적인 배분을 강요하는 것이다. 한정된 교원급여액을 어떻게 합리적으로 사용할 것인가 하는 논의는 불가능해진다. 정해진 규제에 맞추다 보면 논의해서 정할 것이 남아있지 않은 것이다. 운신의 폭이 없는 사학들에서 무슨 활기차고 창의적인 교육을 기대하는가? 연봉이 형편없는 교수를 양산하는 일부 대학 또는 극한적인 대처에 대응한답시고 전체 대학을 규제의 틀로 몰아넣는 것이다. 그리고는 마치 교원의 수나 교원의 급여가 대학의 목표라도 되는 양 잔소리를 해 대는 것이다. 대학의 교원 수나 급여를 규제할 필요가 있다고 하자. 그렇더라도 그 필요성이나 기준치를 많은 논의를 통해 부작용을 사전에 예단하고 도입해야 한다. 그래야 극단의 대응이 나오는 것을 방지하고 대학의 구성원들도 취지에 공감할 것이다. 그런 대응들은 '부' 체제에 맞지 않는 것이다. 장관 한 사람의 의견이 강조되고 빠른 의사결정이 조직에 내재되어있기 때문이다.

한국의 대학들은 지금 재정적인 측면에서 그리고 학생 수 감소라는 측면에서 폭풍전야라고 할 수 있는 어려움에 당면해 있다. 현재와 같은 교육부 시스템은 그 어려움을 더욱 악화시킬 뿐이다. 솔로몬 같은 지혜를 가지고 있다 해도 단숨에 해결할 수 있는 문제가 아니다. 오히려 솔로몬의 흉내를 내고 싶어 하는 장관이 더욱 문제를 악화시킬 뿐이다. 수많은 사람의 이해관계가 걸린 대학 입시제도가 하루아침에 변하는 것은 분명 잘못된 것이다. 설혹 그것이 어쩌다가 맞는 방향으로 변화되었다고 해도 그런 시스템이 문제가 있는 것이다. 소가 뒷걸음을 치다가 쥐를 잡았다고 해서 소가 쥐 잡는 데 대한 대응방안이 될 수는 없다. 정부의 교육정책은 교육 관계 전문가와 이해관계자들이 모여 장시간 토론하고 여러 이해관계를 조율하여 결정되어야 한다. 그런 다음 결정된 정책의 실행은 각 교육기관에 일임하는 위원회 시스템이 바람직할 것이다. 그리고 위원장을 임명하는 것도 바람직하지 않다. 여러 명의 상임위원을 두고 상임위원들이 호선하여 사회를 보는 위원장을 회의 개최 시에 정하면 된다. 우리나라의 대표적인 규제위원회인 공정거래위원회의 경우 상임 위원장이 있다. 그러니 자꾸만 '부'와 같이 위원장 개인의 의견이 위원회 전체 의견인 것처럼 되는 경향이 있는 것 같다. 공정거래위원회도 그것이 위원회인 이유는 의사결정을 신중하게 여러 이해관계를 모아서 하라는 뜻인데 위원장 의견이 개별적으로 표출되면 원래의 의도를 퇴색시키는 것이 된다.

2015년 7월경에 교육부의 전공심화과정 점검사례가 전국의 전문대학들에 배포되었다. 이 자료에는 교수가 소속학과에서 강의하지 않은 대학에 교육부가 시정 권고를 하였다는 내용이 들어있었다. 당시 경기과학기술대학교는 전공심화과정의 확대에 많은 노력을 기울였다. 일반 정규과정 학생정원은 엄격히 규제된다. 따라서 학교의 성장을 위해서 정원 외 과정에 관심을 쏟는 것은 대부분 대학에 해당하는 현상이다. 비록 교육부의 시정 권고라고 해도 사전에 대응하는 것이 현명한 것이다. 전공심화과정은 매년 교육부의 인가를 받아야 하니 더욱 그랬다. 더군다나 경기과학기술대학교는 재정 상황이 좋지 않아 법정 교원확보율을 약간 상회하는 수준이었다. 교원확보율 점검에 항상 신경을 많이 썼다. 그래서 강의시간표 작성지침에 교수는 소속학과에서 1과목은 반드시 강의하라는 지시를 내리고 그것이 교원확보율 충족요건이라고 한 것이다.

학교에서 교수들을 학교방침에 호응하게 하기는 쉽지 않은 일이다. 학교의 주 임무인 강의가 조직으로 하는 일이 아니고 교수 개인이 하는 일이기 때문이라고 생각된다. 어떤 교수는 자기 학과 교수들 이외의 사람과는 담을 쌓고 살기도 한다. 그래서 교수들에게 무엇을 요구할 때 약간 과장되게 강조하는 수도 종종 있다. 그리고 모든 교수가 교원확보율의 중요성은 잘 알고 있다. 그래서 2015학년도 2학기 시간표 작성지침에 교원확보율 충족요건이라고 한 것이다. 교수들도 교원확보율 충족요건이라고 하면 보다 심각하게 받아들여 이행하기 때문이다.

교원확보율은 일정 규모의 학생 수 대비 교원 수의 비율을 말한다. '대학설립·운영규정(대통령령 제29699호)'에서 공학계열인지 인문계열인지 등에 따라 교원 1인당 학생 수 규모를 달리 정하는 등 세부기준이 법규로 정해진다. 학교 마음대로 교원 1인당 학생 규모를 산정할 수 없다. 학교가 강의지침으로 교원 1인당 학생 규모를 정할 수 있다면 교원확보율의 비교가 무의미해질 것이다. 마찬가지로 어떤 교원을 교원확보율에 산정할 것인지 하는 것도 학교 마음대로 할 수 없다. 즉 교원확보율은 법규에 따라 정해지고 전국의 모든 대학에 공통으로 적용된다. 학교의 주요 현황으로서 공시도 되고 비교도 되는 것이다.

이런 상황 속에서 경기과학기술대학교 미디어디자인과에서 어처구니없는 일이 벌어졌다. 미디어디자인과 학과장이 이×× 교수와 시각정보디자인과에서 미디어디자인과로 소속이 변경된 지00 교수에게 2015년 2학기에 수업을 배정하지 않은 것이다. 지00 교수는 원래 디자인전공으로 채용된 비정년계열 교수이다. 패션잡지 등을 발간한 경험이 있는 언론계 출신이라고 했다. 시각정보디자인과 소속이었으나 교수들 간에 협의해 미디어디자인과 소속의 정년계열 송00 교수와 서로 소속을 바꾸었다. 시각정보디자인과와 미디어디자인과는 원래 하나의 학과였으나 미디어디자인과가 분리되어 나왔다는 사실은 이미 설명한 바 있다. 각 학과가 어떤 과목을 학교의 전임교원에게 맡기고 어떤 과목을 외부 강사에게 의뢰할 것인지는 자신들이 잘 판단해서 해야 한다. 그 부분은 학교 교무처나 다른 누구도 원칙 이외에는 개입할 수 없다. 여기서 원칙이란 전임교원 강의율을 50% 이상 하라든가 모든 교원은 소속학과에서 1과목 이상 강의하라든가 같은 내용을 말한다. 그리고 그런 원칙에 관한 내용이 바로 시간표 작성지침이다.

학과들은 외부 네트워크 등을 의식해 외부 강사를 많이 의뢰하려는 경향도 있다. 미디어디자인과는 새로이 출범한 학과로서 매우 의욕적이었다. 강의과목도 상대적으로 많이 개설하려 하였다. 외부 강사 선호도도 유난히 높았다. 그렇지만 학과장이 조금만 신경을 썼으면 이xx 교수에게 NCS 직업기초능력 교양과목을 맡길 수 있었을 것이다. 지00 교수는 원래 디자인전공으로 채용된 교수이다. 같이 근무했던 교수이므로 다른 대안도 있었을 것이다. 그런데 무슨 일이 있었는지 그렇게 하지 못하고 시간표를 확정지어 버린 것이다. 그리고는 교무처로부터 두 교수가 2015년 2학기에 미디어디자인과에서 강의하지 않으면 다음 해에 미디어디자인과 전공심화과정에 문제가 있을 수 있다는 경고를 받는다. 그러자 미디어디자인과 학과장 최△△ 교수는 한 과목을 두 명의 교원이 담당하면 안 되는지 교무처에 문의한다. 교무처에서는 물론 안 된다고 한다. 마침내 최△△ 교수는 자신과 또 다른 교수가 강의하는 과목의 담당 교수명을 각각 이xx 교수와 지00 교수로 바꿔치기를 한다. 시간표는 전산화되어 있으며 담당 교수에 대한 강의수당 지급의 원천자료이기도 하다. 자기 이름이 도용되면 알게 된다. 최△△ 교수는 이런 사실을 잘 몰랐던 것 같다.

결국, 시간표상 교수명 바꿔치기는 탄로가 나고 저자에게까지 보고가 되었다. 보고를 받은 저자는 어처구니가 없었다. 어떻게 대학에서 이런 일이 일어난단 말인가? 미디어디자인과는 학과발전에 매우 적극적이어서 전공심화과정 학생도 예상을 넘어 많이 모집하였다. 그로 인해 교원확보율 부족 문제가 생기지 않았던가? 미디어디자인과는 공학 계열의 학과였다. 하지만 기계계열과 전기·전자계열 위주의 다른 공학 계열 학과들로부터 내부적으로 호응을 얻지 못하는 편이었다. 그래서 저자는 학과 간 배분 문제가 생기면 미디어디자인과를 많이 옹호해 주는 편이었다. 미디어디자인과에서 전공 교원 부족 문제를 이야기하면 검토해 보겠다고 확답은 미루었다. 속으로는 충원해야겠다고 생각하고 있었다. 실제 2016년 교수충원계획에 포함하여 충원하였다.

저자는 최△△ 교수를 총장실로 불러 매우 화를 냈다. 그리고 교무팀에게 바르게 수정된 교육시간표가 전문대학교육협의회에 제출되도록 각별히 주의하라고 지시했다. 학교의 교육시간표는 매 학기 중에 전산 형태로 교육부의 위임을 받은 전문대학교육협의회에 제출된다. 전임교원 강의율 등의 산정 기초자료가 되는 것이다. 교무팀에서 2016년도 전공심화과정에 대한 교육부 인가를 많이 걱정하였지만 이미 엎질러진 물이었다. 교육부에서 미디어디자인과 교수가 소속학과에서 강의하지 않은 점을 발견하고 지적을 하면 백배 사과할 생각이었다. 최악의 경우 2016년도 미디어디자인과의 전공심화과정 운영 인가를 못 받아도 어쩔 수 없다고 생각했다. 형평성을 고려하면 경기과학기술대학교도 시정 권고 이상의 조치는 아니어야할 것이다. 그러나 부실운영으로 평가하여 인가를 불허해도 어쩔 수 없을 것이었다. 최소한 사학에 대해서 만큼은 교육부는 왕과 같은 존재 아닌가? 그렇다고 학교가 정부에 고의로 허위 보고서를 제출하는 것은 있을 수 없는 일인 것이다. 물론 학교에서 일어났던 시간표 바꿔치기 같은 불미스러운 일은 이×× 교수가 2016년에 정부 각 기관에 민원을 할 때 학교를 공격하는 좋은 재료가 되었다. 교육부가 학교를 마구 짓밟는 데도 중요한 핑곗거리가 되었다.

학교는 매년 전년도 전공심화과정 운영결과보고서를 교육부의 위임을 받은 전문대학교육협의회에 제출한다. 교육과정 편성표를 비롯한 학과 운영의 일반적인 사항에 관한 결과보고서이다. 학과에 따라 수십 쪽에 이를 수도 있지만 보고 틀이 정해진 정형적인 보고서라고할 수 있다. 학교의 보고서는 전체 학과를 취합한 것이므로 수백 쪽에 이른다. 학교는 전자결재 시스템이었다. 수백 쪽 보고서로서 중요한 결정사항이 있는 경우 전자결재과정을 밟기 전에 먼저 대면보고를 하여 이견을 조율한다. 학과 운영결과보고서 같은 정형적인 보고서는 보고서 그 자체에 대해 총장이 관여할 내용이 없다. 사전 조율 없이 전자결재를 하는 것이다. 2016년 5월경에 2015년 학교의 전공심화과정 운영결과보고서 제출을 위한 결재 요청이 왔다. 지난해에 시간표 바꿔치기 사건으로 한바탕 난리를 친 기억이 났다. 그래서 교무팀장에게 전화를 걸어 확인했다. 미디어디자인과의 교수 2명이 소속학과에서 강의하지 않은 사실이 드러나는 정확한 시간표가 지난해에 학기 중에 제출되었다고 했다. 교무팀장의 대답을 듣고 별생각 없이 결재했다.

2017년 2월의 교육부 실태점검 때 2015년 학교의 전공심화과정 운영결과보고서가 문제가 되었다. 그때 저자도 미디어디자인과 보고서를 보니 모든 교수가 소속학과에서 1과목 이상 강의를 하였다고 1줄이 기술되어 있었다. 다른 학과 보고서에는 소속학과 교수가 모두 학과에서 강의하였다는 내용의 기술이 없었다. 구태여 쓰지 않아도 될 말을 미디어디자인과는 쓴 것이다. 도둑이 제 발 저린 격인 것 같았다. 이와 관련하여 교무팀장은 학과가 그렇게 제출하여 자기도 그냥 받아들였다고 교육부에 진술한 것으로 기억한다. 이러한 시간표 바꿔치기나 허위기술과 관련하여 교육부는 저자가 개입되었는지를 의심하고 혐의를 확인하기 위해 여러 사람을 추궁했던 것으로 알고 있다. 그렇지만 시간표 바꿔치기 같은 어이없는 일에 대해 저자가 불같이 화를 냈었다. 그런 엉터리 짓은 명문전문대학과 가장 어울리지 않는 것이다. 정확한 시간표 제출을 수차 확인했었다. 저자가 무관함이 드러나지 않을 수 없고 교육부도 결국은 알았을 것이다. 그렇지만 어쨌든 학교는 허위기술이 있는 보고서를 제출하였다.

　이상이 교육부가 지적하는 교원확보율 충족을 위한 서류조작 및 허위보고의 전말이다. 교육부의 지적은 정확하지 않다. 정확한 지적은 전공심화과정을 둘러싼 서류조작 및 허위보고라고 해야 한다. 교원확보율은 법적 개념이며 학교의 강의시간표 작성지침과는 상관없이 계산되기 때문이다. 이 사건은 물론 이xx 교수의 소속학과 변경과 연계되어 있다. 그렇지만 강의시간표 허위변경은 교원확보율이 아니라 전공심화과정 운영 때문에 발생한 것이다. 학교는 법정 교원확보율 준수에 매우 주의를 기울였으며 준수했다. 해당 교수의 불만에도 불구하고 소속학과를 변경한 것이다. 교원확보율은 교수의 소속학과 변경으로 충족된 것이다.

　학교는 전공심화과정에 매우 관심이 높았다. 미디어디자인과는 특히 자발적으로 전공심화과정 운영에 공을 들였다. 상대적으로 최신 트렌드에 보다 맞는 컴퓨터그래픽 위주로 2년제 학과를 개설하였는데 4년 과정을 희망하는 학생들이 많았다. 그래서 외부 강사 의뢰가 많았고 소속 교수의 강의배정을 놓쳤다. 사실 왜 처음에 이xx 교수 등에게 강의를 배정하지 않았는지 정확한 경위는 저자도 모른다. 짐작건대 NCS 직업기초능력 교양과목의 강사 배정은 학교의 공통교육과에 일임했던 것이 아닌가 한다. 그런데 교무처에서 소속 교수가 학과에서 강의하지 않으면 전공심화과정이 폐쇄될 수 있다는 경고를 한 것이다. 이 경고는 문자 메시지로 이루어졌다. 그 문자 메시지 화면은 교육부에도 제시되었다. 학생들에게 4년 과정이 가능하다고 해놓고 막상 전공심화과정이 막히면 정말 난감할 것이다. 그런 점에서 미디어디자인과 교수들의 심정이 일부 이해가 간다. 그렇지만 소속학과 교수가 강의하지 않은 사실이 나타나 있는 시간표까지 제출된 상황이다. 그런데도 소속학과 교수가 모두 학과에서 강의하였다는 거짓 기술을 한 점은 이해가 되지 않는다. 대부분의 다른 학과들은 그런 기술 자체가 없었다. 이 점과 관련하여 저자는 교무처에도 다소 미심쩍은 측면이 있다고 생각했다. 도대체 왜 전공심화과정 폐쇄까지 언급했느냐 하는 것이다. 그래서 교무처에 물어보았지만 뾰족한 대답을 듣지 못했다. 학교에는 다소 정확한 출처를 알 수 없는 소문들이 떠돌 때가 있다. 이때 교무처의 직원 누군가가 외부로부터 교육부에서 교수의 소속학과 강의 여부를 엄하게 점검하여 전공심화과정 인가에 반영한다는 소문을 듣고 학교에 전했을 수는 있다. 그렇지만 공식적으로 그런 방침이 학교에 전달된 것은 없었다. 그때까지 교수의 소속학과 강의 미실시와 관련한 공식적인 교육부 방침은 시정 권고였다. 모든 대학의 관심을 집중시킨 구조개혁평가에서도 학교 전임교원이, 즉 외부 강사가 아닌 대학에 소속되어 있는 교수들이, 담당하는 강의가 전체 강의에서 차지하는 비율이 얼마인지가 평가지표였다. 전임교수가 어느 학과에서 강의해도 학교의 전임교원 강의비율에는 포함되는 것이다. 그런데 교육부는 이 문제를 교원확보율 문제로 몰아갔다. 교원확보율은 고등교육법령에 준수해야 할 기준과 위반 시 제재 내용까지 정해져 있는 훨씬 심각한 사안이다. 그래서 학교가 교원확보율을 위반하고 허위보고했다고 몰아가는 것이다. 그 근거는 학교가 2015년 2학기 강의시간표 작성지침에서 모든 교수는 소속학과에서 1과목 이상 강의를 해야 한다고 하면서 교원확보율 충족요건이라고 했기 때문이라는 것이다. 즉 학교가 교수는 소속학과에서 강의해야 교원확보율이 충족된다고 해놓고 소속학과에서 강의하지 않은 교원을 교원확보율 산정에 포함하여 계산했다는 것이다. 교원확보율 충족요건이라는 문구는 학교 교원들의 적극적인 동참을 유도하기 위한 것임을 상식적인 수준에서 쉽게 이해할 수 있다. 설혹 학교가 정말 교원확보율 충족요건이라고 믿었다 하더라도 학교의 믿음이 잘못된 것이지 교원확보율 요건이 바뀌는 것은 아니다. 정말 교육부의 억지도 이 정도면 조선 시대 백골징포와 같은 삼정문란급이 아닌가 싶다. 그럼 학교 강의지침에서 경기과학기술대학교는 교원확보율 산정에 있어 교원 1인당 학생 수를 독자적으로 100명으로 한다고 하면 인정해 줄 것인가? 너무 기가 막혀 말이 안 나오는 억지이다. 교육부가 이렇게 억지를 부리는 데는 2가지 믿음이 있었다고 본다. 하나는 학교가 거짓 기술 내용이 들어 있는 보고서를 제출하여 허위보고라는 틀을 벗어나기 어렵기 때문이다. 또 다른 하나는 늘 사학을 굴복시켜 온 경험의 소산이 아닐까 싶다. 무슨 주장이라도 교육부가 하면 결국 'x이 무서워서 피하나, 더러워서 피하지!' 하고 사학들이 물러서 온 것이 이런 교육부를 만들어 낸 것이 아닌가 싶다.

대학 총장으로서 저자의 경험은 대학과 관련하여 교육부의 역할이 정말 없다는 것이다. 저자 재임 기간 중 교육부가 전문대학과 관련하여 시행한 큰 정책은 특성화전문대학 육성시책과 대학구조개혁평가이다. 특성화전문대학 육성시책은 선정된 대학에 대한 자금지원이다. 대학구조개혁평가는 대학에 등급을 부여하여 구조개선을 촉진하고 부진한 대학에는 국가장학금 지급을 축소하는 제재를 하는 것

등이었다. 이런 정책을 수립하면서 실질적인 평가지표를 도출하고 평가를 하고 하는 것은 한국연구재단이나 교육개발원 같은 전문기관들이다. 교육부는 그냥 잔소리하는 감독기관이다. 그리고 시책별 지원예산 규모는 교육부의 요구보다는 정부 재정계획에 따라 크게 윤곽이 정해진다. 교육부는 예산 당국으로부터 예산을 받아 연구재단 등에 전달하는 역할을 하는 것이다. 예산지원이 교육부라는 통로를 통하게 되어있는 것이다. 그것 때문에 모든 대학이 교육부를 왕처럼 떠받들어 온 것이다. 저자는 공무원으로 근무하는 동안 교육부 공무원들과 중앙공무원교육원에서 같이 교육을 받는 기회도 있었다. 이때 분임토의 등을 할 때 교육부 공무원들이 학교를 마치 자기들 마음대로 주무를 수 있는 것처럼 발언하였다. 속으로 많이 놀랐던 경험이 있다. 중앙 부처 공무원들 사이에서 교육부 공무원들의 규제 마인드는 악명이 높다. 대한민국이 항상 교육문제로 시끄러운 원인 중의 하나일 것으로 생각된다. 특성화전문대학 육성시책이나 대학의 구조개혁평가 같은 시책은 많은 이해관계가 엇갈리고 다양한 대안이 있을 수 있는 분야이다. 수많은 국민이 직간접적으로 영향을 받는 것이다. 빠르게 결정하여 집행하는 것보다는 신중하게 다양한 의견을 수렴하여야 한다. 많은 사람이 공감하고, 오래 가는 시책을 수립하는 것이 훨씬 중요한 것이다. 그런 시책을 '부'라는 신속한 집행에 적합한 정부조직으로 하는 것이 타당한 것인가? 실제 교육부는 집행도 다 전문기관에 위임, 위탁하고 자신들은 감독역할에 주력한다. 감독 기능도 '부'보다는 위원회가 더 적합할 것이다. 장관 한 사람이 법령준수 여부를 확인하고 제재를 결정하는 것보다 위원회가 하는 것이 더욱 타당하다. 규제는 위원회가 적합한 조직이라는 것은 행정학의 기본이다. 고등교육법이나 사립학교법에 따른 교육부 장관의 대학에 대한 감독 권한은 어마어마하다. 그런 감독 권한의 집중은 필연적으로 본말이 전도되거나 분수를 모르는 실무조직으로 이어진다. 국가교육위원회를 구성하여 다양한 교육전문가가 많은 논의를 통해 안을 도출하고 전문기관이 시행토록 하는 것이 국가의 백년대계라는 말에 훨씬 잘 어울릴 것이다. 그래야 하루아침에 대학 입시제도가 바뀌고 그에 따라 부동산 가격이 들썩이는 기현상도 줄어들 수 있을 것이다. 교육'부'가 '위원회'보다 효과적으로 작동할 수 있는 것은 정치 권력의 교육 관련 요구사항의 전달 통로 기능이다. 아무래도 장관 한 사람에게 자신들의 요구를 전달하는 것이 위원회에 전달하고 요구하는 것보다 쉬울 것이다. 아무튼, 저자가 경험한 교육부는 앞뒤를 모르는 공무원들의 놀이터였다. 그리고 이 책은 그것을 증명하고자 쓰는 것이다.

말이 나온 김에 한 가지 더 생생한 경험을 전하고자 한다. 교육부에 산업단지 캠퍼스 사업이 있었다. 학교가 기업들과 같이 협력하여 산업단지 내에서 학과를 운영하면 비용을 지원해 주는 사업이었다. 경기과학기술대학교는 학교 전체가 아예 시화 산업단지 내에 있다. 산업단지 캠퍼스 사업을 위해 학과 일부를 산업단지 내로 옮길 필요도 없었다. 그런데 저자가 취임 후에 보니 경기과학기술대학교는 동 사업의 지원을 받지 못하고 있었다. 그래서 동 사업을 원하는 교수들에게는 숙원사업이 되어있었다. 저자가 교육부의 지원을 못 받는 이유를 관련 교수들에게 물었다. 산업단지 캠퍼스 사업 관련 규정상 학교의 교지가 부족하다는 것이었다. 관련 규정을 보자고 했다. 학교의 교지 부족과 그 사업 지원요건은 무관해 보였다. 그렇지만 교육부와 몇 년째 의견 차이가 있다고 했다.

저자도 공무원 시절에 민원인과 법령 해석상에 의견 차이가 있었던 경험이 있다. 그럴 때 저자는 법제처에 법령해석을 의뢰했었다. 여러 전문가의 검토를 거친 법제처의 해석은 상당히 객관적이고 타당성이 있었다. 법령이 자신이 속한 부처의 소관이라 해도 그 부처가 법령해석의 전권을 갖는 것이 아니다. 정부 내에는 법제처에 법령 해석기능을 두고 있었다. 즉, 법제처에서 해석한 바에 따라 법을 집행하면 해당 공무원은 법령해석의 책임에서는 자유로운 것이다. 공무원의 책임 문제가 아니라 법의 적정한 집행을 담보하는 것이다. 어떤 법이 정부 입법을 통해 제정되었고 정부 입법을 함에 있어 현재 업무 담당자가 입안했다고 가정하자. 그렇다고 해도 법의 해석을 입안자인 현재 업무 담당자가 가장 잘 하는 것이 아니다. 법은 제정된 이후에는 입안자의 의도와 상관없이 독자적으로 모든 사람에게 같은 의미가 있는 것이다. 하여튼 저자는 저자의 경험을 살려 법제처에 관련 규정의 해석을 의뢰했다. 교육부와 대립하고자 하는 의도는 전혀 없었다. 취임한 지 얼마 되지도 않은 때였다. 저자의 생각은 법령해석으로 계속 교육부와 의견 대립을 할 필요가 없다는 것이었다. 법제처가 교육부의 해석이 맞다고 하면 학교는 더 이상 동 사업에 미련을 둘 필요가 없다. 반대로 학교의 해석이 맞다고 하면 교육부도 부담 없이 학교를 지원해 주면 되는 것이다. 이런 단순한 생각으로 법령해석을 의뢰한 것이었다. 그런데 법제처에 의뢰한 지 얼마 후에 교육부로부터 연락이 왔다. 법제처에 의뢰한 것을 철회하면 지원을 해주겠다는 것이었다. 학교로서는 교육부의 제안에 반대할 이유가 없었다. 해석 의뢰를 철회했다. 그리고 지원을 받았다. 결국, 교육부도 내심 학교의 해석에 동의하고 있었다. 아마 추측하건대 이와 같이 학교와 법령해석에서 이견을 보이는 경우 법제처에 해석을 의뢰하여 결정하는 선례를 만들고 싶지 않았던 것이 아닌가 한다. 그리고 자신들의 해석에 무조건 따르지 않고 법제처에 해석을 의뢰한 것을 못마땅해했던 것 같다.

사업지원을 해준다는 공문서에 다소 불분명한 문구가 있었다. 사업지원 조건으로 학교가 교지확보를 추진해야 한다는 것으로 해석될 수 있는 문구였다. 참 이해하기 어려운 행정이었다. 우선 교지확보와 산학협력사업인 산업단지 캠퍼스 사업이 연관성이 크지 않았다. 그리고 지원 행정에 있어 직접적인 상관관계가 없는 조건을 붙이는 것 자체가 불법 아닌가 하는 생각도 들었다. 그리고 교지확보가 조건이면 조건이지 추진이 조건이 될 수도 없을 것이다. 그냥 장려사항 정도로 생각하는 것이 맞는 것 같았다. 교지확보가 지원조건이라고 분명히 했으면 그냥 지원을 받지는 않았을 것이다. 교지확보라는 것이 돈이 있다고 되는 것도 아니다. 교지에 적합해야 하고 무엇보다 토지 소유자가 매도 의사가 있어야 한다. 그런 조건을 붙이는 것이 합당한 것인가를 두고 교육부와 논의하여 태도를 결정하였을 것이다. 그런데 교지확보를 추진하는 것은 학교에도 도움이 되는 것이다. 학교는 교지확보가 싫어서 안 하는 것이 아니다. 그래서 더 이상 교육부와 왈가왈부하지 않고 지원을 받았다. 산업단지 캠퍼스 사업을 했다. 연간 10억 원 수준으로 3년간 지원을 받았다. 그 돈으로 산업단지 내의 기업 직원과 학교 학생 및 교수가 공동 R&D 등을 했다. 상당히 좋은 특허도 만들어 냈다. 동 사업으로 인해 교육부가 평가하는 일반대학과 전문대학을 망라한 10개 우수 산학협력 사례 대학의 하나로 선정되어 표창도 받았다.

저자는 교지를 추가로 확보하기 위해 많은 노력을 했다. 교육부가 채근하지 않아도 할 수만 있으면 교지를 더 확보하고 싶은 것이 학교의 마음이었다. 교지는 기존 캠퍼스와 동일 시·군내에 있어야 했다. 즉 학교가 소재하는 시흥시 내의 땅이어야 했다. 적정한 부지를 발견하여 학교가 원매자라고 하자 갑자기 땅 주인이 값을 2배로 올렸다. 결국, 학교와 인접한 시흥시 소유 땅을 사기 위해 법령해석이 필요했다. 국토교통부까지 가서 시흥시가 동의하면 학교가 원하는 토지를 획득할 수 있다는 해석을 받았다. 그렇지만 시흥시 공무원들은 민원을 우려해 안된다고 했다. 좀처럼 진척이 되지 않았다. 그렇게 시간이 흘러 산업단지 캠퍼스 사업이 종료되었다. 교지확보는 더 장기로 추진되어야 했다. 그런데 교육부는 학교가 지원조건을 어겼으므로 지원 사업비를 반납하라는 것이다. 아무리 합리적으로 설명해도 막무가내였다. 3년 전에 법제처에 해석을 의뢰한 괘씸죄가 적용되는 것도 같았다. 결국, 학교를 제재하기 위한 청문회가 개최되었다. 청문회는 교육부가 의뢰한 변호사가 진행했다. 그 자리에서 학교가 얼마나 교지확보를 위해 노력했으며 토지 소유자들의 동의를 얻지 못했음을 설명했다. 결국, 학교에 대한 제재는 불가한 것으로 결론이 났다. 교육부의 갑질에 정말 혀가 빠질 지경이었다. 저자의 상식과 공직 경험으로는 처음부터 지원조건이라는 것이 말이 안

되는 것이었다. 그래도 학교는 최선의 노력을 다했다. 그런데도 막무가내로 제재를 하겠다고 하는 것이다. 정말 저자의 상식으로 이해가 되지 않았다. 교육부는 학교가 교지를 확보하는지, 자기들 뜻대로 하는지, 3년을 담당자가 바뀌어 가면서 감시를 한 것이다. ×이 더럽기도 하지만 정말 무서워서도 피해야 한다는 생각이 들었다. 교육공무원들이 이런 행태로 계속 우리 교육에 관여하는 한 제대로 된 교육행정은 요원할 것이다. 결코, 스스로 부끄러움을 알거나 반성할 수 있는 정도가 아니라고 생각된다.

교육부는 학교가 전공심화과정 운영에 있어 고등교육법이 정하는 전임교원확보율에 미달하였다고 일방적으로 결론을 내렸다. 그리고 고등교육법령에 따라 학교에 다음 학년도 정규과정 신입생 입학정원의 10% 이내에 해당하는 학생 수의 모집정지 조치를 하겠다고 했다. 참으로 황당하였다. 교원확보율 미달도 사실이 아닌데 고등교육법의 제재규정도 무시하겠다는 것이다. 고등교육법은 교원확보율 미달 등의 법령위반 사실이 발생했을 때 먼저 시정요구를 하게 되어있다. 시정요구를 했는데도 또다시 위반이 발생하면 그때 제재를 가하게끔 되어있는 것이다. 그러면 당연히 시정요구를 먼저 해야 했다. 특히 국민의 권리를 제약할 수 있는 제재 관련 규정 아닌가? 당연히 정부 기관은 제재 요건과 절차를 엄격히 준수하여야 한다. 그런데 교육부는 그런 시정요구도 없이 당장 제재하겠다고 한 것이다. 아마 교원확보율 위반이니 시정하라고 하려면 교육부 스스로 교원확보율의 정의를 바꾸어야 하니 더 어렵게 느꼈던 것은 아닌지 모르겠다. 더 이상법치가 아니고 정상적인 정부 기관이 아니라고 할 수밖에 없다.

7. 경기과학기술대학교 장학재단 관련 교비지출이 부적정하다는 지적

　교육부는 경기과학기술대학교 장학재단이 '공익법인의 설립·운영에 관한 법률'에 따라 설립된 법인이라고 정관에 명시하고 있고 이 법인의 설립과 해산 등에 대해서 경기도교육청의 관리 감독을 받기 때문에 경기과학기술대학교와는 무관한 별도의 법인임을 알 수 있다고 지적한다. 이것이 이해할 수 있는 지적인가? 장학재단은 독립된 재단법인이기 때문에 당연히 학교와는 별개의 법인격체이다. 설립 근거법을 들먹이는 자체가 아무 필요 없는 일이다. 세상의 모든 장학재단이 당연히 학교와는 별개의 법인격을 갖는 재단법인이다. 그렇지만 경기과학기술대학교 장학재단은 경기과학기술대학교 학생들을 위한 장학재단이다. 경기과학기술대학교와 무관하다고 할 수 없다. 더군다나 교육부는 엉뚱하게 사립학교법의 학교회계와 학교법인회계 분리 규정을 들어 학교가 그 규정을 위반했다고 했다. 학생들의 등록금을 주 수입원으로 하는 대학의 교비 회계는 특히 엄격한 통제가 가해진다. 학생들의 교육목적으로만 지출되어야 한다. 그러나 학교를 설립한 학교법인이 교비 회계의 돈을 전용하여 종종 사회문제가 되어왔다. 그런데 경기과학기술대학교 장학재단을 설립하기 위하여 노력하는 과정에서 총장이 학교 행사비나 업무추진비를 사용한 것을 그런 것에 빗대 지적을 한 것이다. 학교 행사비나 총장의 업무추진비는 물론 교비 회계에 속하며 교육목적에 한해 사용할 수 있다. 교육부는 장학재단 설립을 위한 노력과 경비지출이 교육목적에 포함되지 않는다고는 못하고 교비 회계 전출이란 엉뚱한 지적을 한 것이다. 문제를 좀 더 복잡하게 보이도록 하여 대응을 하기 어렵게 하자는 의도일 것이다. 업무추진비의 오집행보다 교비 회계의 전출은 훨씬 무거운 의무 위반이다.

저자는 교육부의 지적대로 2015년 5월 13일 경기과학기술대학교 장학재단 설립추진 발기인 총회라는 명칭으로 학교 동문 초청행사를 개최했다. 비용은 2백만 원이 조금 더 들었다. 장학재단 설립취지를 설명하고 재단을 만들 기금 출연을 요청하기 위해서였다. 장학재단은 말 그대로 재단법인이고 사단법인과 달리 발기인 총회라는 법적 요건이 존재하지도 않는다. 행사명칭은 학교에서 정했으며 참석하신 분들의 동참을 더욱 간곡히 요청하기 위한 명칭이었다. 물론 장학재단의 정관은 이렇게 될 것이라는 설명을 하는 시간도 있었다. 그 자리에 초청된 분들이 모두 나중에 장학재단 설립을 위한 기금에 출연하였지만, 모두가 장학재단의 이사 등으로 장학재단 운영에 참여한 것도 아니다. 그 행사는 당연히 학교의 행사였다. 아직 장학재단이 설립되기도 전의 행사이며 설립될 것인지도 불분명한 상태이다. 그런데 교육부는 그것은 재단의 행사이므로 재단이 비용을 부담해야 한다고 우기는 것이다. 교육부의 그와 같은 논리에 따르면 앞으로 학교는 학생들을 위한 장학 재단법인이나 다른 학생지원 법인을 설립하는 노력을 하면 안 된다. 그리고 학교가 장학재단에 학교 사무실을 무상 제공하여 전화 요금이나 전기요금의 부담을 초래했다는 것이다. 이런 교육부에 정말 더 무슨 말을 할 수 있겠는가? 학교가 경기과학기술대학교 장학재단의 주소지로 학교 사무공간을 제공한 것은 사실이다. 그건 어떤 법에도 어긋나는 것이 아니다. 자기 학교 학생들을 위한 장학재단 아닌가? 그리고 경기과학기술대학교 장학재단은 별도 독립적인 사무실이 필요하지도 않았다. 장학재단은 기금이 주체이고 이사장이나 이사가 모두 비상임이다. 1년에 2 내지 3회 정도 회의를 개최하여 기금 운용에 관해 결정하고 장학생 선발 및 장학금 지급만 하면 되는 것이다. 그렇지만 주소지는 있어야 하므로 학교의 산학협력위원회 사무실을 공용토록 한 것이다.

학교직원이 장학재단의 비상근 직원으로 근무할 수 있도록 겸직허가를 했다. 학교의 직원복무규정에는 직원이 총장의 허가를 받아 비영리 업무를 겸직할 수 있게 되어있다. 그리고 장학재단은 상근 직원을 필요로 할 만큼 업무 수요가 없다. 일 년에 2 내지 3회 개최되는 회의의 원활한 운영만 지원하면 되는 것이다. 아마 대한민국 대부분의 장학재단 직원이 다른 업무를 겸하고 있을 것으로 생각된다. 아무튼, 학교규정에 따른 직원의 겸직허가가 잘못되었다는 것이다. 교육부는 학교의 강의지침은 매우 중요해서 법령에 우선하여 교원확보율을 변경시키는 것으로 해석했다. 그런데 지침보다 상위 개념인 학교의 규정은 아무것도 아니어서 규정에 따른 겸직허가가 잘못되었다는 것이다.

8. 학교시설 사용료를 부당감면 했다는 지적

저자는 학교 창업지원센터 내의 공간을 임대하여 교육기업을 설립하고 학생들에게는 무료교육을 하겠다는 학교 총동문회장에게 시설 임대료 26백여 만 원을 감면하여 주었다.

학교 총동문회장은 학교의 겸임교수이기도 하다. 겸임교수란 본래의 자기 직업을 가진 사람이다. 그 직업적인 전문성이 학생 교육에 유용해서 학교에서 강의를 요청하는 사람이다. 법무법인의 변호사 등이 법학전문대학원 등에서 강의하는 경우를 들 수 있다. 총동문회장은 자신이 하고자 하는 교육은 정밀측정기술이며 바이오, 제약 등 미래산업에 유용하다고 했다. 향후 기업체 직원 등으로부터 교육수요가 커질 것이라고 했다. 처음에는 일부 교수들과 의논하여 교육에 필요한 시설을 학교와 자신이 공동으로 투자하자고 했다. 학교의 투자비용은 5천만 원이라고 했다. 그런데 다른 교수들이 학교가 시설에 투자하는 데 반대했다. 교육시설은 다룰 수 있는 교수가 없으면 무용지물이 된다. 겸임교수에게만 의지해서 교육시설에 투자하는 것은 문제가 있다고 생각했다. 그래서 공동 시설투자는 할 수 없다고 했다. 그러자 총동문회장은 시설 임대료를 50% 감면해 달라고 요청해왔다. 학교는 학교에 발전기금을 기부한 기부자에게 기부금액을 넘지 않는 범위 내에서 시설 사용료의 50%를 감면해왔다. 총동문회장이 그때까지 기부한 학교발전기금은 29백만 원을 넘었다. 그래서 감면해 주는 것이 좋겠다는 검토보고가 있었다. 다른 무엇보다 학교에 없는 시설을 이용하여 학생들에게 유용한 교육을 하겠다

는 것 아닌가? 이 교육은 이후 정식 교과목이 되었다. 즉 총동문회장
은 학교 공간을 26백만 원을 내고 임대하여 자기가 교육시설을 갖
추고서 학생들에게 무료로 교육을 한 것이었다. 그런데 교육부는 52
백만 원을 임대료로 받아야 했는데 26백만 원만 받았으니 학교에
손실을 초래했다는 것이다.

　학교와 총동문회장 간에 시설임대계약을 체결하면서 총동문회장
이 경기과학기술대학교 장학재단에 1억 원을 기부하여 임대료 50%
를 감면한다는 문구를 넣었다. 실제 장학재단에 1억 원을 선뜻 기부
해준 총동문회장에게 감사의 뜻도 있었다. 그렇지만 그보다도 장학
재단 기부에 대해 널리 선전하여 학교 동문으로부터 더 많은 참여를
유발하자는 뜻이 컸다. 총동문회장도 향후 자신이 동문에게 장학재
단에의 참가를 적극적으로 홍보해 나가겠다고 했었다. 그런 총동문
회장에게 무엇인가 이야깃거리를 제공할 필요도 있었다. 어쨌든 총
동문회장에게 임대료를 감면한 것은 학교의 관례와 이익에 맞는 것
이다. 총동문회장과 학교가 협상이 되지 않아 시설임대가 일어나지
않았다면 학생들에 대한 교육도 없고 26백만 원의 임대료 수입도
생기지 않는 것이다. 이런 것을 교육부는 학교와 무관한 장학재단에
1억 원을 기부했다고 임대료를 감면해 준 것은 잘못이라고 지적하
고 있다. 모든 지적이 억지이고 트집 잡기이다. 재정배분 통로인 책
상머리에 앉아 학교의 현실은 도외시한 채 굽신거리는 학교관계자
들을 대하다 보니 생긴 행태요, 우리 교육 문제점의 핵심 중의 하나
이다.

IV

사학에 대해 무지막지한 힘을 가진
교육부의 압력

교육부의 지적사항은 앞에서 상세히 설명한 것처럼 말도 안 되는 것이었지만 따지기보다는 해명하고 설득하기 위해 노력했다. 친화력 있는 교수로 기획처장을 새로이 임명하고 교육부의 전문대학정책과에 자주 가서 교육부를 설득하도록 했다. 교육부도 학교 조치들을 이해하는 듯한 태도를 보이기도 했다. 처음에는 저자가 김ㅁㅁ 교수를 감싸고 이xx 교수를 홀대했다고 오해했을 수도 있다. 그렇지만 손바닥으로 해를 가릴 수는 없다. 각종 증거서류와 상황 설명으로 인해 이xx 교수의 주장이 자신의 재임용을 위한 억지 주장이라는 것을 금방 알았을 것이다. 아무리 저 높은 곳에 고귀하게 앉아 있어서 밑이 잘 안 보인다 해도 사실관계에 관한 서류들이 있고 학교 관계 교직원들의 태도가 있는 것이다. 제 발이 저린 도둑과 결백한 사람은 표시가 나는 법이다. 그런데도 저자와 학교를 압박하기 위하여 엉뚱하게 장학재단 문제까지 위법 행위를 했다고 억지 주장을 하는 것이다.

　　저자는 동아일보가 주최하고 산업통상자원부와 미래창조과학부가 공동 후원한 2016 대한민국혁신기업인 대상 시상행사에서 경영 부문 상을 받기도 했었다. 장학재단을 설립하고, 특성화전문대학 평가에서 우수한 평가를 받는 등의 공이 있다고 인정을 받은 것이다. 때로는 상을 받는 사람이 적극적으로 자신을 홍보하여 상을 받기도 한다. 저자는 그러한 주변머리는 없는 사람이다. 저자가 추진한 일들을 어떻게 알았는지 동아일보에서 연락이 와서 상을 받게 된 것이다. 스스로 말하기는 다소 쑥스럽기는 하나 정말 사심 없이 학교발전을 위해 일을 했었다. 그리고 전국에 백사십여 개에 달하는 전문대학 중에서 일반대학보다 나은 실용교육 중심의 명문전문대학 사례를 만들려고 노력했다. 전문대학 총장 회의에서 이런 주장을 했던적이 있다. "일반대학 학생들보다 전문대학 학생들이 현재 학업성적이나 학업능력이 못 할 수는 있다. 그러나 그렇다고 미래의 성취도가 더 낮을 것이라고는 못 한다. 인간은 컴퓨터와 다르다. 컴퓨터는 중앙처리장치가 486이면 영원히 486이고 펜티엄이면 영원히 펜티엄이다. 그래서 특정 프로그램을 수행하는 데 걸리는 시간은 항상 같다. 사람은 그렇지 않다. 어떤 문제를 푸는 데 있어서 학습능력이 떨어지는 사람도 있다. 우수한 사람에 비해 시간이 오래 걸리고 이해하는 데 어려움을 겪는다. 그렇지만 일단 이해하고 문제해결 방안을 습득하면 그다음에는 학습능력의 차이는 없다. 더 많은 연습을 한 사람이 더 빨리 문제를 풀 수 있다. 이런 점은 중소기업을 창업하고 운영하는 사람 중에는 정규 학령인 20대에 일반대학을 나오지 않은 사람이 매우 많다는 사실과 맥을 같이하는 면이 있다고 생각한다. 현장실습 위주의 학습이 더 높은 직업적 성취도가 있을 수 있다는 것을 나타내는 것일 수 있다. 즉 사람의 능력은 아직 미지인 부분이 많이 있다. 전문대학은 효과적인 교육시스템이나 그에 상응하는 평가나 지원은 받지 못하고 있다는 생각이다. 그리고 교육부는 전문대학에 대해 요즘 학생들의 표현대로 1도 모르는 것이다.

학교가 잘못은 있다. 그러나 교육부가 제시하는 것과 같은 처분은 부당하다. 그것을 교육부에 설득하는 노력은 경기과학기술대학교의 학교법인인 한국산업기술대학(이하 '학교법인'이라 한다)도 일부 하였다. 교육부의 처분안에 대해 사실관계를 정확히 소명하면서 선처를 요청하는 이의신청서를 학교법인이 2017년 4월 14일 교육부에 제출하였다. 당시 학교법인은 전 서울대학교 총장이셨던 이기준 이사장의 임기만료 후 신임 이사장이 선임되지 못하고 있었다. 이사인 이건우 서울대학교 교수가 이사장 직무대리 중이었다. 이의신청서는 교육 관계 법령을 잘 알아 교육부에 자문도 하는 변호사에게 사실관계를 설명하고 의뢰하여 작성하였다.

교육부는 학교법인의 이의신청 내용을 무시하고 2017년 4월 28일 처분결과 통보를 해왔다. 부당학점을 부여받은 김○○ 학생에 대한 장학금 환수액은 학교 측의 사실관계 소명을 받아들였다. 그리고 학교에 대한 입학정원 제재 비율을 3%로 확정한 것 외에는 처분(안)과 같은 내용이었다. 학교와 총장을 포함한 다수의 교직원에 대해 엄청난 제재를 가하면서 문서에 반드시 기재되어야 하는 법적인 내용도 제대로 갖추지 못했다. 그래서 공문을 보완하는 공문서를 사무관 명의로 보내왔다. 그 보완 공문서에는 조속히 처분서대로 하지 않으면 엄중한 제재를 할 수 있다고도 하였다. 그리고 처분대상자가 처분에 관여하는 일이 없도록 조치하라고 굵은 글씨로 강조하기도

하였다. 즉, 총장인 저자를 직위 해제하여 향후 학교의 대응에 저자
가 관여하는 것을 차단하라는 뜻이다.

당시의 교육부 장관은 이은재 의원이 저자를 국회에서 공격한 이
후로 저자에 대해 어떻게 내부 관련 보고를 받았는지 궁금하다. 학
교법인 이사장 직무대행인 이건우 교수와 당시 교육부 장관은 서울
대학교 공대에서 같이 교수를 지낸 사이이기 때문에 서로 잘 알았
다. 그래서 저자가 이건우 교수에게 학교법인 이사장 직무대행으로
서 당시 교육부 장관에게 잘 해명해 달라고 요청했다. 이건우 교수
는 해명했다고 했다. 그렇지만 교육부의 조치는 진행되었다. 이 당
시는 이미 박근혜 정부에서 임명된 장관의 내부 통제력이 거의 상실
되었을 것 같다. 교육부 내부의 실무자들이 무슨 생각을 하고 있었
는지 저자가 알 길은 없다. 그리고 저자는 정말 답답했다. 뭔가 잘못
한 것이 있어야 잘못했다고 하고 선처라도 해달라고 할 것 아닌가?
잘못한 것이 아니라 어쩌면 잘했다고도 할 수 있는 일이 이렇게 진
행되었다.

당시에 저자는 이은재 의원이 박근혜 정권을 비난하기 위해 저자
를 낙하산이라고 비난하고 학교를 억지로 몰아쳤다고 생각했다. 촛
불시위에 정치적으로 동조하는 교육부 해당 공무원들이 이에 영합
하여 저자와 학교에 불법적인 조치를 하고 있다고 느꼈다. 촛불시위
는 2017년 5월 10일 문재인정부가 출범하여 자신들의 목표를 달성
했다. 따라서 중앙정부인 교육부가 정치와 무관한 학교에 대해서 최
소한 법에 어긋나는 조치는 하지 않으리라고 기대도 했다. 저자와

학교는 교육부의 처분 공문을 받고서도 5월 한 달간 학교에 별도의 태스크 포스 팀을 운영하였다. 교육부의 입학정원 제재는 법에 어긋나므로 철회해 달라고 요청하는 문서를 작성하여 제출하는 등의 노력을 하기 위해서였다. 그러나 교육부는 법 따위는 아랑곳하지 않았다. 교육부를 다녀온 교수들의 말을 빌려보면 입학정원 제재는 철회할 수도 있는 듯하면서 다른 자신들의 요구를 저항 없이 수용하도록 하였다. 이때는 이미 교직원들은 총장의 해임은 불가피하고 총장이 희생돼야 학교에 퇴로가 열린다고 생각했다. 그렇지만 저자와 직접 대면하여 그런 말은 하지 않았다. 마음속으로는 교육부가 옳지 않다는 것을 다들 알고 있었다. 저자도 2017년 6월 1일 징계위원회에 회부되고 직위해제 될 때까지 절대 위축되지 않았다. 진짜 잘못이 있는 사람과 그렇지 않은 사람은 다른 것이다. 교육부는 결국 총장에 대한 해임요구와 학교에 대한 제재를 불가분의 조합으로 취급하였다. 아마 자신들이 생각해도 학교에 그런 정도의 제재를 가하지 않고 총장의 해임을 요구하는 것이 앞뒤가 안 맞는 일로 생각되었던 모양이다. 그리고 학교에 그런 제재를 해도 학교가 반발하지 않고 순응케 할 자신도 있었던 것 같다. 학교의 산업단지 캠퍼스 사업의 예에서도 볼 수 있는 것처럼 밉보이면 반드시 보복하는 것 같았다. 마피아가 따로 없는 것이다. 마피아와 교육부의 다른 점은 교육부의 힘은 법이 부여하고 있다는 것이다. 사립학교법은 제4조에 사립대학과 학교법인은 교육부 장관의 지도·감독을 받는다고 명시하고 있다. 대학들에 관한 법인 고등교육법 제5조도 학교(모든 종류의 대학)는 교육부 장관의 지도·감독을 받는다고 규정하고 있다. 어떤 일에 관한 지도·감독도 아니다. 그냥 모든 것에 관한 포괄적인 지도·감독 권한이다. 이런 권한을 가진 기관이 부패하고 타락하지 않는다면 인간에 대한 이해를 새롭게 시도해야 할 것 같다. 우리나라의 학교는 아마 영원히 어른이 될 수 없을지도 모른다. 지나친 교육열이 낳은 병폐인지도 모르겠다. 지금의 세상은 아주 다르다. 민간시장의 신뢰가 정부의 인정에 우선하는 사회이다. 나이키를 미국 정부가 인정해서 품질을 신뢰하는 것이 아니다. 대학에 대한 정부규제가 없다면, 학점을 어떻게 주라고 정부가 간섭하지 않으면, 우리도 하버드 대학 같은 교육기관을 만들어 낼 수 있을 것이다. 저자가 생각하기에 우리 기업들은 정부규제 하의 학위를 받은 학생이 아니라 훌륭한 사립시설에서 교육받은 학생을 채용할 준비가 되어있다고 생각한다. 너무 과격한 주장이라고 생각할 수도 있다. 그러나 분명한 것은 현재와 같은 교육행정 시스템은 바뀌어야 한다. 대학들이 정부규제가 아니라 시장을 보고 운영되어야 한다. 여기서 시장이란 물론 교육을 받을 학생과 교육받은 학생을 채용할 사회를 말한다.

교육부는 학교법인과 학교에 대해 자신들의 지시대로 따르라는 압력을 넣었다. 먼저 학교법인에 대해서 법인의 학교에 대한 지원자금 회계처리를 문제 삼았다. 학교법인은 경기과학기술대학교 외에 한국산업기술대학교를 두고 있다. 학교법인의 이 부분은 주로 한국산업기술대학교의 회계문제라 저자가 상세한 내용을 알지는 못한다. 당시 한국산업기술대학교 이재훈 총장이 저자를 찾아왔다. 양 학교의 총장은 학교법인의 당연직 이사로서 각 학교와 관련된 이사회 상정 안건을 책임졌다. 그 이외의 이사들은 모두 비상근 이사이다. 경기과학기술대학교가 교육부의 요구대로 하지 않으면 자신과 학교법인이 큰 해를 당할 수 있다고 했다. 우선 교육부의 요구대로 하고 추후에 저자는 개인적인 구제절차를 밟아 달라고 하였다. 자신도 임기 전에 사퇴하겠다고 했다. 이은재 의원으로 인해 어려움을 겪는 것이고 이은재 의원이 노린 것은 저자이니 저자의 책임이 있다는 뜻도 포함됐을 것이다. 양 총장의 임기는 2018년 2월로 거의 같았다. 저자는 교육부의 그런 부당한 압력에 굴복할 수 없다고 거절하였다. 하지만 실제 저자가 대응할 수 있는 수단은 별로 없었다.

어쨌든 학교법인은 교육부의 조치에 대한 행정심판의 청구 등과 같은 잘못을 바로잡는 대응은 고사하고 교육부의 요구에 순응하여 다른 마찰은 초래하지 않겠다는 뜻을 분명히 밝혔다. 만약 학교법인의 회계처리가 문제가 있다면 그것은 그것대로 다루고 저자와 학교의 문제는 별도로 따지는 것이 제대로 된 중앙정부가 해야 할 최소한의 대응 방향일 것이다. 그런데 교육부는 여기에 너희들의 약점이 있으니 이것은 따지지 말고 내 요구대로 하라는 식의 행동을 한 것이다.

2017년 5월은 촛불 정부가 출범했을 때이다. 보통 새 정부가 출범하면 중앙정부 공무원들은 법치에 더욱 주의하게 되는 것이 다른 정부 때의 저자 경험이었다. 촛불 정부의 교육부는 전혀 그러지 않았다.

교육부가 학교에 가한 엄청난 압력은 학교에 대해서 기관평가인증을 재검토하겠다고 하는 것이었다. 대학에 대한 기관평가인증은 대학에 대한 살생부와 같은 것이다. 인증을 못 받는다는 것은 대학이 대학으로서 기본을 갖추지 못하였다는 의미를 내포하고 있다. 인증을 받지 못하면 모든 정부의 대학지원사업에 응모할 수 없어 정부의 지원금을 받을 수 없다. 재정적으로 큰 어려움을 받게 되는 것이다. 궁극적으로 교육의 질이 저하되어 학생모집에도 어려움을 겪는 악순환이 일어날 수 있다. 학교 존립의 위기를 겪을 수 있다고 할 수 있다. 이러한 기관평가인증을 재검토한다는 것은 학교에 대한 통제권이 교육부에 있다는 것을 명확히 하고 교육부의 요구대로 하라는 두말이 필요 없는 압박이다. 학교에 대한 기관평가인증을 재점검하겠다며 한국전문대학교육협의회 산하의 전문대학기관평가인증원에서 현장평가를 나왔다. 그리고는 교육부의 실태점검 결과를 앵무새처럼 되풀이하였다. 기관평가인증이 정부와 분리되어 객관적이고 독립적으로 이루어지지 않고 정부의 대학통제 수단이 되고 있다. 이러한 현실은 우리나라 교육행정의 수준을 나타내는 하나의 대표적인 지표라고 할 수 있을 것이다. 기관평가 현장평가팀의 종합의견 사본을 바로 뒤이어 제시한다. 사립학교법에는 마치 형사 기소된 교원은 연수를 보낼 수 없는 규정이 있는 것처럼 하고 지적하고 있다. 물론 그런 규정은 없다. 그런 규정이 있으면 교육부가 지적사항에 밑줄을 쳐서 강조했을 것이다.

아무튼, 학교법인은 저자를 사립학교법에 따라 2017년 6월 1일 징계위원회에 회부하였고 8월 1일 해임하였다. 학교법인 자신도 교육부의 실태점검 결과에 대해 부당하다고 이의신청을 했었다. 그러나 스스로 이의신청 내용을 부정하고 교육부의 요구대로 한 것이다.

저자는 결국 교육부의 이런 부당한 행태와 조치는 사법부를 통해서 바로잡을 수밖에 없다고 생각했다. 그 전제 조치로서 교육부에 설치된 교원소청심사위원회에 학교법인을 상대로 한 소청심사를 2017년 8월 28일 제기하였다. 교육부의 조치에 대해 부당하다고 교육부에 심사를 요청한 꼴이지만 교육부(교원소청심사위원회)를 상대로 행정소송을 하기 위해서는 부득이한 절차였다. 교원소청심사위원들의 다수는 교육부 공무원이 아닌 교육부가 위촉한 외부인사들이었다. 상식적인 판단을 할 수도 있지 않을까 하는 '혹시' 하는 기대도 있었다. 보통은 학교와 교원과의 다툼에서 교원의 입장을 배려하는 결정을 많이 한다는 평가도 있다. 그러나 '역시'였다. 교원의 지위 향상 및 교육 활동 보호를 위한 특별법에 따라 설치된 교원소청심사위원회는 2017년 11월 15일 저자의 심사청구를 기각하는 결정을 하였다.

교육부의 실태점검 지적사항이 얼마나 엉터리인지 그리고 그런 엉터리 지적사항을 바탕으로 한 학교와 저자에 대한 징계가 얼마나 엉터리인지는 교원소청심사위원들도 다 알았을 것이다. 교원소청을 결정하기 위한 심사일에 참석한 저자와 대면하고 앉은 심사위원들의 분위기에서도 느낌이 왔다. 하지만 심사결정서에 서명하지 않은 외부심사위원은 6명 중 단 1명이었다. 여기서 짚고 넘어가고 싶은 점이 하나 있다. 교원소청심사위원회는 교육부에 구애받지 않고 객관적이고 상식적으로 판단을 하여야 하는 기구이다. 교육부의 의견에 영합하거나 지시에 순응하지 않고 전문적인 의견을 제시해서 교육부가 갖추지 못한 전문성이나 객관성을 보완해야 존재 의의가 있다고 할 수 있다. 그러나 터무니없는 교육부의 요구에 그대로 순응하였다.

이런 정부 위촉 인사들로 구성된 많은 위원회가 그냥 정부의 거수기 노릇을 하는 사례는 어제오늘의 일은 아니다. 정부가 구성하는 위원회의 위원으로 위촉된다는 것은 자신이 속한 분야의 전문성을 정부로부터 인정받는다는 뜻이 된다. 그래서 그 분야에서 자신의 영향력을 높이는 역할을 한다. 정부의 위촉에 목을 매게 되고 정부의 뜻을 거스르지 못하는 것이다. 정부의 각 부·처는 전문성과 객관성을 보완한다고 산하에 수많은 위원회를 두고 있다. 많은 경우 그런 위원회는 각 부·처의 결정을 치장하고 추인하는 역할을 한다. 각 부나 처의 잘못된 결정을 옹호하게 되는 것이다. 저자의 소청심사건 결정서에 서명한 소청심사위원들도 대부분 큰 고민 없이 교육부의 결정에 따랐을 것이다. 그리고 전국 교원들의 소청을 심사하는 위원으로서 소속 학교나 기관에서 선망의 대접을 받을 것이다.

저자는 이번 사건을 겪으면서 우리 사회의 민주화 수준에 대해서 많은 것을 느껴보았다. 국회의원의 소속 상임위원회에서의 무소불위한 발언과 활동, 중앙정부의 폭력적인 강압, 학교법인의 불의한 타협, 교원소청심사위원회의 무조건적인 추종 등의 일들이 아무런 제약 없이 연이어 일어났다. 저자가 민주국가라고 믿은 우리나라에서 소위 말하는 '적폐청산'을 부르짖는 촛불시위를 계기로 일어난 일들이다.

종합의견

귀 대학은 2016년 기관평가인증 갱신 심사를 받은 대학으로 조건부인증을 취득한 바 있습니다. 그러나 2017년 교육부의 학사실태 점검을 통해 여러 가지 문제점이 도출되어 기관평가인증 평가 요소의 내용을 재확인하기 위하여 현장평가를 실시하였습니다.

현장평가를 실시한 결과, 귀 대학은 고등직업교육기관으로서 사회적 책무를 다하기 위하여 대학의 설립이념 및 목적에 부합하는 교육목표를 갖추고 직업교육기관으로서의 특성과 정체성을 명확하게 제시하고 그 실현을 위해 노력을 하고 있었으나, 대학 운영 전반에 걸쳐 대학이 정한 규정이나 절차상 많은 문제점이 도출되었다고 판단됩니다. 이에 개선이 필요하다고 사료되는 내용을 요약하여 말씀드리겠습니다.

첫째, 학사관리 부적정과 관련된 내용입니다. 청강생으로 수업을 들은 과목을 학점으로 인정 할 수 있는 근거가 없음에도 불구하고 부당하게 학점을 부여한 것은 큰 문제점으로 지적하지 않을 수 없습니다. 또한 이와 관련하여 민원이 발생하고 그에 따른 민원진상조사 TFT가 구성되어 조사가 이루어져 여러 문제점을 명시하였으나, 대학은 어떠한 처분을 하지 않고 방치한 사실은 허술한 학사관리를 하였다고 판단됩니다. 추후 이와 같은 일이 발생하지 않도록 주의할 필요가 있다고 사료됩니다.

둘째, 교원인사관리의 부적정과 관련된 내용입니다. 귀 대학의 교원 임용권자는 학점을 부당하게 부여한 교수에 대해 민원이 제기되었으나, 징계사유가 발생한 날로부터 징계시효(3년) 이전에 징계의결 절차를 진행하지 않았고 또한 징계시효가 지난 시점에서는 징계의결을 요구할 수 없음에도 징계의결을 요구한 사실이 있으며, 아무런 심의 절차 없이 교원을 전보(학과 이동)시킴으로서 이에 따른 문제가 발생하여 재임용 탈락사례가 발생한 것은 교원 임면절차와 방법의 공정성과 투명성이 확보되지 않았음을 보여주는 것으로 사료됩니다. 또한 학점 부당 교원에 대한 연구년제 선정 절차와 관련하여서 상위법인 「사립학교법」을 위반(기소기간 중인 교원을 파견한 사실)하였으며, 선발과정에서 교원인사위원이 아닌 총장이 간담회를 통해 교원인사위원회에 간접적으로 개입한 사실은 교원인사위원회의 고유권한을 침해 한 것으로 판단됩니다. 향후 반드시 법령을 준수해 주시길 바랍니다.

셋째, 교원확보율 충족을 위한 허위보고와 관련된 내용입니다. 「고등교육법」에서 산업체 경력 없는 학사학위 전공심화과정을 운영하기 위해서는 모집단위별 전임교원확보율 60%, 전체교원확보율 100% 이상 충족하도록 규정하고 있으나, 실제 강의를 하지 않은 교원 2명을 허위로 보고한 사실이 판명되어 행정재제를 받은 것은 문제점으로 지적하지 않을 수 없습니다. 추후 관계법령을 반드시 준수하시기 바랍니다.

넷째, 경기과학기술대학장학재단과 관련된 내용입니다. 경기과학기술대학장학재단의 설립취지는 타 대학에서는 찾아보기 힘든 좋은 사례라 판단됩니다. 다만, 운영적인 측면에서 장학재단과 대학은 별도 법인임에도 불구하고 원활한 업무지원을 위해 대학 직원의 겸직을 허가하였고, 교비회계에서 장학재단의 설립 및 운영과 관련하여 대학의 업무추진비 및 대학행사비를 지출한 것은 사립학교법을 위배하였습니다. 그러나 「교육부 실태점검 처분 결과」 통보에 따라 겸직 허가를 취소하고, 장학재단 관련경비를 장학재단으로부터 회수하여 교비회계로 세입조치하기 위해 빠른 후속조치를 취한 것은 높이 평가됩니다.

2017년   7월   31일

작성자 : 평가팀장   최 준 영

V

어쩔 수 없는 선택인
행정소송의 제1심

1. 저자의 행정소송 제기

저자는 먼저 학교법인을 상대로 해임 조치 정지를 위한 가처분 소송을 제기하였다. 수원지방법원 안산지원은 저자의 임기가 얼마 남지 않았으므로 임시 조치인 가처분은 적절치 않고 본 소송을 해서 시시비비를 가려야 한다는 판결을 하였다. 저자는 4년의 임기 중 3년 5개월을 재직하였고 임기 7개월을 남기고 해임되었다. 저자는 반대로 임기가 얼마 남지 않았기 때문에 가처분 소송을 한 것인데 판사의 생각은 달랐다. 학교의 다수 교직원은 저자가 다시 학교로 오면 학교에 또 평지풍파가 일어난다는 의견서를 제시하였다. 교직원들에게는 교육부와 편안한 관계를 유지하는 학교가 필요할 것이다. 그들의 평생직장 아닌가? 교육부가 학교의 인증평가까지 점검토록 하면서 교육부의 실태점검 지적사항을 되풀이하는 상황이다. 학교도 어쩔 수 없는 측면은 있었다. 그렇지만 일부 교수들은 아무것도 모르는 학생들도 서명에 동참하게 해서 제출하였다. 학생들은 저자가 얼마나 자신들을 대변하여 교수들과 논쟁을 했는지 모를 것이다.

저자가 애써 도입한 학생들의 완전 자율수강 신청제는 대학교에서 만만한 일이 아니다. 교수들 처지에서 학생들이 선호하든 그렇지 않든 반드시 수강토록 해야 하는 필수과목이 많을 수 있다. 수요자인 학생들의 처지에서는 필수과목이 직업적인 니즈(Needs)에 꼭 맞는다고 단정하기는 어렵다. 더군다나 산업은 점점 더 융·복합화 되어 가고 있다. 기업인들에게는 학교에서 과거의 교과목체계에 맞춘 교육을 받고 온 학생들에 대해 불만들이 있다. 경기과학기술대학교는 기계계열과 전기·전자계열로 특성화된 대학이다. 학과가 세분되어 있지만, 상호호환성이 높다. 학과는 불가피하게 공급자인 교수들의 전공 위주로 강의를 제공할 수밖에 없다. 아무리 해당 학과에서 필수과목이라 해도 학생들의 눈높이에 맞지 않으면 학생들은 옆 과에서 보완하는 것이 훨씬 효과적일 수 있는 것이다. 무엇보다 학생들의 자유로운 수강과목 선택은 학생들의 수업의욕을 높인다. 자신이 선택한 과목이다. 교수들에게는 강의평가 설문을 넘어서는 피드백이 전달될 것이다. 산학협력 교육의 핵심이라고 할 수 있는 현장실습의 내실화를 위해 많은 노력을 했다. 학생들 처지에서도 달갑지 않았을 수 있다. 그러나 가급적 빨리 자기가 공부하고 있는 것이 기업현장에서 어떻게 적용되는지를 체험하는 것은 무엇보다도 중요하다고 생각되었다. 그래서 이름뿐인 가족 기업을 정리했다. 학생들이 지속해서 방학 중에 현장실습을 하고 학교에 피드백을 줄 수 있는 기업만을 교수별로 가족 기업으로 등록하도록 했다. 저자가 다 옳았다는 것은 아니지만 어느 사회나 기득권과 무사안일에 빠지려는 경향은 있다. 저자는 교수들의 그런 점을 경계했고 명문전문대학의 육성에 동참해 달라고 많이 요청했다. 서명한 학생들은 언젠가 그때 교수들의 서명 요청이 어떤 뜻이었는지 문득 깨닫는 날이 올 것이다. 그리고 서명을 요청한 교수들의 행위에 대해 느끼는 바가 있을 것이다. 사실 그렇게 학생들에게까지 서명을 요청했다는 것은 법적으로 저자의 해임이 잘못됐다는 것을 교수들이 잘 알고 있었다는 것을 반증하는 것이다. 교육부는 저자가 징계에 회부된 뒤 교육부로 찾아오는 보직교수들에게 분명한 메시지를 전달했다.

일부 교직원들은 저자가 옳고 교육부가 잘못되었다는 의견서를 제출해 주었다. 이미 대세가 다 기울었는데도 옳은 것에 손을 들어 준 그분들께 감사드리고 싶다. 사회에는 항상 어떤 일이 생기면 주위에서는 어떻게 생각하는지를 우선하는 사람들이 있다. 이런 사람들이 인간관계가 원만하여 사회생활을 잘 한다는 평가를 받는 경우도 많은 것 같다. 그러나 진정으로 남을 배려하는지는 의문이다. 누가 강자인지를 파악하고 강자 편에 서는 것에 민감한 사람인 것이다. 반면에 그 일이 옳은지 그른지를 우선하는 사람들이 있는 것 같다. 옳고 그름을 우선하는 사람들은 추구하는 이상이나 자신의 믿음이 선택의 기준일 것이다. 때로는 소통 능력이 부족하고 남을 배려하지 않는 것처럼 보일 때도 있다. 그러나 주변의 지지나 정치적인 세력이 부족하다고 해서 자신이 옳다고 믿는 것을 배신하지는 못 하는 것이다.

학교법인은 가처분 소송에서 교육부의 요구대로 하지 않을 수 없다는 것을 주요 변론내용으로 하였다. 교육부의 요구에 따라 일어난 일들을 교육부는 제외하고 피해의 당사자인 저자와 학교법인이 법정에서 다투는 모습이 우습게도 느껴졌다. 저자는 교육부를 상대로 옳고 그름을 다투는 것이 올바른 방향이라는 생각을 하였다. 교육부가 자신의 잘못을 인정하지 않으면 법원이 시정을 해 줄 것으로 믿고 교원소청심사위원회에 심사청구를 한 것이었다.

앞서 서술한 것처럼 교원소청심사위원회는 예상대로 저자의 소청을 기각하였다. 교육부의 요구에 따른 학교법인의 결정을 교육부 소속기관인 교원소청심사위원회가 옳다고 한 것이다. 교육부 스스로가 다시 한번 자신들의 소위 실태점검 결과를 바탕으로 한 처분이 정당하다고 한 것이다. 저자는 그런 교원소청심사위원회의 결정을 다투는 행정소송을 서울행정법원에 제출하였다.

저자는 사실 2017년 3월 처음 교육부가 실태점검 처분안을 학교에 보내왔을 때 황당했지만 그렇게 걱정하지는 않았다. 국회의원이 해당 상임위원회에서 특정인과 특정 학교를 지목하여 비난하는 것은 어쩔 수 없었다. 그렇지만 아무리 비난한다고 해서 근거 없이 행·재정적 제재를 하는 것은 불법이기 때문이다. 저자는 우리나라가 적어도 정치 권력이 없는 죄도 만들어 내는 그런 후진국이거나 조선시대와 같은 사회는 아니라고 굳게 믿었었다. 학교법인이 교육부에 제출한 이의신청 시부터 저자나 학교는 일관되게 반론을 제시했다. 교육부가 지적하는 저자나 학교의 선택들이 모두 타당한 이유가 있어서 그런 선택을 한 것이었다. 따라서 전후 사정을 해명하면 해결될 것으로 생각했다. 교육, 행정, 법률 등의 분야에서 경험과 전문지식을 갖춘 지인들에게 조언을 구했었다. 모두 하나같이 교육부의 태도가 이상하고 상식적으로 이해가 되지 않는다는 의견이었다. 따라서 행정소송 1심을 제기할 때만 해도 저자의 승소를 굳게 믿었다.

소송이유서는 30페이지 이내라는 분량 제한이 있었다. 그래서 저자를 대변하는 변호인은 가급적 전체 상황을 합리적으로 설명하는 데 주력하였다. 저자에게 딱 드러나는 잘못이 없었기 때문에 세부적으로 설명해야 하는 필요성도 크게 없었다. 그리고 저자 주장의 객관성을 보완하기 위해 노00 교수를 증인으로 신청하여 증언을 들었다. 노00 교수는 저자가 총장으로 취임한 이후 첫 교무처장을 맡았었다. 교육부가 지적하는 학교의 조치들에 대해 가장 많이 관련되었다고 볼 수 있는 교수이다. 이에 대해 교육부(교원소청심사위원회)는 학교법인을 소송보조 참가인으로 참가시켰다. 물론 학교법인은 교육부와 같은 입장을 취했다. 그리고 교육부는 사실관계의 전후에 대해서는 언급을 하지 않고 무조건 저자가 취한 조치들이 잘못이라는 주장을 되풀이했다.

앞에서 설명한 '교육부 지적사항의 허위와 오류' 내용을 요약한 저자의 원고로서의 주장을 담은 소장은 참고 자료로 첨부한다. 저자의 주장을 반박하는 교육부 및 학교법인의 주장을 담은 준비서면에 대해서는 차례로 요약하여 설명한다. '준비서면'이라는 말은 재판용어로서 저자도 이번 재판을 하면서 '준비서면'이라는 용어를 알게 되었다. 상대방의 주장에 대해 반박할 내용이나 해명 또는 추가할 사항이 있을 때 어느 쪽이든 재판부에 준비서면으로 제출할 수 있다. 그리고 상대방에게 전달된다. 교육부 및 학교법인의 주장에 대해 저자는 재반박의 준비서면을 제출하였다. 이렇게 제출된 준비서면들의 사본은 모두 참고 자료로 첨부한다. 소장이나 준비서면들에는 증거목록이 나열되어 있지만, 증거서류는 생략한다. 이 소송은 추후 소송관계 서류에도 언급되지만, 사실관계에 대해 다투는 소송이 아니다. 저자가 주장하는 사실들과 이를 뒷받침하는 증거에 대해 피고 측은 거의 반론도 제기하지 않는다. 따라서 증거서류들(예를 들어 시흥경찰서에서 학교에 수사협조를 요청한 사실을 입증하는 공문 사본 등)이 이 책의 발간 목적상 꼭 필요하지 않고 분량만 늘리기 때문이다. 다만 저자가 총장으로 취임하기 전에 학교에서 김ㅁㅁ 교수에 대한 내부고발을 조사한 진상조사보고서(원고 소장의 갑제6호 증거서류)는 소장 뒤에 첨부한다. 독자들의 정확한 사실관계 이해에 도움이 된다고 생각되기 때문이다.

2. 피고 측은 논리적인 설명 없이 교육부의 주장 되풀이

교육부(교원소청심사위원회)는 정부법무공단을 변호사로 선임하고 저자의 소장에 대한 자신들의 주장을 제출하였다. 저자의 조치들과 관련된 사실관계의 맥락이나 조치 사유에 대해서는 반박이 없다. 책 후반부에 참고 자료로 첨부된 준비서면 사본을 보면 알 수 있다. 그냥 그런 사실이 일어났으므로 저자가 잘못했다는 것이다. 예를 들면 저자가 김ㅁㅁ 교수에 대해 추가조사를 하지 않았다. 김ㅁㅁ 교수에 대한 형사판결 이후에 징계 의결을 요구하였다. 그러므로 무조건 잘못했다는 것이다. 저자가 소장에서 추가조사를 하지 않은 사유를 제시했다. 저자가 제시한 사유를 반박해야 정상적인 논쟁이라고 할 것이다. 그런데 그런 반박을 하지 못한 것이다.

교육부 측 변호인이 제시한 내용 중에 교육부가 저자에 대한 지적사항을 제시할 때 없었던 사실관계 내용은 딱 하나가 있다. 바로 시간표 바꿔치기 사건을 일으킨 미디어디자인과 학과장 최△△ 교수의 진술 내용이다. 최△△ 교수는 실태점검을 나온 교육부에도 진술서를 제출했고 학교의 징계위원회에 회부되었어도 진술서를 제출했다. 진술 내용은 다음과 같다.

> '본인은 다섯 차례 이상 총장님과 교무처장에게 비전공교원이 미디어디자인과에 소속된 부분을 시정해 주기를 부탁했고, 두 사람은 이 부분을 개선하려는 의지가 없었으며 비전공교원을 인사 발령하였다.'

항소심에서 이와 관련된 사실관계를 보다 자세하게 설명하게 된다. 1심에서는 대수롭지 않게 생각하고 별다른 의미를 두지 않았다. 궁지에 몰린 교수의 진술일 뿐만 아니라 다른 사람의 의지를 최△△ 교수가 알 수는 없기 때문이다. 세세한 사항을 다투지 않아도 전체 사건을 들여다보면 교육부의 억지가 명백하였다. 교육부의 잘못된 지적이나 조치를 합리적인 관점에서 설명하는 것에 주력했다. 경영전공 교수가 미디어디자인과로 소속된 것은 교원확보율 때문에 불가피했다. 1심 증인으로 나온 노00 교수가 있을 수 있는 일임을 증언했다. 그 외에 교육부 변호인의 주장은 그냥 교육부의 지적을 되풀이한 것뿐이었다. 교육부 변호인들은 저자의 주장을 비롯해 많은 학교 관련 서류들을 검토했을 것이다. 교육부에서는 실태점검을 하면서 많은 진술서를 받아 갔다. 그리고 교육부 요구에 따라 징계에 회부된 많은 교직원이 그들의 처지에서 진술서들을 제출하였다. 그런 서류들까지 다 읽어 보았을 것이다. 그렇지만 저자를 공격할 만한 다른 어떤 사실도 찾지 못한 것이다. 오히려 교육부가 지어낸 2013년 12월 민원진상조사 TFT의 조사보고서를 통하여 '1. 김○○ 졸업자의 면담 및 사실확인, 2. 김○○의 청강에 대한 성적처리에 동참한 교수들의 명단 및 사실확인, 3. 성적이 임의로 조작된 사건에 대한 행위자 및 조작범위 확인 등 추가조사가 필요함을 보고하였다.' 라는 내용은 관련 자료로서 인용은 하되 자신들의 주장에는 포함하지 않았다. 해당 보고서가 멀쩡하게 증거서류에 포함되어 있어 그렇게 할 수 없었을 것이다.

그리고 징계 사유가 있는 경우 징계양정은 징계권자의 재량이라고 하였다. 징계시효 도과는 의무태만이며 연구년 선정은 자의적 인사행정이라고 하였다. 그리고 학사 전반에 관하여 관리·감독할 의무가 있으면서 교원확보율 허위보고 등으로 입학정원 3% 모집정지 등 학교에 막대한 손해를 끼쳤다고 했다. 어쨌든 교육부의 변호인으로서 최선을 다해 교육부를 옹호해야 할 것이다. 징계시효 도과를 의무태만이라고 공격할 수 있을 것이다. 그리고 김ㅁㅁ 교수의 연구년 선정을 상대방 처지에서 자의적인 인사행정이라고 비난할 수도 있다고 생각한다. 그렇지만 법을 다루는 변호사라면 학교에 대한 입학정원 제재가 불법이라는 것을 쉽게 알 수 있었을 것이다. 따라서 교육부가 지어낸 허위내용을 언급하지 않듯이 언급해서는 안 되는 것이 아니었던가 하고 저자는 생각한다. 변호사도 우리 사법의 중요한한 당사자로서 승소에 앞서 지켜야 할 금도가 있는 것이 아닌가 하는 생각을 했었다.

아무튼, 교육부의 변호인은 저자의 전후 사정에 대한 설명에는 일체 반박의견을 내지 못했다. 저자 조치들의 타당성과 교육부 지적의부당성에 대해 저자가 주장하는 설명에 대해서도 반박하지 못했다.그냥 교육부의 주장을 앵무새처럼 되풀이한 것이다. 첨부된 교육부의 실태점검 처분(안)과 변호인이 제출한 준비서면을 비교해 보시면쉽게 알 수 있다. 저자가 모르기는 해도 이런 변호는 드물 것 같다.소송에서 한 당사자가 관련 사실과 그러한 사실의 타당성 등을 제시했다. 그런데도 상대방이 반박을 못 하면 재판은 끝난 것 아닌가? 저자는 내심 저자가 옳음이 확인되었고 승소는 필연으로 생각했다.

3. 피고 보조참가인(학교법인) 측의 아무 말 대잔치 같은 주장

피고 보조참가인으로서 학교법인이 위임한 변호사도 모든 징계사유가 인정된다고 주장한다. 그러면서 다소 사실과 다른 내용을 여과 없이 포함하거나 법적 요건 따위를 무시하기도 한다. 그리고는본말이 전도된 어이없는 주장도 서슴없이 한다.

먼저 저자는 김ㅁㅁ 교수에 대한 내부고발에서부터 형사기소에 이르기까지 많은 관심을 기울였다. 현행 법령부터 대법원판례까지 많은 것을 검토한 것이다. 그런 것은 소장에도 잘 나와 있다. 그런데 변호사는 한마디로 저자는 총장으로서 최소한의 주의도 기울이지 않고 불성실하게 자의적으로 했다고 매도한다. 잘못된 결정을 했다는 주장은 할 수 있어도 주의도 기울이지 않았다는 주장은 근거가 없다. 그리고 저자가 수사로 인해 징계 의결 요구를 하지 않았더라도 수사종료 통보를 받았으면 1개월 이내에 징계 의결 요구를 해야 했다고 주장한다. 저자는 수사기관의 수사를 통해 모든 사실관계가 명확해지면 사실관계를 바탕으로 징계를 하든지 조치를 할 생각이었다. 그런데 수사결과를 얻지 못해 징계 절차를 못 한 것이다. 소장에는 그런 쟁점들이 잘 나타나 있다. 학교법인 변호인은 그런 저자의 주장을 읽었는지 안 읽었는지 그냥 자기주장만 한 것이다.

그러면서 학교의 인사위원회가 2015년 6월 최초로 김ㅁㅁ 교수의 연구년 선정 심의 때 김ㅁㅁ 교수의 형사판결 때까지 연구년 심사를 보류하자는 결정을 했다고 하고 있다. 참 딱한 주장이다. 그때는 사실 김ㅁㅁ 교수가 형사기소도 되기 전이다. 수사결과가 기소로 이어질지를 누구도 모르는 상황이었다. 아마 재판이 진행 중에 교육부가 학교법인에 피고 보조참가인으로 재판에 참여하여 거들라고 한 것 같다. 그러자 위임을 받은 변호인이 허겁지겁 징계가 옳다는 것을 강조하기 위해 마구 쓴 것이 아닌가 싶다. 사실 학교법인은 교육부의 조치(안)에 대해 잘못된 조치니까 철회해 달라고 요청도 했었다. 그러니까 교육부의 조치가 정당하다고 하는 것은 다소 낮부끄러운 일이다. 그렇지만 위임된 변호인은 그런 인지상정 같은 것은 아예 없다.

징계성 연구년은 없다는 주장도 한다. 증인으로 나온 노00 교수가 징계성 연구년이 궁여지책이라고 했다는 것을 근거로 들고 있다. 징계성 연구년이 그전까지 학교에서 사용된 적은 없다. 그래서 궁여지책일 수 있다. 그렇지만 규정 내에서 이루어진 것임은 도외시한다. 아울러 연구년을 가더라도 급여와 재직연수 산입 등이 정상적으로 이루어지므로 연구년은 특혜일 수밖에 없다는 것이다. 어떤 연구년이 급여를 주지 않고 재직연수에서 빼겠는가? 그럼 그것은 직위해제나 정직이지 연구년이 아니다. 그냥 상식을 부정하고 자신에게 유리할 수 있다 싶으면 주장하고 보는 것이다. 대법원판례에 따라 직위해제하지 않은 것도 무시하고 직위해제는 빈번히 일어난다고 한다. 심지어 총장은 교원에 대한 인사권자이므로 총장의 주장은 인사위원들에게 종용이 된다고 한다. 너무 막 나가면 대응을 할 수 없는 경우가 종종 생긴다. 총장도 주장할 수 있다는 것을 어떻게 설명해야 하나?

변호인은 다음과 같은 주장도 한다. '이×× 교수와 협의나 동의도 없었다. 그리고 인사위원회의 심의 없이 미디어디자인과 학과장에게 알리지 않고 소속학과를 변경시켰다.' 이×× 교수의 동의가 없었던 것은 맞다. 하지만 협의가 없었다는 것은 동의가 없었다는 것과도 앞뒤가 안 맞는 것 같다. 동의가 없었다는 것은 협의했으나 동의를 못 구한 것이다. 변호인처럼 주장하려면 협의, 동의 같은 용어를 쓰지 말고 몰래 인사를 했다고 해야 하는 것 같다. 미디어디자인과 학과장에게 알리지 않았다는 주장은 상식을 넘어선 그냥 막 던지는 말이라고 생각해서 대꾸의 필요성도 느끼지 못했다. 조직에서 결원이 생기고 보충을 하는 과정은 대동소이할 것이다. 오히려 이런 터무니 없는 주장이 저자가 옳음을 방증해 준다는 생각마저 들었다.

학교 총동문회장에게 빌려준 학교 공간이 학생 교육에 사용된 기간이 2달이 안 되니 나머지 1년 4개월은 감면요인이 없다는 식의 주장도 한다. 학교는 원래 방학 기간이 5개월에 이를 만큼 길다. 방학 중에도 교실은 있어야 한다. 수업이 없는 기간에는 그럼 교육시설을 전부 학교 밖으로 가지고 나가야 하는가? 더군다나 그 교육은 후에 방학 중 특강 과목이 아니라 정식 교과목이 되었다. 참으로 실소가 나왔다. 그냥 자기 처지에서 쓴 것이려니 해도 너무한 부분이 있었다. 그때까지 우수한 평가를 받아 특성화전문대학 지원 사업비를 상대적으로 많이 지원받았었다. 그런데 주요 보직자가 해임될 때 사업비를 삭감하는 기준에 따라 저자가 해임되어서 삭감되었다. 그것이 저자에게 책임이 있다는 것이다. 저자 해임결과로 발생한 일을 다시 저자 해임 책임 또는 이유로 돌리고 있다. 이 정도면 아무 말 대잔치라고 해도 될 것이다. 전체 변론내용이 저자가 보기에 터무니없지만, 더 논평하지는 않는다. 전문을 첨부하였으므로 읽어 볼 수 있다.

4. 재판의 진행

　피고나 피고 보조참가인의 변호인들이 제출한 반론들은 전체 사실관계나 상황의 맥락을 무시하거나 너무 한 측면만을 강조한 것이었다. 어쩌면 교육부 측의 변호는 너무 황당한 주장 같은 것은 자제하고 학교법인이 마구 세세한 쟁점을 만들어 본질을 흐리는 전략이었는지 모른다. 저자나 저자의 변호인은 전체 업무처리가 불가피하거나 합리적이었다는 것을 소명하는 데 초점을 맞추었다. 세세한 것은 다 설명할 수도 없겠지만 소장을 비롯한 제출서류들이 있다. 증인신문과정도 있었다. 전반적인 일의 진행 경과가 제3자인 재판부에 전달되지 않을 수 없었을 것이다. 노00 교수의 증언을 더해 사안의 전모가 분명히 드러났다고 생각했다. 저자의 변호인은 증언을 주로 인용한 재반박 문서를 정리하여 재판부에 제출하였다. 사본은 다른 서류들과 마찬가지로 참고 자료로 첨부하였다. 피고 보조참가인이 학교가 인증평가 정지를 당해 명예훼손의 피해를 봤다는 주장에 저자는 어이가 없었다. 학점 부당부여 같은 불미스러운 일은 저자 취임 전에 일어난 일이다. 그걸 꼬투리로 저자를 징계하고 징계를 압박하기 위해 인증평가를 정지한 것이다. 특성화 사업비 삭감이 저자가 해임되어 초래된 만큼 불법 해임된 저자에게 특성화 사업비 삭감 책임을 물을 수 없다. 그것은 단순한 논리의 문제이다. 이와 마찬가지로 저자의 불법 해임을 관철하기 위해 인증평가를 정지한 것을 저자에게 책임을 물을 수는 없다. 그리고 학교는 교육부에 순응한 대가로 인증평가를 회복했다. 2018년 실시된 대학구조개혁 2차 평가에서도 가장 높은 등급인 자율구조개선 대학으로 평가받았다. 평가 대상 기간이 저자가 총장으로 재임했던 2015년에서 2017년이었다.

저자는 판사들과 대면하는 재판과정에서 판사들의 표정 등을 통해 판사들이 저자가 잘못한 것이 없다는 것을 알았다고 확신한다. 3번의 공개 변론이 있었다. 첫 번째가 소장과 상대방 준비서면이 제출되고 난 뒤의 변론이었으며 판사들의 사실관계 질문이 있었다. 두 번째가 증인신문이었다. 3번째가 마지막으로서 추가 제출서류가 없음을 확인하고 선고기일이 정해졌다. 저자에게 진술 기회가 주어졌었다. 먼저 저자는 진술 기회를 준 재판부에 감사한다고 인사를 했다. 판사들의 얼굴에 순간적으로 어색한 표정이 나타났었다. 그 표정은 저자에게 불리한 것이었다. 저자는 그래도 워낙 증거들이 명백한 사안이기 때문에 그 표정의 의미를 확신하지 못했다.

5. 피고 측 주장을 넘어서는 피고 편향의 1심 판결

저자나 저자의 변호인들은 승소를 믿어 의심치 않았다. 그런데 변호인으로부터 저자의 요청이 기각되었다는 연락을 받았다. 정말 믿기지 않았다. 도대체 내가 알지 못하는 어떤 법리가 있길래 기각되었는지 한편으로 궁금하기도 하였다. 징계시효가 도과된 것에 대해서는 내 책임이 있다고 마지막 진술에서 이야기했다. 하지만 똑같은 상황이 와도 어쩔 수 없다고도 이야기했다. 그리고 징계시효를 놓쳤다고 교육부가 해임을 요구하는 전례도 없는 것으로 알고 있다. 며칠 후 판결문을 받아 보았다. 읽어 보니 참으로 기가 막혔다. 징계 사유별로 판결 내용을 아래에 요약 설명하였다.

1) 학사관리 성실의무 위반

원고가 김ㅁㅁ 교수와 이xx 교수를 모두 면담했을 때 쌍방의 주장이 대립하는 상황이었다면 더더욱 진위확인을 위해 김ㅇㅇ 학생과 다른 교수들에 대해 추가조사를 할 필요가 컸던 것으로 보인다. 김ㅇㅇ 학생에 대한 학위 및 학점 취소 등의 조치가 위 학생에게 미치는 불이익이 매우 큰 것은 사실이나 부당학점 부여가 사실이라면 이로 인해 선의의 다른 학생이 입었을 불이익은 더 크다고 할 것이므로 원고가 추가조사를 하여 합당한 조치를 할 의무가 있었음에도 이를 게을리한 책임이 명백함으로 징계 사유로 인정된다.

2) 교원 징계 의결 요구 성실의무 위반

이xx 교수가 허위로 김ㅁㅁ 교수의 비위행위를 고발할 특별한 이유를 찾을 수 없는 데도 추가 조사하지 않고 징계요구를 늦추었다. 징계 의결 요구를 위한 사유를 특정할 수 없었더라도 우선 징계 의결 요구를 해놓고 기다리는 방법으로 징계시효 도과를 막을 수도 있었다. 원고가 징계 관련 법령을 잘 몰랐다는 것은 징계를 피할 이유가 되지 않는다. 그러므로 징계 사유로 인정된다.

3) 교원 연구년제 규정 위반

김ㅁㅁ 교수가 학생들에게 수업하는 것이 적절치 않다고 판단했으면 직위해제를 해야 했다. 교원 연구년제도는 교원에게 혜택을 주기 위한 제도이다. 매 학기 시작 2개월 전에 선정하여야 하는 연구년 절차규정을 위반하였다. 따라서 징계 사유로 인정된다.

4) 교원인사위원회 의사결정에 부당개입

연구년 교원 선발에 최종 결정 권한을 가진 원고가 교원인사위원회 임시회의를 개최하도록 한 후 김ㅁㅁ 교수를 선발할 필요가 있다는 점을 적극적으로 호소한 것은 그 자체로 교원인사위원회의 의사결정과정에 개입한 것으로 평가될 수 있다. 원고의 주장처럼 그 회의가 간담회라 하더라도 달리 볼 것은 아니다. 실제로 그 회의 후 종전 심의와 다르게 연구년 선발 결정이 이루어진 점을 종합하면 교원인사위원회의 의사결정에 부당하게 개입하였다고 보는 것이 맞다. 징계 사유로 인정된다.

5) 내부고발자 불이익 및 차별금지 법령위반

원고는 중소기업경영과 비정년계열 교수 3인 중 실적평가 점수가 가장 낮은 이xx 교수를 미디어디자인과의 교원확보율을 맞추기 위해 보냈다고 주장하나 중소기업경영과 교수를 미디어디자인과 교수로 보내는 것은 그 자체로 부당해 보인다. 교원의 학과변경은 그 지위에 중대한 영향을 미치는 것임에도 이xx 교수의 동의 없이 소속

변경을 단행했다. 교원의 임용 등 인사에 관한 중요사항을 심의하기 위하여 학교에 인사위원회를 두고 있고 원고는 이××교수의 소속변경을 심의케 할 수 있었는데도 심의 없이 소속변경을 하였다. 원고가 이××교수를 선택한 객관적인 기준이나 이유를 찾을 수 없다. 이××교수의 소속변경 조치는 미디어디자인과 학과장에게도 사전 통보가 이루어지지 않은 것으로 보이고 이후 미디어디자인과 학과장의 계속된 요구도 묵살된 것으로 보인다. 결국, 이××교수는 강의시수 부족 및 취업지도 학생 미배정 등의 불이익을 받아 재임용에서 탈락하였다가 교원소청심사청구를 통해 구제되었다. 이런 점들을 종합하여 보면 내부고발자에 대한 신분상의 불이익이나 근무조건 상의 차별을 금지하고 있는 교원의 지위 향상 및 교육 활동 보호를 위한 특별법 제6조 제2항을 정면으로 위반한 것에 해당한다. 따라서 징계 사유가 인정된다.

6) 교원확보율 충족을 위한 서류조작 및 허위보고 관련 관리 감독 소홀

2015학년도 학사학위 전공심화과정 운영결과보고서를 면밀히 검토하지 않은 채 최종 결재를 함으로써 한국전문대학교육협의회에 허위내용이 보고되도록 하였다고 할 것이므로 원고는 보고 관련 최종 결재 권한을 가진 총장으로서 관리 감독 의무를 다하지 못한 책임이 있음이 명백하다. 따라서 징계 사유가 인정된다. 이에 더하여 원고는 교원확보율은 교수의 수를 기준으로 산정하므로 교원확보율이 허위 보고된 것은 아니라고 주장한다. 그러나 이 사건 보고서상에 강의하지 않은 교원이 강의한 것처럼 허위내용이 기재되어 있음은 명백하고, 이 사건 지침은 교육부의 감사 지적사항을 반영하여 마련된 것이므로 '전임교원 확보율을 충족하기 위해서는 전임교원이 소속학과의 전문학사학위과정 또는 학사학위 전공심화과정 교과목을 1개 이상 강의하여야 한다.'라는 요건은 교육부에서 요구한 것으로 보이는바 교육부 장관으로부터 전문대학 학사학위 전공심화과정 인가·지정업무를 위탁받은 한국전문대학교육협의회에 학사학위 전공심화과정 운영결과를 보고함에 있어서는 이 사건 지침에 규정된 기준을 준수할 의무가 있었다 할 것이므로, 위와 같이 사실과 다르게 이 사건 지침에서 정한 교원확보율 기준을 충족한 것처럼 보고하였다면, 이는 명백히 허위보고에 해당한다고 할 것이므로 원고의 위 주장은 받아들일 수 없다.

7) 교비 회계로부터 타 회계 전출금지 법령위반 관련 관리 감독 소홀

이 사건 장학재단은 이 사건 학교를 설치·경영하는 참가인과는 다른 별도의 법인이라고 할 것이다. 따라서 이 사건 학교의 교비 회계에서 이 사건 장학재단 설립추진 발기인 대회 개최비용, 장학재단 간담회 비용, 장학재단위원회 만찬비용을 각 지출하고 이 사건 장학재단이 이 사건 학교의 건물을 무상사용하도록 함과 아울러 그 관리 경비를 학교의 교비 회계에서 지출되도록 한 것과 이 사건 학교의 교비 회계에서 지출된 돈으로 급여를 받는 이 사건 학교직원 2명으로 하여금 '겸직허가'라는 탈법적인 방법을 허용하여 이 사건 장학재단의 업무를 수행하도록 한 것은 교비 회계에 속하는 수입이나 재산을 이 사건 학교 교육에 직접 필요한 용도가 아닌 다른 용도에 사용하게 한 것에 해당한다. 징계 사유가 인정된다.

8) 이 사건 기부업체의 학교시설사용료 부당감면 관련 관리 감독 소홀

원고는 이 사건 장학재단에 1억 원을 기부하였다는 이유만으로 아무런 법적 근거 없이 이 사건 연구센터에 대하여 이 사건 학교의 시설 사용료(관리비) 중 50%를 감면해 줌으로써 이 사건 학교의 교비 회계에 속하는 수입을 부당하게 감소시켰다고 할 것이므로 징계 사유가 인정된다. 이에 대하여 원고는 이 사건 연구센터가 학교 재학생들을 상대로 무상교육을 하였고 학교는 1,000만 원 이상을 발전기금으로 납부한 자에게 대학시설 이용료를 50% 할인해 주는 규정을 두고 있어 2,900만 원을 발전기금으로 납부한 연구센터에 대학시설 이용료 50%를 감면해 준 것이므로 징계 사유가 될 수 없다는 취지로 주장한다. 그러나 앞서 본 바와 같이 연구센터가 장학재단에 1억 원을 기부하였음을 이유로 하여 시설 사용료 감면을 승인해 주었음이 명백하므로 이와는 다른 사유로 감면해 주었다는 취지의 원고 주장은 더 나아가 살펴볼 필요 없이 이유 없다. 설령 원고의 주장대로 연구센터가 학생들을 상대로 무상교육을 하였다 하더라도 이를 이유로 교비 회계의 수입에 속하는 시설 사용료를 감면해 줄 수 있는 근거 규정을 찾아볼 수 없으므로 감면이 적법하다고 할 수 없다. 학교의 인터넷 홈페이지에 발전기금 안내 부분에 1,000만 원 이상의 기부자에게는 대학시설 이용할인(50%)의 혜택을 주는 것으로 기재되어 있는 사실을 인정할 수 있으나 그 문언의 객관적 의미 등에 비추어 이는 학교 내 편의시설 이용료를 할인해 준다는 취지로 보일 뿐이다.

이상과 같은 이유로 원고의 청구는 이유 없으므로 기각한다.

피고 측이 주장하지 않은 내용까지 들어 저자를 비난하고 있다. "쌍방이 대립하면 더더욱 조사할 필요가 있었다, 내부고발을 왜 했겠느냐? 겸직허가는 탈법, 이용료 할인이라는 문언의 객관적 의미" 등의 내용은 피고 측도 주장하지 않은 것이다. 그리고 가정이나 추측에 근거한 판단도 하고 있다. "강의지침에 규정된 기준을 준수한 것처럼 보고했다면, ~한 것처럼 보인다," 등등이다. 정말 그런 사안들과 관련하여 사실들이 궁금하거나 쟁점으로 생각했다면 재판부가 재판과정에 얼마든지 질문할 수 있었고 양 당사자를 통해 소명되었을 것이다.

6. 1심 판결에 대한 저자의 생각

1심 판결문은 국민의 세금으로 운영되는 법원의 판결문이라 하기에는 엉터리가 너무 많은 내용이다. 저자는 재판이 이렇게까지 일방 당사자에게 편파적으로 사실관계를 추정하면서까지 판결을 내리라고는 상상도 하지 못했다. 이 세상 모든 일에는 비난할 수 있는 여지가 있을 수 있다. 구걸하는 거지에게 동냥을 주는 것도 거지의 자립심을 망가뜨리는 일이라고 비난할 수 있다. 1심 판결문에 그런 성격이 있다. 저자가 한 일의 모든 것을 그냥 나쁜 측면에서 지적한 것이다. 처음부터 기각하기로 결론을 내놓고 핑곗거리를 찾아내거나 사실관계를 멋대로 추론한 것이다. 당연히 1심에서 논의되지 않았던 사실관계의 추론은 엉터리다. 저자가 항소심에서 조목조목 반박할 것이다. 나아가 현행 실정법에 정면으로 반하는 내용도 있다. 앞서 소개한 대법원판례를 무시한 것 정도는 오히려 가벼워 보였다. 공산 독재 정권하에서의 정치 권력을 상대로 덤벼든 사람에 대한 재판의 판결문이 이와 같지 않을까 생각했다.

판결문을 받고 보니 이상한 생각을 들게 하는 점이 있었다. 마지막 변론을 하고 재판 선고일이 지정된 후에 피고 보조참가인 측에서 느닷없이 학교의 2015학년도 2학기 강의지침을 자료로 제출한 사실이었다. 앞에서도 설명하였다시피 저자는 모든 학과소속 교수에게 강의를 배정할 것을 요구하였으나 학과에서 이를 실행하지 않았음을 입증하는 것이다. 논리적으로나 사실적으로나 저자에게 유리한 자료이다. 그런데 그 부분 판결문은 강의지침을 인용하면서 횡설수설하고 있다. 법령에 위배 되는 판결을 하고 있으며 판결문 자체도 관련 내용을 아는 사람에게는 뭔가 논점을 회피하고 있다는 것이 보인다. 재판부와 피고 측 간에 별도의 대화 채널 같은 것이 존재할 수도 있다는 생각이 들었다. 그러나 저자의 패소가 만든 터무니없는 상상일 것이라고 스스로를 다독였다. 저자의 변호인들도 상식적인 관점에서 승소를 믿었다. 그런데 판결문은 실정법령 미적용, 대법원 관련 판례 무시, 사실관계 불문 등으로 나타났고 무슨 다른 법리논쟁이 있지도 않았다.

저자는 1심 판결을 통해 오히려 저자의 상식적인 판단이나 조치들이 법적으로 비난받을 내용이 없다는 점을 분명히 알게 되었다. 저자의 징계 사유와 관련하여 저자가 모르는 무슨 어려운 법리 같은 것은 없었다. 그래서 항소심은 변호인의 조력 없이 진행하기로 하였다. 비용부담 문제도 있었다. 하지만 저자가 주장하고 싶은 내용을 변호인을 거치지 않고 직접 제기하는 것이 더 편리한 측면도 있었다. 1심 때와 같은 편파적인 재판이 이루어진다면 변호인의 존재가 의미가 없다. 정당한 재판이라면 저자도 충분히 법리적으로 사실적으로 올바른 주장을 할 수 있다는 판단도 했다. 저자의 오랜 친구이기도 하고 저자의 변론을 맡았던 법무법인의 박00 변호사도 저자의 나 홀로 소송에 동의했다.

VI

나 홀로 진행한 행정소송 항소심

1. 항소심 논점인 1심 판결의 사실 억측과 위법한 법 적용

저자는 서울고등법원에 항소이유서를 제출하여 항소하였다. 저자의 항소심 논점은 당연히 1심 판결의 잘못을 명쾌하게 반박하는 것이다. 인터넷을 찾아보니 항소이유서가 갖추는 일반적인 형식에 대해서도 이해가 갔다. 판사들이 바른 사실관계와 실정법이 정하는 바에 따라 재판한다면 솔직하게 자기주장을 하는 것이 가장 중요할 것으로 생각했다.

1) 추가조사를 하지 않아 학사관리 성실의무를 위반했다는 판결

1심 판결은 양 당사자의 주장이 대립하였으므로 더더욱 추가조사를 했었어야 한다고 했다. '더욱'도 아니고 '더더욱'이다. 저자는 내부고발자와 피고발자가 수사기관의 수사를 맞이하여 심경변화가 있는지가 궁금했다. 어느 한 당사자가 자신의 주장을 물리는지 등을 파악하기 위해 양 당사자를 각각 면담했었다. 그런데 자신들이 옳다는 주장을 강하게 하였다. 조금도 물러설 기색이 없었다. 그런데 어떻게 추가조사를 한다는 말인가? 이런 경우는 수사기관도 애를 먹는 것이 아닌가? 그래서 압수수색도 하고 지문도 채취하고 하는 것이다. 판사가 사실관계 조사의 어려움을 모른다는 말이거나 그냥 저자에게 책임을 묻기 위한 것으로 생각된다. 지난 학기에 일어난 일도 아니고 학생들도 다 졸업하고 난 뒤의 일이다. 무엇보다 수사기관에서 수사하고 있는데 왜 별도로 조사를 하는가? 수사기관에서 한 진술과 다른 진술로 더욱 사실관계를 어지럽힐 수도 있다. 그래서 사립학교법은 수사기관에서 수사가 진행되면 징계 절차를 중단할 수 있도록 하고 있다. 수사권이 없는 감사원의 조사가 있는 경우에는 아예 자체조사를 못 하도록 하고 있다. 사실 조사의 어려움과 미묘함을 말해 준다고 생각된다. 백번 양보해서 학교 내부적으로 조사를 해야 할 다른 이유가 있었다고 하자. 그럼 그 이유를 실행하지 못한 것을 비난할 수 있을 것이다. 그렇더라도 법에 따라 조사를 하지 않은 것을 징계 사유로 삼을 수는 없을 것 같다.

1심 판결은 김○○ 졸업생의 권리도 중요하지만 다른 학생이 입었을 피해가 더 크다고 했다. 아마 저자가 꼭 조사했어야 한다는 것을 강조하려고 한 말이 아닐까 싶다. 그런데 먼저도 말했었지만, 김○○ 졸업생은 산업체 위탁생으로서 입학경쟁이 없었다. 그리고 이 당시에는 같이 공부했던 학생들이 모두 졸업을 했다. 김○○ 졸업생의 학위나 성적이 취소된다고 해서 다른 학생이 성적이 올라간다든가 장학금을 받는다든가 하는 득을 보지도 않는다. 김○○ 졸업생의 문제이며 서둘러 조치하는 것보다 정확히 조치하는 것이 훨씬 중요한 문제였다. 그래서 김ㅁㅁ 교수가 1심에서 부당학점 부여로 벌금 5백만 원을 선고받았을 때도 관련 교원에 대한 징계는 서둘렀다. 학위취소는 김ㅁㅁ 교수에 대한 2심판결을 통해 사실관계가 확정된 다음에 했다.

한편 2019년 12월 현재 교육부는 조국 전 민정수석의 자녀에 대한 학사 비리를 조사하지 않고 있다고 한다. 그 이유가 수사기관에서 수사가 진행 중이기 때문이란다. 물론 정확한 사실관계는 저자가 모른다. 그러나 사실이라면 사안에 따라 이렇게 잣대가 달라지고 있다. 하지만 저자는 이번에는 교육부의 판단이 맞다고 생각한다. 수사기관에서 수사 중인 사안을 별도로 조사하면 혼란을 가져올 것이다. 누구라도 시점과 조사 상대방에 따라 진술이 차이 날 수 있다. 근본적으로 똑같은 조사결과가 나올 것이라면 왜 조사해야 하나? 조국 전 민정수석의 경우 학생이 재학 중이라는 점을 고려하면 시기의 중요성이 다소 있어 보인다. 그러나 정확한 사실관계 확인보다 더 중요한 것 같지는 않다. 물론 교육부가 저자와 같은 생각에서 조사를 안 하고 있는지는 모르겠다. 지난번 박근혜 전 대통령 관련 사안 때는 다른 행보를 보였던 것으로 기억한다. 아무튼, 교육부의 행태는 제대로 된 국가의 정부 부처라 하기에는 부끄럽다.

2) 교원징계 의결 요구 성실의무 위반이라는 판결

무엇보다 이xx 교수가 내부고발을 할 다른 이유를 모르겠으니 이xx 교수의 내부고발을 믿었어야 한다는 것이다. 재판과정에서 이xx 교수의 내부고발 동기는 전혀 거론되지 않았다. 저자도 구태여 학교에 떠돌던 소문을 언급하지 않았다. 내부고발에서 동기는 그렇게 중요하지 않다고 생각한다. 조직 일부분에서 은밀하게 이루어지는 나쁜 짓을 고발하는 것은 동기 여하를 막론하고 필요하다. 하지만 내부고발된 김ㅁㅁ 교수가 사건을 수사기관에 고소한 사건 아닌가? 그리고 수사 결과 5개 혐의 중 1개 혐의 일부만 사실로 확인된 것이다. 따라서 '왜 이런 잘못된 내용의 고발이 많았지' 하고 의심이 드는 것이 일반적이지 않을까? 하여간에 저자의 잘못으로 몰고 가려니 이런 억지 추론도 한 것이 명백하다. 정말 판사가 그런 생각을 했다면 재판과정에서 질문했었으면 되었다. 그리고는 또 엉터리 판결을 한다. 징계 사유를 특정할 수 없었으면 징계 의결 요구를 해놓고 기다렸으면 되었다고 하고 있다. 사립학교법만 읽어 보고 저자의 귀책사유를 찾은 결과 이런 판결을 한 것이다. 그런데 사립학교법시행령은 이와 관련하여 명백한 규정이 있다. 징계 의결 요구권자는, 이 건의 경우 저자는, 징계 사유를 증명하는 서류를 첨부하여 징계 의결 요구를 하여야 한다. 그리고 징계위원회는 징계 의결 요구가 있은 날로부터 60일 이내에는, 최대 한도로 90일 이내에는, 징계에 관해 의결하여야 한다. 판결문에서 제기하듯이 형사기소 되었으므로 무슨 혐의인지 모르고 징계요구를 하고 징계위원회는 기다리고 있다가 판결이 나면 징계를 하는 그런 시스템은 없는 것이다. 징계가 그 징계 자체를 목적으로 하여 존재하는 것이 아닌 걸 고려한 제도라고 생각된다. 예를 들어 형사 기소된 교수가 금고 이상의 형을 받으면 퇴직처리 될 것이므로 징계가 큰 의미가 없을 수 있다. 그런 정도까지의 비위가 아니라도 재판과정과 부과된 형벌에 의하여 어느 정도 죗값을 치를 것이다. 징계가 징계권자의 권위를 세우기 위한 것이 아니라면 사실관계보다 앞서서는 안 될 것이다. 교육부와 재판부가 중시하는 학교의 민원진상조사 TFT의 보고서에는 내부고발자인 이xx 교수와 내부고발대상자인 김ㅁㅁ 교수가 청강과목에 대해 학점을 부여했다고 되어있다. 구체적인 과목명도 적혀있다. 김ㅁㅁ 교수가 이를 인정했다고 적혀있다. 그렇지만 이xx 교수는 당시 자신의 부당학점 부여행위를 인정하지 않았다. 김ㅁㅁ 교수도 자필서명을 거부함으로써 인정하지 않았다.

저자나 변호인은 저자의 당시 조치들이 상식적인 의사결정이었으므로 전체 상황 설명에 주력했다. 세부 법령이나 사실관계를 제시하지 않았었다. 즉 사실관계가 불명하여 징계 의결 요구를 못 했다는 것을 강조했다. 그렇지만 사립학교법 시행령에 징계 의결 요구를 하려면 증거서류가 있어야 하고 징계 의결 요구가 있으면 일정기한 내에 징계해야 한다는 법령은 제시하지 않았었다. 사실관계를 몰라서 징계를 못 한 것이 사실이다. 그 외에 더 무슨 이유나 변명이 있을 수 있는지 모르겠다. 지금 생각해보면 제시했더라도 판사가 다른 변명거리를 찾게 했지 재판 결과를 바꾸지는 않았을 것이다. 판결문은 저자가 법을 잘 몰랐다는 것이 면책 사유가 되지 않는다고 하였다. 법령을 잘 검토하지 않은 것은 재판부이다. 판결 중 법령에 정면으로 어긋나는 첫 번째 내용이다. 이 부분은 나중에 한 번 더 언급할 기회가 있겠다. 나중에 교육부가 시행령을 개정하는 원인이 되는 것이다. 그렇지만 놀랍게도 이후 2심, 3심의 판결문에서는 이 부분에 대해 침묵으로 일관한다. 재판에서 현행법이 이렇게 무시되는 것이 얼마나 자주 일어나는 일인지 궁금하다.

3) 김□□ 교수를 교원 연구년으로 선정하여 교원 연구년 제 규정을 위반하였다는 판결

김ㅁㅁ 교수가 학생들에게 수업하는 것이 적절치 않다고 생각했으면 직위해제를 해야 했다고 판결했다. 저자에게도 그것이 쉬운 일이었을 것이다. 그런데 관련한 대법원판례는 명확하다. 금고 이상의 형을 받을 것이 꽤 분명하지 않으면 형사기소 되었다는 이유만으로 직위 해제해서는 안 된다는 것이다. 금고 이상의 형을 받을 것인지는 고사하고 무슨 혐의인지도 모르는 상황이다. 더군다나 불구속 기소이다. 이런 보고를 받고도 저자 편의를 위해 직위 해제해야 했었나? 했다면 나중에 김ㅁㅁ 교수로부터 책임추궁을 당했을 것이다. 그 이전에 인사권자로서 그런 짓을 해서는 안 된다. 그런 것이 직권남용일 것이다. 실제 재판 결과도 벌금 5백만 원으로 종결되어 직위 해제하지 않은 것이 옳은 결정임이었음이 증명되었다. 그런데 법원이 관련 대법원판례를 인정하지 않은 것이다. 최소한 왜 그런 대법원판례가 인정되지 않는지에 대해 설명은 해야 했다. 그런데 법원은 마치 그런 대법원판례가 존재하지 않는 것처럼 판결했다. 원고가 그런 판례를 제시하고 있는데도 말이다. 재판부가 갑질에 얼마나 이골이 났는지 느낄 수 있다. 재판부의 판결문을 읽어 보면 내용을 잘 모르는 사람이 판결문만 봤을 때 그렇구나 하고 넘어가게 쓰인 것이다.

한편 판결은 연구년 교원선정을 학기 시작 2개월 전까지 해야 한다는 학교 연구년 규정을 어겼다고 했다. 물론 사실이다. 학기 시작 2개월 이상 전인 2015년 6월, 김ㅁㅁ 교수가 형사기소 되기 전에 해외 연구년 선정 심의를 했었다. 수사기관에서 수사가 진행 중이라는 이유로 보류되었었다. 그 이후 국내 연구년으로 변경하여 다시 심의한 것이다. 기간 내지 기한은 존재 이유가 있는 것이다. 연구년 교원 선정 기한은 당사자인 교원이 사전에 준비할 수 있도록 당사자 교원을 위하여 설정된 것이다. 그런 기한은 탄력적으로 적용할 수 있는 기한이다. 그런 기한을 어겼다고 해서 연구년 선정에 하자가 생기는 그런 기한이 아니다. 더군다나 당사자가 동의했고 학교 내부절차를 구성원들의 동의하에 진행한 것이다. 이런 규정을 꼬투리 잡는 재판부가 연구년 규정에 버젓이 나와 있는 규정은 무시했다. 총장이 필요하다고 인정한 교원을 선정할 수 있다는 규정에 대해서는 못 본 체했다. 참으로 편리한 판결이고 재판이다.

4) 교원인사위원회의 의사결정에 부당하게 개입했다는 판결

어떤 조직에서나 의사소통은 쉽지 않다. 그래서 여러 가지 노력을 한다. 그런 노력 중 CEO와 구성원들 간의 간담회는 대표적인 수단 중의 하나일 것이다. 더군다나 학교는 각 교수가 조직의 일원으로서보다 자기 자신이 독립적으로 업무를 수행하는 조직이라 매우 수평적인 조직이다. 학교도 물론 교무처, 기획처, 학생복지 취업처 등의 계층적인 조직을 갖추고 있다. 계층적인 조직은 교직원들에게 어떤 일을 하거나 하지 말 것 등 보조를 맞출 것을 자주 요구한다. 교육부에서 요구하는 일들이거나 학교발전을 위해서 필요한 일들이다. 그럴 때 교수들은 그런 결정의 타당성에 대해 총장과 논의하길 원하는 경우가 많다. 김ㅁㅁ 교수 연구년 건과 같은 것이 대표적인 일이라고 할 수 있다. 총장과 교수들과의 회의나 간담회는 조직의 일상이라고 할 수 있다. 그런데 판결은 저자가 개최했던 간담회에 참석했던 인사위원들과 연구년을 의결한 인사위원회에 참석했던 인사위원들이 완전히 일치하지 않는데도 불구하고 저자가 인사위원회 의사결정과정에 개입한 것이 맞다는 것이다. 더더욱 저자는 징계성 연구년으로 심의해 달라고 요청했으나 인사위원들이 무죄 추정 원칙을 들어 일반 연구년으로 의결한 것이다. 관련 회의록들이 증거서류로 남아 있다. 그런데도 이렇게 작정하고 의사결정 개입이라고 몰아붙이면 어떤 논리적인 주장도 합리적인 사실관계도 의미가 없을 것이다. 재판부가 갑임을 스스로 선언하는 것 외에 아무것도 아닌 판결이다.

5) 내부고발자 불이익 및 차별금지 법령을 위반했다는 판결

이xx 교수의 미디어디자인과로의 소속변경이 학교나 저자로서도 그렇게 자랑스러운 일은 아니다. 그렇지만 이미 설명했듯이 불가피한 일인 것이다. 그리고 앞서 설명한 직업기초능력 교양과목은 전공교수도 따로 없고 경영학 전공 교수가 강의하기 좋은 과목이 많다. 경영학 교수가 미디어디자인과 소속이 되는 것이 그렇게 부당한 것이라고는 할 수 없다. 법학을 전공한 교수가 학교 필요에 따라 의과대학에서 의료관련법을 강의할 수 있다. 재판부가 왜 꼭 '중소기업경영과'이냐 다른 과도 있지 않았냐 하는 지적이었다면 저자가 되묻고 싶다. 그런 점이 재판부가 정말 궁금했다면 왜 재판 중에 물어보지 않았는지 말이다. 재판부에 제출된 증거서류에는 학교가 교육부에 제출한 이의신청 자료도 있다. 그 자료에는 당시 교원확보율에 여력이 있는 학과는 중소기업경영과 밖에 없다는 사실이 제시되어 있다. 무엇보다도 교육부가 왜 '중소기업경영과'이었느냐에 대해 지적을 하지 않는 것이다. 전체 사안으로 보아 다른 학과에도 교원확보율에 여유가 있었다면 교육부가 그 점을 가장 먼저 지적했을 것이다. 왜 중소기업경영과 교수이었느냐에 대해서는 재판과정은 물론 실태점검 때부터 지적사항이 아니었다. 그냥 재판부의 악의적인 지적이라고밖에 생각할 수 없다.

이×× 교수의 동의 없이 소속학과를 변경한 것을 잘못이라고 지적하는 것은 수긍할 수 없다. 모든 인사가 당사자의 동의하에 이루어지면 좋겠지만 그것은 가능하지 않은 것이다. 그걸 정말 판사가 몰라서 지적한단 말인가? 자신들도 조직의 인사대상자로서 인사철이 되면 뒤숭숭해지는 경험을 늘 하는 것 아닌가? 더군다나 이 경우는 '중소기업경영과'에 누가 소속을 변경할 것인지 의논할 기회를 준 것이다. 아무도 소속변경을 원하지 않는다고 했다. 그래서 실적 기준으로 대상자를 선정한 것이다. 실적 기준이 합리적인 선정기준이 아니라고 하는 것은 정말 학교 경영의 현실을 모르고 하는 지적이다. 학교는 매우 어려운 환경에 처해있다. 조금 있으면 대학의 입학정원이 대학입학 연령에 해당하는 학령인구보다 훨씬 많다. 고등학교 3학년 학생 수는 고사하고 전체 학령인구보다 많은 것이다. 여기에 대해서 경기과학기술대학교 같은 수도권대학들은 그때까지 실감하지 못했다. 매년 정규과정 입학정원이 15백 명 수준인데 원서를 제출하는 학생 수는 만 명에 육박했었기 때문이다. 그러나 총장의 처지에서는 서둘러 대비해야 했다. 이미 몇 년 후의 고등학교 학생 수는 정해져 있고 경기과학기술대학교는 전문대학이다. 아무래도 일반대학보다 학생들의 선호도가 떨어진다. 심지어 2016년이 되자 서울 시내에 있는 일반대학들도 향후의 학생 확보를 위한 움직임들을 드러냈다. 그런 상황에서 저자의 선택이 산학협력 중심 대학, 취업률 우수 대학이고 학교 내부적으로는 실적 위주의 운영이고 인사였다. 이xx 교수를 미디어디자인과로 발령내는 것은 당시에 학교 내에 내재 되어있던 필연이라고까지 이야기할 수 있다. 그렇지 않으면 뜬금없이 이xx 교수를 왜 소속학과를 변경시켜 문제를 만들겠는가? 더군다나 이xx 교수를 발령내기 불과 2개월도 전인 2014년 말에 내부 고발을 대학발전 기여실적으로 평가하여 재임용되도록 한 것이다. 정말 내부고발에 대해 보복을 한다면 실적 기준을 충족하지 못한 이xx 교수를 대학발전 기여점수로 구제하지 않으면 된다. 너무 단순하고 명백한 사실이 아닌가? 보복인사라고 하는 것이야말로 어떤 근거도 없는 주장에 불과하다. 실적 위주 인사의 결과라고 충분히 소명하였다. 그러나 재판부는 이xx 교수를 선정한 객관적인 기준을 찾아보기 어렵다고 한 것이다. 소속변경 대상인 교수들의 실적 비교표까지 제시해도 객관적인 기준을 찾아보기 어렵다면 저자도 입증방법이 없는 것이다.

인사대상자의 동의 없이 인사가 이루어졌다고 지적한 재판부는 또 다른 터무니없는 지적을 했다. 이xx 교수의 미디어디자인과로의 소속변경조치가 미디어디자인과 학과장에게 사전 통보가 이루어지지 않은 것으로 보인다고 한 것이다. 미디어디자인과 학과장의 계속된 시정요구가 묵살된 것으로 보인다는 지적도 했다. 그런 주장은 실제 강의 교수의 이름을 바꿔치기해 징계를 받게 된 미디어디자인과 학과장의 소명서에 나오는 내용이다. 상식적으로 이해가 되지 않는 일방적인 주장이다. 그래서 구태여 대꾸도 하지 않은 사안이다. 그야말로 아무것이나 저자에게 흠이 된다 싶으면 지적하는 것이다. 우선 미디어디자인과 학과장이 사전에 통보받지 못했다는 주장 자체가 무슨 뜻인지 쉽게 이해가 되지 않는 내용이다.

학교는 새 학기가 시작되기 전에 등록한 학생 수에 따른 교원확보율을 점검한다. 교원확보율은 법령에 규정된 중요한 지표로서 매 학기 교육부에 보고하고 공시도 되는 사항이다. 각 학과에서 교원확보율을 산정해서 교무팀으로 통보한다. 교무팀에서는 각 학과의 결과를 점검한다. 법정의무 교원확보율에 미달하는 학과가 발생하면 교무팀과 해당 학과는 서로 확인하고 의논을 하게 된다. 2015년 2월에도 당연히 그렇게 진행되었고 그렇지 않을 수가 없다. 그렇게 진행된 결과 '미디어디자인과 교원이 부족하며 '중소기업경영과'가 여유가 있다고' 하는 전체 학과에 관한 내용을 교무팀이 파악한다. 그리고 저자에게 보고가 되는 것이다. 결국, 미디어디자인과 및 중소기업경영과의 교원확보율에 대해서 교무팀, '중소기업경영과', '미디어디자인과'가 정보를 공유하게 되는 것이다. 중소기업경영과는 미디어디자인과의 교원확보율 부족으로 인해 교원 1명의 소속이 변경되어야 함을 알게 된다. 미디어디자인과는 현재 교원확보율에 여유가 있는 학과가 '중소기업경영과'라는 사실을 알게 되는 것이 상식이다. 미디어디자인과가 '중소기업경영과 교원이 소속을 변경할 것을 몰랐다'라고 주장할 수는 없다. 그렇게 주장을 하면 미디어디자인과는 교무팀과 자신들의 교원확보율 부족만 확인하고 보완을 요청했을 뿐이라는 것이다. 어느 학과에 여유가 있어서 교수가 소속변경 할 것인지에 대해서는 교무팀에 문의하지도 않았고 관심도 없었다는 뜻이다. 실제 학교의 업무 진행 과정에 비추어 봤을 때 무리가 있다. 교수의 신규채용은 3개월이 소요되기 때문에 2015년 1학기 개강을 눈앞에 두고 신입생 모집 결과에 따른 교원확보율 조정을 하는 2월에는 현실적인 대안이 아니다. 따라서 미디어디자인과 학과장이 2015년 2월에 당장 신규교원 채용을 기대했다면 더 이상 말이 안 되는 것이다.

본 건 이xx 교수의 경우와 같이 '중소기업경영과'와 교무처 그리고 총장 간의 논의를 통해 소속변경 대상 교수가 정해진다. 보통은 서류 상으로 발령 내기 전에 교무처의 인사담당자가 당사자들에게 알려준다. 그러니까 인사명령을 전자결재 시스템에 올리기 전에 알려준다는 것이다. 이 경우 당사자들이란 중소기업경영과 학과장, 이xx 교수, 그리고 미디어디자인과 학과장이다. 그렇게 할 의무가 있는 것은 아니나 관례적인 소통과정이다. 총장이 관여하는 일도 아니다. 미디어디자인과 학과장도 논의 과정에서 대상 교수 선정에 의견이 있으면 총장을 비롯하여 교무처장이나 관련 인사에게 의견을 제시할 수 있었다. 한편 '중소기업경영과'에서 교무처에 건의한 소속변경 대상 교수와 저자가 교무처와 논의하여 정한 소속변경 대상 교수가 달랐다. 그래서 대상 교수 선정에 1주일가량 소요되었던 것으로 기억한다. 다른 경우에는 소속변경 대상 교수가 여러 명이거나 이견이 있거나 하지를 않아서 빠르게 결정되었던 것으로 기억한다. 미디어디자인과 학과장도 의견이 있었다면 개진할 수 있는 충분한 시간이 있었다. 이같은 인사절차는 어떤 조직에서나 비슷할 것이다. 가령 서울행정법원의 어떤 자리에 판사 한 명을 발령내어야 하는 상황이 발생했다고 하자. 그런데 대상자는 한정되어 있다고 가정하자. 예를 들어 3년 차 이상 5년 차 이하의 판사가 대상이다. 그런 조건에 맞는 판사가 3명 있었다고 가정하자. 그 어떤 자리를 관할하는 부장판사는 실제 발령 나기 전에 대개 누가 발령 나는지 아는 법이다. 법원장이나 인사 담당에게 자기 의견도 제시할 수 있다. 그렇지만 그 대상자를 부장판사가 선정할 수는 없다. 이러한 과정에서 미디어디자인과 학과장에게 사전에 통보되지 않은 것으로 보인다는 원심판결의 내용은 무슨 뜻인지 알 수 없는 지적이다. 판사도 정확히 그 뜻을 알고 쓴 것인지 의심도 간다. 모르고 쓴 것이라면 한심하고 알고 쓴 것이라면 악의적이다. 하여간 저자의 흠처럼 보이니까 쓴 것은 분명하다.

이xx 교수의 소속변경을 인사위원회에서 심의토록 할 권한이 있었지만 그렇게 하지 않았다는 지적도 전적으로 동의하기 어렵다. 무엇보다도 지금까지 교수의 소속학과 변경에 관해 인사위원회에서 심의한 전례가 없었다. 그래서 교무처에서도 그러한 건의가 없었다. 왜 더 잘하지 못했냐는 지적이라면 할 말이 없다. 하지만 학교에서 인사 관련 새로운 사례를 만드는 것은 신중해야 할 사안이다. 많은 불만이 인사로 인해 생겨난다. 이xx 교수의 소속변경 같은 대안이 없는 안건을 인사위원회에 부의하면 그것도 불만을 불러일으킬 수 있다. 3인의 소속변경 가능 교수와 그들의 의견 및 실적자료 등을 제시하고 인사위원회를 개최하면 교수들은 쉽게 의결을 할 것이다.

그렇지만 형식적인 회의를 했다고 느낄 수 있다. 책임을 인사위원회로 미루는 것이 될 수도 있다.

미디어디자인과 학과장의 시정요구가 묵살된 것으로 보인다는 원심판결도 학교행정과는 동떨어진 내용이다. 시정요구는 물론 미디어디자인과가 원하는 전공 교수를 신규채용하는 것을 말한다. 그런데 학교의 교수 신규채용은 매년 말에 학교 전체적으로 충원계획을 세워서 한다. 1개월가량 초빙공고를 한다. 그리고 외부인사를 포함한 전공 적합성 심사위원회를 구성하여 공고된 전공 분야와 지원자의 전공이 일치하는지를 심사해야 한다. 그다음 전공 적합성 심사 통과자에 한해 서류심사, 면접심사 등을 거쳐 그다음 해 2월까지 채용계약을 한다.

우선 신규 채용계획을 수립하는 과정에서 많은 논의를 거친다. 거의 모든 학과가 교수 충원을 희망하기 때문이다. 11월경이 되면 어느 학과들에 어떤 전공으로 몇 명의 교수를 신규 채용할 것인가에 대해 어느 정도 교내 컨센서스가 이루어진다. 최종적으로 처장단 회의를 거쳐 결정한다. 불만인 교수도 당연히 있다. 전기·전자계열이 있어야 한다든가 기계계열이 더 필요하다든가 하는 이견을 표출하는 교수는 당연히 있을 수 있다. 그 교수는 학교에 대해 시정요구를 했다고 주장할 수도 있을 것이다. 미디어디자인과도 2015년에 교수 신규채용 문제를 제기했다. 항소인에게 2번 정도 신규채용 건의를 했던 것으로 기억한다. 다른 학과에 비해 더 적극적이었던 것으로 기억한다. 아마 교무처장에게는 3번쯤 교수 신규채용을 건의했던 모양이다. 해당연도 말에 신규채용 계획에 포함되어 2016년 2월에 신규채용을 하였다. 미디어디자인과 학과장은 잘 모르겠지만 처장단 회의에서 미디어디자인과의 교수채용에 호의적이지 않았다. 저자의 옹호가 없었다면 다른 학과로 신규채용 인원이 넘어갔을 수도 있었다. 경기과학기술대학교는 기계계열과 전기·전자계열, 그리고 기계와 전기·전자의 융복합인 계열의 학생 수가 전체 입학정원의 80% 가까이 되는 학교이다. 미디어디자인과의 시각정보디자인과로부터의 분리에 대해서 여전히 비판적인 시각도 있었다. 저자가 고의로 미디어디자인과의 교수채용 요구를 묵살한 것과 같은 판결은 사실과 전혀 다르다.

그리고 앞에서 상세히 설명하였다시피 이××교수는 2013년, 2014년, 2015년, 그리고 2016년까지 한 번도 자력으로 재임용에 해당하는 실적점수를 쌓은 적이 없다. 경기과학기술대학교는 저자가 아는 한, 한 번도 실적을 획득한 교수를 재임용하지 않은 적이 없다. 그리고 반대로 실적에 미달한 교수를 재임용한 적도 없었다.

즉 판결에서 상식적으로 이해하기 어렵고 사실도 아닌 점 등을 들어 저자를 비난하면서 저자가 내부고발자를 차별하였다는 것은 각색이고 왜곡이다.

6) 전임교원확보율에 미달하였다는 판결

원심판결은 저자가 미디어디자인과 전임교원확보율이 충족되지 않았음을 잘 알고 있었다고 한다. 교원확보율은 법령이 정하는 것이다. 그래서 중소기업경영과 교원들이 원하지 않았지만 1인의 교원을 미디어디자인과로 소속변경을 한 것이다. 저자는 미디어디자인과의 담당 교수 이름 바꿔치기 사고를 보고받았다. 전임교원이 소속학과에서 강의하지 않아 교육부로부터의 지적을 염려했다. 그러나 올바른 시간표를 제출하도록 지시하고 실행을 확인도 한 것이다. 저자는 전임교원확보율은 충족되었으나 해당 전임교원이 미디어디자인과에서 강의하지 않았음을 잘 알고 있었다.

강의시간표 작성지침은 학교가 각 학과에 요청하는 강의 개설 등과 관련된 준수 요망 사항이다. 총장이 교무처의 건의를 받아 학기별로 정한다. 지침의 의의 또는 성격은 총장의 서면 지시 사항에 해당한다. 2015학년도 2학기 강의시간표 작성지침을 정할 무렵에 2014학년도 학사학위 전공심화과정 관련 지적사례에 관한 자료가 학교에 배포되었다. 동 자료에는 교수가 소속학과에서 강의하지 않아 개선 권고를 하였다는 내용이 있었다. 교수가 소속학과에서 강의하는 것이 바람직하며 전공심화과정은 교육부가 매년 인가를 하므로 교육부의 권고를 준수하는 것도 중요했다. 그래서 당시의 지침에 교수는 소속학과에서 한 과목이라도 강의해야 한다는 요구가 들어가고 교원확보율 충족요건이라고 했다. 교원확보율 관련 사항이라고 하면 교수들이 중요성을 인식하고 더욱 적극적으로 수용할 것으로 기대했기 때문일 것이다. 그런 문구는 교무팀에서 작성했다. 물론 저자가 최종 결재를 했다. 그런 문구에도 불구하고 미디어디자인과에서는 이×× 교수 등에게 강의를 배정하지 않았다. 그리고 그러면 전공심화과정 폐쇄와 같은 불이익이 있을 수 있다는 교무처의 과장된 경고를 받았다. 경고하는 문자 메시지 캡처 화면이 있다. 갑제25호증의 증거자료로 제출도 되었음은 이미 기술하였다. 하여간 그래서 미디어디자인과는 시간표의 교수 이름만 바꿔치기하는 이해하기 힘든 짓을 저질렀다. 이미 수업이 2주 이상 경과 했던 시점이었던 것 같다. 학생들에게 다른 과목을 수강하라고 할 수도 없었을 것이다. 저자가 나중에 이를 보고 받고 실제 강의를 하는 교수명으로 시정한 것이다.

피고 보조참가인이 1심 때 을나제11호증으로 제출한 학교의 2015학년도 2학기 강의지침 중 그 내용은 1쪽에 나온다. 심지어 교원확보율이 아니라 '교원확보육'이라고 오타가 나 있다. 강의시간표 작성지침은 상당히 많은 분량이기 때문에 1쪽만 바로 뒤이어 첨부하였다.

원심판결은 이와 관련하여 "지침에서 정한 '전임교원확보율을 충족하기 위해서는 전임교원이 소속학과의 전문학사학위과정 또는 학사학위 전공심화과정 교과목을 1개 이상 강의하여야 한다.'라는 요건은 교육부에서 요구한 것으로 보이는바, 교육부 장관으로부터 전문대학 학사학위 전공심화과정 인가·지정 업무를 위탁받은 한국전문대학교육협의회에 학사학위 전공심화과정 운영결과를 보고함에 있어서는 이 사건 지침에 규정된 기준을 준수할 의무가 있다 할 것이므로 위와 같이 사실과 다르게 이 사건 지침에서 정한 교원확보율 기준을 충족한 것처럼 보고하였다면 이는 명백한 허위보고에 해당한다."라고 하고 있다.

이 원심 판결문은 정말 사람을 속일 목적으로 쓰인 것 같다는 의심을 지울 수 없다. 좀 뜯어서 설명을 해보겠다. 우선 "'소속학과에서 1과목 이상을 강의하여야 한다'라는 요건은 교육부에서 요구한 것으로 보이는바"라고 하고 있다. 원고인 저자가 1과목 이상 강의할 것을 교육부가 권고했다고 했다. 그렇지만 교육부가 정한 요건이라고 한 적은 없다. 원심 당시에 교육부의 소속기관인 피고도 교육부가 정한 요건이라고 주장한 적이 없다. 그런 적이 없으므로 당연히 그렇게 주장할 수 없다. 주장했다가 반박을 당하면 그 부분이 교육부가 정한 요건이 아님이 명백해질 것이기 때문이다. 그러면 재판부가 그 요건을 중시하기가 어려워졌을 것이다. 저자는 처음부터 교육부의 '주의 조치' 대상이라고 명백히 밝힌 것이다. 그런데 재판부는 '교육부가 요구한 요건으로 보인다'라고 한 것이다. 즉 교육부가 개선을 권고한 사항을 학교에서 강조하기 위하여 요건으로 표현한 것이라는 부분은 뺐다. '1과목 이상 강의하여야 한다는 (학교가 정한) 요건은 교육부가 요구한 것으로 보인다'라고 한 것이다. 내용을 아는 사람이 보면 교육부의 요구인 권고를 학교가 요건으로 정했다는 것이다. 틀린 내용은 아니다. 다만 학교가 정했다는 부분을 생략하면 요건이 마치 교육부가 요구한 것처럼 보이기가 쉽다. 그렇지만 개선 권고 사항과 요건은 다른 것이다.

그런 다음 재판부는 교육부의 위탁을 받은 전문대학교육협의회에 보고할 때는 '이 지침에서 정한 기준을 준수할 의무가 있다 할 것이므로'라고 하고 있다. 무슨 근거로 학교가 법정 사항을 보고할 때 법과 다른 '학교 지침에 규정된 기준을 준수할 의무가 있었다'라고 하는가? 그 근거는 제시하지 않는다. 그냥 법이 어떻든 학교규정도 아닌 강의지침에 따라 보고해야 하는 근거가 도대체 무엇인가? 교육부의 개선 권고 사항이라도 그것을 어기면 법적 요건을 어긴 것과 같다는 뜻인지 그렇지 않으면 개선 권고 사항이라도 총장의 지침에 포함되면 법적 요건이 된다는 뜻인지 재판부가 명확하게 밝혀야 한다. 사실은 그렇게 명확하지 않게 얼버무리는 것이 재판부의 의도였을 것이다. 그래도 판사인데 총장의 서면 지시 사항인 지침의 법적 성격을 이해 못 했을까? 너무 잘 이해했기 때문에 명백하게 표현하지 못하고 변죽만 울리는 것이다. 딱 부러지게 '법령과 상관없이 지침에 따라 교원확보율을 산정하여야 한다'라고 하지는 못한 것이다.

예를 한번 들어보자. 수영선수권 대회를 개최하는 주최 측이 9초 이내 기록을 가진 선수의 참가를 장려한다고 가정해보자. 코치는 선수들을 독려하기 위해 9초 이내 기록자만 참가 자격이 주어졌다고 하고 훈련을 시킬 수 있다. 그리고 10초 기록을 달성한 선수의 참가를 신청한 것이다. 원심판결의 논리라면 이 선수는 참가자격이 없다고 하는 것과 같다.

마지막으로 하나가 더 있다. 재판부는 자신들의 잘못을 변명하려니 점점 더 없는 말을 만들어 내는 것이다. 재판부는 '이 사건 지침에서 정한 교원확보율 기준을 충족한 것처럼 보고하였다면 이는 명백히 허위보고에 해당한다'라고 한다. 학교는 학교의 강의지침에서 정한 교원확보율 기준을 충족하였다고 보고한 적이 없다. 교원확보율의 기준을 학교의 강의지침으로 정할 수 있다는 것 자체가 난센스이다. 그리고 판결은 '충족한 것처럼 보고하였다면'이라고 해서는 안 된다. 충족한 것처럼 보고했다는 뜻인가? 재판부도 모른다는 뜻인가? 더 이상 비판하는 것도 부끄럽게 만드는 판결문이다. 이런 판사들이 생각하는 재판이란 도대체 무엇인가? 재판도 정치라는 말이 이 같은 상황을 염두에 둔 것이라면 우리에게는 근본적인 대책이 필요할 것이다.

행정제재가 수반되고 공시도 되는 교원확보율은 전국의 모든 대학에 똑같은 기준으로 적용되어야 한다. 그래서 법령에 규정하는 것이다. 개별 학교의 강의지침에서 무엇이라고 하든지 그것은 학교 내의 정책문제이고 법령에서 정한 기준을 변경할 수는 없다. 저자 또는 학교가 교원확보율을 허위보고 했다는 주장은 고등교육법령에 배치된다. 교육부는 한발 더 나아가 학교를 교원확보율 미달로 제재를 하였다. 고등교육법 제60조 제1항은 '교육부 장관은 학교가 시설, 설비, 수업, 학사 그 밖의 사항에 관하여 교육 관계 법령 또는 이에 따른 명령이나 학칙을 위반하면 기간을 정하여 학교의 설립자, 경영자 또는 학교의 장에게 그 시정이나 변경을 명할 수 있다.'라고 규정하고 있다. 이어서 제2항은 '교육부 장관은 제1항에 따른 시정 또는 변경 명령을 받은 자가 정당한 사유 없이 지정된 기간에 이를 이행하지 아니하면 대통령령으로 정하는 바에 따라 그 위반행위를 취소 또는 정지하거나 그 학교의 학생정원 감축, 학과 폐지 또는 학생모집 정지 등의 조치를 할 수 있다.'라고 규정하고 있다. 고등교육법의 위임에 따라 제재기준을 정하는 동법 시행령 제71조의2 별표4에는 제재의 일반기준으로 '교육부 장관은 위반행위를 적발한 경우에는 법 제60조 제1항에 따라 그 시정이나 변경을 명한 후 시정 또는 변경 명령을 받은 자가 이에 따르지 않는 경우 이 기준에 따른 행정처분을 한다.'라고 다시 한번 명시되어 있다. 교육부는 없는 교원확보율 미달을 억지로 덮어씌우고 거기에 더해 시정명령조차 없이 제재하여 실정법을 위반한 것이다.

교육부는 학교가 '모든 교수가 소속학과에서 강의하였다.'라는 허위사실이 기재된 보고서를 제출한 약점을 기회로 엄청난 제재를 폭력적으로 한 것이다. 그것도 한 명의 자연인인 저자를 해임하기 위해 그렇게 한 것이다. 즉 1명인 저자를 해임하기 위해 5천 명이 넘는 학생들에게 불법적으로 피해를 준 것이다. 그런데 그와 관련된 행정재판에서 그런 불법에 대해 동조하는 일이 어떻게 일어날 수 있단 말인가?

이 부분은 특히 전국의 대학들과도 이해관계가 있는 판결이라고 생각된다. 징계시효 도과와 관련하여서는 재판부가 시행령도 찾아보지 않고 법령에 배치되는 판결을 했다고 생각된다. 모르고 엉터리 판결을 한 것이다. 그런데 교원확보율과 관련해서는 재판부도 교육부가 법을 위반했다는 사실을 알고서 이렇게 판결을 한 것이다. 1심에서 그렇게 하고 2심과 3심은 고의로 못 본 체 눈을 감았다. 그래서 이 문제가, 이 법원이, 더욱 심각한 것이다. 우리는 지금 법원이 고의로 불법을 저지르는 사회에 살고 있다. 독자 여러분들께서 과연 이런 일들이 일어나고 있다는 것에 대해 어떻게 생각할지 궁금하다. 이 정도면 분명히 우리나라를 법치국가라고 할 수 없는 것으로 생각한다. 촛불시위에 참여했고 촛불 정권을 지지하는 사람들도 이런 나라를 기대했던 것은 아닐 것이다.

2015학년도 2학기 강의시간표 작성 지침(안)

1. 전임교원 책임강의시간

가. 학칙 제29조(교원의 교수시간) : 9시간 기준

나. 학과별 전임교원 강의담당 비율은 50% 이상으로 하며, 전임교원 강의담당 비율 산정 지침을 따름

<전임교원 강의담당 비율 산정 지침 >

$$학과별\ 전임교원\ 강의담당비율 = \frac{학과별전임교원강의시수의\ 합}{학과별개설총강의시수} \times 100$$

다. 보직 교원 및 산학협력중점형(지정형)교원, 산학협력중점교원

구·분		주당 책임	초과수당
보직교원	대학본부 소속 처(실)장, 산학협력단 소속 처장	4	주당책임시수와 관계없이 9시간 초과분 지급
	대학본부 소속 팀(센터)장, 평생교육원장, 정보문화관장, 국제교류원장, 산학협력단 소속 팀(센터)장, 창업지원센터장, 학부장, 부처장	6	
	부속(설)기관장, 센터장	8	
	학과장	8	
교원	전임교원 산학협력중점형(지정형)교원	6	
	산학협력중점교원	6시간 이내	

※ 2개 이상의 항목에 해당되는 교원의 책임강의시간은 적은 시수를 적용함

* 전임교원이라함은 정년계열전임교원과 비정년계열(산학협력중점교원, 강의전담교원, 외국인교원) 전임교원을 의미함.

2. 비전임 교원의 주당 강의 가능시간(초과불가)

구 분	주당 강의 가능시간	비고
겸임.초빙교원	12	겸임 9~12시간 배정 (교원확보율 관련)
명예교원	6	
시간강사	12	

3. 강의시간 제한 : 감사지적사항[교육부 전문대학정책과 교무.학사 감사지적사례집]

가. 전임교원

1) 1일 수업시간은 주간과 야간 강의를 합산하여 8시간 이내로 함

2) 소속학과의 전문학사학위과정 또는 학사학위전공심화과정 교과목을 1개 이상 강의하여야 함(교원확보율 충족 조건)

을나 제11호증

7) 교비 회계로부터 타 회계 전출금지 의무 위반 판결

무엇보다 학교가 장학재단 설립을 추진하는 것은 정당한 업무이다. 많은 대학의 총장들이 장학금을 확보하기 위하여 동분서주한다. 그런 장학금을 확보하기 위해 기부 가능 인사들을 만나고 그에 수반되는 교비지출은 대학의 일상적인 지출이라고 할 것이다. 경기과학기술대학교 장학재단은 재단법인이기 때문에 학교나 학교가 속한 학교법인과는 다른 법인일 수밖에 없다. 그렇지만 경기과학기술대학교 학생들을 위한 재단이다. 장학금 지급을 1회에 한하지 않고 지속해서 하기 위해 기금으로 모으고 그 기금을 관리하기 위해 재단을 만든 것이다. 단순 장학금 모금보다 어떤 의미에서 더 뜻있는 일이라고 할 수 있다. 학교가 그런 장학재단을 설립하기 위해 노력하고 관련 비용을 지출하는 것이 학교의 교육목적에 어긋난다고 하는 것은 사회의 통념에 반한다고 생각된다. 장학재단이 설립되고 난 후 장학재단 관련 인사들과의 간담회나 만찬도 마찬가지이다. 그것이 총장의 일상적인 업무 밖이란 말인가? 그럴 때 지출한 업무추진비가 교비 회계의 전출에 해당한다고 하는 것은 터무니없다. 식사시간에는 식사만 해야지 물을 마시는 것은 안된다고 하는 것만큼이나 궤변이다. 5억 원이 조금 넘는 재단을 만들면서 지출한 비용은 3백만 원이 되지 않는다. 저자도 사비로 1천만 원을 출연하였다.

장학재단의 사무실로 학교의 대학발전 및 산학협력위원회 사무실을 공용토록 한 것 역시 대학에 아무런 부담을 초래하지 않았다. 교육부는 심지어 사무실의 전기료와 전화사용료 등을 언급하였다. 그런 것으로 비난하려면 최소한 그럼 얼마의 전기료가 초래되었는지 또는 얼마의 전화료가 부과되었는지를 밝혀야 하는 것 아닌가? 저자가 알기로 비상임 장학재단 이사장은 한 번도 그 사무실을 사용한 적이 없다. 그렇지만 법적 주소가 필요해서 사무실을 무상으로 제공한 것이다. 장학재단의 효율적 운용을 통해 장학금 지급능력을 높이는 조치로써 문제 될 것이 없다. 대학의 공간은 필요한 경우 학교 학생들만을 위한 재단이 아니라 지역사회를 위해서도 무상으로 제공될 수 있다. 지역사회에 대한 대학의 공헌이나 봉사 활동은 각종 대학평가 항목에 포함되기도 하는 현실적인 요구사항이다. 이를 문제 삼는 것은 그야말로 억지이다.

갑제29호증으로 재판부에 제출된 학교의 직원복무규정 제12조는 '직원이 제11조의 영리업무에 해당하지 아니하는 다른 직무(외부출강 포함)를 겸직하고자 할 때는 총장의 사전 허가를 받아야 한다'라고 규정하고 있다. 즉 규정에 따라 총장의 허가를 받아 비영리를 목적으로 하는 일을 겸직할 수 있다. 설혹 경기과학기술대학교 장학재단이 아니라 경기도민을 대상으로 하는 장학재단 직원이라 하더라도 마찬가지일 것이다. 사회봉사 차원에서 학교직원이 그런 일을 겸직할 수 있도록 한 것이 직원복무규정이다. 실제 교직원들은 별도 시간을 내어 단체로 사회봉사 활동을 한다. 그것은 칭찬받을 일이다. 규정에 따라 겸직허가를 한 것을 판결은 탈법이라고 하고 있다. 그렇다면 왜 탈법인지 이유를 제시하여야 한다. 그냥 재판부가 자신들이 방망이를 들고 있다고 해서 대학 총장이 학교규정에 명시된 일을 한 것을 함부로 탈법 운운할 수는 없다. 도대체 어떤 겸직허가는 되고 어떤 겸직허가는 탈법이란 말인가? 구체적으로 왜 탈법인지 이유 제시가 없는 판결은 분명히 잘못된 것이다.

학교가 학생들을 위한 장학재단의 설립 및 운영을 지원하는 것은 장려되고 칭찬을 받아야 할 일이다. 교육부는 오히려 모범사례로 삼아 표창을 해야 마땅한 일인 것이다. 이러한 일을 폄훼하고 비난하는 것은 억지를 넘어 매우 비교육적이다.

8) 학교시설 사용료 부당감면과 관련한 판결

우선 원칙적으로 학교시설 임대료 감면은 학교의 고유 권한이다. 임대료를 얼마나 받을 것인지도 학교가 정할 일이고 감면도 학교가 정할 일이다. 그런 일을 하면서 사회적인 신의성실 원칙에 어긋나면 안 될 것이다. 그럴 때 그 행위가 배임이 되거나 다른 법률에 위배될 수 있을 것이다. 그리고 사전에 정해진 학교시설 임대료는 쉽게 말해서 tag price이다. 학교가 필요에 따라서 당연히 감면할 수 있다. 학교 총동문회장이 경영하는 한국계측기기연구센터에 대한 임대료 감면 내역과 경위는 이미 기술하였다.

대학발전기금 기부자에 대한 감면은 이미 학교가 운용하고 있었다. 한국계측기기연구센터는 대학발전 기금으로도 요구하는 감면료 이상을 기부하였다. 대학발전기금 납부 공헌에 비추어도 무리한 요구가 아니라는 검토도 있었다. 판결은 대학발전기금 납부자에 대한 감면은 이용료에 한정되는 것으로 보인다고 하고 있다. 재판 당시에 피고 측이 그런 주장을 하지 않았다. 학교 인터넷 홈페이지에 나와 있는 안내문의 대학시설 이용할인(50%)이라는 문언의 객관적 의미는 다소 어렵다. 재판부가 판결한 것처럼 그 문언이 학교 내 편의시설 이용할인이 명백하다면 피고 측 변호사도 그런 주장을 했을 것이다. 그런데 피고 측 변호인은 그런 주장을 하지 않았다. 최소한 피고 측 변호인이 그런 주장을 하지 않았다면 그 문언의 의미가 그렇게 객관적으로 명백하다고 할 수는 없을 것이다. 더욱 큰 원칙은 이용할인(50%)이라는 문언을 편의시설 이용료에 한정할지 또는 임대료를 포함하는 개념으로 할지는 학교가 검토하여 정할 일이다. 학교가 설령 객관적인 의미를 잘 전달 못 하는 용어를 사용했다 하더라도 그것은 재판의 대상이 아니다. 대학발전기금 납부자에 대해 감면을 해오고 있었다는 사실이 중요한 것이다. 학교가 일정 요율을 사전에 정해놓았더라도 상황에 따라 감면을 한다는 것을 보여주는 것이다. 예를 들어 어떤 사회적기업이 학교시설에 입주를 원하면서 감면을 요구할 수 있다. 학교는 그렇게 하는 것이 지역사회나 학교에 도움이 된다면 감면할 수 있다. 그것을 금지하는 어떤 법령도 없다. 그런 결정을 하고 대학 인터넷 안내문의 문구를 바꾸든 그냥 사용하든 재판부가 관여할 일이 아니다. 정말 재판부는 사립대학 시설 임대료 감면은 무슨 법이 있어야 가능하다고 믿었다는 말인가?

만약 학교가 임대료 감면을 거절해서 한국계측기기연구센터가 임대를 포기했으면 어떻게 되는가? 그러면 학교는 임대료 수입도 모두 상실하고 학생들 교육도 못 하지만 임대료 감면은 안 해 주어서 괜찮다는 뜻인가? 원고가 감면받지 않고 임대료를 다 내겠다는 다른 사람을 제쳐두고 감면요청자에게 임대한 것도 아니다. 오히려 감면을 안 해 준다고 하다가 임대를 못 했으면 또 고집을 부려 학교에 손실을 초래했다고 지적을 할 것은 아닌가? 정말 실소를 금할 수 없는 일이다. 임대계약서에 경기과학기술대학교 장학재단에 1억 원을 기부하여 감면하여 준다고 명시하는 것도 대학의 자율이다. 임대료 감면을 할 것인지는 종합적으로 판단하더라도 명시하는 이유는 또 선택할 수 있다. 지금 명시적인 이유선택이 잘못됐다고 판결하는 것이라면 더 이상 논쟁을 할 가치가 없다고 생각된다.

이상에서 설명해드리는 것과 같이 1심판결은 사실관계의 터무니 없는 추론이 많다. 무지 또는 해태에 의한 실정법령의 위반도 있다. 무엇보다 의도적인 법령위반을 하고 있다. 더구나 그 부분은 저자 개인만이 아니라 많은 학생의 이해관계와 다른 대학에도 큰 영향을 미칠 수 있는 부분이다. 저자가 상세히 설명하였다시피 의도적인 변죽을 올리는 판결문은 법치의 종언을 알리는 듯하다. 대법원 판례 무시도 앞으로 많은 사람의 행동 기준에 혼선을 초래할 것이다. 여러 가지 궤변 등 잘못될 수 있는 거의 모든 경우를 포함한 의도적인 편파 판결이었다. 저자의 항소이유서는 참고 자료로 첨부한다.

저자가 항소이유서를 제출한 뒤 저자 사건을 담당하는 재판부가 바뀌었다. 그래서 저자는 서울고등법원 제2행정부에 서류를 제출했는데 반해 피고 측 변호인들은 제11행정부로 준비서면을 제출하고 있다. 물론 저자는 어떤 원칙과 기준에 의해 재판부가 새롭게 배당됐는지 모른다. 법원 사무조직에 전화하여 문의하니 조직개편 때문이라고 했다. 행정부와 다른 점을 느낄 수 있는 부분이었다. 행정부는 조직이 일한다. 조직의 업무나 미션이 정해져 있고 담당자의 인사이동이 있어도 조직은 같은 기능을 수행할 것을 요구받는다. 그래서 이해관계자에게는 인사이동보다 조직개편은 더 큰 영향을 미칠 수 있다. 국민에게 인사이동보다 조직개편을 우선적으로 알리는 경향이 있다. 담당자의 개성보다도 조직의 임무가 중시되고 상급자가 하급자의 의사결정을 지시할 수 있기 때문일 것이다. 법원은 그렇지 않다. 법원장이라 하더라도 특정 재판에 개입할 수 없을 것이다. 그래서 조직개편을 자신들만의 문제로 생각하는지 모르겠다. 그렇지만 당장 재판을 하는 이해관계자에게는 담당 판사가 바뀐 것이다. 원고가 해당 법원에 처음 소장을 제출할 때는 법원 내부를 규율하는 사건 배당원칙이 있을 것으로 생각한다. 거기에 따라야 할 것이다. 그러나 일단 배당된 사건의 재판부를 바꾸는 것은 원고나 피고에게는 큰 변화이다. 재판부 변경에 대한 원칙과 기준을 이해관계자들에게 알려야 하는 절차가 필요한 것 같다. 저자는 제2행정부에 배당되었던 모든 사건이 제11행정부로 이관되었는지 또는 저자 사건만 이관되었는지 모른다. 저자 사건만 이관되었거나 저자 사건을 포함한 일부만 이관되었다면 그 기준이 무엇이었는지 궁금하다. 하여간 알 수 없는 재판부 변경이 걱정스럽게 느껴졌던 것은 사실이다. 재판부 변경에 대해 속 내용을 알 수 있거나 할 수 있는 것은 없었다.

2. 피고 및 피고 보조참가인 측의 새로운 내용 없는 형식적인 반박

피고 및 피고 보조참가인 측 모두 원고인 저자의 항소 이유에 대한 반박에 해당하는 준비서면을 제시하였다. 양측 모두 1심 때 낸 자료와 별로 다를 것이 없는 내용을 제출하였다. 1심은 내부고발자인 이xx 교수의 내부고발 순수성 등 여러 가지 재판과정에서 논의되지 않았거나 저자가 대수롭지 않게 생각한 강의지침 등을 논거로 저자의 징계 사유를 인정하였다. 그래서 저자는 항소이유서에서 재판부가 잘못 추론한 사실관계를 소명하고 잘못된 실정법 적용 문제도 제기했다. 그러면 피고 측은 저자의 소명이 사실이 아니라든가 그렇지 않으면 다른 사실관계나 법리가 있다는 것을 증명해야 하는 것이 상식이다.

피고나 피고 보조참가인 측은 우선 사실관계에 있어서 저자의 주장에 대해 아무런 반박을 하지 않았다. 저자가 주장하는 모든 사실관계는 저자의 판단에 중대한 영향을 미치는 것들이다. 예를 들어, '이xx 교수가 정년계열 교수인 김ㅁㅁ 교수를 밀어내고 그 자리를 차지하려 한다는 소문이 학교에 있다'라는 사실은 저자의 판단에 큰 영향을 미쳤다. 아마 이 소문이 전임 총장도 민원진상조사 TFT 보고서를 결재하지 않은 이유가 아니었을까? 라고 생각된다. 하여간 피고나 피고 보조참가인 측은 저자가 제시하는 사실관계들에 대해 전혀 반박하지 않았다. 사실이어서 반박을 하다가는 거짓말을 하는 셈이 되어서 오히려 불리해질 것을 알기 때문일 것이다. 그렇지만 1심에서 제기되지 않았던 새로운 사실에 관한 주장을 재판의 당사자가 한 것이다. 반박하거나 최소한 입장표명을 해야 하는 것이 상식이라고 생각한다. 1심에서 논의가 되었던 사실에 대해 저자가 다른 주장을 하거나 논리를 편다면 무시할 수도 있을 것이다. 그렇지 않은데도 피고나 피고 보조참가인 측은 사안의 전후 사정이나 인과관계가 무엇이든 일어난 결과만 있으면 된다는 태도를 보인 것이다. 즉, 징계시효가 도과된 것은 사실이라는 것이다.

저자가 주장하는 실정법의 올바른 적용에 대해서도 어떤 반박도 하지 않았다. 법령이 쉽고 명확한 규정들이었기 때문일 것이다. 징계 의결 요구 요건이나 교원확보율 관련 법령은 다른 법적 해석을 주장할 만한 부분이 없다. 단순한 규정들이다. 그래서 애초 교육부가 지적한 내용만 되풀이한 것이다. '추가조사를 할 수 있었으나 안 했다.' '징계시효가 도과되었으니 징계 사유가 된다.' '연구년은 혜택을 주는 것이다.' 등등이다.

심지어 피고 보조참가인 측은 전문대학 특성화 사업비 삭감문제까지 그대로 들고 나왔다. 전문대학 특성화 사업비가 동 사업의 자체 기준에 따라 총장이 해임된 대학에는 30% 삭감되었다는 것이다. 지금 총장의 해임이 잘못된 것을 다투는 데 총장 해임결과, 학교에 손실이 발생했으니 총장의 책임이 크다는 것이다. 본말전도를 넘어 자가당착이라는 생각마저 든다. 그냥 모든 것을 주장하면 된다는 식이다.

1심은 자신들이 주장하지 않아도 재판부가 억지로라도 자신들에게 유리한 판결을 하였다. 변호인들도 가급적 적게 주장하여 반격의 계기를 주지 않는 것이 더 좋은 전략이라고 생각했는지 모르겠다. 자신들도 교육부의 조치나 1심 판결이 말이 안 된다는 것을 잘 알았을 것이다. 돌이켜 생각해보니 이런 재판을 하면서 흰색을 하얗다고 설명하고 있었던 저자가 안쓰럽다.

피고 측과 피고 보조참가인 측의 준비서면을 모두 참고 자료로 첨부하였다.

3. 이유를 밝히지 않는 항소심 판결

항소심 재판은 매우 단순하게 진행되었다. 저자가 항소이유서를 제출하고 그에 대한 피고 및 피고 보조참가인 측의 준비서면이 제출되었다. 그 후 1번의 변론 기일이 있어 법정에서 재판이 열렸다. 저자는 판사가 저자가 어떻게 생긴 사람인지 궁금해했었다는 느낌을 받았다. 사람의 보디랭귀지는 만국 공통이고 숨길 수 없는 측면이 있다. 판사가 추가로 제출할 서류가 있는지 물었다. 양측 모두 없다고 했다. 그러자 판사가 선고일을 지정하고 5분도 안 돼 재판은 종료되었다. 사실 이때 이미 판결을 정해놓았을 것이다. 이 건은 이제 사실관계에 대한 다툼은 없다. 원고로서 저자가 제시하는 교육부의 잘못에 대해 사법적 판단만 하면 되는 사안이다. 저자는 정말 저자의 승소를 믿었다. 저자 자신의 양심에 비추어 무엇 하나 법적으로 비난받을 만한 내용이 없었다.

1심은 각 징계 사유를 인정하고 저자의 청구를 기각하는 결론을 내면서 다음과 같은 문장을 제일 앞에 놓았었다.

"교원의 비위행위는 교원사회 전체에 대한 국민의 신뢰를 실추시킬 우려가 있으므로 교원은 일반직업보다 더 높은 수준의 도덕성이 요구되고 더욱 엄격한 품위유지 및 법령준수 의무를 부담한다. 특히 대학교의 교무를 총괄하고 관리·감독하는 총장은 다른 교원에 비해 더 높은 수준의 품위유지 의무 및 법령준수 의무를 부담한다."

'조금이라도 잘못이 있으면 책임을 물을 수 있다. 그러니 그냥 받아들여라' 그런 뜻으로 쓴 것 같다. 그런데 위의 판결문에 비추어서라도 저자에게 비난받을 만한 책임이 있는가? 제기된 8가지 징계 사유와 관련하여 저자가 무슨 품위 훼손을 했는가? 징계시효 도과를 우려해 억지로 징계를 추진한다면 그것은 무엇인가? 법령을 준수하는 것이 아니라 품위를 훼손하는 것이다. 직위해제 요건을 알면서 자신의 책임회피를 위해 직위해제를 추진하면 그것이 법령준수가 아니라 품위 훼손이다. 저자는 진정 법령을 준수하고 품위를 지키기 위해 노력을 한 것이다.

위 판결문 첫 문장에 교원 대신 법관을 넣어서 읽어 보면 어떨까? 교원보다 더 잘 들어맞는 것 같다. 이처럼 실정법도 무시하는 법관이 교원의 품위유지와 법령준수를 언급하고 있다. 교원 전체를 모욕한 것 같은 느낌이 든다. 최소한 1심 재판부는 자기들이 실정법을 위반한다는 것을 알았다는 것이 저자의 판단이다. 그러면서 남의 준법을 언급하고 있다. 요즘 우리 사회의 주객전도, 본말전도를 보는 것 같으며 내로남불의 끝판을 보는 것 같다. 사실 이와 같은 저자의 생각을 항소이유서에 적었어야 했다. 1심 재판부의 고의적인 편파 판결을 분명히 지적하고 비판하는 것이 재판 결과에 상관없이 옳은 일이 아니었을까? 그런데 항소를 제기할 때만 해도 사법 시스템을 믿었다. 1심 판결문을 비난하는 것보다 저자의 옳음을 명백히 밝히는 것이 우선이라고 생각했다. 판사들이 다른 판사들에 대한 비난을 부담스러워 할 것이다. 이와 같은 얕은 생각에 항소심 재판부에 불법적인 판결문에 대한 재판 당사자로서의 분노와 인지를 제대로 전하지 못했다. 물론 그것이 재판 결과를 바꾸었을 것이라고 말하는 것이 아니다. 그들에게 당신들의 거짓과 불법을 당사자로서 잘 알고 있다는 것을 전달하는 것이 조금이라도 더 악행을 막는 방안일 것이다.

교육부는 학교에 대해 2017년 2월, 2차 실태점검을 나와서 학교 전산시스템에 대한 마스터키, 즉 전산시스템 모든 것에 대한 접근권을 요구했었다. 저자는 그건 좀 무례한 요구가 아니냐고 당시 기획처장에게 물었다. 남의 집에 조사를 왔으면 필요한 서류들을 달라고 해서 점검하는 것이 원칙이 아닌가 하는 생각이 들었다. 저자의 경험으로는 감사원이 중앙 부처에 감사를 나와도 어떤 서류들을 가져오라 해서 점검을 했다. 그런데 기획처장이 예전부터 교육부는 현장조사를 나오면 서류 캐비닛 자체를 봉하고 조사를 한다고 했다. 완장을 찬 사람들이란 말이 떠올랐고 저자는 다시 한번 교육부의 후진적 행태를 실감했다. 하지만 괜히 무언가를 숨긴다는 인상을 줄 필요가 없다고 생각해서 그렇게 해주라고 했다. 그러면서 속으로 저자가 결재하고 처리한 일은 자신이 있었다. 그런데 혹시 직원들이 실수한 일은 없는지 은근히 걱정되기도 했다. 학교에는 총장까지 결재하지 않는 일도 많이 있는 것이다.

그렇게 3일간 학교 전산시스템을 샅샅이 파헤쳤다. 그 후 내놓은 학교의 비리가 지금까지 제기한 8가지이다. 교육부가 그렇게 눈을 부릅뜨고도 어떤 진정한 학교 차원의 비리는 찾아낼 수 없었다고 할 수 있다. 김ㅁㅁ 교수의 부당학점 부여사건이나 '미디어디자인과' 시간표상 강사 바꿔치기가 비리인 것은 분명하다. 그렇지만 학교의 조직적인 비리도 아니고 개인의 사적인 이득을 채우기 위한 비리도 아니다. 성과에 과욕을 부리다가 일어난 일인 것이다. 당자들이 책임을 질 일이지 학교가 제재를 당해 학생들까지 피해를 볼일은 더더욱 아니었다.

저자는 항소심의 승소를 믿어 의심치 않았다. 저자는 1심의 잘못된 점을 조목조목 해명했다. 피고 측들은 전혀 그에 대해 반박을 못한 것이다. 이런 사안에서 승소하지 않는다면 어떤 사안이 항소심에서 승소한단 말인가? 항소심 선고일에 항소이유서를 작성하는 데 도움을 준 대학 동창 친구와 같이 선고를 들으러 갔다. 다른 여러 건과 함께 기각한다는 선고가 내려졌다. 잘 믿기지 않았다. 방청석을 향하지 못하고 눈을 내리깔면서 그래도 방망이는 내 손에 있다는 표정으로 기각을 선언하는 판사의 표정이 크게 다가왔다. 멍하니 앉아 있는 나를 친구가 나가자고 했다. 친구가 기울어진 운동장이라고 했다. 솔직히 내 마음은 그 정도의 표현은 마음에 차지 않았다. 기울어진 정도가 아니라 확실히 무언가 잘못됐다는 느낌이었다.

며칠 후 판결문이 집에 도착했다. 판결문을 보는 순간 왜 판사를 향해 석궁을 쏘고 화염병을 던지는 사건이 일어나는지 순간적으로 이해가 되었다. 판결문에는 제대로 된 판결 이유가 없었다.

우선 항소심 판결은 1심이 잘못 이해한 기초적인 사실관계를 수정했다. 즉 1심 판결은 김○○ 학생이 입학하기 전인 2010년 2학기에 15과목 40학점을 수강하고 그 결과를 입학 후인 2011년 2학기에 8과목 인정받고 2012년 2학기에 7과목 인정받은 것으로 이해했다. 아주 기초적인 사실조차 제대로 인식하지 못한 것이다. 실제는 2010년 2학기 강의를 듣고 학업에 자신을 가지고 이듬해 입학한다. 그리고 2011년 2학기가 되자 작년에 청강한 것을 다시 수강하지 않고 학점으로 인정받는다. 그리고 수업시간에 2학년 과정 수업을 청강하고 2012년 2학기 성적으로 인정받은 것이다. 그러니까 실제로는 2010.9. ~ 2012.8. 기간 중 학교에 다니고 2011.3. ~ 2013.2. 기간 중 학교에 다닌 것으로 성적을 부여받은 것이다. 졸업생 본인은 2010.9. ~ 2013.2. 기간 동안 다녔다고 주장했다는 사실은 이미 기술했다. 1심 판결이 얼마나 엉터리인지 다시 한번 확인할 수 있다. 자신들의 판결이 옳지 않다는 것을 알면서 허겁지겁하다 보니 기초 사실조차 틀리는 것이다. 자신이 옳다고 확신하는 일을 하는 사람은 허겁지겁하지 않는다. 복장이나 자세가 흐트러지는 것은 자신이 옳지 않다는 것을 스스로 알 때이다. 글도 마찬가지다.

위 사실만 바로잡고는 그냥 1심 판결이 맞으니 기각한다고 적혀있었다. 물론 민사소송법 제420조는 항소심은 1심판결을 인용할 수 있다고 규정하고 있다. 그렇지만 저자가 항소이유서에서 원고로서 1심이 틀린 이유를 조목조목 제기했다. 그러면 민사소송법 제208조에 따라 판결 이유에는 당사자의 주장과 그 밖의 공격·방어방법에 관한 재판부의 판단을 기재하여야 한다. 사실 법이 규정하지 않아도 당연히 그렇게 되어야 하는 것 아닌가? 그런데 항소심 판결문은 '여러 사정을 종합적으로 고려하면 1심 판결이 맞다.' 하고는 끝이다. 그러면 항소이유서는 무엇인가? 틀리면 틀렸다고 지적을 해야 한다. 도대체 무엇을 종합적으로 고려하였는가? 명백히 민사소송법 제208조를 위반한 것이다. 저자의 심정이 독자들께 전달되기만 바랄 뿐이다. 항소심 판결문을 뒤이어 바로 수록한다.

서 울 고 등 법 원

제 1 1 행 정 부

판 결

사　　　건	2019누30876　교원소청심사위원회결정취소
원고, 항소인	김필구
	성남시 분당구
피고, 피항소인	교원소청심사위원회
	대표자 위원장 이근우
	소송대리인 정부법무공단
	담당변호사 박
피고보조참가인	학교법인 한국산업기술대학
	시흥시 산기대학로 237(정왕동)
	대표자 이사장
	소송대리인 변호사 이
	소송복대리인 법무법인 한일
	담당변호사 홍
제1심판결	서울행정법원 2018. 12. 14. 선고 2018구합55425 판결
변론종결	2019. 5. 1.
판결선고	2019. 6. 19.

주 문

1. 원고의 항소를 기각한다.

2. 항소비용은 보조참가로 생긴 비용을 포함하여 원고가 부담한다.

청구취지 및 항소취지

제1심판결을 취소한다. 피고가 2017. 11. 15. 원고와 피고보조참가인 사이의 2017-596호 해임처분 취소청구 사건에 관하여 한 결정을 취소한다.

이 유

1. 제1심판결의 인용 등

이 법원의 판결 이유는 제1심판결 10쪽 2행의 "15과목"부터 4행의 "부여하였다."까지를 다음과 같이 수정하고, 다음 2항과 같이 판단을 보충하거나 추가하는 것 외에는 제1심판결의 이유('3. 결론' 부분을 제외하고 별지를 포함한다) 기재와 같으므로 행정소송법 제8조 제2항, 민사소송법 제420조 본문에 따라 이를 그대로 인용한다.

『과목들을 입학 후인 2011학년도 2학기(1학년 2학기)에, 김□□ 학생이 2011학년도 2학기에 청강한 과목들을 2012학년도 2학기(2학년 2학기)에 각각 정상적으로 출석하여 수강한 것으로 인정하여 위 과목들의 성적을 부여하였다.』

2. 판단의 보충 및 추가

원고는 이 사건 해임처분 사유는 학교 경영자인 원고의 입장에서 부득이하게 선택할 수밖에 없었던 사항 등이 대부분으로 징계사유로 인정될 수 없고, 설령 징계사유로 인정될 수 있더라도 이 사건 해임처분은 원고에게 지나치게 가혹하여 재량권을 일탈·남용한 위법이 있으므로 취소되어야 한다고 주장한다.

살펴건대, 이 법원이 인용하는 제1심판결에서 판단한 것처럼 여러 사정을 종합적으로 고려하면 원고에 대한 제1에서 8징계사유가 모두 인정되고, 나아가 이 사건 해임처분이 징계재량권을 일탈 또는 남용한 것이라고 볼 수 없다. 이와 다른 전제에 있는 원고의 주장은 이유 없다.

3. 결론

그렇다면 원고의 청구는 이유 없어 기각하여야 한다. 제1심판결은 이와 결론을 같이 하여 정당하므로 원고의 항소는 이유 없어 기각한다.

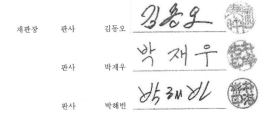

재판장	판사	김동오
	판사	박재우
	판사	박해빈

VII

상 고 심

1. 상고이유서 제출 전에 깨달은 어이없는 정치재판

저자는 항소심 판결을 받고 나서 저자에 대한 재판의 한 측면을 분명히 인식하게 되었다. 저자는 전 정권의 한 사람으로서 재판을 받고 있다는 사실이다. 그렇지 않다면 어떻게 1, 2심과 같은 판결이 나올 수 있단 말인가? 저자가 판사들의 마음속을 들여다볼 수는 없지만, 세상에는 말하지 않아도 알 수 있는 것이 있다. 저자는 박근혜 대통령 시절에 총장으로 취임하였다. 저자는 정치적으로 박근혜 전 대통령을 지지한다. 그렇지만 그것이 저자에 대한 재판과 무슨 상관이 있단 말인가? 저자는 공무원으로 있을 때나 총장으로 재직 시에 직원들과 정치 이슈에 대한 논쟁은 항상 삼갔다. 정치 이슈가 나올 때마다 저자가 하는 단골 멘트가 있다. 서양의 격언이라고 할 수 있는 '신사는 종교와 정치를 논쟁하지 않는다.'였다. 특히 총장으로 재직 시에는 정치적 중립에 유의했고 조심했다. 그런데 한 사람의 정치적 성향이 재판의 결과에 영향을 미치는 정치적 재판이 21세기 우리나라에서 바로 저자에게 일어나고 있었다.

저자는 1958년에 태어나서 우리나라의 성장 과정을 자주 경험하고 목격하면서 살아오고 있는 사람이다. 저자의 아버지 세대나 10년 이상 연상으로 월남전을 참전한 형님 세대 만큼 어려운 세월을 보낸 세대는 아니다. 그렇지만 우리나라가 올림픽에서 처음으로 금메달을 딴 것에 감격했었다. 아시아지역의 국가대표팀 축구시합에서 우리나라와 태국이나 미얀마와의 경기를 손에 땀을 쥐고 관람한 세대이다. 저자는 1960년대에 비록 초등학생이었지만 국회의원 선거에서 고무신과 막걸리가 어떻게 횡행했는지 직접 기억한다. 아버지 세대가 입으로 이승만 독재를 논하였지만, 초등학교 선생님이 촌지를 받는 걸 눈으로 목격한 세대이다. 관청에서 급행료가 통하는 걸 피부로 느꼈다. 목구멍이 포도청이란 말을 책이나 머리로가 아니라 몸으로 마음으로 이해한다.

그런 어려움 속에서 우리가 오늘을 만들어 낸 것이다. 요즈음은 모두 우리나라가 월드컵 본선에서 높은 성적을 낼 걸 기대한다. 연휴 때는 해외여행객들로 공항이 붐빈다. 지금 이만큼 우리나라가 성장 발전한 것이 정말 대견하다. 아버지, 형님 그리고 후배를 비롯한 동료들에게 고마워해야 한다고 생각하는 사람이다. 그중에서도 우리가 이룩한 민주주의의 발전은 빼놓을 수 없다. 사실 발전의 정점에 있는 것이라고 할 수 있다. 비록 아직 우리 사회의 많은 부분이 법과 상식에 맞게 합리적으로 잘 작동하지는 않는다. 저자는 그것을 이번 기회에 절실하게 깨달았다. 학교법인 이사회, 교원소청심사위원회, 그리고 학교인증 평가단, 그 어느 곳도 이성적으로 판단하고 행동하지 않았다. 정치 권력 앞에서, 자기 이해관계 앞에서, 몸을 숙이고 피하는

데 급급했다. 한 사람, 한 사람 면면을 보면 높은 학식을 자랑한다. 기관장이거나 기관장을 지낸 사람도 여러 명 있다. 학교법인 이사 중 4명이 저자의 징계위원회 위원으로 선정되었다. 그 중, 한 분만이 저자의 징계에 동의하지 않고 징계위원회에 불참했다. 또 다른 1인은 저자의 징계에 반대했지만 결국은 다수를 따라갔다. 저자에 대한 징계에 앞장섰던 사람 중 1인은 그 후 민간연구소의 대표로 자리를 옮겼다. 저자는 과거 그 민간연구소가 개최한 CEO 프로그램에 참여했던 경험이 있다. 이 연구소는 현재 정치 권력과 친한 사람을 대표로 고용하는 것을 선호하는 것 같다. 민간연구소에도 정치 권력이 많이 필요한가? 우리 사회의 현주소를 말해 주는 것으로 생각된다. 그래도 우리 사회가 민주주의의 기본은 갖추고 있다고 믿었다.

그런데 네 편은 유죄, 내 편은 무죄라는 조선 시대의 정치재판이 횡행한다면 지금까지의 발전은 모두 수포가 되는 것 아닌가? 더군다나 학교에 대한 실태조사 및 처분과 저자의 해임 건은 교육부도 일체 언론에 알리지 않았다. 세간의 관심이 없는 사안이었다. 만약 그래서 이처럼 심한 정치재판이 벌어진다면 우리 법원은 정말 암울하다. 우리 사회는 지금 어디에 있으며 어디로 가고 있는 것일까?

교육부가 대학 총장의 해임을 요구하고 대학에 대해 입학정원 모집 축소 제재를 가하면서 언론에 발표하지 않은 경우는 매우 드물 것이다. 평소에는 사학비리를 이렇게 징벌한다는 의기양양한 발표를 하는 것이 관행이었다고 생각된다. 그런 발표는 제재 대상 행위를 학교사회에 알리고 입시 준비생에게 정보를 주는 차원에서도 필요할 것이다. 그런데 저자의 경우는 언론발표를 안 한 것이다. 자신들이 떳떳하지 못해 못 한 것이다. 소속학과에서 강의하지 않은 교원을 교원확보율에 포함했기 때문에 학교 입학정원을 제재한다고 하면 대학사회가 난리가 났을 수도 있을 것이다. 2018년 대학입시를 본 학생들에게 필요한 정보를 숨긴 것이기도 하다. 이 사건의 단면을 교육부 측면에서 잘 말해 준다.

아무튼, 저자는 법원에 대한 신뢰를 완전히 잃었다. 상고할 경우, 상고이유서가 아니라 담당 대법원 판사가 누구냐에 따라 재판 결과가 나올 것이라는 걱정이 앞섰다. 그렇지만 한 가지 기대하는 측면도 있었다. 저자의 재판 건은 그 의미가 단순히 임기가 얼마 남지 않은 한 개인의 해임 건만이 아니라는 사실이다. 교육부가 5천 명이 넘는 재학생이 있는 학교에 대해 행·재정적인 불법을 저지른 것이다. 학교의 약점을 이용하여 협박도 한 것이다. 이런 사안을 대법원이 무슨 논리로 옹호할 수 있단 말인가? 하는 기대였다. 그런 대법원판례는 상상이 되지 않았다. 어쨌든 상고를 하는 것이 유일한 제도적인 대안이며 담당 판사는 김명수 대법원장 체제의 대법원이 정하는 것도 어쩔 수 없는 현실이었다.

상고장을 제출하니 재판부가 대법원 특별3부라고 하였다. 상고심은 주심 판사가 중요하다고 하여 누가 될지 궁금했다. 상고이유서를 제출하고 주심 판사가 결정되는데 생각보다 많은 시일이 소요되었다. 몇 번 대법원에 전화해서 알게 되었다. 이동원 판사라고 하였다. 인터넷으로 인물검색을 해보니 촛불 정권에서 대법원 판사로 임명된 자였다. 재판 결과가 나쁠 것이라는 불길한 예감이 들었다. 교육부와 학교법인도 각각 기존의 주장을 되풀이하는 답변서를 제출하였다. 상고이유서와 답변서의 사본은 참고 자료로 첨부하였다.

2. 마지막 수단으로서 법령 조항을 직접 제시한 상고심 논점

상고심은 법률심이다. 즉 어떤 것이 사실에 부합하느냐를 따지는 것이 아니라 일어난 사실에 관한 법 적용이 제대로 되었느냐를 따지는 재판이라고 이해를 했다. 사실 저자의 재판 건은 처음부터 사실관계에 대해 다툼이 있는 재판이 아니었다. 사실관계는 대부분 회의록 등 관련 서류가 있거나 공개적인 논의를 거친 것들이어서 다툼의 여지가 없었다.

그래서 그런 사실관계가 존재하는 이유나 불가피성을 집중적으로 제기했었다. 피고 측이나 재판부는 그런 이유에 대해서는 아랑곳하지 않고 그냥 그런 사실이 있었으니 징계대상이라고 해온 것이 지금까지의 진행 경과이다. '교통사고가 났으니 운전자가 잘못이다.'라는 식인 것이다. 1심 재판부는 특히 그렇게 보이도록 많은 노력을 기울였다. 때에 따라서는 교통사고가 차 고장으로 인하여 발생할 수 있는 연쇄 사고를 운전자가 아슬아슬하게 방지한 것일 수 있는데도 말이다. 어쨌든 각 징계 사유의 법률적 측면을 아래와 같이 부각했다. 그리고 상고이유서에 법률 조항을 직접 인용하였다. 상고이유서에 법률 조항을 직접 쓰는 경우는 드물 것이다. 그만큼 1심, 2심 재판부가 법령에 어긋나는 불법적인 재판을 했다는 것을 강조하고 싶었다.

1) 추가조사 미실시를 성실의무 위반이라고 하는 것은 사립학교법 위반

저자가 총장으로 취임하기 전에 학교는 시흥경찰서로부터 수사협조 요청을 받았으며 추가적인 조사는 중단된 상태였다는 사실에는 다툼이 없다. 사립학교법은 수사개시 통보를 받은 날부터 징계 의결의 요구나 그 밖의 징계 절차를 진행하지 아니할 수 있다고 명백히 규정하고 있다. 설혹, 그 밖의 징계 절차로서 추가조사를 하지 않는 것이 학교에 좋지 않은 의사결정이라고 하더라도 법이 부여하는 선택 대안이다. 따라서 법에 따른 선택을 한 것을 징계 사유로 삼는 것이 위법임은 매우 쉬운 판단으로 생각된다. 더군다나 저자는 저자가 취임하기 전에 학교가 선택한 조치를 뒤집은 것도 아니다. 저자 취임 전에 일어난 일에 대한 저자 취임 전의 결정을 승계한 것이다.

2) 징계 의결 요구 시효 도과의 법적 책임을 인정한 것 역시 사립학교법 위반

1심 재판부가 이와 관련하여 실정법에 어긋나는 판결을 하도록 초래한 것으로 보이는 사립학교법의 규정은 다음과 같다.

> 제66조의3(감사원 조사 관계 등)③검찰·경찰, 그 밖의 수사기관에서 수사 중인 사건에 대하여는 제1항에 따른 수사개시 통보를 받은 날부터 징계 의결의 요구나 그 밖의 징계 절차를 진행하지 아니할 수 있다.

1심 재판부는 위와 같은 법의 규정만 보고 그러면 저자가 징계 의결의 요구를 하고 징계위원회는 형사재판이 끝날 때까지 기다렸다가 징계 의결을 할 수 있었다고 한 것이다. 그런데 사립학교법시행령은 그렇지 않다는 것을 분명히 하고 있다. 우선 징계 의결의 요구는 증거서류를 가지고 하여야 한다. 관련 규정은 다음과 같다.

사립학교법시행령 제25조(교원의 징계 의결의 요구) 법 제64조의 규정에 의한 사립학교의 교원에 대한 징계 의결요구서에는 다음의 서류를 첨부하여야 한다. 1. 징계혐의자의 인적사항을 기재한 서류 2. 징계의 종류와 양을 기재한 서류 3. 징계 사유서와 징계요구자의 의견서 4. 징계혐의사실을 입증하는 증거서류 5. 징계혐의자의 이력서 6. 근무성적표

그리고 징계 의결의 요구가 있으면 징계위원회는 일정 기한 내에 징계에 관해 의결하여야 한다. 1심 재판부가 제시하고 항소심 재판부가 못 본 체한 '징계 의결 요구를 우선 함으로써 징계시효 도과를 막는' 그런 편법은 가능하지 않았다. 또 다른 관련 규정은 다음과 같다.

사립학교법시행령"제24조의8(징계 의결의 기한) ①교원징계위원회는 징계 의결 요구를 받았을 때는 그 요구서를 받은 날부터 60일[「국가인권위원회법」 제2조 제3호 라목에 따른 성희롱 행위 등 성(性) 관련 비위만을 징계 사유로 하는 경우에는 30일] 이내에 징계에 관한 의결을 해야 한다. 다만, 부득이한 사유가 있을 때는 해당 징계위원회의 의결로 30일의 범위에서 1차에 한정하여 그 기한을 연기할 수 있다. 〈개정 2019. 3. 19.〉 ②징계 의결이 요구된 사건에 대한 징계 절차의 진행이 법 제66조의3에 따라 중지된 경우 그 중지된 기간은 제1항의 징계 의결 기한

에 포함되지 않는다. 〈신설 2019. 3. 19.〉"

위의 사립학교법시행령 제24조의8 제2항은 2019년 3월에 신설된 조항이다. 본 사건에 영향을 받아 개정, 보완되었을 것으로 추론된다. 즉 1심 판결을 앞에서 설명한 것처럼 했는데 그것이 실정법과 맞지 않았다. 그래서 시행령은 개정했다. 이제는 증거서류라고 판단되는 서류가 있으면 일단 징계 의결 요구를 하고 징계 의결은 형사재판을 기다려 볼 수 있는 법적 근거가 마련된 것이다. 그렇지만 판결은 수정하지 않고 모른 체했다. 어쨌든 징계시효 도과와 관련하여 1심 재판부가 제시한 것은 당시 법령과 어긋나는 내용이다. 법령과 어긋나는 내용을 제시하면서 징계 사유를 수용하고 있으므로 위법하다.

3) 징계대상인 김□□ 교수를 연구년 대상으로 선정한 것이 징계 사유라는 주장의 위법성

대법원판례를 존중해서 김ㅁㅁ 교수를 직위 해제하지 않은 것에 대해서는 사실관계 다툼이 없다. 갑제11호증으로 법원에 제출된 학교 연구년제 규정은 명백하다. 연구년 규정 제6조는 다음 각호의 교원을 선발한다고 명시하고 있다. 1. 연구년을 처음 실시하는 교원 2. 장기근속 교원 3. 대학발전에 공헌이 지대한 교원 4. 교원 실적평가 점수가 우수한 교원 5. 기타 총장이 필요하다고 인정한 교원

따라서 학교는 학교발전에 공헌이 지대하거나 실적평가가 우수하지 않더라도 총장이 필요하다고 판단하는 교원을 선발할 수 있다. 학교발전에 공헌이 지대하지도 않고 실적평가가 우수하지도 않으며 장기근속 교원도 아닌 사람은 어떤 교원인가? 문제가 있는 교원이

다. 사실, 문제가 있는 교원을 연수를 보내 자기 계발 활동에 전념토록 하는 것도 연구년 규정의 주요한 목표이다. 한번 채용된 교원이 학생들 강의에 다소 부족하더라도 마구 해임을 할 수는 없다. 이런 교원을 연수를 보내는 것이 연수제도에 더 부합하는 측면도 있다. 요컨대 김ㅁㅁ 교수를 연구년으로 선정하는 것은 연구년 규정에 어긋남이 없다. 그러므로 이를 징계 사유로 지적하는 것은 교육부가 사적 자치 원칙을 침해하는 것이고 위법한 행정이다.

4) 인사위원들과의 간담회개최를 징계 사유로 삼는 것은 헌법에 배치

저자는 교수들과 자주 간담회를 개최하였다. 김ㅁㅁ 교수 연구년 선정과 관련하여 개최된 간담회에 참석한 인사위원들과 김ㅁㅁ 교수의 연구년 선정을 의결한 인사위원회에 참석한 인사위원들은 완전히 일치하지도 않는다. 저자는 징계성 연구년으로 하자는 의견을 제시했으나 인사위원회는 무죄 추정의 원칙을 들어 일반 연구년으로 의결하였다. 이상과 같은 사실관계에 대한 다툼은 없다. 대학 총장과 인사위원들과의 간담회개최를 금지하는 규정은 없다. 있을 수가 없는 규정이다. 더욱이 관련 간담회는 총장이 필요하다고 인정한 교원의 연구년 선정에 관한 간담회이다. 이러한 간담회개최를 비난하는 것은 학교 구성원들의 인격을 무시하고 인간의 기본권을 침해한 것이다.

5) 이×× 교수의 소속학과 변경이 교원의 지위 향상 및 교육 활동 보호를 위한 특별법 제6조 제2항 위반이라는 것은 근거 없는 것이므로 위법

이×× 교수가 소속변경 가능 대상 3인의 교수 중 실적평가가 가장 낮으며 저자가 내부고발을 대학발전 기여로 인정하여 재임용한 것도 다툼 없는 사실관계이다. 학교의 교원인사규정은 학과소속 변경을 인사위원회 심의사항으로 명시하고 있지 않았다. 당시까지 인사위원회에서 심의한 전례도 없다. 그렇더라도 이×× 교수의 학과 소속 변경을 인사위원회에 부의하지 않은 것이 관점에 따라 좋지 못한 의사결정이라고 할 수는 있다. 하지만 징계 사유가 될 수는 없다. 총장은 최고 경영자로서 많은 의사결정을 한다. 모든 의사결정이 최선일 수는 없는 것이다. 이×× 교수는 다른 교수들과 동일한 기준으로 평가받고 소속학과가 변경되었다. 어떤 차별도 없었다. 징계 사유로 제시된 교원의 지위 향상 및 교육활동 보호를 위한 특별법 제6조의 규정도 아래와 같다.

> "제6조(교원의 신분보장 등) ① 교원은 형(刑)의 선고, 징계처분 또는 법률로 정하는 사유에 의하지 아니하고는 그 의사에 반하여 휴직·강임(降任) 또는 면직을 당하지 아니한다. ② 교원은 해당 학교의 운영과 관련하여 발생한 부패행위나 이에 준하는 행위 및 비리 사실 등을 관계 행정기관 또는 수사기관 등에 신고하거나 고발하는 행위로 인하여 정당한 사유 없이 징계 조치 등 어떠한 신분상의 불이익이나 근무 조건상의 차별을 받지 아니한다. [전문개정 2008. 3. 14.]"

이xx 교수는 다른 교원과 다르게 차별을 받은 적이 없다. 그러므로 차별하였다는 주장은 아무 근거가 없는 위법한 주장이다.

6) 적법한 교원확보율 보고를 허위보고로 징계하는 것은 심각한 고등교육법 위반

총장의 학과에 대한 서면 지시 사항인 2015년 2학기 강의시간표 작성지침에는 모든 교수가 소속학과에서 1과목 이상 강의를 하라는 내용이 있었다. 그러나 미디어디자인과에서 이를 어긴 사실이 발생하였다. 학교는 교원들의 지침준수를 촉구하기 위하여 교수의 소속학과 강의는 교원확보율 충족요건이라고 하였다. 교육부는 그때까지 교수가 소속학과에서 강의하지 않았다고 해서 주의 조치 외에 제재한 적은 없다. 이상이 다툼 없는 사실관계이다. 만약 학교가 소속학과 강의가 교원확보율 충족요건이라고 실제 믿었다고 해도 학교의 잘못된 믿음이 법적 요건을 바꿀 수는 없다.

교원확보율은 '대학설립·운영규정(대통령령 제29699호)'이 정하는 일정 규모의 학생 수 대비 교원 수의 비율을 말한다. 공학계열인지 인문계열인지 등에 따라 교원 1인당 학생 수 규모를 달리 정하는 등 세부기준이 법규로 정해져 있다. 대학설립·운영규정의 구체적 내용은 아래와 같다.

"제6조(교원) ①대학은 편제완성연도를 기준으로한 계열별 학생정원을 별표 5에 따른 교원 1인당 학생 수로 나눈 수의 교원(조교는 제외한다. 이하 같다)을 확보하여야 한다. 이 경우

계열별 학생정원을 합한 학생정원이 500명(대학원대학 및 장애인만을 입학대상으로 하는 대학의 경우에는 200명) 미만인 경우에는 그 정원을 500명(대학원대학 및 장애인만을 입학대상으로 하는 대학의 경우에는 200명)으로 보되, 계열별로 학생정원을 환산하는 방법은 교육부령으로 정한다. ②제1항의 규정에 의하여 확보하여야 할 교원을 산정하는 경우의 계열별 학생정원은 다음 각호의 어느 하나의 학생 수를 말한다. 1. 대학원이 없는 대학 : 대학의 학생정원 2. 대학원이 있는 대학 : 학사과정의 학생정원에 대학원 학생정원의 1.5배(전문대학원의 경우는 학생정원의 2배)를 합한 학생 수 3. 대학원대학 : 대학원 학생정원의 2배의 학생 수 ③삭제 ④제1항의 규정에 의하여 확보하여야 하는 교원에는 겸임교원 등이 포함될 수 있다. 이 경우 대학(산업대학, 전문대학, 전문대학원으로서의 대학원대학 및 이에 준하는 각종학교를 제외한다)의 경우에는 그 정원의 5분의 1(대학에 두는 전문대학원은 3분의 1), 전문대학원으로서의 대학원대학의 경우에는 그 정원의 3분의 1, 산업대학·전문대학 및 이에 준하는 각종학교의 경우에는 그 정원의 2분의 1의 범위 안에서 이를 둘 수 있으며, 겸임 및 초빙교원 등에 관한 산정기준은 교육부령으로 정한다."

위 규정에서 볼 수 있는 것처럼 해당 학교가 전임교원을 얼마나 채용하였는지가 기본적인 전임교원확보율 산정기준이다. 신규채용된 후 일정 기간 동안은 기존 교수들의 강의 상황 등에 따라 소속학과가 아닌 다른 학과에서 강의할 수도 있다. 경험 많은 교수는 연구활동이나 교내 보직 수행 등에 따라 강의 의무를 경감받고 소속학과에서 강의하지 않을 수도 있다. 교육 목적상 학교 교수들은 학과 간 교차 강의를 하는 것도 가능하다. 교육부는 교수의 소속학과 강의를 장려하였다. 하지만 그것을 법규로 규제하기에는 현실 상황이 복잡하여 그렇게 하지 못하는 것이다. 즉 소속학과에서 강의 여부로 교원확보율을 다르게 산정해서는 안 되는 것이다.

그런데 교원확보율과 관련한 교육부나 하급심의 판결은 이런 명백한 법령을 위배하고 있다. 학교의 2015년 2학기 강의시간표 작성지침에서 모든 교원은 소속학과에서 1과목 이상 강의를 해야 하며 교원확보율 충족요건이라고 했기 때문에 경기과학기술대학교의 교원확보율은 법령과 달라졌다는 것이다. 법령에 따른 보고를 허위보고라고 한다. 즉 대학 총장의 지시가 법령보다 우선이라는 것이다. 자신이 그렇게 지시했으면 법령이 아니라 자신의 지시에 따라 보고해야 한다는 것이다. 도대체 무슨 말로서 이런 거짓을 바로잡는가? 권위 있는 기관이 잘못을 바로잡는 수밖에 무슨 다른 대안이 있을 수 없다.

교육부나 하급심의 판결을 다시 정리하면 다음과 같은 코미디가 가능하다.

"교육부는 교수의 소속학과 강의를 장려했다. 총장은 교육부의 권고에 부응하여 교수들에게 교육부 권고를 준수하라고 강조하여 지시했다. 그런데 총장의 지시를 어긴 사례가 발생했다. 총장의 지시를 어긴 것은 법적 의무를 위반한 것과 같다. 총장이 법적 의무인 것처럼 강조했기 때문이다. 그러므로 총장에게 허위보고의 징계 사유가 발생했다."

차라리 총장에게 법적 의무가 아닌 것을 법적 의무라고 한 책임을 묻는 것이 그래도 나아 보인다.

무엇보다 교원확보율 허위보고와 관련하여 발생해서는 안 되는 일은 학교를 제재하는 것이다. 제재와 관련한 법령은 명백하다. 명백할 뿐만 아니라 법과 시행령에 같은 규정을 반복하여 강조하고 있다. 백번 양보하여 경기과학기술대학교가 교원확보율에 미달하였다 하더라도 제재하기 전에 시정요구를 먼저 하여야 했다. 행정법의 시행에 있어 제재규정과 그 성립요건은 엄격히 따져야 한다. 그것은 행정법의 기본이다. 그렇지 않으면 행정부가 마구 제재를 하는 경찰국가가 되기 때문이다. 그런데 이런 법령위반이 1심, 2심을 거쳐도 전혀 시정되지 않았다. 저자는 이 문제를 1심에서는 강하게 다루지 못했다. 저자가 이미 학교에 소속되어 있지 않으므로 학교에 대한 제재에 대해서는 당사자적격이 문제 되기 때문이다. 그렇지만 행정소송이기 때문에 내심 기대도 했다. 행정소송법은 직권심리가 가능하기 때문이다. 행정소송법의 관련 규정은 다음과 같다.

> "제26조(직권심리) 법원은 필요하다고 인정할 때에는 직권으로 증거조사를 할 수 있고, 당사자가 주장하지 아니한 사실에 대하여도 판단할 수 있다."

이제 이 문제는 대법원에서 바로 수정되어야 한다. 그렇지 않으면 중앙정부에 의한 불법조치가 돌이킬 수 없는 사실이 된다. 지울 수 없는 자취로 남게 되는 것이다. 그것도 법원이 동조한 사건이 된다.

7) 교비 회계 전출금지 위반이라는 것은 터무니없는 위법

학교가 장학재단에 기부할 수 있는 학교 동문 초청행사를 하였다.

경기과학기술대학교 장학재단 설립추진 발기인대회라는 명칭을 사용하였다. 아직 장학재단은 기본 얼개도 갖춰지기 전이었다. 장학재단은 학교 주도로 설립되었다. 총 3백만 원에 조금 못 미치는 경비가 지출되었다. 장학재단의 주소지로 학교 공간을 무상으로 제공하였고 학교규정에 따라 학교직원 2명이 장학재단의 비상근 직원을 겸직하였다. 이상은 다툼 없는 사실관계이다. 이 같은 내용을 교비 회계의 전출이라고 하는 것은 어불성설이다. 즉 장학재단은 학교와 별개의 법인인데 장학재단이 부담해야 할 비용을 교비 회계에서 부담했으니 교비 회계의 전출이라는 것이다. 그러면 아동보육과가 있는 학교가 아동재단의 관련 인사들을 경비를 부담하면서 초청하여 학교의 아동 보육 행사를 관람하게 하는 것도 교비 회계의 전출인가? 장애인 재활 관련 학과가 있는 학교에서 장애인재단의 사람들을 경비를 부담하면서 초청하여 업무협의를 하면 교비 회계의 전출인가? 정말 순리와 상식을 거스르는 억지이다. 결국, 학교가 장학재단 설립을 위해 비용을 지출하고 장학재단의 운영을 지원하는 것이 합법적이냐 하는 문제이다. 학생들의 등록금을 주요 수입원으로 하는 교비 회계는 학생들의 교육목적으로만 사용할 수 있다. 학생들의 교육목적인 체하면서 실제로는 사리사욕을 채우는 것은 엄격히 금지된다. 그런 관점에서 어떤 행위가 학생들의 교육목적인 행위인가 판단하기가 쉽지 않을 수 있다. 예를 들면 학생들에게 특강을 실시하면서 특강 강사를 학생들의 교육목적에 맞지 않는 사람을 초청하는 것이다. 이것이 교육목적에 맞는 지출인가? 고의성과 진정한 특강실시 목적 등을 따져봐야 할 것이다. 하지만 학생들의 장학금 모금을 위한 경비지출은 통상적으로 용인되는 것이다. 장학금 지급이 1회에 그치지 않고 기금이 되어 지속 장학금이 지급되도록 하는 것은 더 좋은 것으로 생각된다. 즉 장학재단 설립추진은 단순 장학금 모금행사보다 더 나을 수 있다. 이런 학교의 경비지출을 문제 삼고 있다. '장학재단이 학교와 별도 법인이다'라고 운운하는 것은 비열한 것이다. 교육부로서는 정말 비교육적인 행태이다. 이에 동조한 하급 법원은 장학재단에 기부한 많은 사람의 순수한 뜻에 침을 뱉은 것이다. 적게는 수십만 원에서부터 많게는 1억 원에 이르기까지 많은 분이 경기과학기술대학교 장학재단의 설립취지에 동의하고 동참하였다. 이분들께 이 자리에서나마 감사를 드리고 싶다. 그리고 장학재단이 저자와 학교에 오히려 폐가 된 것에 죄송할 뿐이다. 이런 시련을 딛고 장학재단이 사회에 도움이 되는 인물을 배출하는 데 제 역할을 하기를 바랄 뿐이다. 장학재단은 장학재단에 많은 기부를 한 분들이 돌아가며 이사장직을 수행하게 되어있다. 스스로 존립하여 발전할 것이다. 장학재단에 재를 뿌린 행위는 세상에 드러나고 비난받지 않으면 안 된다.

학교의 직원복무규정에는 비영리 업무에 한하는 직원의 겸직허가 규정이 있다. 언제 어떤 연유로 그런 규정이 도입되었는지 저자는 모른다. 하지만 좋은 규정이다. 대학의 지역사회에 대한 봉사 수요가 점점 커지고 있음을 고려하면 더욱 그렇다. 예를 들어 경기도 학생들을 위한 장학재단이 설립되었다고 가정해보자. 재단이니까 장학기금 또는 재산이 핵심이 된다. 특히 부동산 같은 재산이 아니고 현금이 모인 기금이면 관리 수요도 크지 않다. 은행에 예치하고 통장만 관리하면 되는 것이다. 장학생 선발도 각 학교에 의뢰하면 된다.

어떤 학생을 선발해 달라고 하면 되는 것이다. 이런 재단이 독립적인 사무실을 갖는다거나 전속직원을 갖는 것은 비효율적인 것이 된다. 재단 운영 경비가 너무 많이 드는 것이다. 전속직원도 할 일이 거의 없을 것이다. 따라서 공용의 사무실과 필요한 때 능숙하게 도와줄 수 있는 학교 관련 자원봉사 직원이 있으면 충분하다. 이와 같은 장학재단이 학교에 공용 사무실과 직원의 겸직 봉사 요청을 해오면 어떻게 해야 하는가? 당연히 협조할 수 있다. 그것은 사회 통념상 교육목적에 부합하는 것으로 생각된다. 지금 문제가 되는 것은 경기도 학생 전체를 대상으로 하는 것도 아닌, 경기과학기술대학교 장학재단이다. 학교의 규정에 따라 겸직허가를 한 것이다. 이런 것을 꼬투리 잡는 교육부와 법원은 부끄러워하여야 한다.

8) 임대료 감면이 교비 회계 수입을 감소시켰다는 지적은 황당한 위법

한국계측기기연구센터 대표이자 학교 총동문회장이 학교가 5천만 원 상당의 교육용 설비투자를 할 것을 제안했다. 그러면 자신이 학교 공간을 임대하여 학생들에게 무료교육을 하겠다고 하였다. 학교가 거절하자 자신이 장비를 모두 부담하는 대신 임대료 감면을 요청하여 학교가 수락한 것이다. 총동문회장은 학교발전기금 납부실적에 비추어도 감면 자격이 있었다. 학교는 장학재단의 기금 확대를 추진하였다. 동문에게 홍보하기 위해 임대계약서에 장학재단에 1억 원을 기부하여 임대료를 감면한다는 문구를 넣었다. 이상은 다툼 없는 사실관계이다. 학교는 다른 사람이 감면 없는 임대를 하겠다는 것을 거절하고 총동문회장에게 임대하면서 감면한 것이 아니다. 학교는 이 선택을 통해 연간 약 26백만 원에 이르는 임대료 수입을 얻었다. 무슨 교비 회계 손실이 발생했다는 건지 이해가 되지 않는 지적이다. 학교는 오래전부터 감면 정책을 실시해 오고 있었다. 감면 여부는 학교가 사안별로 검토하여 결정하는 것이다. 설혹 학교발전기금 납부실적이 50% 감면 요건에 해당해도 다른 이유로 인해 감면을 안 해줄 수도 있다. 학교의 시설 임대료나 감면에 관해 규율하는 법은 물론 없다. 신의성실 원칙에 따라야 한다. 이러한 감면이 배임이 되기 위해서는 명백하게 학교에 손실을 초래했다는 증거가 있어야 한다. 그러한 증거에 관한 판단은 상식에 따라 해야 할 것이다. 심지어 학교는 사회에 공헌하는 사회적기업에 대해서도 필요한 경우 임대료를 감면할 수 있다. 많은 학교가 사회공헌 차원에서 학교시설을 무료 개방하는 것도 같은 취지이다. 학교시설의 무료개방이나 임대료 감면이 다른 사리사욕을 얻기 위한 것이 아닌 한에는 그 필요성의 판단은 학교에 맡기는 것이 민주사회의 기본이라고 생각된다.

대학의 자율은 헌법에까지 규정되어 있는 것이다. 그런데 이 건의 징계 사유 모두와 관련하여 대학의 자율을 침해하고 사적 자치 원칙을 위배하는 지적들이 넘친다. 교육부의 오랜 사학에 대한 군림 관행이 만들어 낸 행태라는 생각이 든다. 그런 지적과 조치들을 대법원에서까지 용인하면 대학사회에 큰 혼란을 주게 된다.

특히 항소심은 원고의 판결을 기각하는 판결 이유를 제시했어야 한다. 그것이 법이다. 저자의 항소이유서는 1심 판결이 잘못이라는 여러 가지 사실적 증거들을 제시하고 있다. 그런 사실적 증거들에 대해 피고 측은 전혀 반박을 못 했다. 실정법이 잘못 적용된 데 대해서도 분명히 제시하고 충분히 설명했다. 그래도 판사라면 그 부분은 1심 판결이 잘 못 된 줄 알았을 것이다. 그걸 몰랐다면 판사 자격이 없는 것이다. 저자가 틀렸다면 분명하게 반박을 할 수 있었을 것이다. 법률적 사항에도 반박하지 않은 것이 항소심 판결이 엉터리라는 것을 스스로 증명하는 것이다. 조그마한 양심이라도 있었다면 항소심 판결문에 그렇게 크게 서명하지는 않았을 것이다.

촛불 정권이 들어서고 얼마나 많은 엉터리 재판이 벌어지고 있는지 저자가 알 수는 없다. 수많은 판결 속에 엉터리 판결들도 묻힐 것이다. 그렇다고 그 기록이 없어지지는 않을 것이다. 수많은 판결 속에서 표시 나지 않게 묻힐 것을 믿고 엉터리 판결을 한다면 그런 판사들은 도대체 어떤 사람들인가? 판사라는 직업이 자기를 위해 만들어졌고 자기는 당연히 그 특권을 누리는 줄 아는 것이다. 그야말로 갑질에 젖어 갑질인지를 모르는 것이다.

3. 피고 측의 답변서는 상고 이유에 대해 무조건 법적 쟁점이 없다고 주장

교육부 측 변호인은 징계 사유 8가지가 다 인정된다는 주장을 하였다. "저자는 김ㅁㅁ 교수가 학점 부당부여를 인정하였음에도 법적 판결을 기다린다는 이유로 조치를 하지 않았고 징계시효를 도과시켰다. 교원 연구년 선정은 특혜이다. 교원인사위원회 위원들과의 간담회개최는 의사결정 개입이다. 이×× 교수를 인사위원회 심의 없이 소속학과를 변경한 것은 차별조치이다. 강의하지 않은 교원을 포함한 교원확보율 보고는 허위보고이다. 경기과학기술대학교 장학재단 설립을 위한 비용지출 및 사무실 무상제공은 징계 사유에 해당한다. 학교시설 임대료 감면은 교비 회계 수입의 감소를 초래하였으므로 징계 사유에 해당한다." 지금까지와 마찬가지로 교육부 주장 그대로 똑같은 주장을 되풀이한 것이다.

그리고는 사안이 심리불속행 사유에 해당한다고 주장했다. 즉, "상고심절차에 관한 특례법 제4조 제1항은 원심판결이 헌법에 위배되거나 헌법을 부당하게 해석한 경우(제1호), 원심판결이 명령·규칙 또는 처분의 법률 위반 여부에 대하여 부당하게 판단한 경우(제2호), 원심판결이 법률·명령·규칙 또는 처분에 대한 해석에 관하여 대법원판례와 상반되게 해석한 경우(제3호) 법률·명령·규칙 또는 처분에 대한 해석에 관하여 대법원판례가 없거나 대법원판례를 변경할 필요가 있는 경우(제4호) 제1호부터 제4호까지의 규정 외에 중대한 법령 위반에 관한 사항이 있는 경우(제5호) 민사소송법 제424조 제1항 제1호부터 제5호까지에 규정된 사유가 있는 경우(제6호)" 외에는 더 나아가 심리를 하지 아니하고 판결로 상고를 기각하도록 규정하고 있으므로 기각하여야 한다고 주장했다.

저자의 사건은 분명히 상고심 절차에 관한 특례법 제4조 제1항의 제2호 원심판결이 명령·규칙 또는 처분의 법률 위반 여부에 대하여 부당하게 판단한 경우이다. 교육부의 실태점검 후속 조치 처분이 모두 법률에 위반되는 것이다. 따라서 이를 용인한 교원소청심사위원회의 기각처분도 위법하다.

한편 피고 측 변호인은 항소심이 이유를 제시한 판결이라고 했다. 1심 판결을 인용함과 아울러 여러 사정을 종합적으로 고려하면 모든 징계 사유가 인정된다고 했기 때문이다. 저자가 생각하는 이유는 '여러 사정을 종합적으로 고려하면'이 아니다. 이런 사정은 이렇게 고려하고 저런 사정은 저렇게 고려한다고 명백히 밝히는 것이다. 일상생활에서도 이런 일은 많이 있다. 그냥 여러 사정을 고려해서 그렇게 했다고 하는 경우이다. 그것은 실제로는 그렇게 한 특정한 이유를 밝히고 싶지 않을 때 하는 말이다. 그렇지 않으면 관련 이유를 전부 나열하고 나열한 이유를 전부 고려해서 했다고 하는 것이다. 분명히 그냥 여러 사정을 종합적으로 고려했다는 것은 이유를 밝히지 않은 것이다. 명백히 민사소송법과 배치된다.

저자 사건과 같이 변호하기 쉬운 사건은 잘 없을 것 같다. 우선 독자들께서도 피고 측 변호인의 변론을 한번 읽어 보면 저자의 주장에 공감할 수 있다고 생각한다. 피고 측 변호인이 생각해낸 논리가 없다. '교육부가 추가조사를 하지 않았으므로 징계 사유이다.'라고 한 것을 변호인은 똑같이 되풀이해서 주장할 뿐이다. 추가조사를 하지 않은 것이 왜 징계 사유인지에 대해 교육부가 한 지적사항 외에 단 한마디도 추가한 것이 없다. 그 이유는 충분히 짐작이 간다. 교육부의 지적 자체가 워낙 엉터리여서 뭔가 말을 덧붙이면 오히려 탈이

날 가능성이 크기 때문일 것이다. 변호사가 3명이나 참가하였다. 뭔가 논리적으로 추가할 말을 나름대로는 이것저것 검토해 보았을 것으로 짐작된다. 그렇지만 저자의 주장에 한마디도 반박하지 못하고 그냥 교육부 주장을 되풀이한 것이다.

만약에 다음 의뢰인이 교원확보율과 같은 법률문제를 반대 입장에서 의뢰해 오면 어떻게 할까? 즉, 저자와 같은 입장에서 변호해 달라고 하는 경우이다. 이번 건의 경우와 정반대 입장에서 훨씬 풍부하게 지침이 법률을 대체할 수 없는 논리를 제공했을 것이다. 변호인들에게도 금도가 있었으면 좋겠다는 생각이 든다. 실정법에 반하는 부분은 그냥 침묵으로 대응하는 방법도 있을 것 같다.

4. 새로 등장한 피고 보조참가인 측 변호인의 상고 이유에 대한 반칙성 답변서

피고 보조참가인 측의 변호사가 바뀌었다. 왜 바뀌었는지는 모르겠다. 그리고는 항소심에서 다 정리되었다고 생각했던 사실관계에 관한 주장을 했다. 첫째는 김□□ 교수가 형사 기소되었을 때 무슨 이유로 기소되었는지 몰라 징계에 회부하지 못하였다는 저자의 주장을 반박한 것이다. 즉, 진상조사 TFT 보고서에 부당학점 부여를 김□□ 교수가 인정했다는 내용이 있으므로 증거자료가 있었다는 주장 같다. 어쩌면 교육부가 그런 주장을 하고 싶었던 것은 아닐까 하는 생각도 들었다. 왜 항소심에서 그런 주장을 안 했는지 알 것도 같다. 엉터리 주장으로서 항소심에서 제기했다면 저자의 강한 반박을 피할 수 없었을 것이다. 부당학점 부여를 김ㅁㅁ 교수가 인정했다는 자필서명이 없는 점, 같이 부당학점 부여를 했다고 되어있는 내부고발자 이xx 교수는 기소되지 않은 점, 업무방해 행위 중 일부만 기소된 점 등 증거서류가 있었다고 하기에는 허점이 너무 많다. 앞에서도 기술했지만, 학교의 일부 교수들은 기소 사실을 알고 부당학점 부여라고 짐작했던 교수들도 있었을 것이다. 그렇지만 저자는 아무 추론도 할 수 없었다. 설혹 추론했었다고 해도 그런 허점투성이를 증거자료라고 하지는 않았을 것이다. 누구라도 당사자가 되어 자기 책임으로 서명할 일이 생기면 생각이 다른 것이다. 저자는 모든 것을 신중히 공평하게 처리해야 하는 총장의 입장이었다. 법적 문제에 성급하거나 허술하게 결론을 내어서는 안 되었다. 거듭 강조하지만, 징계는 징계 자체가 목적이 아니다. 하여간 피고 측 변호인도 제기하지 않았고 항소심까지 피고 보조참가인도 제기하지 않았다. 그런데 사실관계는 다 정리되었다고 생각하고 있었는데 불쑥 제기한 것이다.

그 외에도 새로이 등장한 피고 보조참가인은 항소이유서에서 저자가 다 소명한 사실을 다시 제기했다. 구체적으로 제기한 사실관계는 3가지이다. ①미디어디자인과로 소속을 옮길 교수로 이xx 교수를 선택한 객관적인 기준을 알 수 있는 구체적인 자료가 없다. ②미디어디자인과 학과장에게 사전 통보가 이루어지지 않았다. ③미디어디자인과의 시정요구가 묵살되었다. 왜 이런 주장을 했는지 저자는 모른다. 이 3가지 사실관계는 1심 재판부가 판결문에 쓴 내용이다. 저자가 항소이유서에서 세밀하게 정확한 사실관계를 소명하였다. 그리고 피고 및 피고 보조참가인 측은 저자의 사실관계 해명에 반박하지 못하였다. 새로 위임된 변호인은 1심 판결문만 읽어 보고 항소이유서는 읽지 않았단 말인가? 아니면 상고심은 법률심이지만 그리고 항소심에서 소명된 내용이지만 제시해 놓으면 대법원 판사들이 상고를 기각하는 데 불리하게 작용하지는 않을 것이란 얕은 계산을 한 것인지 알 수는 없다.

저자는 사실관계 주장에 대응하지 않았다. 대응할 방법도 없었다. 사실관계를 반박하는 자료는 상고심에 맞지 않는 것이다. 1심 때부터 제출된 자료들은 모두 대법원에 가 있을 것이다. 저자의 소장들을 읽어 보거나 사립학교법령 징계 관련 규정을 정독해도 엉터리 주장이라는 사실이 드러난다. 따라서 별것 아니라고 생각했다. 정당한 재판이 진행된다면 그렇게 될 것이라는 생각이었다. 1심, 2심과 같은 편파적인 재판이 이루어진다면 사실관계 주장을 반박하려고 노력하는 것도 우습게 비추어질 뿐일 것이다. 아무튼, 재판 결과와는 상관없을 것이었다. 그런데 저자가 이 점을 지적하는 이유는 다른 데 있다. 저자는 이번 사건을 통해서 처음으로 재판을 해보았다. 재판 진행에 있어 변호인들의 주장이 너무 아무 말 대잔치 같은 경향이 있었다. 지금 피고 보조참가인이 제출한 내용도 마찬가지이다. 저자의 항소이유서 정도는 읽었을 텐데 아무 주장이나 하고 보자는 사례이다. 송사에 끼지 말라는 옛말이 실감 났다. 변호사가 사법의 중요한 한 축인데, 전혀 격조 있게 승소를 다투지 않았다. 물론 저자의 적은 경험에 불과하다. 참고로 부연하는 것이다.

사법의 한 축, 단순한 축이라기보다는 중심축인 법원에 대해서는 환상이 완전히 무너졌다. 변호사만큼 판사의 수가 많은 것도 아니다. 변호사들처럼 젊지도 않고 경험이 없지도 않을 것이다. 재판장들은 최소 쉰 살은 넘었다. 한 당사자의 입장에 서서 주장을 하는 변호사와 달리 결정을 하는 사람이다. 법치는 민주사회의 기본이다. 법원은 법을 실제로 그리고 최종적으로 적용하는 곳이므로 법치를 담보하는 곳이다. 그 기능이 작동하지 않으면 법치가 무너지는 것이다. 국민의 한 사람으로서 걱정이 된다는 말을 우선 하고 싶다.

5. 법적 쟁점이 없는지 상고 이유가 없는지도 밝히지 않고 도망간 대법원 판결

판결문이 집으로 배달되었다. 주심 판사를 아는 순간, 했던 불길한 예측이 틀리지 않았다. 판결문은 정말 분노를 유발하였다. 법령 조항까지 직접 인용한 저자의 상고 이유에 대해 침묵으로 일관했다. 반박을 할 수 없었기 때문에 침묵할 수밖에 없었던 것이다. 소송하는 당사자가 무엇을 주장하든 현행 법령이 어떻든 간에 상관없었다. 방망이는 현직 대법원 판사가 쥐고 있었다.

판결문은 저자의 상고가 상고심 절차에 관한 특례법이 규정하는 것처럼 법적인 쟁점을 담고 있지 않거나 저자의 주장이 이유가 없어 심리불속행 기각을 한다고 하였다. 법규와 관련된 쟁점이 없는지, 또는 저자의 주장이 이유가 없는지도 밝히지 않은 것이다. 저자의 소송 건은 실정법령과 관련한 여러 가지 쟁점을 갖고 있다. 특히 교원확보율은 대학에 있어서 매우 중요한 개념이다. 이에 대한 해석이 정면으로 부딪치고 있다. 교원확보율을 대학들이 자신들의 지침으로 더 엄격하게 정할 수 있단 말인가? 교육부는 시정 권고 후 제재 원칙을 자신들이 원하면 무시할 수 있단 말인가? 이에 대해 침묵하면 대법원판례를 만들지는 않는 것이어서 괜찮다는 말인가? 그런 생각들을 짜내느라고 바빠서 재판할 시간이 부족하다고 주장하는가? 저자가 그 속을 알 수는 없다. 저자의 상고심 사건에 서명한 자들의 지난달 월급에 저자가 낸 세금도 포함되었을지 모른다고 생각하니 참담할 뿐이다. 그리고 이런 문제점을 저자만의 문제로 남겨둘 수는 없다고 생각한다. 5줄도 되지 않는 내용의 2쪽짜리 상고심 판결문은 바로 뒤에 제시한다.

결국, 한 사람의 불의에 대한 외침과 아무 이유 없고 영문도 모르는 5천 명 학교 재학생들의 이해관계는 이렇게 묻혔다. 저자가 아는 한 현재로서는 대법원 판결을 더 이상 다툴 방법은 없다. 항소심 법원과 대법원은 그렇게 묻음에 있어 비겁하게도 아무 말도 하지 않는 방법을 택했다. 1심 판결문처럼 징계 의결 요구와 관련하여 실정법령에 어긋나는 내용을 관련 법령도 찾아보지 않고 그럴듯한 것 같으니까 쓰지도 않았다. 교원확보율과 관련하여 실정법을 알면서도 횡설수설하면서 모호하게 표현하지도 않았다. 그런 판결문을 쓰면 흠결이 기록으로 남을 걸 알만큼은 머리가 돌아가는 자들이라고 할 수 있다. 그렇지만 침묵은 분명히 불법이다. 법은 분명히 당사자의 주장에 대해 반박하라고 요구하고 있다. 그렇지 않으면 재판을 왜 하는가? 그걸 누구보다 잘 아는 당사자들 아닌가? 재판이 이유에 대해 아무 설명 없이 판결만 한다면 그것은 신이 하는 재판이다. 신도 무지한 인간들을 위해 최소한의 설명을 해 줄 것이다. 항소심은 1심 판결을 인용한다고 했지만 항소 이유와 관련하여서는 종합적으로 고려하여 저자의 주장을 기각한다고 했다. 종합적으로 고려하면 그렇다는 것은 내가 신이라고 선언하는 것이다. 그렇지 않으면 방망이는 내가 들고 있으니까 네가 무슨 말을 해도 내가 원하는 대로 두들긴다는 말이다. 법치가 무너지는 현장이다. 과연 이런 현장이 이것뿐인가?

대 법 원

제 3 부

판 결

사 건	2019두44941 교원소청심사위원회결정취소
원고, 상고인	김필구
	성남시 분당구
피고, 피상고인	교원소청심사위원회
	대표자 위원장 이진석
	소송수행자 이 , 박 , 박
	소송대리인 정부법무공단
	담당변호사 이 , 박 , 김 , 조
피고보조참가인	학교법인 한국산업기술대학
	시흥시 산기대학로 237 (정왕동)
	대표자 이사장
	소송대리인 변호사 진
원 심 판 결	서울고등법원 2019. 6. 19. 선고 2019누30876 판결

주 문

상고를 기각한다.

상고비용은 보조참가로 인한 부분을 포함하여 원고가 부담한다.

이   유

원심판결 및 상고이유서와 이 사건 기록에 의하면, 상고인의 상고이유에 관한 주장은 상고심절차에 관한 특례법 제4조 제1항 각 호에 정한 사유를 포함하지 아니하거나 이유가 없다고 인정되므로, 같은 법 제5조에 의하여 상고를 기각하기로 하여, 관여 대법관의 일치된 의견으로 주문과 같이 판결한다.

2019. 9. 26.

재판장	대법관	김재형	
	대법관	조희대	
	대법관	민유숙	
주 심	대법관	이동원	

6. 대법원 판결에 대한 저자의 생각

촛불 정권 들어 와서 유독 법원이 이슈의 현장이 되고 있다. 파격적인 대법원장 인선, 법원 내에서 무리를 지은 특정 판사들의 블랙리스트 주장, 전직 대법원장에 대한 재판거래설 등 이 모든 것이 무엇을 향하는 것일까? 저자 사건처럼 법과 상관없이 판결하려는 것인가? 그렇게 하면 자신들의 정치적 이해관계와 배치되는 것은 결코 사회에서 실현되지 못할 것이다.

무엇이 정치재판인지 하는 것을 학문적으로 정의하는 것은 어려운 일일 수 있다. 그렇지만 정치성향이 다르다고 생각되는 사람에게 불리한 판결을 내리는 것은 분명 정치재판에 포함될 것이다. 다시한번 물어보지만, 정치재판이 저자에게만 일어난 일인가? 저자의 사건을 법대로 재판해서 학교에 대한 제재가 문제 되면 일이 커지는 것을 두려워했을까? 저자 개인의 문제이면 법대로 했을지도 모른다. 제재할 때도 언론에 알리지 않았으니 제재를 거두는 것도 조용히 해서 하나의 해프닝으로 넘어갈 수도 있었을 것이다. 하여간 하나를 보면 열을 알 수 있다고 했다. 박근혜 정권에서 일한 공직자들에 대한 재판은 얼마나 공정하게 진행되었고 되고 있는가? 심지어 민사재판에서는 이런 일들은 없는가? 이것이 과연 민주국가의 법원인가? 정치재판과 민주국가는 바로 상반되는 개념이다. 민주국가가 되기위한 첫 번째 조건이 정치성향과 무관하게 법과 상식(common law)에 따라 이루어지는 재판일 것이다. 재판도 정치라고 발언하는 판사가 우리 법원에 있다고 들었다. 한 사회가 민주사회로 성숙하기는 정말 쉽지 않은 것 같다.

민주주의의 경험과 발달에서는 미국을 뺄 수 없을 것이다. 저자가 미국 허드슨연구소의 객원 연구원으로 파견 나가 있을 때 일이다. 2000년 말 당시 조지 부시 후보와 앨 고어 후보 간에 박빙의 대통령 선거전이 벌어졌다. 그러자 연구소 내에서 당선자 맞추기 내기 등이 벌어지기도 했다. 저자는 선거에 크게 관심도 없었고 누가 승리할지는 더더욱 몰랐다. 그래도 연구소의 일원으로 동참한다는 의미에서 5불을 걸었다가 나중에 돌려받은 기억이 있다. 개표결과는 조지 부시 후보가 플로리다주에서 이기고 선거인단을 모두 획득하여 대통령에 당선된 것으로 나타났다. 그런데 플로리다주 일부 카운티의 개표가 잘못되었다고 민주당 지지자들이 시위에 나섰다. 민주당과 공화당의 대립(stand off)이 만만치 않았다. 그러자 당시 러시아 최고 정치 지도자인 푸틴 대통령이 미국 민주주의를 조롱하기도 했다. 그런데 결국 미국 연방 대법원이 조지 부시 후보에게 유리한 판결을 하고 앨 고어 후보가 수용함으로써 대립이 막을 내렸다. 그 이후 많은 민주당 지지자들이 앨 고어 후보를 비난했었다. 물론 저자가 당시의 미국 정치 상황을 잘 알지 못한다. 그리고 20년 가까이 지난 일이라 기억도 그렇게 선명한 것은 아니다. 그렇지만 미국이라는 나라도 민주주의를 운영하기가 만만치 않고 위기의 순간이 있을 수 있다는 것을 알았다. 미국 연방 대법원의 결정을 앨 고어 후보가 받아들인 것이 문제해결의 핵심 국면이었다고 할 수 있을 것이다. 저자의 기억으로 그렇게 수용하는 데 오래 걸리지도 않았던 것 같다. 그런 핵심적인 국면을 끌어낸 것은 무엇이었을까? 앨 고어 후보의 개인적인 성격이 영향을 미치지 않았다고는 할 수 없을 것이다. 그렇지만 앨 고어 한 사람의 결단으로 공을 돌리기에는 민주당 지지자들의 반발도 만만치 않았던 것 같다. 결국, 더 큰 사회의 힘이 순조로운 해결을 유도해 낸 것이라고 할 수 있다. 더 큰 사회의 힘은 무엇인가? 미국 사회 곳곳에 있는 의사결정 체계의 상징적이고 실질적인 대표라고 할 수 있는 연방 대법원의 합리적인 의사결정을 들 수 있을 것이다. 그리고 그 제도로서의 연방 대법원에 대한 시민들의 존중이 사회의 힘으로서 정치인 앨 고어 후보의 선택을 종용했다고 할 수 있을 것이다. 이런 일이 우리나라에서 발생하면 과연 어떻게 전개되고 결론이 날까?

촛불 정권이 들어서기 전까지 그래도 법원에 대한 국민의 신뢰는 우리 사회를 극한으로 몰고 가지는 않는 보루 역할을 하지 않았을까? 저자도 그 정도로는 법원을 신뢰했었다. 저자를 포함한 국민의 그런 신뢰는 어디서 왔었던 것일까? 법원이 행정부나 정치 권력에 대해 엄격하고 치우치지 않는 판결을 하여 왔기 때문일 것이다. 그런데 그런 판결은 주로 누구에 대해서 해 왔는가? 부패한 정치인, 고위 관료, 그리고 기업인을 대상으로 해 왔다고 할 수 있다. 그리고 그러한 판결을 받은 사람들은 대부분이 우파 성향의 사람들이 아니었을까? 라고 생각된다. 물론 저자가 법조계 인사도 아니고 판결을 연구하는 사람도 아니니까 무슨 근거자료를 가지고 하는 주장은 아니다. 지금 법원의 작태를 바탕으로 추론을 하면 그렇다는 것이다. 즉 지금 득세를 한 정치성향의 판사들은 사실 내심으로 정치편향의 판결을 해 왔을지도 모른다. 우파 성향의 정치인이나 관료 그리고 기업인들에 대하여 법보다 자신들의 정치적 이해관계를 가미한 판결을 해 왔을지 모른다. 그런데 국민이 보기에는 부패하고 힘 있는 권력에 대한 엄정한 판결로 비추어진 것일 수 있는 것이다. 물론 정치적 이해관계를 배제하고 엄정하게 판결을 해 온 판사도 많이 있을 것이다. 전체 판사 중 상당수는 정치와 판결을 엄격히 구분하는 분들이라고 생각된다. 부패한 정치인이라도 자신의 행위에 대해서는 법에서 정하는 만큼 책임을 져야 한다. 부패했다고 해서 미움의 감정을 실어 법을 초월한 판결을 하면 안 될 것이다. 그것이 법 앞의 평등이라고 생각된다. 우선은 감정을 실은 판결이 시원한 청량제 역할을 할 수도 있다. 그러나 우리 모두의 마음속에 의식하든 그렇지 않든 감정이 우리를 규율한다는 우리 사회의 틀을 각인할 것이다. 그것이 우리 모두의 행동 규범이 되고 우리 사회의 수준과 특성을 결정지을 것이다. 교육을 백년대계라고 하는 것에는 그런 가르침과 배움의 깊은 효과도 들어있다고 생각한다. 특히 상대방의 정치성향에 감정을 실어 판결하면 그것은 더 이상 재판이 아니고 정치이다. 우리가 모두 정치성향이 어떻든 간에 정해진 규범에 따라 살아갈 수 있는 예측 가능한 안정된 사회는 불가능해진다.

지금까지 보여드린 저자에 대한 판결과 같은 재판을 하는 법원이 어느 날 하루아침에 생겨날 수는 없다. 우리 법원은 늘 거기에 있었다. 우리가 그 실체를 보지 못했을 뿐이다. 촛불시위는 이처럼 법원이 우리가 믿어 왔거나 바래 왔던 것만큼 공정하지 않다는 것을 드러내는 계기는 되었다. 무슨 병인지도 모르게 잠복해 있다가 발현하면 순식간에 목숨을 앗아가는 병도 많이 있다. 무엇보다 우리나라에 어떤 문제가 있는지 우리 스스로가 인식하는 것은 매우 중요하다.

법원 내에 특정 정치성향의 판사들 모임이 있다고 한다. 조직 내의 모임은 자칫하면 조직에의 충성보다 자신들 모임에의 충성을 우선하기 쉽다. 공무원들의 모임에서 자신들 모임에의 충성이 공조직에의 충성에 우선하면 공직자로서 의무 위반이다. 같은 정치성향 공무원들의 공조직 내 모임은 그런 점에서 더욱 어려운 것이 아닌가? 모임에의 충성과 공조직에의 충성을 명확히 구분할 현대판 솔로몬이 있는가? 우리 법원은 그에 대한 답부터 고민해야 할 것 같다. 법치는 매우 중요하고 결국 조그만 틈새가 댐을 무너뜨리는 것이다. 판사 개인의 정치적 성향이 재판 결과에 영향을 미치게 해서는 안 된다. 민주주의를 발현하고 꽃피우고 있는 국가들이 왜 배심원제도를 운용하고 있는지 검토할 필요가 있다고 주장하고 싶다.

맺 음 말

저자는 정치인도 역사학자도 아니다. 그렇지만 국민의 한 사람으로서 우리 정치와 역사에 아쉬움을 갖고 있다. 우리 역사에는 한글을 비롯하여 세상에 자랑할 만한 유산이 많이 있다. 그렇지만 훌륭한 정치의 전통은 별로 없는 것 같다. 임진왜란을 겪고 40년이 채 지나지 않은 시기에 또다시 당파적 이해관계를 극복하지 못하고 병자호란을 겪어 나라를 도륙 내었다. 남의 힘으로 광복을 맞이한 지 80년이 채 지나지 않았다. 외형적으로는 민주주의의 틀을 갖춘 것 같다. 그러나 당파를 초월하여 옳고 그름을 가려 사회의 기본을 굳건히 하는 실질적인 민주주의는 어디쯤 있나? 사회의 기본을 허무는 짓을 하는 무리가 사회의 상류층에 있는 것은 조선 시대나 지금이나 큰 차이가 없는 것 아닌가? 우리 역사를 폄훼할 필요는 없지만 억지로 미화하는 것도 역사의 교훈을 잃어버리는 것 아닐까? 조선 시대 당쟁이 어떻게 망국으로 이어졌는지 우리가 좀 더 구체적으로 알아야 하지 않을까? '그냥 우리 것은 좋은 것이다'라고 하는 것이 정말 좋은 것인가? 당파적 이익에 매몰된 정치적 주장이 어떤 상황에서 어떻게 전개되었는지 알 필요가 있다. 우리가 정확히 알수록 현재의 정치적 주장들의 책임성을 높일 수 있다고 생각한다. 최소한 당파적 이해에 매몰된 터무니없는 주장들은 후세에도 잊히지 않고 비난을 받아야 한다. 그 당사자가 누구네 집안의 문중 조상이라고 덮는다는 것은 터무니없다. 이순신 장군의 몇 대손이 존경받지 않듯이 원균 장군의 몇 대손도 비난받을 수 없다. 중요한 것은 당파적 주장은 오랜 세월이 지나도 비난받는다는 사실을 정치인들이 명심하게 하는 것으로 생각된다.

정치의 속성과 인간의 본성은 조선 시대나 오늘날이나 먼 미래에도 바뀌지 않을 것이다. 오늘을 살아가는 우리가 반드시 지켜야 하는 기본 가치를 당파를 초월하여 지키기는 쉽지 않다. 조선 시대에도 쉽지 않아서 실패했고 미래에도 어려운 과제일 것이다. 저자가 겪은 사건은 '당파성으로 인한 중앙정부의 불법행위와 이를 덮은 사법부'라고 요약할 수 있다. 이 책은 그것에 대한 기록이다. 이런 짓을 하는 사람들이 정권에 불리하면 다른 어떤 짓인들 안 할까? 하나를 보면 열을 안다고 하는 것은 동서고금의 지혜이다. 분명히 기록되고 기억되어야 한다고 생각되어 나름의 소명의식으로 이 책을 쓰게 되었다.

참고자료

대한민국 행복 열쇠, 교육개혁

교육부

수 신 수신자 참조

(경유)

제 목 경기과학기술대학교 실태점검 결과 처분(안) 통보

1. 경기과학기술대학교에 대한 실태점검(2016.11.29.~11.30, 2017.2.6.~2.8.) 결과에 따른 처분예정서를 「행정절차법」제21조에 따라 붙임과 같이 통지합니다.

2. 처분예정 사항에 대해 이의가 있는 경우 「행정절차법」제27조에 따라 의견을 제출 할 수 있고, 통지를 받은 날로부터 1개월 이내에 정당한 이유 없이 의견을 제출하지 아니한 경우 의견이 없는 것으로 간주할 계획임을 알려드립니다.

<u>실태조사 지적사항 이의신청 제출 서식</u>

지적연번	지적사항	이의신청 내용	증빙서번호

붙임 1. 신분상 조치대상자 명단 및 행재정상 조치내역(안) 1부
   2. 경기과학기술대학교 실태점검 결과 처분서(안) 1부. 끝.

교육부장관

수신자   경기과학기술대학교총장,학교법인한국산업기술대학, 이사장

주무관   양정하   행정사무관   김수정   전문대학정책과장   최정부   08/15

협조자

시행   전문대학정책과-1851   (2017.06.15.) 접수   기획홍보팀-428   (2017.06.15.)
우 30119   세종특별자치시 갈매로 408, (어진동, 교육부) / www.moe.go.kr
전화 044-203-6408   /전송 044-203-6739   / momyk55@moe.go.kr   / 비공개
꿈과 끼를 키우는 행복한 학교

점검결과 처분서

기관명 : 경기과학기술대학교

연번	지 적 사 항	처 분(안)
1	**학점부당부여 및 학사관리 부적정** ○ 고등교육법 제23조, 같은법 시행령 제14조 및 제15조에서는 학점을 인정할 수 있는 경우에 대해 '국내외의 다른 학교에서 학점을 취득한 경우' 등으로 규정하고, 교과의 이수에 있어 학점당 이수시간은 매학기 15시간 이상으로 한다고 규정하고 있음에도, ① 학점 부당 부여 관련 - 경기과학기술대학교 강OO 교수는 청강생으로 수업을 들은 과목은 학점으로 인정할 수 있는 근거가 없음에도 2011학년도에 입학한 김OO 학생(201144602, 산업체위탁교육생)이 2010년도에 청강한 '재무관리론'을 2011학년도 2학기 성적으로 인정하는 등 경기과학기술대학교 교수 13명은 2011학년도와 2012학년도에 붙임1. '부당학점 부여 현황'과 같이 '재무관리론' 등 총 15개 과목(40학점)에 대해 김OO 학생이 정상적으로 수업에 출석한 것으로 하여 해당과목의 성적을 부여한 사실이 있으며, - 경기과학기술대학교에서는 이와 같이 부당하게 부여된 학점을 근거로 김OO 학생에게 2011학년도 2학기에 3,057,000원을 성적우수장학금으로 지급하는 등 총 5,947,000원을 성적우수장학금으로 지급하고 경영전문 학사학위를 수여한 사실이 있음	○ 기관경고 -경기과학기술대학교 ①학점 부당부여 관련 ○ 중징계(징계시효 도과로 경고) -강OO, 김OO, 김OO, 김OO, 박OO, 안OO, 이OO, 정OO, 박OO, 박OO, 성OO, 심OO, 최OO ○시정 -김OO 학생의 재무관리론 등 15과목에 대해 학점을 취소하고 학위를 취소할 것 -김OO 학생으로부터 5,947,000원을 환수하여 교비회계로 세입조치할 것 ②학사관리 부적정 관련 ○중징계(해임) - 전 총장 한OO (2번과 병합처리, 퇴직으로 불문) - 총장 김필구 (2,3,4번과 병합처리) ○징계 - 전 교무처장 노OO (2번과 병합처리)

연번	지 적 사 항	처 분(안)
② 학사관리 부적정 관련 - 경기과학기술대학교는 '민원진상조사 TFT 보고서'('13.12.5.)에서는 민원 내용의 완전한 확인을 위해 향후 검토사항으로 '1.김OO 졸업자의 면담 및 사실 확인, 2.김OO의 청강에 대한 성적처리에 동참한 교수들의 면담 및 사실 확인, 3.성적이 임의로 조작되어진 사건에 대한 행위자 및 조작범위의 확인' 등을 명시하고 있고, 총장 스스로도 동 사실을 명확히 인지하고 있었음에도 어떠한 조사 및 처분을 하지 않았으며 처분일 현재(2017.3.8.)까지 김OO(학번 2011446××, 산업체위탁교육생)에 대한 학점 및 학위취소 등을 하지 않았으며 이에 따른 장학금 총 5,947,000원을 환수하지 않는 등 부당하게 학사관리를 하였음	- 교무처장 강OO (2,3번과 병합처리) - 교무팀장 비OO (3번과 병합처리) - 직원 황OO (3번과 병합처리)

붙임 1. 부당학점 부여현황

연번	학생이름	학년도	학년·학기	과목명	교수명	성적	환산점수
1	김OO	2011	1학년2학기	재무관리론	강OO	100	A+
2	김OO	2011	1학년2학기	원가분석	김OO	100	A+
3	김OO	2011	1학년2학기	실용영어2	김OO	99	A+
4	김OO	2011	1학년2학기	글로벌경영전략	김OO	100	A+
5	김OO	2011	1학년2학기	경영통계학	박OO	100	A+
6	김OO	2011	1학년2학기	경영사례분석	안OO	100	A+
7	김OO	2011	1학년2학기	ERP2	이OO	95	A+
8	김OO	2011	1학년2학기	인적자원관리	정OO	100	A+
9	김OO	2012	2학년2학기	생산정보시스템	김OO	98	A+
10	김OO	2012	2학년2학기	중소기업경영론	박OO	95	A+
11	김OO	2012	2학년2학기	경영과학	박OO	90	A+
12	김OO	2012	2학년2학기	창의력향상과 문제해결2	성OO	96	A+
13	김OO	2012	2학년2학기	프리젠테이션 기획과전략	심OO	95	A+
14	김OO	2012	2학년2학기	광고마케팅전략	이OO	98	A+
15	김OO	2012	2학년2학기	ERP프로젝트실습2	최OO	96	A+

붙임 2. 김OO 학생에 대한 부당 성적우수장학금 수여 내역

구분	부당장학금(원)	비고
2011년 2학기	3,057,000	
2012년 2학기	2,890,000	
계	5,947,000	

점검결과 처분서

기관명 : 경기과학기술대학교

연번	지 적 사 항	처 분(안)
2	**교원인사관리 부적정**	
	① 학점을 부당하게 부여한 교수에 대해 징계의결 미요구로 징계시효 도과	○ 기관경고
		- 경기과학기술대학교
	○ 「사립학교법」 제61조, 제66조의4 제1항에 따르면 교육관계 법령에 위반하여 교원의 본분에 배치되는 행위를 한 때에는 징계의결의 요구를 하여야 하고, 징계의결의 결과에 따라 징계처분을 하여야 한다고 되어 있고, 형사사건으로 기소된 자에 대해 교원의 임용권자는 직위를 부여하지 아니할 수 있으며, 사립학교 교원의 임용권자는 징계사유가 발생한 날부터 3년이 지난 경우에는 징계의결을 요구할 수 없다고 규정하고 있음에도,	○ 중징계(해임)
		- 前 총장 한00(1번과 병합, 퇴직으로 불문)
		- 총장 김필구 (1,3,4번과 병합)
		○ 징계
		- 교무처장 노00 (1번과 병합처리)
	- 경기과학기술대학교는 '13. 12. 5. 민원진상조사를 통해 학점을 부당하게 부여한 사실이 인정되어 징계사유에 해당됨에도 교원 김00 등 13명에 대해 징계의결요구 조치 등을 하지 않고 방치하여 징계시효가 도과되도록 하였으며, 징계시효가 도과된 2016. 12. 22에 이르러서야 김00 등 3명에게 징계의결요구를 한 사실이 있음	- 교무팀장 윤00
		- 교원인사위원회위원 (이00, 강00, 이00, 김00, 박00)
	② 연구년제 선발 부적정	
	○ 「사립학교법」 제58조의2에 따르면 교원의 임용권자는 형사사건으로 기소된 자의 경우 직위를 부여하지 아니할 수 있다고 규정하고 있으며,	
	「경기과학기술대학교 교원연구년제 규정」 제2조, 제6조에 따르면 연구년제는 장기근속교원, 대학발전에 공헌이 지대한	

연번	지 적 사 항	처 분(안)
	교원 등에 대해 일정기간 강의를 담당하지 아니하고 학술 및 산학연구, 기타 연수 등을 통하여 자기계발 활동에 전념 하는 기간으로서, 소속 학과장을 경유하여 매 학기 시작일 3개월 이전에 신청하고 매 학기 시작일 2개월 전까지 선정 된 연구년 교원에게 통보하여야 한다고 규정하고 있음. 또한, 경기과학기술대학교 교원인사규정 제24조(교원인사위 원회의 설치), 제28조(교원인사위원회의 회의소집 등)에 따르면, 교원의 인사에 관한 중요사항을 심의하기 위하여 본교에 교원인사위원회를 두며 교원인사위원회의 회의는 총장이 요청이 있을 때 또는 위원장이 필요하다고 인정할 때에 위원장이 이를 소집한다고 되어 있음에도, - 경기과학기술대학교 총장 김필구는 주도적으로 학점을 부당 하게 부여하여 형사기소중인 김○○ 교수에 대해 형사처벌 대상자가 될 수 있음을 인지하였음에도 직위해세를 하지 않고 연구년제 혜택을 부여한 사실이 있음 - 또한, 김○○ 교수를 연구년제 교수로 선정하는 과정에서, 총장 김필구는 '김○○ 교수의 연구년제 선정'안건에 대해 2015. 6. 25. 교원인사위원회에서 보류하기로 결정되었음 에도, 김○○ 교수에게 혜택을 부여하기 위해 재논의를 하도 록 지시하여 2015. 8. 17.과 8. 19. 그리고 8. 26. 등 총 3회 에 걸쳐 교원인사위원회를 재개최하였으며, 특히, 8. 19.에 는 교원인사위원회 위원도 아닌 총장이 직접 교원인사위 원회에 참석하여 위원들의 의사결정과정에 부당하게 개입하 였으며, 8. 26. 교원인사위원회에서는 총장의 뜻을 받아들 여 김○○ 교수를 연구년제 교수로 최종 선정한 사실이 있 음	

연번	지 적 사 항	처 분(안)
	③ 내부고발자에 대한 합리적인 기준과 절차없이 소속학과 임의변경 ○ 「사립학교법」 제2조 및 제53조의4에서는 임용이란 신규채용, 승진, 전보 등을 말하며, 교원의 임용 등 인사에 관한 중요 사항을 심의하기 위하여 당해 학교에 교원인사위원회를 둔다고 규정하고 있고, 「교원의 지위향상 및 교육활동 보호를 위한 특별법」 제6조 제2항에서는 교원은 해당 학교의 운영과 관련하여 발생한 부패행위나 이에 준하는 행위 및 비리 사실 등을 관계 행정기관 또는 수사기관 등에 신고하거나 고발하는 행위로 인하여 정당한 사유없이 징계조치 등 어떠한 신분상의 불이익이나 근무조건상의 차별을 받지 아니한다고 규정하고 있음에도, - 경기과학기술대학교는 학점부당 부여 사실을 알린 이○○ 교수에 대해 2015. 2. 16. 중소기업경영과에서 미디어디자인과로 소속변경 조치하면서 소속학과 변경에 대한 원칙이나 기준도 결정하지 않고, 소속 학과장이나 당사자의 동의여부와 무관하게 교원인사위원회에서 심의도 하지 않은 채 부당하게 임의로 소속변경을 한 사실이 있음 - 이로 인해 이○○교수는 2015년에 중소기업경영과 수업만을 40시수 배정받았고(1학기 18시수, 2학기 22시수), 2016년에는 학칙에서 정하는 6시간의 책임강의시수에도 미치지 못하는 4시간만을 배정받게 되어, 결국, 강의시수 부족 및 취업지도 학생 미배정 등으로 인해 실적평가에서 불이익을 받아 재임용에서 탈락*된 사실이 있음 ※ 교원소청심사위원회 : '재임용 거부처분 취소 청구' 취소결정('17.3.7) - 일방적인 강의 배정을 고려하지 않은 채 초과강의점수 항목에서 '0'점을 산정한 것은 부당하며, 취업지원의 경우 취업지도 학생을 전혀 배정하지 않고 취업지도 항목에서 '0'점을 산정한 것은 하자있다는 등의 이유로 취소처분되었음	

점검결과 처분서

기관명 : 경기과학기술대학교

연번	지 적 사 항	처 분(안)

3	**교원확보율 충족을 위해 서류조작 및 허위보고**
	
	○「고등교육법 제49조, 제50조의2, 고등교육법시행령 제58조의2에서는 산업체 경력없는 학사학위 전공심화과정을 운영하기 위해서는 모집단위별 전임교원확보율이 60% 이상, 전체교원확보율이 100% 이상 충족하도록 규정하고 있고,
	
	○경기과학기술대학교 '2015학년도 2학기 강의시간표 작성지침(안)'(2015.8.3., 교무팀-684)에 따르면, 해당교원이 교원확보율에 포함되기 위해서는 소속학과의 전문학사학위과정 또는 학사학위 전공심화과정 교과목을 1개 이상 강의하여야 한다고 규정하고 있음.
	
	- 경기과학기술대학교는 2015. 9. 18. 미디어디자인과의 학사학위전공심화과정 교원확보율 충족을 위해 실제 강의하지 않은 2명(이OO, 지OO)이 강의를 하고 있는 것으로 서류를 조작(융합기술공학부-287, 15.9.18)하였으며*,
	
	- 해당학과의 모집단위 전임교원확보율의 경우 실제 36%임에도 60%로, 전체교원확보율의 경우 실제 75%임에도 100%를 충족한 것으로 허위 보고한 사실이 있음
	
	* 붙임 1. '미디어디자인과 일부과목 담당교수 변경 현황 참조
	
	** 붙임 2. '학사학위전공심화과정 점검자료 및 실제 교원확보율' 참조
		○기관경고
		- 경기과학기술대학교
		○중징계(해임)
		- 총장 김필구
		  (1,2,4번과 병합)
		○징계
		- 미디어디자인과
		  최OO 교수
		- 교무처장 강OO
		- 교무팀장 박OO
		- 직원 황OO
		○모집정지
		-고등교육법시행령 제58조의2제4항 위반으로 총입학정원의 10퍼센트 범위에서 모집정지

붙임1. 미디어디자인과 일부과목 담당교수 변경 현황

과목	서류상						실제 강의한 교수
	당초		1차변경		2차변경		
	교원	개강일	교원	변경일	교원	변경일	
디지털모션그래픽2 (전공심화1학년A반)	김00 (전임교원)	'15.9.1	이00 (전임교원)	'15.9.18	김00 (시간강사)	'15.10.14	김00 (시간강사)
애니매이션제작2 (전공심화2학년A반)	최00 (전임교원)	'15.9.1	지00 (전임교원)	'15.9.18	최00 (전임교원)	'15.12.1	최00 (전임교원)

*융합기술공학부-287(15.9.18), **융합기술공학부-334(15.10.14), ***융합기술공학부-510(15.11.30)

붙임2. 학사학위전공심화과정 점검자료 및 실제 교원확보율

구분	(산업체 경력없는 학사학위전공심화과정) 기준		(전문대학교육협의회로 제출한) 점검자료 ('16.5.20)		실제 교원확보율		비고
	전임교원 확보율	전체교원 확보율	전임교원 확보율	전체교원 확보율	전임교원 확보율	전체교원 확보율	
미디어 디자인과	60%	100%	60%	100%	36%	75%	

점검결과 처분서

기관명 : 경기과학기술대학교

연번	지 적 사 항	처 분(안)
4	**경기과학기술대학교 장학재단 관련 교비 지출 부적정**	
	○ 「경기과학기술대학교 장학재단 정관」 제1조에 따르면, 경기과학기술대학교 장학재단(이하 '장학재단'이라 한다.)은 「공익법인의 설립·운영에 관한 법률」에 따라 설립된 법인이라 명시하고 있고, 제37조에서는 이 법인을 해산하였을 때의 잔여재산은 경기도 교육청에 귀속된다고 규정하고 있어, 동 법인은 설립과 해산 등에 대해서는 경기도 교육청의 관리 감독을 받으며, 경기과학기술대학교와는 무관한 별도의 법인임을 알 수 있음	○ 기관경고 -경기과학기술대학교 ○시정 - 교비회계에서 지출된 장학재단 관련 경비 2,957,190원을 장학재단으로부터 회수하여 교비회계로 세입조치할 것
	○ 「사립학교법」 제29조제1항 및 제6항에 따르면 학교법인의 회계는 그가 설치·경영하는 학교에 속하는 회계와 법인의 업무에 속하는 회계로 구분하고, 교비회계에 속하는 수입이나 재산은 다른 회계에 전출하거나 대여할 수 없다고 되어 있음에도,	- 한국계측기기연구센터로부터 총 25,555,200원을 추가 징수하여 교비회계로 세입조치할 것
	① 장학재단 업무추진비 및 운영비, 인건비 등을 대학교비로 집행	- 무상으로 학교시설을 사용하고 있는 장학재단으로부터 학교시설사용료를 관련 규정에 따라 징수하여 세입조치할 것
	○ 경기과학기술대학교는 2015. 5.13에 개최된 경기과학기술대학교 장학재단 설립추진 발기인 총회비용 2,111,190원을 교비회계(2015학년도 대학행사비)에서 지출하는 등 붙임1 '장학재단 경비 관련 교비회계 집행내역'과 같이 총2,957,190원을 교비회계에서 지출한 사실이 있음	- 장학재단에 겸직허가한 감사 등 2명을 겸직허가 취소할 것 ○통보 - 장학재단과 학교는 별도의 기관이므로 추후 장학재단의 운영비, 인
	○ 2015년부터 2017년까지 경기과학기술대학교는 장학재단 사무실을 학교 내인 '경기도 시흥시 경기과기대로 269(정왕	

연번	지 적 사 항	처 분(안)
	동)'에 두면서 교내 시설을 무상으로 임대하여 준 사실이 있으며, 전화요금 및 전기요금 등 사무실 운영을 위한 최소한의 관리경비를 모두 대학교비회계에서 지출하는 등 교비회계를 낭비한 사실이 있음	건비 등 장학재단 관련 경비가 교비회계에서 집행되지 않도록 하고, 학교와 장학재단은 별도로 운영할 것
	ㅇ 경기과학기술대학교는 장학재단의 업무지원을 위하여 경영관리처장 최ㅇㅇ을 겸직허가 하는 등 붙임2. '장학재단 겸직허가 현황'과 같이 총 4명의 직원을 겸직허가 하였으며 현재 총무팀 김ㅇㅇ 등 2명의 직원이 겸직을 하고 있으며, 경기과학기술대학교 장학재단은 별도의 자체 직원없이 경기과학기술대학교 직원만으로 운영한 사실이 있음	ㅇ 중징계(해임) - 총장 김팔구 - (1,2,3번과 병합처리) ㅇ 징계 - 경영지원처장 최ㅇㅇ - 총무팀장 최병ㅇ - 직원 심ㅇㅇ - 직원 윤ㅇㅇ
	② 학교시설사용료 부당 감면	
	ㅇ 경기과학기술대학교는 학교와는 별도 운영되는 '경기과학기술대학교 장학재단'에 1억원을 기부한 한국계측기기연구센터가 경기과학기술대학교 건물인 제2중소기업관 104-1호(297㎡)에 입주함에 있어 2016년도에 시설사용료 6,534,000원을 감면하는 등 붙임2 '장학재단 기부업체에 대한 학교시설사용료 감면현황'과 같이 총 25,555,200원의 학교시설사용료를 감면하여 줌으로써 학교수입을 감소시킨 사실이 있음	

붙임 1. 장학재단 경비 관련 교비회계 집행내역

구 분	내 역	금액(원)	비고
한국경기과학기술대학교 장학재단 설립추진 발기인 총회(2015.5.13)	총회 참석자 식대 : 50,000원*12명	600,000	
	행사 준비자 식대 : 15,000원*6명	90,000	
	다과류 및 총회 음료 등 구입	686,190	
	행사용(만찬) 물품구입	37,600	
	정문, 본관로비, 회의실, 주차안내판	147,400	
	만찬장 화분	150,000	
	행사 준비자 식사(경영관리처)	400,000	
	소계	2,111,190	
2015.12.22	장학재단설립 간담회	530,000	
2016.06.22	(만찬)장학재단위원회 후(동문기업인외)	316,000	
합 계		2,957,190	

붙임2. 대학직원의 장학재단 겸직허가 현황

부서 및 직책	성 명	겸직기간	비고
경영관리처장	최OO	2015.12.30.~2017.1.18	
기획홍보팀	윤OO	2015.12.30.~2017.1.18	
총무팀장	김OO	2017.1.19.~2019.1.18	
총무팀	지OO	2017.1.19.~2019.1.18	

붙임3. 장학재단 기부업체에 대한 학교시설사용료 감면현황

업체	기부금액 (원)	계약기간	시설사용료 등			비고
			감면 전 금액(원)	감면율	감면 후 금액(원)	
한국계측기기 연구센터	100,000,000	2016.07.05.~2017.01.04.	13,068,000	50%	6,534,000	
		2017.01.05.~2018.01.04.	38,042,400	50%	19,021,200	
합 계			51,110,400		25,555,200	

학교법인 **한국산업기술대학**   산학융합3.0

수신자   교육부장관(전문대학정책과장)

(경유)

제목   경기과학기술대학교 실태점검 처분(안)에 대한 이의신청서 제출

   1. 관련 : 교육부 전문대학정책과-1851(2017.3.15)「경기과학기술대학교 실태점검 처분(안) 통보」

   2. 위와 관련하여 우리법인 산하 경기과학기술대학교의 실태점검(2016.11.29~11.30, 2017.2.6~2.8) 결과 처분(안)에 대한 이의신청서를 붙임과 같이 제출합니다.

붙임 : 1) 실태조사 지적사항에 대한 이의신청서   1부.
      2) 증빙서   각 1부.(별도제출) 끝.

학교법인 한국산업기술대학 이사장

담당	박성규	사무국장	송건호	이사장직무대리	04/14 이건우

협조자

시행   법인사무국-281   (2017.04.14.) 접수   (   )

우 15073 경기도 시흥시 신기대학로 237 (정왕동)   / www.kpu.ac.kr

전화 031-8041-0301 /전송   /   / 비공개(6.7)

대한민국 행복 열쇠, 교육개혁

교육부

수 신 수신자 참조

(경유)

제 목 경기과학기술대학교 실태점검 처분 결과 통보

1. 관련 : 전문대학정책과-286('17.1.12.), 학교법인
한국산업기술대학교-281('17.4.14.)

2. 경기과학기술대학교 실태점검 결과 처분(안)에 대한 이의신청을 검토한 결과를
반영하여 변경된 처분(안)을 「행정절차법」 제21조에 따라 붙임과 같이 통지합니다.

붙임 : 1. 경기과학기술대학교 실태점검 처분서 1부.
　　　 2. 경기과학기술대학교 이의신청 검토 결과 1부. 끝.

교육부장관

수신자　경기과학기술대학교총장, 학교법인한국산업기술대학교 이사장

주무관　　**양정하**　행정사무관　**김수정**　전문대학정책과장　**최성부**　대학지원관　전결 04/28　**김영곤**

협조자

시행　전문대학정책과-3238　(　2017.04.28.　) 접수　기획홍보담당-667　(　2017.04.28.　)

우 30119　세종특별자치시 갈매로 408, (어진동, 교육부)　/ www.moe.go.kr

전화 044-203-6408　/전송 044-203-6739　/ momyk55@moe.go.kr　/ 부분공개

꿈과 끼를 키우는 행복한 학교

교육부

수신 학교법인한국산업기술대학 이사장
(경유)
제목 경기과학기술대학교 실태점검 처분결과 통보에 따른 추가사항 안내

　1. 관련 : 전문대학정책과-3238(2017.04.28.)

　2. 우리부는 귀 법인에 경기과학기술대학교의 실태점검 처분결과를 통보한 바 있습니다. 이에 추가사항을 알려드리니 협조하여 주시기 바랍니다.

　가. 실태조사 결과 처분 요구사항을 귀 직 책임 하에 조치하고, 그 결과를 다음 서식에 따라 관련 증빙서류를 첨부하여 **2017.5.29(월)**까지 우리부(전문대학정책과)로 제출하여 주시기 바라며, 앞으로는 이와 같은 사례가 발생되지 않도록 업무처리에 만전을 기하여 주시기 바랍니다.

　※ 처분대상자가 처분 절차에 참여하지 않도록 조치 후 처분하시기 바람

실태조사 처분 이행보고서 제출 서식

지적연번	지적사항	조치내용	이행결과	증빙서번호

　나. 아울러, 실태조사 결과 처분 요구사항에 대한 미이행이 장기화 되는 경우 고등교육법 등 관련 법령에 따라 행·재정 제재 등 엄중한 조치를 할 수 있음을 알려드리니 이행에 만전을 기해주시기 바라며, 동 처분에 대해 이의가 있을 경우 행정심판법 제27조 및 행정소송법 제20조에 따라 처분이 있음을 알게 된 날부터 90일 이내에 행정심판을 청구하거나

행정소송을 제기할 수 있음을 알려드립니다. 끝.

교육부장관

주무관   기안04/28   행정사무관   전결04/28
              양정하   김수정

협조자

시행 전문대학정책과-3267   (2017-04-28)   접수 170501-1   (2017-05-01)

우 30119   세종특별자치시 갈매로 408, (어진동, 교육부)   / www.moe.go.kr

전화번호 044-203-6408   팩스번호 044-203-6739   / momyk55@moe.go.kr   / 비공개(7)

"꿈길로 가는 따스한 동행, 존경합니다 우리 선생님"

교육부

수 신 경기과학기술대학교총장

(경유)

제 목 경기과학기술대학교 실태점검 처분 결과 통보 관련 변경 및 추가사
항 안내

1. 관련 : 전문대학정책과-3238('17.4.28.)

2. 기 통보하였던 경기과학기술대학교 실태점검 결과 통보와 관련하여 변경 및 추
가사항이 있어 다음과 같이 안내 하오니 참고하여 주시기 바랍니다.

가. 변경사항

변경 전	변경 후	비 고
경기과학기술대학교 실태점검 결과 처분(안)에 대한 이의신청을 검토한 결과를 반영하여 변경된 **처분(안)**을 「행정절차법」제21조에 따라 붙임과 같이 통지합니다.	경기과학기술대학교 실태점검 결과 처분(안)에 대한 이의신청을 검토한 결과를 반영하여 변경된 **처분서**를 「행정절차법」제21조에 따라 붙임과 같이 통지합니다.	처분일자는 '17.4.28. 일자 임

나. 추가사항 : 동 처분에 대해 이의가 있을 경우 행정심판법 제27조 및 행정소
송법 제20조에 따라 처분이 있음을 알게 된 날부터 90일 이내에 행정심판을 청구하거나
행정소송을 제기할 수 있음을 알려드립니다. 끝.

교육부장관

주무관 **양정하** 행정사무관 전결 05/01 **김수정**

협조자

시행 전문대학정책과-3269 (2017.05.01.) 접수 기획홍보팀-@N ( )

우 30119 세종특별자치시 갈매로 408. (어진동, 교육부) / www.moe.go.kr

전화 044-203-6408 /전송 044-203-6739 / momyk55@moe.go.kr / 비공개

꿈과 끼를 키우는 행복한 학교

소   장

원   고   김필구(*****)
        성남시 분당구 :
        원고 소송대리인
        법무법인 민주
        서울 서초구 서초중앙로 215 7층(반포동, 홍익대학교강남교육원)
        담당변호사: 문 ᐧ   , 조

피   고   교원소청심사위원회
        대표자 이근우

교원소청심사위원회결정취소

청 구 취 지

1. 피고가 2017. 11. 15. 원고와 소외 학교법인 한국산업기술대학 사이의 2017-596 해임처분취소청
구 사건에 관하여 한 결정을 취소한다.
2. 소송비용은 피고가 부담한다.
라는 판결을 구합니다.

청 구 원 인

1. 당사자의 지위

원고는, 2014. 2. 22. 소외 학교법인 한국산업기술대학(이하 '이 사건 학교법인'이라 합니다) 소속의 소외 경기과학기술대학교(이하 '이 사건 학교'라 합니다)의 총장에 임용되어, 2017. 8. 1. 해임의 징계처분을 받기 전까지 총장직을 역임하였던 자입니다(갑 제1호증).

피고는, 교원의 징계처분 등에 대한 소청심사를 하기 위해 교육부에 설치된 기관으로서, 원고의 2017. 8. 28.자 해임처분취소청구에 대하여, 2017. 11. 15. 해임처분취소청구 기각 결정처분을 한 처분청입니다.

원고는 이 사건 처분서를 2017. 12」 1. 송달받았습니다.

2. 이 사건 처분의 경위[1]

교육부는, 2016. 11. 29.경부터 이 사건 학교에 대한 실태점검을 실시하였고, 실태점검결과를 토대로 2017. 3. 15」 이 사건 학교법인에 "원고를 해임처분 조치 할 것"을 통보하였습니다(갑 제2호증).

이 사건 학교법인은 2017. 4. 14」 위 처분 통보에 대하여 그 부당함을 들어 이의신청을 하였으나, 교육부는 2017. 4. 28. 위 이의신청을 기각하였습니다(갑 제3호증). 이에 이 사건 학교법인 교원징계위원회는 2017. 7. 18. 원고에 대한 해임의 징계를 의결하였고, 이사장직무대행자는 2017. 8.

---

1) 시간 순서에 따른 이 사건 전반에 관한 경위는 별지 1을 참조하여 주시기 바랍니다.

1. 원고에게 해임의 징계처분(이하 '이 사건 징계'라 합니다)을 하였습니다(갑 제4호증).

그 후 원고는 2017. 8. 28. 피고에게 이 사건 징계에 대한 소청심사(2017-596 해임처분취소청구)를 청구하였는데,

원고의 위 청구에 대하여 피고는, "청구인(원고)이, ① 김○○(김)교수에 대하여 징계사유가 발생하여 징계요구를 할 수 있었음에도 징계의결 요구 시효를 도과하여 비위 사실을 적기에 바로 잡지 않는 등 직무상의 의무를 태만히 한 점, ② 검찰에서 기소한 김○○ 교수에 대해 오히려 연구년이라는 포상을 제공하는 등 교원 인사행정을 자의적으로 처리한점, ③ 김○○ 교수의 비위 사실을 내부고발한 이○○(이) 교수를 교원인사위원회 심의 등의 정당한 절차 없이 부당하게 미디어디자인과로 소속을 변경시킨 점, ④ 교원확보율 허위 보고 등으로 인하여 입학정원의 3% 모집 정지, 산업체 위탁교육 모집 정지, 대학기관평가 미인증 등 학교에 막대한 손해를 끼친 점, ⑤ 교비회계에 속하는 수입이나 재산은 다른회계에 전출하거나 대여할 수 없음에도 교내시설을 무상으로 임대하고 사용료를 감면해 준 점 등을 종합해 볼 때, 이 사건 해임 처분이 지나치게 과중하거나 재량권을 일탈·남용한 것으로 볼 수 없다"고 하면서, 원고의 해임처분취소청구에 대하여 기각결정을 하였습니다(이하 '이 사건 처분'이라 합니다)(갑 제5호증).

그러나 이 사건 처분은 원고의 행위에 대해서 그 동기, 경위 등에 대해서 면밀하게 검토하지 않고, 단순히 관련 규정을 형식적으로 적용한 것으로서 심히 부당한 처분이라 할 것입니다.

아래에서는 이 사건 징계의 사유(이하 '이 사건 징계사유'라 합니다)
별로 그 발생 경위에 대하여 설명 드린 다음, 징계사유의 존부, 징계처분
의 재량권 일탈·남용여부를 검토하여, 이 사건 처분의 부당한 점에 대하
여 말씀드리겠습니다.

3. 이 사건 징계사유의 존부

가. 이 사건 징계사유

이 사건 징계사유는 "① 학사관리 성실의무 위반, ② 교원징계의결 요
구 성실의무 위반, ③ 교원연구년제 규정 위반, ④ 교원인사위원회 규정
위반 및 의사결정 부당개입, ⑤ 내부고발자 불이익 및 차별금지법령 위반
관련 관리감독소홀, ⑥ 교원확보율 충족을 위해 서류조작 및 허위보고 관
련 관리감독소홀, ⑦ 교비회계로부터 타 회계 전출금지 법령 위반 관련
관리감독소홀, ⑧ 장학재단기부업체의 학교시설사용료 부당 감면 관련 관
리감독소홀" 입니다(갑 제4호증).

나. 징계사유 ①, ② : 성실의무 위반

1) 내용

징계사유 ①의 요지는 "원고는, 이 사건 학교가 민원진상조사TFT보고
서(이하 '이 사건 TFT 보고서'라 합니다)를 통하여, 소외 김 ˘ ˘ 졸업
자의 면담 및 사실 확인, 이 사건 비위사실에 동참한 교수들의 면담 및
사실 확인 등 추가 조사가 필요함을 보고하였음에도, 어떠한 추가 조사나
처분을 취하지 않아 부당한 학사운영 및 장학금 지급을 묵과한 결과를 초

래하는 등 부적절하게 학사 관리를 하였다" 는 것이고,

징계사유 ②의 요지는 "원고는 이 사건 TFT 보고서 내용으로도 소외 김 ʻ ̄ 교수 등의 비위사실을 확인할 수 있었으므로, 징계의결을 요구하였어야 하는데, 징계의결 요구를 위한 조치를 취하지 않음으로써 징계의결요구의 시효를 도과하게 하였다" 는 것입니다.

2) 구체적 경위

원고는, 이 사건 학교 총장으로 취임했을 당시 "소외 이 교수 등이 김ʻ 교수에 대하여 '학생들로부터 부당하게 돈을 거두어 사용하고, 학생들에게 장학금을 부당하게 지급하여 개인적 이익을 챙겼으며, 학생들에게 학점을 부당하게 부여하였다' 는 취지로 내부고발을 한 사실"을 조사한 이 사건 TFT 보고서를 전달 받았고(갑 제6호증), 현재 위 사건과 관련하여 수사가 진행 중이라는 사실을 보고 받았습니다.

원고는 위 보고를 받고 해당교수에 대한 징계여부 등을 결정할 요량으로 사건 당사자인 김 교수, 이 교수를 각각 불러 면담하고, 이 사건 TFT 보고서를 검토하였는데, 김 교수와 이 ǀ 교수의 각 주장사실이 서로 완전히 달랐고, 이 사건 TFT 보고서 내용은 김ʻ 교수와의 면담내용을 정리한 것에 불과했으며, 심지어 위 보고서에는 김ʻ 교수의 본인 서명 조차 없는 상황이었습니다.

게다가 김 ·교수는 이 교수의 내부고발과 관련하여 이 교수를 명예훼손 혐의로 고소하여 이 사건 학교가 시흥경찰서로부터 수사협조 요청 공문을 받은 상황이라 원고로서는 쉽게 징계요구 결정을 할 수 없었

습니다(갑 제7호증).

이후 이 사건 학교는, 김¹   교수에 대해 수원지방검찰청 안산지청의 처분이 있음을 알게 되재 곧바로 위 지청에 사건처분결과를 통지하여 줄 것을 요구하여 이를 수령하였는데, 사건처분결과 통지서에는 "가. 사기 : 혐의없음, 나. 사문서위조 : 혐의없음, 다. 위조사문서행사 : 혐의없음, 라. 횡령 : 혐의없음, 마. 업무방해 : 일부혐의없음, 일부불구속기소, 2015고단 1818 재판중" 이라고만 간략하게 기재되어 있어(갑 제8호증), 기소된 혐의 사실이 어떠한 사실인지 확인하여 징계의결요구여부를 판단하고자 관할검찰청과 관할법원에 공소장 사본을 요청하였으나(갑 제9호증) **관할검찰청과 관할법원은 공소장 사본을 통보해주지 않았습니다.**

이에 원고는 교무처장, 기획처장, 학생취업복지처장, 경영관리처장, 산학 협력처장과 함께 위 문제에 대해서 심도 있게 논의하였고, 논의결과 김   교수에 대한 형사재판의 1심 판결이 선고되기 전까지 징계절차를 보류 하기로 결정하였습니다.

원고는 김   교수에 대해 제1심 판결선고(2016. 7. 8.) 후 비로소 김   교수에 대해 징계할 필요성에 있다는 확신을 갖고, 교원징계위원회에 징계의결을 요구하였습니다.

3) 징계사유의 존부

가) 원고는 김   교수의 비위사실 등을 밝혀내기 위해 총장으로서 할 수 있는 노력을 다하였습니다.

원고는 이 사건 TFT 보고서를 제출받고 나서, 본인이 할 수 있는 최대한의 범위에서 추가 조사 등의 조치를 취하였습니다.

　　원고는 이 사건 TFT 보고서 외에 객관적인 자료가 없는 상황에서 **양 당사자를 불러 진술을 청취**하였고, 위 문제에 관하여 **교무처장, 기획처장 등과 여러 차례 심도 있는 논의**를 하였으며, 구체적인 비위 내용을 알기 위해 **관할검찰청과 관할법원에 공소장을 보내달라는 공문**을 보내기도 하였습니다.

　　그러나 양 당사자의 진술은 서로 엇갈렸고, 관할검찰청과 관할법원에서는 공소장 열람을 거부하였기에, 원고는 김　　　교수의 징계의결요구 등의 처분을 할 수 없었습니다.

　　한편, 갑 제4호증 징계처분의결서에는, 이 사건 학교는 원고에게 비위사실을 완전하게 확인하기 위하여 '1. 김　　　졸업자의 면담 및 사실 확인, 2. 김　　의 청강에 대한 성적 처리에 동참한 교수들의 면담 및 사실 확인, 3. 성적이 임의로 조작되어진 사건에 대한 행위자 및 조작 범위의 확인' 등 **추가** 조사가 필요함을 보고하였음에도 원고는 이를 묵과하였다는 취지로 기재되어 있으나(갑 제4호증 중 징계의결서 2쪽 **참조**), **이 사건 TFT 보고서 어디에도 위와 같은 사실이 기재되어 있지 않으며, 원고가 별도로 위 추가 조사가 필요한 항목에 대한 보고를 받은 사실이 없는바,** 위 점은 원고의 징계사유에 해당한다고 볼 수 없습니다.

나) 원고는, 해당 학생의 불이익을 최소화하기 위하여, 학점 및 학위 취소 등의 처분을 보류하였습니다.

학점·학위 취소 결정의 경우, 해당 학생이 받게 될 불이익이 극심하므로 매우 신중하게 결정되어야 할 사안인데, 이미 살펴본 바와 같이 이 사건의 경우 사실관계가 매우 불명확하였기에 원고는 위 취소 결정을 보류할 수밖에 없었습니다. 따라서 원고의 보류 판단은 합리적 결정에서 나온 판단이라고 보아야 할 것입니다.

다) 원고는, 의도적으로 김   교수 등에 대한 징계 시효를 도과시킨 사실이 없습니다.

원고가 김   교수 등에 대한 징계의결요구를 보류하여 결국 징계시효기간이 도과되게 한 점은 인정되지만, ① 이 사건 TFT 보고서만으로는 김   교수의 징계사실을 전혀 특정할 수 없었던 점, ② 원고는 수사결과를 기다려 징계절차를 진행하고자 하였는데, 수사기관의 수사결과 김   교수에 대한 혐의사실 중 대부분에 대하여서는 무혐의 처분이 내려졌고, 공소장 확인이 어려워 구체적인 범죄의 내용을 확인할 수 없었던 점, ③ 원고는, 총장으로 임명되기 전 발생한 김 ∶교수의 비위사실에 대해서 그 사실관계를 파악하기 전에 징계의결 요구를 하는 것이 타당하지 않다고 판단하여 징계의결 요구를 보류한 점 등을 종합해보면, 원고의 징계의결요구보류결정은 잘못되었다거나 원고가 자신의 권한을 남용한 결정이라고 볼 수 없습니다.

.또한, 원고의 징계의결요구보류결정은 원고가 독단적으로 결정한 사안이 아닙니다. 원고는 위와 같은 결정을 하기까지 수 차례 심의를 거쳤으며, 위 심의에서 각종 사례 및 대법원 판례2)를 조사한 결과 "김 ∶교

---

2) 형사사건으로 기소되었다는 이유만으로 직위해제처분을 하는 것은 정당화 될 수 없고, 당사자가 계속 직무를 수행함으로 인하여 공정한 직무집행에 위험을 초래하는지 여부 등 구체적인 사정을 고려하여 직위해제 처분의 위법성을 판단해야 한다는 취지의 판례(대법원 1999. 9. 17. 선고 98두15412)가 있습니다.

수에게 판결선고 전 직위해제 등 징계처분을 한다면 후에 집행유예 이하의 판결이 선고될 경우 징계 자체가 무효가 될 가능성이 있고 그렇게 되면 학교로서는 큰 부담을 떠안을 수 있는 점, 김   교수에 대한 판결선고 시까지는 징계시효가 기산되지 않을 것으로 판단한 점, 유죄판결선고를 받은 자체가 별도의 징계사유가 될 수 있는 점 등을 고려하면 징계시효가 도과하는 문제는 발생하지 않는다"는 결론에 도달하였기에 일단 판결 선고 결과를 보고 징계여부를 결정하고자 하였던 것입니다.

4) 소 결

이상 살펴본 바와 같이 원고는, ① 김   교수의 비위사실을 밝혀내기 위해 노력을 다하였고, ② 학생에 대한 학위·학점 취소의 경우 당사자들에게 미치는 불이익이 매우 크다고 판단하였기에 취소결정을 보류하였으며, ③ 김   교수에 대해서 징계처분을 한 후 김   교수에게 무죄판결이 선고된다면, 징계처분을 결정한 이 사건 학교에 큰 부담으로 작용할 가능성이 있다고 판단하여, 1심 판결 선고 전까지 김   교수에 대한 징계요구 등의 처분을 하지 않기로 결정하였는바, 원고가 사립학교법 제55조, 국가공무원법 제56조에서 규정하고 있는 성실의무를 위반하였다고 볼 수 없습니다.

다. 징계사유 ③, ④ : 교원연구년제 규정, 교원인사위원회 규정 위반 등

1) 내용

징계사유 ③의 요지는 "원고는 형사기소된 김   교수에게 연구년 혜택을 부여하였다"는 것이고, 징계사유 ④의 요지는 "원고는 교원인사위원회 위원이 아님에도 인사위원회에 참석하여 부당하게 의사결정과정에 개입함으로써 교원인사위원회가 김   교수의 연구년 선정을 하게 하였다" 는 것입니다.

2) 구체적 경위

원고는, 김   교수가 일부 기소된 사실을 알게 된 후, 징계의결요구는 형사판결 선고 시까지 보류하기로 결정하였으나, **이 사건 학교 업무방해 혐의로 형사기소 된 교수가 학생들을 강의하는 것은 바람직하지 않다고 판단하였고, 징계성 국내연구원제도를 이용하여 김   교수의 수업을 막고자 하였습니다.**

원고는 위와 같은 취지로 교무처에 요청하여 김   교수로 하여금 국내연구년을 신청하도록 권고해 보라고 지시하였고, 김   교수는 원고의 뜻을 받아들이고, 국내연구년을 신청하였습니다.

한편, 2015. 6. 25. 교원인사위원회에서는 "김   교수에 대한 수사가 진행되고 있는 상황에서 김   교수를 연구년 교원으로 선발을 하는 것은 문제가 있다" 는 이유로 심사를 보류하는 잠정결정이 내려졌으나, 2015. 8. 26. 교원인사위원회에서는 "김   교수가 형사사건으로 기소되긴 하였지만 무죄추정의 원칙상 경고성 국내연구년에 아닌 일반 국내연구년 교원으로 선발" 하는 결정이 내려졌습니다(갑 제10호증).

3) 징계사유의 존부

가) 국내연구년은 혜택이 아닙니다.

이 사건 학교 교수들은 방학기간(약 5개월) 중 자유롭게 활동할 수 있고, 주당 강의 시간이 15시간 정도 밖에 되지 않아 연구활동에 전혀 제약이 없는바, **국내연구년[3]을 지원하는 교수들이 적어 교수들 간에 경합이 발생하는 일이 거의 없으므로 국내연구년 부여를 혜택이라고 볼 수 없습니다.**

<u>원고는 단지 김　　교수가 수업을 하는 것을 막고자 김　　교수를 징계성 국내연구년 교원으로 선정코자 하는 결정을 하였습니다.</u>

나) 원고는 교원연구년규정 및 관련법령을 위반한 사실이 없습니다.

김　　교수는 이 사건 학교 교원연구년제규정(이하 '이 사건 연구년제규정'이라 합니다) 제4조에서 규정하고 있는 연구년제를 신청할 수 있는 자격을 갖추고 있는 자이고, 이 사건 연구년제규정에는 형사기소를 연구년제 부여의 결격사유로 규정하고 있지 않습니다(갑 제11호증).

또한 <u>원고는 김　　교수가 형사절차 진행기간 동안 강의를 담당하지 않고 자신의 행위를 돌아보는 등 자기계발에 전념할 필요가 있다고 판단하여 징계성 연구년을 부여하고자 한 것인데,</u> 이러한 판단이 이 사건 연구년제규정취지에 반한다고 할 수도 없습니다

더 나아가, 사립학교법 제58조의2 제4항은 "직위해제 대기명령을 받은 자에 대하여 임용권자는 **능력회복이나 태도개선을 위한 연수 또는 특별한 연구 과제의 부여 등 필요한 조치를 하여야 한다**"고 규정하고 있는바,

---

3) 국내연구년 기간 중에는 각종 수당 등이 나오지 않는 불이익이 있습니다.

김　　교수의 국내연구년 부여 조치는 사립학교법 규정에도 부합하는 측면이 있다 할 것입니다.

다) 원고는 교원인사위원회 의사결정에 개입한 것이 아니라, 징계성 연구년 부여에 관하여 설명하는 간담회를 마련한 것 뿐입니다.

당초 원고는 김　　교수에게 징계성 국내연구년 부여 하고자 하였는데, 교원인사위원회 위원들이 원고의 의도를 알지 못하여 <u>원고는 김 교수 연구년 선발이 징계성임을 설명하기 위하여 2015. 8. 19. 간담회를 개최하여 위원들에게 구체적인 내용을 설명하였습니다[4].</u>

따라서 원고는, 교원인사위원회에 참석하여 김　　교수를 국내연구년 교원으로 선발할 것을 독려한 사실이 없으며, 단지 국내연구년 교원 선발의 최종 결정자인 총장의 지위에서 김　　교수의 국내연구년 교원 선발이 징계성 선발이라는 점과 수업을 배정받게 하지 않기 위한 부득이한 조치임을 설명하기 위하여 간담회를 개최한 것 뿐입니다.

한편, **교원인사위원회는 "김　　교수에게 징계성으로 국내연구년을 부여하라"는 원고의 권유에도 불구하고, 징계성이 아닌 일반 국내연구년으로 결정**한바, 이 점만 보아도 교원인사위원회는 원고의 권고에 아무런 영향을 받지 않고 독립적으로 의사결정을 하였음을 알 수 있습니다(갑 제10호증의 2 참조).

4) 소 결

---

4) 갑 제5호증 징계처분의결서에는 원고가 마치 교원인사위원회에 직접 참석하여 위와 같은 독려를 한 것으로 기재되어 있으나, 이는 사실과 다릅니다.

이상 살펴본 바와 같이, 원고는, 김　　교수가 학교에서 수업을 담당하는 것을 방지하기 위해 김　　교수를 징계성 국내연구년 교원으로 선발한다는 취지를 교원인사위원회 위원들에게 설명하기 위하여 간담회를 개최한 것이고, 김　　교수에게 부여한 국내연구년 자체도 경쟁이 없어 혜택이라고 할 수 없는바, 이러한 원고의 행위는 사립학교법 제53조의4 및 이 사건 학교 연구년제규정을 위반하였다고 볼 수 없습니다.

라. 징계사유 ⑤ : 내부고발자 불이익 및 차별금지 법령 위반 관련 관리감독소홀

1) 내용

징계사유 ⑤의 요지는 "이 사건 학교는, 학점 부당부여 비위사실을 학교에 고발한 중소기업경영과 이　　교수를 교원인사위원회 심의 등의 절차 없이 미디어디자인과로 부당하게 소속을 변경시켰고 이로 인하여 이　　교수는 재임용에서 탈락하게 됨으로써 교원의 지위향상 및 교육활동 보호를 위한 특별법 제6조 규정을 위반하였고, 원고는 위 규정 위반 등 부당한 교원인사 관리의 책임이 있다" 는 것입니다.

2) 구체적 경위

원고는 2015. 2. 경 교무처로부터 "미디어디자인과의 교원확보율[5]이 낮은 상황이 발생하여 상대적으로, 교원확보율에 여력이 있는 학과인 중소기업경영과에서 보직 등을 담당하지 않고 있는 비정년계열[6] 교원 3인 중 1인을 미디어디자인과로 발령할 필요가 있다" 는 보고를 받았습니다.

---

[5] 학생 수 대비 교수 확보 비율로, 즉 교원확보율이 낮다는 것은 학생 수에 비해 교수가 부족하다는 것을 말합니다.
[6] 이 사건 학교 교수는 '정년계열 교수'와 '비정년계열 교수'로 나뉘는데 비정년계열 교수는 정년계열 교수와 달리 2년마다 재임용심사를 받아야 하는 계약직 신분의 교수를 말합니다.

위 보고에 의하면 이 사건 학교의 학생은 선발을 통한 주간 전문학사 정규과정 외에 전공심화과정 학생 등으로 구성되는데, 전공심화과정 학생 수는 학과별로 큰 차이가 있었고, 미디어디자인과의 경우 2015. 2. 모집 결과 학생 수가 많아 교원이 부족한 상황이었습니다.

이에 원고는 교무처에 "중소기업경영과 어느 교수의 소속을 변경할 것인지에 대해서 학과와 의논하여 정하라"고 지시하였고, 교무처는 "중소기업경영과 교수 중 아무도 변경을 원하지 않으니 가장 신참인 조ˊ   교수를 미디어디자인과로 발령하겠다"고 하였습니다.

한편, 조   교수는 당시 이 사건 학교에 임용된 지 1년 정도 밖에 되지 않은 교수였는데, 이마트와 협력하여 현장실습을 통하여 학생들이 곧바로 취업할 수 있도록 하였고, 시흥시에 개발되는 대규모 아웃렛 사업에 참여하여 학생 취업과 연계시키는 등의 일들을 추진하는 젊은 교수였습니다.

원고는 조   교수를 단지 신참이라는 이유만으로 원하지 않는 소속학과로 소속을 변경 시키는 것은 교직원 인사 관리상 불공정하여 부적절하다고 생각했습니다. 그래서 원고는, 객관적 기준인 실적으로 소속변경 교수를 정하고자, 교무처에 실적평가 점수를 요청하였고(갑 제12호증의 2), 이ˑ   교수가 실적평가점수가 가장 낮은 것을 확인하고, 이ˑ   교수를 미디어디자인과로 소속변경시키는 결정을 하였습니다.

3) 징계사유의 존부

가) 원고는, 이 ' 교수의 내부고발과 관련하여 이   교수에게 불이익을
준 사실이 없고, 오히려 가산점을 부여한 사실이 있습니다.

위에서 살펴본 바와 같이 원고는 중소기업경영과 교수 중 소속변경을
원하는 교수가 아무도 없는 상황에서, 부득이 학과에 기여도가 가장 낮은
이   교수를 미디어디자인과로 소속을 변경하는 결정을 한 것이지, 이
      교수가 내부고발한 것에 대해서 불이익을 주고자 위와 같은 결정을
한 것이 아닙니다.   ·

한편, 이   교수의 2013년도 실적평가점수는 106.92점(200점 기준),
2014년도 대학발전 기여실적을 제외한 실적평가점수는 113.84점(200점 기
준)에 불과하여(갑 제12호증), 만일 이   교수가 2014년도 대학발전 기
여실적 점수를 20점 이하로 받게 된다면, 이 ' 교수의 2년간의 실적평
가점수 합은 재임용기준인 240점에 미달하여 2015년도 재임용에 탈락될
위기에 처해 있었습니다[7]

이에 원고는 이   교수개 취업지도실적, 우수강의선정 실적 등이 전
혀 없음에도 불구하고, 용기있게 내부문제를 고발한 점을 높게 평가하여
대학발전 기여실적 점수를 35점 부여하였으며(갑 제12호증의 2), 이로 인
하여 이   교수는 재임용될 수 있었습니다.

이처럼 원고는 이   교수가 내부고발한 것에 대해서 불이익을 준 사
실이 없고 오히려 이를 높게 평가하고 대학발전 기여실적점수에서 가산점
을 부과한 사실이 있습니다.

---

7) 2013년도 실적평가점수 106.92점 + 2014년도 실적평가점수(대학발전 기여실적 점수 제외) 113.84점
   = 220.76점

나) 이   교수의 소속을 변경함에 있어서 절차를 위반한 사실이 없습니다.

사립학교법 제53조의 4 제2항은 교원인사위원회에 관한 사항을 정관으로정하라고 규정하고 있는데, 이 사건 학교 정관에는 교원의 소속변경과 관련하여 교원인사위원회를 거치도록 규정하고 있지 않았습니다[8](갑 제13호증).

따라서 통상 이 사건 학교에서는 관례적으로 교무팀의 교원 소속변경 요청이 있으면 특별한 절차 없이 총장이 결재하여 왔고, 원고 역시 관례상 절차에 따라 교원의 소속변경에 결재를 한바, 원고는 이와 관련하여 어떠한 절차규정을 위반한 사실이 없습니다.

다) 이   교수는 소속 변경 때문이 아니라 강의실적 부족 등으로 재임용에서 탈락한 것입니다.

이   교수는 2015. 2. 16. 미디어디자인과로 소속이 변경되었으나 실제로 강의는 중소기업경영과에서 하였으며, 2015년 1학기 18시간, 2학기 22시간 강의시간을 배정받았습니다.

그러나 2016년에는 이 사건 학교 중소기업경영과와 e-비지니스과가 경영과로 통폐합 되면서 강의 교원 숫자가 늘어나 소속 교수들의 강의 기회가 줄어든 반면, 이   교수는 다른 교수들과 달리 강의를 배정받기 위해서 교무처에 강의배정요청을 하거나 타 학과에 강의를 요청한 사실 조차 없어 상대적으로 학생들의 선호도가 낮은 이   교수는 강의를 배정

---

8) 원고는 교육부의 지적이 있은 이후, 교원의 학과 소속변경과 관련하여 교원인사위원회의 심의를 거치도록 하는 교원인사규정(안)을 마련하였었고, 2017. 12. 5. 위 규정(안)과 동일한 내용으로 교원인사규정이 개정되었습니다(갑 제14호증)

받지 못하게 되었습니다.

게다가 이   교수는 취업지원실적 등이 거의 없어, 2015년 이   교수의 실적평가점수는 91.5점으로서 재임용 기준점수인 120점에 훨씬 미달하였습니다(갑 제15호증).

결국 위 이유들로 인해 이   교수는 재임용에서 탈락하게 되었습니다.

4) 소 결

이상 살펴본 바와 같이, 이   교수의 소속변경은, **원고가 총장의 권한 범위 내에서 각 교수의 이해관계를 고려하여 치우침 없이 기존 관행과 객관적인 기준에 따라 결정**한 것으로 이러한 원고의 결정은 교원의 지위향상 및 교육활동 보호를 위한 특별법 제6조를 위반하였다고 볼 수 없습니다.

마. 징계사유 ⑥ : 교원확보율 충족을 위해 서류조작 및 허위보고 관련 관리
    감독소홀

1) 내용

징계사유 ⑥의 요지는 "이 사건 학교는 교원확보율을 충족시키기 위해 실제 강의하지 않은 교원이 강의를 하고 있는 것처럼 서류를 조작하였고, 교원확보율을 교육부에 허위로 보고하였는데, 원고가 이에 대한 관리감독을 소홀히 하였다"는 것입니다.

2) 구체적 경위

전문대학교육협의회에서 발간 배포하는 2015년 자료집에는 "교육부에서 전공심화 과정 교수가 소속학과에서 강의하지 않은 대학에 주의조치를 하였다"는 내용이 기재되어 있었고, 원고는 추후 이 사건 학교가 위와 동일한 주의조치를 받게 될 것을 염려하여 전 학과에 "모든 소속학과 교수는 해당학과에서 1과목 이상 수업을 하라"는 '2015년 2학기 강의시간표 작성지침'(이하 '이 사건 지침'이라 합니다)을 내렸습니다.

그 후 이 , 지   교수는 본인들이 실제로 강의를 하지 않고 있음에도 불구하고 강의교수로 등록된 사실을 문제 삼았고, 원고가 확인한 결과 미디어디자인과 학과장이던 소외 최   교수가 이 사건 지침을 준수하기 위하여 이   , 지   교수가 마치 실제로 강의를 하는 것처럼 강사 이름을 바꾼 사실을 알게 되었습니다(갑 제16호증, 갑 제17호증의 1).

원고는 최   교수를 불러서 이를 강하게 질책하고 즉시 이를 시정하도록 하였으며, 시정된 강의시간표를 전문대학교육협의회에 제출하도록 조치하였습니다(갑 제17호증의 2,3).

한편, 2016년에 전년도 전공심화과정 운영결과 보고를 위한 전자결재서류가 원고에게 올라왔고, **원고는 교무팀장에게 전화를 걸어 다시 한번 정확한 강의시간표가 보고되었는지를 구두로 확인하고 이를 결재하였습니다.**

그러나 교육부의 실태점검 이후, 위 운영결과 보고서를 다시 확인해 보니 전공심화과정 운영결과 보고서에는 미디어디자인과 소속 모든 교수가 강의한 것으로 사실과 다르게 기재되어 있었습니다.

3) 징계사유의 존부

가) 원고는, 미디어디자인과의 서류조작 및 교원확보율 허위보고에 전혀 개입하지 않았습니다.

미디어디자인과 학과장 최　　교수는 미디어디자인과 전공심화과정을 유지하기 위해, 교무팀에 강의 담당교수 변경 요청 공문을 보냈고, 교무팀은 이와 관련된 구체적인 내용을 알지 못한 채 변경 요청 공문대로 처리하는 바람에 실제 강의를 담당하지 않고 있었던 교수들이 마치 실제 강의를 하는 것처럼 강의시간표에 등록되었습니다.

원고는 미디어디자인과에서 강의하지 않은 이　　지　　교수가 실제 강의한 것처럼 강의시간표에 기재되어 있다는 사실을 알고 학과장 최　　교수를 질책하고 거짓 보고를 하는 일이 없도록 하였는데, 최　　교수는 원고의 말을 따르지 않고 운영결과보고서에 마치 미디어디자인과의 모든 교수가 해당학과 과목을 실제 강의한 것처럼 기술하여, 교원확보율 문제가 발생하게 되었습니다(갑 제16호증).

나) 원고에게 관리감독의 책임을 물을 수도 없습니다.

미디어디자인과 강의교수 변경은 학과 내부에서 발생한 일로, 이를 원고가 사전에 알기는 불가능합니다.

또한 이 사건 학교는 각 학과별 전공심화과정 운영결과보고서를 취합하여 다음 년도에 전문대학교육협의회에 위 보고서를 제출하는데, 모든 학과별보고서가 취합되어 올라오므로 원고가 이를 일일이 확인한다는 것은 거의 불가능 합니다. 따라서 미디어디자인과가 운영결과보고서에 거짓 기술한 부분을 원고가 발견하지 못한 것에 대해 원고의 책임을 묻는 것은 지나치게 가혹하다 할 것입니다.

다) 이 사건 학교는 고등교육법상 교원확보율을 준수하였습니다.

고등교육법 제49조, 고등교육법 시행령 제58조의 2 제1항 별표 2는 아래와 같이 교수가 해당학과 과목을 실제로 강의를 하였는지 여부와 관계없이 해당학과 소속 교수의 수를 기준으로 교원확보율을 산정합니다.

학위심화과정 설치 기준(제58조의2제1항 관련)

기준	항 목	확보율
대학 전체	전임교원확보율	50
	교사확보율	100
모집 단위	전임교원확보율	50
	교원확보율(전임·겸임·초빙교원 포함)	80

따라서 이 교수와 지 교수가 미디어디자인과 소속교원인 것은 틀림없는 사실인바, 이들을 포함하여 교원확보율을 계산·보고하였다고 하여 이것을 교원확보율 허위 보고라고 할 수는 없습니다.

4) 소 결

이상 살펴본 바와 같이, 미디어디자인과 서류조작 및 교원확보율 관련 보고서 작성에 원고는 전혀 개입하지 않았고, 원고는 보고서가 제대로 작성되어있는지 구두로 확인한 후 결재하였으므로 원고가 이에 대한 관리감독을 소홀히 했다고 볼 수도 없으며, 교원확보율은 해당학과에 소속된 교수의 숫자를 기준으로 산정하는 것이 법령상 타당한바, 미디어디자인과의 교원확보율보고가 허위보고라고 할 수도 없으므로 원고에게 이와 관련된 관리감독책임을 물을 수 없다 할 것입니다.

바. 징계사유 ⑦, ⑧ : 경기과학기술대학교 장학재단 관련 관리감독소홀

1) 내용

　　징계사유 ⑦의 요지는 "이 사건 학교는 학교와 무관한 경기과학기술대학교 장학재단(이하 '이 사건 장학재단' 이라 합니다) 설립추진 발기인 총회비용 등을 교비회계에서 지출하였고, 이 사건 장학재단 사무실을 이 사건 학교 내에 두게 하면서 교내 시설을 무상으로 임대하고, 사무실 임대비용(전화, 전기요금 등)을 교비회계에서 지출하였으며 이 사건 학교 직원이 이 사건 장학재단 사무실 직원으로 겸직토록 함으로써 사립학교법 제29조 제6항을 위반한 사실에 있는데, 원고는 교비회계 관리를 제대로 하지 않았다" 는 것이고,

　　징계사유 ⑧의 요지는 "이 사건 학교는 이 사건 장학재단에 1억 원을 기부한 한국계측기기연구센터가 학교시설을 이용함에 있어서 부당하게 시설이용료를 감면해 주었다" 는 것입니다.

2) 구체적 경위

평균적으로 전문대학교 학생들의 경우 일반대학교 학생들보다 가정형편이 어려운데, 사회적으로 전문대학교를 낮게 평가하는 인식 때문인지 전문대학교에는 장학제도가 제대로 활성화되어 있지 않습니다. 이 사건 학교 역시 원고개 총장으로 취임하였을 당시 장학재단이 없었습니다.

이에 원고는 장학재단 설립을 추진하여 2015. 5. 13. 마침내 '장학재단설립추진발기인총회' 가 개최되었습니다(갑 제19호증).

위 행사는 이 사건 학교의 동문을 초청하여 장학금 모금 참여를 유도하는 행사로, 위 행사 이후, 이 사건 장학재단에는 많게는 1억 원 적게는 십만 원의 기부가 이어졌고, 원고 역시 함께 뜻을 모은다는 취지에서 1000만 원을 기부하였습니다(갑 제20호증).

한편 <u>소외</u> 오   교수는, 주식회사 한국계측기기연구센터의 대표이사면서, 이 사건 학교의 겸임 교수 및 총동문회 회장직을 맡고 있었는데, 평소 이 사건 학교에 애정이 남달라, 이 사건 장학재단에 1억원을 출연하기도 하였고, 특히 이 사건 학교 학생들의 취업문제에 큰 관심을 갖고 있었습니다.

오   교수는 자신이 운영하는 센터를 비롯하여 바이오 제약 등 많은 산업분야에 계량, 측정 관련 교육을 받은 사람이 필요하다는 사실을 학교에 알리고, "이 사건 학교 기계자동화과의 교육과정에서 계량 측정 관련 교육을 할 수 있도록 해주면 자신이 무료로 교육설비를 제공하여 교육을 진행 할테니 교육설비 비치 공간 사용료를 감면해 달라" 는 부탁을 하였습니다.

<u>원고는 이 사건 학교 학생들이 무료로 학교에 없는 설비를 이용하여 전</u>
<u>문 교육을 받고, 취업 역량을 확대할 수 있는 기회를 놓칠 수 없어 학교</u>
<u>교수들과 토의해서 이를 승낙하였습니다.</u> 많은 학생들은 위 교육을 받고
자 지원을 하였고, 대부분의 학생들이 위 수업을 통해 불확도 교정 자격
을 취득하였습니다(갑 제21호증).

3) 징계사유의 존부

가) 이 사건 장학재단은 이 사건 학교와 학생들을 위해 설립되었습니다.

이 사건 장학재단은 이 사건 학교개 우수인재를 발굴하여 육성하는 것
을 지원하는 데 목적을 두고 설립되었으며, 주 사업은 이 사건 학교 학생
들의 장학금 지원, 졸업 후 국내·외 우수대학 석·박사 학위 취득 지원
입니다(갑 제22호증). 따라서 위 목적과 주 사업 내용을 고려하면 <u>이 사건</u>
<u>장학재단은 오로지 이 사건 학교와 학생들을 위해 설립되었다고 볼 수 있</u>
<u>습니다.</u>

더 나아가 장학재단 지원사업은 이 사건 학교의 중요한 홍보수단으로써
신입생 모집에 적극 활용되고 있을 뿐 아니라 재학생들의 학구열을 높이
는 데에 큰 기여를 하였으므로, 이 사건 학교의 교육목적 및 신입생 모집
과도 밀접하게 관련되어 있다고 볼 수 있습니다.

나) '장학재단설립추진발기인총회' 는 이 사건 학교의 행사였습니다.

장학재단설립추진발기인총회는 그 명칭과는 달리 장학재단설립을 위한
발기인총회가 아니라 이 사건 학교의 동문을 초청하여 동문이 장학금 모

금에 적극적으로 참여하도록 유도하기 위한 학교행사였으며, 위 총회에 참석한 사람들은 실제의 발기인들이 아니고, 이 사건 학교의 동문들이었습니다(갑 제19호증).

따라서 원고가 총장의 판공비로 이 사건 장학재단 관련 행사비용을 부담한 것은 이 사건 학교의 행사비용을 지출한 것으로 볼 수 있어 교비회계 부당 관리라고 볼 수 없습니다.

다) '한국계측기기연구센터'는 이 사건 학교 공간을 임대하여 학생들에게 무료로 교육 및 강의실습을 하였습니다.

한국계측기기연구센터 대표이사 오   은 2016년 기계자동화과 학생 중심으로 하계·동계 방학기간 중 100여명의 학생에게 무료로 동 시설을 활용하여 524시간의 교육을 실시하였으며(갑 제21호증), 2017년도 기계자동화과 2학년 "정밀계측공학" 과목의 경우 동 시설에서 강의 실습을 하였는바, 위 공간은 실제로 이 사건 학교 학생 교육을 위하여 사용되었다고 보아야 할 것입니다.

4) 소 결

이상 살펴본 바와 같이, 이 사건 장학재단은 이 사건 학교 학생들을 위해 설립되었고, '장학재단설립추진발기인총회'는 장학재단 재원확보를 위한 이 사건 학교의 행사였으며, 오   은 이 사건 학교 학생들의 교육과 취업을 위하여 이 사건 학교 공간을 사용하였는바, 원고의 교비회계 지출 결정 및 공간 사용료 감면 결정에 대해서 대학시설을 부실하게 관리하였다거나, 대학수입을 감소시킨 잘못이 있다고 볼 수 없습니다.

사. 소 결

이처럼 이 사건의 구체적 경위, 원고의 동기, 목적 등을 종합해 볼 때, 원고는 징계를 받을 만한 행위를 한 사실이 없습니다.

4. 징계양정의 적정성에 대한 판단

가. 관련 규정 및 판단기준

사립학교법 제61조는 징계 요건에 대해서는 구체적으로 규정하고 있으나, 징계양정에 대해서는 "징계는 파면·해임·정직·감봉·견책으로 한다"고만 규정하고 있고, 구체적인 기준에 대해서는 규정하고 있지 않습니다[9].

「사립학교법
제61조(징계의 사유 및 종류) ① 사립학교의 교원이 다음 각호의 1에 해당하는 때에는 당해 교원의 임용권자는 징계의결의 요구를 하여야 하고, 징계의결의 결과에 따라 징계처분을 하여야 한다.
1. 이 법과 기타 교육관계법령에 위반하여 교원의 본분에 배치되는 행위를 한 때
2. 직무상의 의무에 위반하거나 직무를 태만히 한 때
3. 직무의 내외를 불문하고 교원으로서의 품위를 손상하는 행위를 한 때
②징계는 파면·해임·정직·감봉·견책으로 한다. 」

따라서 징계양정에 대해서는 전적으로 징계권자의 재량으로 결정되는데, 대법원은 "사립학교 교원에게 징계사유가 있어 징계처분을 하는 경우

---

9) 한편, 교육공무원 징계양정 등에 관한 규칙은 교육공무원 징계기준에 대하여 세부적으로 규정하고 있는데, 사립학교 교원의 경우도 교육공무원과 유사한 지위에 있는 자이므로 위 규칙을 유추적용하여 징계양정의 적정성을 판단할 수 있을 것입니다(별지 2 참조).

어떠한 처분을 할 것인지는 원칙적으로 징계권자의 재량에 맡겨져 있는 것이므로 <u>그 징계처분이 위법하다고 하기 위하여서는 징계권자가 재량권을 행사하여 한 징계처분이 사회통념상 현저하게 타당성을 잃어 징계권자에게 맡겨진 재량권을 남용한 것이라고 인정되는 경우</u>에 한하고, 그 징계처분이 사회통념상 현저하게 타당성을 잃은 처분이라고 하려면 <u>구체적인 사례에 따라 직무의 특성, 징계의 사유가 된 비위사실의 내용과 성질 및 징계에 의하여 달하려는 목적과 그에 수반되는 제반사정을 참작하여 객관적으로 명백히 부당하다고 인정되는 경우</u>라야 한다." (대법원 2000. 10. 13. 선고 98두9959 판결)고 판시하고 있고, 하급심 판례들은 모두 위 기준으로 징계권자의 재량권 일탈·남용 여부를 판단하는바,

결국 징계권자의 징계양정이 적정한지 여부는 사회통념을 기준으로 구체적인 사례에 따라 직무의 특성, 징계의 사유가 된 비위사실의 내용과 성질 및 징계에 의하여 달하려는 목적과 그에 수반되는 제반 사정 등을 기준으로 판단하여야 할 것입니다.

나. 관련 사례

1) 해임처분이 재량권 일탈 남용이 아니라고 본 판례

다수 하급심 판례는 아래와 같이 대학교수가, <u>윤리적으로 잘못을 저지르거나, 부당하게 재산상 이익을 취득한 경우</u> 대학교수에 대한 해임처분은 재량권을 일탈·남용한 처분이 아니라고 판시하고 있습니다.

'대학교수인 원고가 대학원생 볼에 자신의 볼을 갖다 대는 성희롱을 하였고, 지도교수로서의 지위를 이용해 행정조교로부터 장학금 305만 원

을 교부받은 다음 개인적 용도에 사용하였으며, 대학원생에게 연구과제 수행에 대한 인건비로 지급되어 이를 반환하도록 할 아무런 근거가 없는 돈을 지도교수라는 지위를 이용해 공용통장에 입금하도록 지시한 사안'에서 "원고에 대해 인정되는 징계사유의 내용과 그와 같은 행위의 동기·태양을 종합하면 해임의 징계양정이 객관적으로 명백히 부당하다고 인정되는 경우라고 볼 수 없다"고 판시(서울행정법원 2014. 10. 16. 선고 2014구합54684 판결)

'대학교수인 원고가 대학원생인 피해자를 호텔방으로 불러서 피해자와 단 둘이 있으면서 피해자에게 러브 샷 할 것을 제의하고, 피해자를 춤추듯이 안고, 키스를 하는 등 피해자에게 성적 수치심과 불쾌감을 일으키는 행위를 한 사안'에서 "타의 모범이 되고 학생들을 교육 및 선도하여야 할 위치에 있는 교육자로서의 직분을 망각하고 나이 어린 자신의 지도학생으로서 심리적으로 저항이 어려운 상태에 있는 여학생을 추행하여 그 죄질이 매우 좋지 않고...이 사건 징계처분에 징계재량권을 일탈 남용한 위법이 있다고 볼 수 없다"고 판시(서울행정법원 2013. 4. 11. 선고 2012구합12952 판결)

'대학교수인 원고가 다른 교수에게 전화를 걸어 자신이 업무를 보조하는 근로장학생의 성적의 상향을 요구하고, 근로장학생에게 학생별로 명단 및 이미 작성된 과거 면담일지만을 주면서 이를 참고로 대충 면담일지를 작성해 보라고 지시하고, 개인적인 논문의 타이핑 수정 및 편집, 채점 및 성적 입력, 상담일지의 작성 등의 업무를 시킨 사안'에서 "이 사건 징계처분에 재량권을 일탈·남용하여 위법하다고 보기는 어렵다"고 판시(서울행정법원 2013. 2. 8. 선고 2012구합19205 판결).

2) 해임처분이 재량권 일탈 남용이라고 본 판례

반면, 판례는 징계사유가 **사소한 잘못이나 부주의로 기인한 경우 해임 처분은 재량권의 범위를 일탈하거나 재량권을 남용한 위법한 처분**이라고 보고 있습니다.

'대학교수인 원고가 교수협의회의 이름으로 기자회견을 열면서 이사장 등에 대한 의혹을 제기하고 설문조사 결과를 발표하고, 대학교 학칙에 위반되는 성적처리 및 출석조작을 한 사건'에서 "원고의 기자회견은 원고의 행위 내용보다는 방법의 부적절성이 주로 문제될 뿐만 아니라 대학교 총장이 교수협의회가 제기한 의혹에 대해 소극적인 자세로 대응한 것이 하나의 원인이 된 점, 성적처리 및 출석조작은 원고의 고의에 기인한 것이 아니라 사소한 잘못이나 부주의에 기인한 것으로서 그로 인한 피해는 별로 없는 점, 그 외 원고가 교수로서 15년간 본분을 지키며 연구와 교육을 통해 학교와 지역사회에 기여해온 점 등 여러 사정을 고려하면, 원고에 대한 이 사건 처분으로써 달성하고자 하는 행정목적을 감안하더라도, 원고로 하여금 교수로서의 직무를 전혀 수행하지 못하도록 하는 '해임'의 중징계에 처하는 이 사건 처분은 징계사유에 비하여 그 징계양정이 너무 무겁다고 판단되므로, 결국 이 사건 처분은 재량권의 범위를 일탈하거나 재량권을 남용한 위법한 처분이라고 할 것이다"고 판시(서울행정법원 2001. 12. 5. 선고 2001구 19505 판결)

다. 이 사건 징계의 재량권 일탈 남용 여부

이 사건에 관하여 보건대, **앞서 본 바와 같이 이 사건 징계사유들은 모두 인정되지 않고, 설사 징계사유로 인정된다 하더라도 아래와 같이 해임**

<u>처분을 정당화할 정도로 중한 것으로 보이지 않습니다.</u>

1) 징계사유 ①, ② : 성실의무 위반

원고는, <u>이 사건 학교 관계자들과 심도 있는 논의과정을 거쳐 징계 및 조사 보류결정을 내린 점</u>, 원고 입장에서는 김'   교수의 구체적인 비위 사실을 확인할 수 있는 자료가 없는 상황에서 당사자들 및 학교에게 큰 부담이 되는 김   교수 등의 징계 및 김'   졸업생에 대한 학위·학점 취소 처분 등의 결정을 내리기 쉽지 않았던 점, 김'   교수 및 김' 졸업생을 감싸고자 보류 결정을 내린 것은 아니라는 점 등을 종합하면 일부 원고에게 잘못한 점이 인정된다 하더라도, 해임처분을 정당화할 정도의 사유에 해당한다고 볼 수 없습니다.

2) 징계사유 ③, ④ : 교원연구년제 규정, 교원인사위원회 규정 위반 등

원고는, 김 · 교수가 학생들을 수업하는 것을 막기 위해 부득이 하게 김' · 교수를 <u>징계성 국내연구원 교원으로 선발하는 결정</u>을 한 점, 원고가 <u>교원인사위원회에 참석하여 의사결정을 강요한 적이 없는 점</u>, <u>사립학교법에는 징계를 받은 자에 대하여 능력회복이나 태도개선을 위한 연수를 보낼 수 있도록 규정하고 있는 점</u> 등을 종합하면 원고가 국내연구원제도를 그 도입 취지와 다르게 이용한 잘못은 인정된다고 하더라도, 해임처분을 정당화할 정도의 사유에 해당한다고 볼 수 없습니다.

3) 징계사유 ⑤ : 내부고발자 불이익 및 차별금지 법령 위반 관련 관리감독 소홀

원고는, <u>객관적인 실적을 기준으로 이</u> | <u>교수의 소속을 변경하기로</u>

결정을 한 점, 위 결정이 이□□ 교수가 재임용이 거부되는데 일부 영향을 미쳤다고 하더라도 이□□ **교수 스스로의 능력 부족이 재임용 거부에 결정적인 요인으로 작용**한 점, **원고가 2015년 재임용 심사와 관련하여 오히려 이□□ 교수에게 특혜를 준 사실이 인정되는 점** 등을 종합해보면 원고의 잘못이 일부 인정된다고 하더라도 해임처분을 정당화할 정도의 사유에 해당한다고 볼 수 없습니다.

4) 징계사유 ⑥ : 교원확보율 충족을 위해 서류조작 및 허위보고 관련 관리 감독소홀

원고는, 미디어디자인과 내에서 은밀하게 진행된 교원확보율 조작 및 허위보고에 대해서 전혀 알지 못 한 점, 원고는 수많은 서류들을 결재하다 보니 **원고의 입장에서는 모든 서류들을 일일이 살펴 조작 및 허위 보고된 점을 발견하기가 매우 어려웠던 점, 원고는 위 서류조작 및 허위보고 사실을 알게 된 이후 이를 시정하고자 노력**한 점, **이 사건 학교는 대학기관평가에서 인증을 받은 점**(갑 제23호증) 등을 종합해보면 원고의 잘못이 일부 인정된다고 하더라도 해임처분을 정당화할 정도의 사유에 해당한다고 볼 수 없습니다.

5) 징계사유 ⑦, ⑧ 관련 : 경기과학기술대학교 장학재단관련 관리감독소홀

이 사건 장학재단은 오로지 이 사건 학교와 이 사건 학교 학생들을 위한 재단인 점, 한국계측기기연구센터가 사용하는 대학 내 시설 역시 궁극적으로 이 학교 **학생들의 자격증 취득과 취업을 위한 시설인 점**, 원고는 **이 사건 학교 교비를 학교행사비용으로 사용한 것이지 개인적인 이익을 취할 목적으로 사용하지 않은 점** 등을 종합해보면 원고의 잘못이 일부 인

정된다고 하더라도 해임처분을 정당화할 정도의 사유에 해당한다고 볼 수 없습니다.

6) 기타 참작해야 할 사유

원고는, 이 사건 학교 총장으로 취임하기 전 <u>1985년 농림수산부 사무관으로 임용되어 2013년까지 산업통상자원부 제품안전정책국장으로 보임하는 동안 단 한 차례 징계를 받은 사실이 없고</u>(갑 제1호증), 총장이 된 이후에도 이 사건 징계를 받기 전까지 어떠한 징계를 받은 사실이 없으며, <u>2016년에는 대한민국 혁신 기업인 대상을 수상한 점</u>(갑 제24호증), 원고는 이 사건 학교 발전을 위해 <u>장학재단을 설립하는 등의 노력을 해왔고, 1,000만 원을 이 사건 학교 발전을 위해 기부한 점</u> 등을 종합해보면 원고가 지금까지 이 사건 학교 발전을 위해 기여한 바가 적지 않다고 할 것입니다.

7) 소 결

일반적으로 징계사유로 삼은 <u>비행의 정도에 비하여 균형을 잃은 과중한 징계처분을 선택함으로써 비례의 원칙에 위반하거나 또는 합리적인 사유 없이 같은 정도의 비행에 대하여 일반적으로 적용하여 온 기준과 어긋나게 공평을 잃은 징계처분을 선택함으로써 평등의 원칙에 위반한 경우</u>에 이러한 <u>징계처분은 재량권의 한계를 벗어난 처분으로서 위법</u>하다 할 것입니다(대법원 2004. 6. 25. 선고 2002다51555 판결 등).

이 사건 학교는 원고가 대학총장의 지위에 반하는 윤리적 잘못을 저지른 사실이 없고, 개인적으로 재산상 이득을 취한 사실도 없으며 <u>이 사건 징계사유들은 학교 경영자인 원고의 입장에서 부득이하게 선택할 수 밖에</u>

없었던 사항들임에도 합리적인 사유 없이 지나치게 원고에게 불리하게 징계양정을 한바, 징계재량권을 일탈하거나 남용하였다고 볼 수 있고, 그렇다면 이 사건 징계 및 이 사건 처분은 위법하다 할 것입니다.

5. 결 론

그렇다면 이 사건 징계사유는 인정되지 않고, 가사 일부 징계사유가 인정된다 하더라도 해임처분은 재량권의 한계를 벗어난 처분이므로 이 사건 처분은 위법합니다. 따라서 원고의 청구는 이유 있으므로 원고의 청구를 인용하여 주시기 바랍니다.

입 증 방 법

1.	갑 제1호증	교원인사카드
2.	갑 제2호증	교육부 실태점검통보
3.	갑 제3호증의 1	이의신청서
4.	갑 제3호증의 2	이의신청기각 결정서
5.	갑 제4호증	징계처분서
6.	갑 제5호증	교원소청심사위원회 결정서
7.	갑 제6호증	이 사건 TFT보고서
8.	갑 제7호증	수사협조요청 공문
9.	갑 제8호증	사건처분결과 통지서
10.	갑 제9호증	공소장요청 공문
11.	갑 제10호증의 1	교원인사위원회(2015. 6. 24.)
12.	갑 제10호증의 2	교원인사위원회(2015. 8. 26.)
13.	갑 제11호증	교원연구년제 규정
14.	갑 제12호증의 1	실적평가점수(2013년)
15.	갑 제12호증의 2	실적평가점수(2014년)
16.	갑 제13호증	이 사건 학교 정관
17.	갑 제14호증	교원인사규정
18.	갑 제15호증	교원인사위원회(2016. 12. 30.)
19.	갑 제16호증	징계의결서(최)
20.	갑 제17호증의 1	담당교수 변경 요청 공문(2015. 9. 18.)
21.	갑 제17호증의 2	담당교수 변경 요청 공문(2015. 10. 14.)
22.	갑 제17호증의 3	담당교수 변경 요청 공문(2015. 11. 30.)
23.	갑 제18호증	2015학년도 운영결과보고서
24.	갑 제19호증	이 사건 장학재단 설립추진 발기인 총회 개최(안)
25.	갑 제20호증	기부금 소득공제 내역
26.	갑 제21호증의 1	정밀측정교육(2016. 6. 22. ~2016. 7. 20.)

27.	갑 제21호증의 2	정밀측정교육(2016. 12. 26. ~2017. 1. 14.)
28.	갑 제22호증의 1	이 사건 재단법인 설립취지서
29.	갑 제22호증의 2	이 사건 재단법인 정관
30.	갑 제23호증	인증서
31.	갑 제24호증	2016 대한민국 혁신 기업인 대상

첨 부 서 류

1. 목차
2. 별지1
3. 별지2
4. 소송위임장
5. 담당변호사지정서

2018.02.22

원고 소송대리인
법무법인 민주
담당변호사 문
조

서울행정법원 귀중

민원 진상 조사 TFT 보고서

(민원인 : 재학생, 졸업생, 내부교수 등 각 민원인 별도)

2013. 12. 5.

조사자 : 김.   교수, 서.   교수, 노.   교수

갑 제6호증

■ 민원 조사 결과 요약

(2013. 12. 00)

조사자 : 김○○　서○ : 노○○　교수

구 분	민원인의 주장	김○(교수)의 답변	비 고
성적문제	1. 김○ 정규·성적처리 및 수급 인정 (2010-2 정규를 교과평가기준 삭제)를 2011-2 이나 그대로 적용, 1~2매(글미르이매)특정부분 2. ○○를 정규하게 하고 일정으로 성적처리부 3. 방학특강 참여에 따른 성적을 연결 4. 특정한 학생의 성적을 누르기 입의로 조작	1. 인정, 본인이 단위에 따라 담임교수를 　모두에게 동일하고 처리함 2. 학과 운영을 위해 교수들에게 부탁, 　성적이 수서이 되 학생들이 논현인 3. 교수들에게 부탁, 확인하지는 않았으나 4. 특정한 학생의 경우는 해당 교수에 　등의하에 수정, 그의 학생으로 모름	1. 철저무시, 부담성적 1. 양쪽 진술 상이 2. 양쪽 진술 상이 3. 성적변호 학생있음 4. 현재 전산실 상황으로 　IP확인 불가
금전문제	1. 김○ 의 정학금을 요구, 200만원 받았음 2. 김○ 에게 성적대신 천오금 800만원 요구 3. 작년 종강모임 날 향식비 광고비 요구 4. 학교에서 동아리지원금을 요구 5. 학생활동비 중 100+만원/인 요구 6. 모든 경비 지출내역 공개하지 않음	1. 그런 일 없음 2. 그런 일 없음 3. 있음, 50~100+만원, 쟁자 250권, 작자 4. 그런 일 없음 5. 있음, 인 2000만원 보조 설명했음 6. 동지 준비 및 진행 공개대상이 없음	1. 양쪽 진술 상이 2. 양쪽 진술 상이 3. 결산불공지로 오해 4. 양쪽 진술 상이 5. 조식, 판매성 불가 6. 의 통의의 의심문 대응
기 타	1. 김○ 무정향위 실용영어 강사(김○) 2. 의 4. 이; 정○○ 성적조작 3. 야간학생이 주간에서 수업하고 있음	1. 직년 교수들의 피해자, 발성지체인정 2. 정○○ 모름 3. 있음, 야간 2학년 1명 4. 음해를 선동 또는 부추기는 사람을 　찾아내서 응분의 조치를 해야 함	2. 양쪽 진술 상이 3. 학교지시 2회 불이행 4. 요구 시 미검찰수

갑 제6호증

■ 처리해야 할 원칙

구 분	처리대상이 되는 사안	처리 내용	문제점(난제)	비 고
성적문제	학생의 정당 및 성적처리를 수업 인정한 것	-본인 인정	-원칙무효이고, 고의성이 있으므로 확실한 자료를 내려야 함 / -이에 따른 장학금 회수 문제	-전례없음 / -성적조작 해당
미전문제	학생정비 25만원 중 10만원 10만원씩에 해임등록을 요구	-본인 인정 / -전례없는 행위로 학생들로부터 불신을 조래하여 학 의 명예에 악영향을 끼쳤으므로 적절한 조치 필요	-전례 없으므로 어떤 조치가 적절한지를 결정하는 문제	-전례없음 / -재발방지 중요
기 타	인건비상이 수업에 출석하여 수업하고 있음	-본인 인정 / -학교에서 금지한 사항을 무시하고 제자 개인행위으므로 적절한 조치 필요	-분인 인정 / -학교에서 금지한 사항임 / -학생에 대한 조치 문제 / -이건 성적의 조치 문제	-재발방지 중요 / (주요 감사 지적사항)

갑 제6호증

향후 검토사항

- 김 : 교수가 인정한 사실을 어떤 조치로 처리할 것인가의 문제
- 김 : 교수의 보직(학과장) 면 및 총임자 임명, 기존학과 소속 문제 등 인사조치
- 이후의 진행 내용과 절차를 어떻게 이끌어갈 것인가의 문제

위와 같이 민원 진상 조사를 보고합니다.

2013. 12. 5.

조사자 : 김

서

노

갑 제6호증

준 비 서 면

사　　건　　2018구합55425　　교원소청심사위원회결정취소

원　　고　　김판구

피　　고　　교원소청심사위원회

위 사건에 관하여 피고 소송대리인은 다음과 같이 변론을 준비합니다.

다　음

1. 이 사건의 경위

가. 이 사건의 경위

1) 원고는 2014. 2. 22. 학교법인 한국산업기술대학(이하 '학교법인'이라 합니다)이 설치·운영하는 경기과학기술대학교 총장으로 임용되었습니다.

2) 경기과학기술대학교 이○○ 교수 등은 2013.경 김○○교수를 내부고발(학생들로부터 부당하게 돈을 거두어 사용하고, 학점을 부당하게 부여)하였고, 경기과학기술대학교는 2013. 12. 5. 진상조사결과 보고서를 작성하였습니다.

3) 수원지방검찰청 안산지청은 경기과학기술대학교의 요청에 따라 2015. 7. 29. 김○○교수에 대한 사건처분 결과(사기, 사문서위조, 위조 사문서 행사, 횡령에 대해 '혐의 없음'으로, 업무방해에 대해 '일부 혐의 없음', 일부 불구속기소)를 회신하였습니

KGLS 정부법무공단　　137-882 서울 서초구 서초중앙로 178(서초동 1685-4) 서초한샘빌딩
Korean Government Legal Service　　Tel 02-2182-0000 Fax 02-2182-0007 www.kgls.or.kr

－ 1 －

다(갑 제8호증).

4) 교육부는 2016. 11. 29.부터 11. 30.까지 및 2017. 2. 6.부터 2. 8.까지 경기
과학기술대학교에 대한 실태 점검을 하였고, 2017. 3. 15. 원고에 대한 중징계(해임)
를 요구하였습니다.

5) 학교법인은 2017. 5. 26. 교원징계위원회에 원고에 대한 징계의결을 요구하
였고, 교원징계위원회는 2017. 5. 30.(1차), 2017. 6. 27.(2차), 2017. 7. 18.(3차) 회
의를 거쳐 원고에 대한 해임을 의결하였습니다. 학교법인은 2017. 7. 28.에 2017. 8.
1.자로 원고에 대한 해임처분을 하였습니다(갑 제4호증 징계처분 통지).

6) 원고는 2017. 8. 28. 해임처분의 취소를 구하는 소청심사를 청구하였고, 피고
는 2017. 11. 15. 원고의 소청심사를 기각하는 결정(이하 '이 사건 결정'이라 합니다)
을 하였습니다.

나. 원고에 대한 해임처분 사유

1) 학점 부당부여 및 학사관리 부적정(제1징계사유)

2017. 4. 28. 통보된 교육부 학사운영 실패 점검 결과에 의하면, 김○○ 등 13
명의 교원은 중소기업경영과 김△△ 학생이 입학 전인 2010학년도에 청강한 15과목
(40학점)을 학점으로 인정할 수 있는 근거가 없음에도 입학 후인 2011학년도 2학기
(8과목) 및 2012학년도 2학기(7과목)에 정규과목 취득학점으로 부당하게 인정하였고,
이와 같이 부당하게 부여된 학점을 근거로 김△△는 2012학년도 1학기에 성적우수장
학금 289만원을 지급받고, 경영전문학사 학위를 수여받았다.

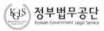 **정부법무공단** Korean Government Legal Service   137-882 서울 서초구 서초중앙로 178(서초동 1685-4) 서초한샘빌딩 Tel 02-2182-0000 Fax 02-2182-0007 www.kgls.or.kr   - 2 -

272 | 교육부와 무너진 법치

위 비위사실에 대하여 경기과학기술대학교는 2013. 민원진상조사 TFT를 통하여 진상조사를 실시하였고, 동 TFT는 2013. 12. 5.자 보고서를 통하여 비위사실을 확인하기 위하여 '김△△ 졸업자의 면담 및 사실확인, 김△△ 의 정강에 대한 성적 처리에 동참한 교수들의 명단 및 사실확인, 성적이 임의로 조작되어진 사건에 대한 행위자 및 조작 범위 확인 등' 추가 조사가 필요함을 보고하였음에도 원고는 이후 어떠한 추가조사나 처분을 취하지 않아 추가 조사를 통해 비위 사실을 확인하여 학점 및 학위 취소, 장학금 회수 등 시정할 수 있는 기회가 있었음에도 부당한 학사운영 및 장학금 지급을 묵과한 결과를 초래하는 등 부적정하게 학사 관리를 하였다.

2) 교원인사관리 부적정 관련, 교원 징계의결 요구 성실의무 위반(제2징계사유)

위 2013. 12. 5.자 보고서 내용으로도 김○○ 등 교원 13명의 학점 부당부여 비위사실을 확인할 수 있었으므로, 해당 교수들에 대하여 사립학교법 제61조, 제64조에 따라 징계의결을 요구할 수 있도록 조치를 취했어야 함에도 원고는 추가 조사를 실시하지 않고, 징계의결 요구를 위한 조치도 취하지 않음으로써 해당 교원들의 비위 사실을 묵과하여 징계의결 요구의 시효를 도과하게 하였다.

3) 교원인사관리 부적정 관련, 교원연구년제 규정 위반(제3징계사유)

위 학점 부당부여 비위사실을 주도한 김○○ 교수가 형사기소되었으므로 사립학교법 제58조의2에 따라 직위해제를 시키는 것이 마땅함에도 원고는 교원연구년제 규정에 정해진 교원의 자기계발을 위한 연구년의 의미(제2조)와 달리 비위 교원에게 연구년 시작 2개월 전까지 연구년제 선정 및 해당 교원에 통보하여야 하는 절차(제6조)

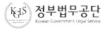
정부법무공단
Korean Government Legal Service
137-882 서울 서초구 서초중앙로 178(서초동 1685-4) 서초한샘빌딩
Tel 02-2182-0000 Fax 02-2182-0007 www.kgls.or.kr   - 3 -

참고자료 | 273

를 위반하여 연구년 혜택을 부여하였다.

4) 교원인사위원회 규정 위반 및 의사결정 부당개입(제4징계사유)

위 연구년 혜택부여와 관련하여 교원인사위원회 2015. 6. 25. 김○○ 교수의 연구년 선정을 이미 보류하였음에도 원고는 김○○교수의 연구년 선정을 재논의 하도록 교원인사위원회에 지시하여 2015. 8. 17., 2015. 8. 19., 2015. 8. 26. 3회에 걸쳐 교원인사위원회가 개최되었으며 2015. 8. 19. 교원인사위원회에 위원이 아닌 원고가 참석하여 부당하게 의사결정과정에 개입함으로써 2015. 8. 26. 교원인사위원회가 김○○ 교수의 연구년 선정을 하게 하였다.

5) 내부고발자 불이익 및 차별금지 법령 위반 관련 관리감독 소홀(제5징계사유)

위 학점 부당부여 비위사실을 학교에 고발한 중소기업경영과 이○○ 교수를 교원인사위원회 심의 등의 정당한 절차 없이 2015. 2. 16. 미디어디자인과로 부당하게 소속을 변경시켰고, 이로 인해 이○○ 교수는 미디어디자인과에서 강의시수 부족 및 취업지도학생 미배정 등의 사유로 실적평가 불이익을 받아 2017. 2. 28. 재임용에서 탈락하게 됨으로써 '교원의 지위향상 및 교육활동 보호를 위한 특별법 제6조에 명시된 내부고발자에 대한 불이익이나 차별의 금지하는 규정을 위반하였고, 원고는 위 규정 위반 등 교원인사관리의 책임이 있다.

6) 교원확보율 충족을 위한 서류조작 및 허위보고 관련 관리감독소홀(제6징계사유)

경기과학기술대학교는 2015. 9. 18. 미디어디자인과의 학사학위 전공심화과정 교원확보율 충족을 위해 실제 강의하지 않은 교원 2명(이○○, 지○○)을 강의를 하고

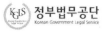

있는 것으로 서류를 조작하였고, 해당 학과의 모집 단위 전임 교원 확보율이 실제 36%임에도 60%를, 전체 교원확보율이 실제 75%임에도 100%를 각각 충족한 것으로 교육부에 허위 보고하였는바, 원고는 위 서류조작 및 허위보고 등 부당한 학사운영 및 교원인사 관리의 책임이 있다.

7) 경기과학기술대학교 장학재단 관련 교비 지출 부적정 관련, 교비회계로부터 타 회계 전출금지 법령위반 관련 관리 감독 소홀(제7징계사유)

경기과학기술대학교는 경기과학기술대학교 장학재단이 대학과 무관한 별개의 법인임에도 2015. 5. 13. 장학재단 설립추진 발기인 총회 비용 등 2,957,190원을 교비회계에서 지출하였고, 2015. 12. 28. 장학재단 설립 후 장학재단 사무실을 경기과학기술대학교 내에 두게 하면서 교내 시설을 무상으로 임대하고 사무실 임대비용(전화, 전기요금 등)을 교비회계에서 지출하였으며, 장학재단은 자체 직원 없이 경기과학기술대학교 직원이 겸직하여 운영함으로써 사립학교법 제29조 제6항의 교비회계 수입이나 재산을 타 회계에 전출할 수 없는 사항을 위반한 사항이 있는바, 원고는 위 부당한 교비회계 관리의 책임이 있다.

8) 경기과학기술대학교 장학재단 관련 교비 지출 부적정 관련, 장학재산 기부업체의 학교시설 사용료 부당 감면 관련 관리감독소홀(제8징계사유)

경기과학기술대학교는 대학과 무관한 장학재단에 1억원을 기부한 한국계측기기연구센터가 대학시설(제2중소기업과 104-1호)에 입주함(2016. 7. 5.부터 2018. 1. 4.까지)에 있어서 시설사용료 총 25,555,200원을 부당하게 감면하여 주어 학교수업을

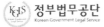 정부법무공단
Korean Government Legal Service   137-882 서울 서초구 서초중앙로 178(서초동 1685-4) 서초한샘빌딩
Tel 02-2182-0000 Fax 02-2182-0007 www.kgls.or.kr   - 5 -

참고자료 | 275

감소시켰는바, 원고는 대학시설 관리부실 및 이에 따른 대학수입 감소에 책임이 있다.

2. 원고 주장의 요지

원고는 해임처분사유가 모두 인정되지 않고, 가사 일부 징계사유가 인정되더라도 학교 경영자인 원고의 입장에서 부득이하게 선택할 수밖에 없었던 사항이므로 해임처분은 재량권의 한계를 벗어난 처분으로서 위법하다고 주장합니다.

3. 징계사유의 존재

가. 제1, 2징계사유에 관하여

김△△은 2011학년도에 경기과학기술대학교에 입학한 후 관련 교수들에게 요청하여 입학 전에 청강한 2010학년 2학기 과목들을 2011학년도 2학기(1학년 2학기)학점으로 인정받았고, 이후 김○○교수는 김△△가 2011학년도 2학기에 청강한 과목들을 다시 2012학년도 2학기(2학년 2학기)의 학점으로 인정하여 주었습니다. 원고는 김○○ 교수가 위와 같은 사실을 인정하였음에도 김△△에 대한 학점 및 학위취소, 장학금 회수 등의 조치를 취하지 않았고, 원고는 김○○교수에 대한 법적 판결을 기다린다는 이유로 2016. 12. 22.에서야 징계의결을 요구하였습니다.

원고는 2013. 12. 5. 진상조사보고서 발간이후 추가조사를 통하여 김○○교수가 인정한 김△△ 학생에 대한 부당한 학점 부여 빛 장학금 지급 사실에 대해 자체적으로 시정할 수 있었음에도 이를 방치함으로써 학사관리를 부적정 하게 하였고, 교육부의 실태조사 및 제1심 선고 후인 2016. 12. 22.에서야 김○○ 교수에 대한 징계의결을 요

구하여 사립학교법 제66조의4[1]에 따른 징계시효를 도과하게 하였으므로 원고의 행위
는 징계사유에 해당합니다.

나. 제3징계사유에 관하여

원고는 수원지검 안산지청이 2015. 6. 30. 김○○교수를 일부기소(업무방해 : 일
부 혐의 없음)하였음에도 징계의결 요구를 하지 않고, 오히려, '교원 연구년 규정'에서
매학기 시작 전 2월 전(2015. 7. 1.) 연구년 교원을 선발하여 통보하도록 하는 절차에
위반하여 김○○ 교수에게 2015. 8. 19. 2015학년도 2학기 연구년을 신청하도록 한
후, 김○○교수를 선정하였습니다.

'교원연구년 규정'에서 연구년을 둔 취지는 본교에서 일정기간 근속한 전임교원
이 연구년 기간 동안 강의를 하지 않고, 학술 및 산학연구, 기타 연수 등을 통하여 본
교 교원으로서의 자기계발 활동에 전념하도록 하는 것에 있습니다. 그러나 원고는 학
사관리·학점관리 등 교수의 기본적, 핵심적 업무를 허위로 운용하여 당시 업무방해죄
등으로 기소된 상태로 징계혐의가 있는 김○○ 교수에게 강의 의무 면제와 자기계발
기회를 주는 연구년을 부여함으로써 부적합자에게 혜택을 주었으므로 이 부분 징계사
유에 해당합니다.

다. 제4징계사유에 관하여

교원인사위원회는 사립학교법 제53조의4, 정관 제48조에서 명시한 독립된 심의
기관으로, 학교의 장을 교원인사위원회의 위원에서 제외한 것은 교원인사위원회의 심

---

1) 사립학교법 제66조의4(징계사유의 시효) ① 사립학교 교원의 임용권자는 징계사유가 발생
   한 날부터 3년이 지난 경우에는 제64조에 따른 징계의결을 요구할 수 없다.

 정부법무공단 137-882 서울 서초구 서초중앙로 178(서초동 1685-4) 서초한샘빌딩
Korean Government Legal Service   Tel 02-2182-0000 Fax 02-2182-0007 www.kgls.or.kr   - 7 -

참고자료 | 277

의기능을 보장하기 위한 것입니다. 그런데 원고가 간담회라는 형식으로 위원들을 불러 모아 김○○ 교수의 연구년 선발의 필요성에 대해 건의하고 설득한 사실은 위원회의 독립성을 위협하는 의사결정 과정의 개입에 해당하므로 징계사유에 해당합니다.

라. 제5징계사유에 관하여

원고는 김○○ 교수를 내부 고발한 ○○ 교수를 교원인사위원회 심의 등의 절차를 거치지 않고 2015. 2. 16. 미디어디자인과로 소속을 변경시켰고, 이○○ 교수는 미디어 디자인과에서 강의시수 부족 및 취업지도학생 미배정 등의 사유로 실적평가에 불이익을 받아 2017. 2. 28. 재임용에서 탈락하였습니다(이후 이○○교수는 재임용탈락에 대한 교원소청심사를 청구하여 취소결정을 받고 교원의 신분을 회복하였습니다).

이○○교수에 대한 학과 변경(전보 발령)은 교원인사위원회의 심의 대상이 되는 인사에 관한 중요사항(사립학교법 제53조의4, 정관 제48조)에 해당하나 원고는 교원인사위원회의 심의 없이 해당 교수에 대한 전보발령을 하였습니다. 이에 학과장이었던 최○○교수는 '본인은 다섯 차례이상 총장님과 교무처장에게 비전공 교원이 미디어디자인과에 소속된 부분을 시정해 주기를 부탁했고, 두 사람은 이 부분을 개선하려는 의지가 없었으며 비전공 교원을 인사발령하였다'고 하고 있습니다.

이러한 원고의 행위는 내부 고발자에 대한 차별금지를 규정하고 있는 교원의 지위 향상 및 교육활동 보호를 위한 특별법 제6조를 위반한 것이어서 징계사유에 해당합니다.

마. 제6징계사유에 관하여

경기과학기술대학교는 2015.경 교육부 학사학위 전공심화과정 기본 방침에 따라 학위심화과정 전임교원으로 포함되기 위해서는 소속학과의 전문박사과정 또는 학사학위 전공심화과정 교과목을 1개 이상 강의하여야 하는 지침을 만들었습니다.

미디어디자인과 학과장 최○○ 교수는 2015. 9. 18. 교육부에 교원확보율이 보고되는 기준시점(2015. 10. 1.) 이전에 미디어디자인과의 학사학위 전공심화과정 교원확보율 충족을 위해 미디어디자인과에서 실제 강의를 하지 않은 교원들을 실제 강의한 교원인 것처럼 변경하였고, 이에 따라 해당학과의 모집단위 전임교원 확보율이 실제 36%임에도 60%로 허위보고 하였습니다(갑 제16호증).

원고는 위 보고의 오류를 인식한 후 다시 강의 담당교수들을 사실에 부합하도록 변경하여 2015학년도 2학기 교원확보율이 미충족되었다는 것을 알고 있었음에도 교원확보율이 적합한 것으로 2016. 5. 18. 2015학년도 전공심화과정 운영위원회에 결과보고를 하였고, 2016. 5. 20. 한국전문대학교육협의회에 2015학년 학사학위 전공심화과정 운영결과보고서를 제출하였습니다. 이로 인해 경기과학기술대학교는 총 입학정원 모집정지 3%의 행정 제재를 받았습니다.

원고는 교무를 총괄하고 소속 교직원을 감독하는 총장으로서 위법사항을 시정할 책임이 있음에도 위와 같이 교원확보율에 관해 허위 보고한 것은 적절한 관리감독 책임을 다하지 못한 것으로서 징계사유에 해당합니다.

바. 제7징계사유에 관하여

원고는 경기과학기술대학교 장학재단 설립 추진 발기인 총회 2015년 행사비로

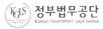
정부법무공단 Korean Government Legal Service　137-882 서울 서초구 서초중앙로 178(서초동 1685-4) 서초한빛빌딩　Tel 02-2182-0000 Fax 02-2182-0007 www.kgls.or.kr　- 9 -

참고자료 | 279

2,360,00,000원 예산 진출을 결재하여 학교 교비회계에서 2,957,190원을 지출하였고, 2015. 12. 3. 경기과학기술대학교 장학재단 법인 사무실을 제공하는 등 교내시설을 무상으로 임대하고 사무실 임대비용(전화, 전기요금 등)을 학교 교비회계에서 지출하였습니다.

경기과학기술대학교와 경기과학기술대학교 장학재단은 별개의 법인이고, 사립학교의 교비회계에 속하는 수입은 '용도가 엄격히 제한된 자금'이므로(대법원 2010. 3. 11. 선고 2009도6582 판결), 원고가 교비회계의 수입이나 재산을 타 회계에 전출하도록 한 것은 징계사유에 해당합니다.

사. 제8징계사유에 관하여

원고는 장학재단에 1억원을 기부한 한국계측기기 연구센터가 대학시설에 입주하자 시설사용료 25,555,200원을 근거 없이 감면해 주었습니다. 원고가 경기과학기술대학교와 무관한 장학재단에 기부를 한 한국계측기기 연구센터에 대해 대학 시설 사용료를 부당하게 감면해 준 것은 교비회계상 대학수입 감소를 가져오게 하는 것으로서 원고는 교직원에 대한 지휘·감독 책임을 성실히 하지 못한 것에 해당하여 징계사유에 해당합니다.

4. 징계양정의 적정성 여부

사립학교 교원에게 징계사유가 있어 징계처분을 하는 경우 어떠한 처분을 할 것인가는 원칙적으로 징계권자의 재량에 맡겨 있으므로 그 징계처분이 위법하다고 하기 위

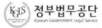

하여서는 징계권자가 재량권을 행사하여 한 징계처분이 사회통념상 현저하게 타당성을 잃어 징계권자에게 맡긴 재량권을 남용한 것이라고 인정되는 경우에 한하고, 그 징계처분이 사회통념상 현저하게 타당성을 잃은 처분이라고 하려면 구체적인 사례에 따라 직무의 특성, 징계의 사유가 된 비위사실의 내용과 성질 및 징계에 의하여 이루고자 하는 목적과 그에 수반되는 제반 사정을 참작하여 객관적으로 명백히 부당하다고 인정되는 경우라야 합니다(대법원 2008. 2. 1 선고 2007두20997 판결).

원고는 김○○ 교수에 대한 징계의결 요구 시효를 도과하여 비위사실을 적기에 바로 잡지 않는 등 직무상의 의무를 태만히 하고, 오히려 김○○ 교수에게 연구년을 주어 교원 인사행정을 자의적으로 처리하였습니다. 원고는 교무를 총괄하고 소속 교직원을 감독할 책임이 있는 총장으로서 경기과학기술대학교 교무 및 학사 전반에 관하여 관리·감독할 의무가 있음에도 학사관리 및 교원인사관리를 부당하게 처리하여 불신을 초래하였으며 교원확보율 허위 보고 등으로 인하여 입학정원의 3% 모집정지 등 학교에 막대한 손해를 끼치는 등 원고에 대한 징계사유가 모두 인정됩니다.

교육공무원 징계양정 등에 관한 규칙 [별표]는 성실의무 위반(직무태만)의 경우에, 비위의 정도가 심하고 고의가 있는 경우 '파면', 비위의 정도가 심하고 중과실인 경우 또는 비위의 정도가 약하고 고의가 있는 경우 '해임'으로 정하고 있는바, 원고의 비위의 정도가 매우 중한 점 등에 비추어 이 사건 징계처분은 그 양정이 객관적으로 명백히 부당하다거나 사회통념상 현저하게 타당성을 잃은 것으로 볼 수 없습니다. 이러한 점을 종합적으로 고려하여 피고는 이 사건 징계처분이 적법하다는 판단을 한 것입니다.

 정부법무공단 Korean Government Legal Service 137-882 서울 서초구 서초중앙로 178(서초동 1685-4) 서초한샘빌딩 Tel 02-2182-0000 Fax 02-2182-0007 www.kgls.or.kr - 11 -

참고자료 | 281

5. 결론

이상 본 바와 같이 이 사건 결정은 적법하므로 원고의 청구를 기각하여 주시기 바랍니다.

2018. 8.   .

피고 소송대리인 정부법무공단

변호사   이

변호사   박

변호사   이

서울행정법원 제11행정부 귀중

 정부법무공단
Korean Government Legal Service
137-882 서울 서초구 서초중앙로 178(서초동 1685-4) 서초한샘빌딩
Tel 02-2182-0000 Fax 02-2182-0007 www.kgls.or.kr
- 12 -

준 비 서 면

사　　건　　2018구합55425　　교원소청심사위원회결정취소

원　　고　　김 필 구

피　　고　　교원소청심사위원회

피고보조참가인　　학교법인 한국산업기술대학 이사장

　위 사건에 관하여 피고보조참가인 소송대리인은 다음과 같이 변론을 준비합니다.

다　　음

1. 이 사건 징계사유의 존부

가. 이 사건 징계사유

　원고에 대한 이 사건 징계사유는 "① 학점 부당부여 및 학사관리 부적정, ② 교원징계의결 요구 성실의무 위반, ③ 교원연구년제 규정 위반, ④ 교원인사위원회 규정 위반 및 의사결정 부당개입, ⑤ 내부고발자 불이익 및 차별금지법령 위반 관련 관리감독소홀, ⑥교원확보율 충족을 위해 서류조작 및 허위보고 관련 관리감독소홀, ⑦ 교비회계로부터 타회계 전출금지 법령위반 관련 관리감독소홀, ⑧ 장학재단 기부업체의 학교시설 사용료 부당 감면 관련 관리감독소홀"입니다.

나. 징계사유 ①. ②에 관하여

1) 원고의 주장

원고는 김   교수의 비위사실 등을 밝혀내기 위해 총장으로서 할 수 있는 노력을 다하였고, 해당 학생의 불이익을 최소화하기 위하여 학점 취소 등의 처분을 보류하였으며, 의도적으로 김   교수에 대한 징계 시효를 도과시킨 사실이 없다는 취지로 주장합니다.

2) 원고는 학사관리 및 교원징계 업무에 관하여 최소한의 주의의무를 다하지 않고 자의적으로 의사결정을 하여 성실의무를 위반하였습니다.

원고는 2014년 2월경 김   교수의 학점부당행위 등에 관한 민원진상조사 TFT 보고서의 내용을 보고받았음에도 불구하고, 약 2년 10개월 후인 2016년 12월경에 이르러서야 징계의결을 요구하여, 징계시효 도과로 김   교수에 대한 아무런 징계처분이 이루어지지 못했습니다.

이에 대하여 원고는 당시 수사 중인 상황으로 판단을 보류할 필요성이 있어 징계절차를 연기한 것이라는 취지로 주장하나, 원고의 주장에 따르더라도 원고는 김   교수에 대한 해당 사건의 수사결과(업무방해죄 불구속기소)가 통보된 2015년 7월 29일 이후 곧바로 징계의결 요구를 했어야 합니다(갑 제8호증).

「사립학교법」 제66조의3 제3항은 '검찰·경찰, 그 밖의 수사기관에서 수사 중인 사건에 대하여는 제1항에 따른 수사개시 통보를 받은 날부터 징계의결의 요구나 그 밖의 징계 절차를 진행하지 아니할 수 있다'고 규정하면서, 동법 제66조의4 제2항은 '제66조의3 제2항 또는 제3항에 따라 징계 절차를 진행하지 못하여 제1항의 기간이 지나거나 그 남은 기간이 1개월 미만인 경우에는 수사기관의 수사의 종료 통보를 받은 날부터 1개월이 지난 날에 끝나는 것으로 본다'고 규정하고 있습니다.

「사립학교법」

제66조의3(감사원 조사와의 관계 등) ③ 검찰·경찰, 그 밖의 수사기관에서 수사 중인 사건에 대하여는 제1항에 따른 수사개시 통보를 받은 날부터 징계 의결의 요구나 그 밖의 징계 절차를 진행하지 아니할 수 있다.

제66조의4(징계사유의 시효) ② 제66조의3제2항 또는 제3항에 따라 징계 절차를 진행하지 못하여 제1항의 기간이 지나거나 그 남은 기간이 1개월 미만인 경우에는 제1항의 기간은 제66조의3제1항에 따른 조사나 수사의 종료 통보를 받은 날부터 1개월이 지난 날에 끝나는 것으로 본다.

즉, 수사기관의 수사로 징계의결 요구를 보류할 수는 있지만, 징계 시효가 이미 지나거나 그 남은 기간이 1개월 미만일 경우에는 수사 종료 통보를 받은 날부터 1개월 내에는 징계처분을 하여야만 합니다.

이 사건의 경우 김ʹ ᵕ 교수 등이 김   학생에게 마지막으로 부당하게 학점을 부여한 2012년 12월경을 징계시효의 기산점으로 보면 2년이 지난 (개정 전 사립학교법 기준) 2014년 12월 경 징계시효가 도과한다고 볼 수 있는데, 만약 검찰 수사로 징계의결을 보류한 것이라면 <u>그 수사 종료(업무방해죄 불구속기소)가 통보된 2015년 7월 29일(갑 제8호증)부터 한 달 내에 징계처분 하여야만 시효 도과가 되지 않습니다.</u> 그러나 원고는 단순히 형사 재판이 끝나지 않았다는 이유로 그로부터 약 1년 5개월 뒤인 2016년 12월경에서야 징계의결 요구를 하여 시효를 도과시킨 책임이 있습니다

(을나 제2호증).

한편, "공무원에게 징계사유가 인정되는 이상 관계된 형사사건이 아직 유죄로 인정되지 아니하였거나 수사기관에서 이를 수사 중에 있다 하여도 징계처분은 할 수 있음"(대법원 1984.9.11. 선고, 84누110판결), "징계와 형벌은 그 권력의 기초, 목적, 내용 및 그 사유를 각각 달리하는 것이므로 형사재판의 결과는 징계사유의 인정에 방해가 되지 아니함"(대법원 1982.9.14.선고, 82누46 판결) 등과 같이 판례는 공무원에 대한 징계와 형사 판결은 원칙적으로 별개로 보고 있는바, 반드시 형사 재판에서 유죄가 인정되어야만 징계가 가능한 것도 아닙니다.

이와 같이 원고는 **대학의 가장 중요한 업무인 학사 관리와 교원 인사 관리 업무에 있어 총장으로서 최소한의 주의를 기울이지 않고 불성실하고 자의적으로 의사결정을 한 책임**이 있습니다.

다. 징계사유 ③, ④에 관하여

1) 원고의 주장

원고는 국내연구년은 혜택이 아니며, 원고는 교원연구년규정 및 관련법령을 위반한 사실이 없고, 교원인사위원회 의사결정에 개입한 것이 아니라 징계성 연구년 부여를 설명하는 간담회를 마련한 것이라는 취지로 주장합니다.

2) 원고의 주장에 대한 반박

가) 연구년제도는 혜택이며, 징계성 연구년이라는 개념은 존재하지 않습니다.

피고 보조참가인 산하 경기과학기술대학교(이하 '이 사건 대학'이라고 합니다) 규정 「교원연구년제규정」에 따르면, 제1조(목적)에서 '교원 연구년제'를 '전임교원이 국내외에서의 연구활동을 통하여 전공분야의 새로운 영역을 개척하고 학문적 발전을 도모할 수 있도록 하는 교원 연구년제'로 정의하고 있고, 연구년 교원은 본교 교원으로서 신분을 그대로 유지하며(제7조), 급여는 정상근무와 동일한 급여를 지급하고(제8조 제1항), 연구년 기간은 승진, 호봉승급 빛 재임용의 기준이 되는 재직년수에 산입되는 등(제8조 제3항), **연구년 중에도 신분과 급여, 재직년수 산입 등이 모두 정상근무하는 전임교원과 동일하게 적용**되고 있습니다(을나 제3호증). 따라서 연구년제도는 사실상 혜택성 제도이며, 이러한 이유로 각 학교마다 선발 기준을 만들어 신청자를 받아 선발하고 있습니다.

또한, 지난 증인신문 기일(2018.9.19.)에서 증인도 '징계성 연구년'이라는 개념이나 제도는 별도로 없고, 궁여지책으로 나온 것으로 생각한다고 증언한 바 있습니다(증인신문 녹취서 제12면).

이와 같이 연구년 제도는 대학에 출근하거나 근무하지 않고 국내외에서 자유롭게 연구활동을 하면서도 전임교원과 동일한 신분과 급여, 재직년수 산입을 적용받아 교원들에게는 혜택성 제도임이 분명하고, '징계성 연구년'이라는 개념은 원고가 자의적으로 해석하여 언급한 개념입니다.

참고로, 원고가 주장하듯 김 교수가 형사절차 진행기간 동안 강의를 담당하지 못하도록 하려는 의도였다면, 「사립학교법」 제58조의2의 '직위해제' 처분을 할 수 있었으며, 징계절차에 회부되거나 형사 기소된 교원에게 수업을 배정하지 않기 위하여 직위해제를 하는 경우는 빈번하게 발생되는 일입니다.

원고는 「사립학교법」 제58조의2 제4항을 언급하며 김 교수의 국내연구년 부여 조치가 사립학교법 규정에도 부합하는 측면이 있다고 주장하지만, 위 규정은 '직위해제 대기명령을 받은 자'에 대한 규정으로 연구년 제도와는 아무런 관련이 없고, 직위해제는 급여가 삭감되고 승급이나 근속년수에서 제외되는 등 연구년 제도와 전혀 다른 처분이므로 이를 유사한 개념으로 이해하는 것은 불가능합니다.

나) 원고는 교원인사위원회 의사결정에 부당하게 개입하였습니다.

2017.6.27. 개최된 원고에 대한 제2회 교원징계위원회의 회의록을 보면, 원고가 김   교수의 국내연구년 부여와 관련하여 부당하게 개입하였음을 알 수 있습니다 (을나 제4호증).

위 회의록의 5면~6면을 보면, 당시 교원인사위원회 위원이었던 OOO교수가 참고인으로 출석하여 '인사위원회 위원들은 김   교수에 대해 직위해제로 인사처리할 것을 피력하였고, 연구년을 보낼 경우에는 해당교수에게 혜택을 주는 격이 되어 신중히 처리해야 한다는 의견을 제시하였으나, 총장은 연구년을 보내는 것이 좋겠다고 인사위원회 위원들을 설득하며 종용하였다'고 진술하였습니다. 또한, '인사위원들 중 일부는 끝까지 본 건에 대해 강력하게 반대 의견을 분명히 제시하였다'고 진술하였습니다.

원고는 총장이 교원인사위원회에 개입한 것이 아니고 교원인사위원회에서 독립적으로 의사결정을 하였다고 주장하나, 총장은 교원의 승진, 승급, 전보, 징계 등 모든 인사의 최종 결정권자로서 경험칙상 교원들이 인사권자인 총장의 의견과 상관없이 독립적으로 의사결정 하기는 매우 어려울 것이고, 이 사안의 경우 특히 총장이 별도로 교원인사위원회를 소집하여 연구년을 부여할 것을 적극적으로 설명하고 종용하였으므로 교원인사위원회가 독립적으로 의사결정을 했다고 보기는 힘들 것입니다.

실제로 김 ㄴ**교수의 연구년 신청에 대한 최초의 교원인사위원회(2015.6.25.개최)에서는 연구년 심사에 대해 형사 판결 후 까지 심사를 보류하자고 결정되었지만(을나 제5호증)**, 원고가 2015.8.19. 교원인사위원회를 소집하고 설득한 이후에 교원인사위원회에서 결정을 번복하여 김 ㄴ교수에게 연구년을 부여하였습니다(갑 제10호증의 2). 이는 결국 교원인사위원회 의사결정에 원고가 개입하여 의사결정이 번복되었음을 의미합니다.

이 사건 대학 「교원인사규정」에서는 교원인사위원회 위원장을 교무처장으로 하여 회무를 통할하도록 규정함으로써 인사의 중요한 사항을 심의할 때 공정성을 기하기 위해 총장과 교원인사위원회를 별도로 구분하고 있는바, 위와 같이 교원인사위원이 아닌 총장이 인사위원회 위원들을 소집하여 이미 심의완료된 안건에 대해 재설명하고 연구년을 부여할 것을 설득한 행위는 교원인사규정을 위반한 부적절한 행위이며, 직위해제 대상이 되는 교원에게 오히려 혜택을 주는 연구년을 부여한 것은 부당한 교원인사관리 행위에 해당합니다.

라. 징계사유 ⑤에 관하여

1) 원고의 주장

원고는 이　교수에게 불이익을 준 사실이 없고, 소속을 변경함에 있어 절차를 위반한 사실이 없으며, 이　교수는 소속 변경 때문이 아니라 강의실적 부족 등으로 재임용에서 탈락한 것이라는 취지로 주장합니다.

2) 원고의 주장에 대한 반박

가) 이　교수의 소속을 변경한 것은 부당하고 불이익한 처분에 해당합니다.

「사립학교법」 제2조 및 제53조의4에서는 '**임용'이란 신규채용, 승진, 전보 등을** 말하며, **교원의 임용 등 인사에 중요사항을 심의하기 위하여 당해 학교에 교원인사위 원회를 둔다**고 규정하고 있습니다.

한편, 「교원의 지위향상 및 교육활동 보호를 위한 특별법」 제6조 제2항에서는 교원은 해당 학교의 운영과 관련하여 발생한 부패행위나 이에 준하는 행위 및 비리 사실 등을 관계 행정기관 또는 수사기관 등에 신고하거나 고발하는 행위로 인하여 정당한 사유없이 징계조치 등 어떠한 신분상의 불이익이나 근무조건상의 차별을 받지 아니한다고 규정하고 있습니다.

그러나 원고는 **최초로 김　교수 등의 학점부당 부여 사실을 고발한 이　교수에 대하여 2015.2.16. 경영과에서 미디어디자인과로 소속변경 조치하면서 본인의 동의나 협의 없이, 교원인사위원회 심의도 거치지 않고 임의로 소속변경을 하였습니다.**

교원의 소속변경은 수업 배정 및 수업 평가 등과 관련하여 매우 중요한 문제이므로 인사권자의 임의적 판단이 아닌 일정한 기준과 절차에 따라야 하며, 교원인사위원회 심의사항이기도 합니다. 그러나 원고는 이러한 절차 없이 임의로 이 ; 교수를 전공과 전혀 무관한 미디어디자인과로 소속변경을 하였으며, 이는 내부고발자에 대한 불이익한 처분에 해당합니다.

나) 이' 교수는 결국 일방적인 소속 변경으로 인해 재임용에서 탈락되었습니다.

이 ;교수는 2015.2.16. 소속변경된 후 2016.12.30. 재임용이 거부되어 교원소청심사위원회에 재임용 거부처분 취소청구를 제기하였고, 2017.2.22. 교원소청심사위원회는 위 재임용 거부 처분을 취소하는 결정을 하였습니다(을나 제6호증).

위 교원소청심사위원회 결정문을 보면, '일방적인 수업 배정에 의해 실적평가에서 감점을 당하거나, 나아가 다른 교원들은 획득할 수 있었던 초과강의점수를 취득하지 못한 것은 청구인의 귀책사유로 인한 불이익이라 보기 어렵다. 따라서 일방적인 강의 배정을 고려하지 않은 채 초과강의점수 항목에서 0점을 산정한 것은 부당하다'고 되어있고, 나아가 '취업지원의 경우 다른 교원에게 취업지도 학생을 배정하는 등 취업지도 활동을 위한 여건을 조성해 준 반면, 청구인에게는 취업지도 학생을 전혀 배정하지 않았으므로 취업지도 항목에서 0점을 산정한 것은 하자가 있다'고 밝히고 있습니다.

즉, 일방적인 소속변경으로 인해 학과에서 수업배정을 전혀 받지 못하였고 취업지도 학생도 배정받지 못하여 이 항목에서 0점을 받아 재임용에서 탈락한 것은 부당하다는 취지입니다.

실제 이○○교수는 미디어디자인과에서도 동의하지 않은 일방적인 소속변경으로 학과에서도 불만이 많았는데, 원고에 대한 제2회 교원징계위원회의 회의록(을나 제4호증) 제3면~4면에 따르면 당시 미디어디자인과 학과장이었던 OOO교수는 참고인으로 출석하여 '2015년 인사권 권력을 이용하여 중소기업경영과 소속 이○○교수를 본인 동의 없이 또한 미디어디자인과 학과장에게조차 사전통보조차 없이 당해연도 교육개발이 완전히 끝난 2015년 2월 17일 불법적 교수 전보를 하였으며...(중략)...미디어디자인과에서는 이○○교수에게 어떠한 과목도 줄 수 없었음'이라고 진술하였습니다.

위와 같이 학사 비리를 최초로 고발한 이○○교수는 의사에 반하여 불이익한 처분(소속 변경)을 받았고 이로 인해 수업과 취업지도학생을 전혀 배정받지 못하여 결국 재임용에서 탈락되었는바, 원고는 내부고발자 불이익 및 차별금지 법령 위반에 관한 관리감독을 소홀히 한 책임이 있습니다.

마. 징계사유 ⑦, ⑧에 관하여

1) 원고의 주장

원고는 이 사건 경기과학기술대학교 장학재단(이하 '이 사건 장학재단'이라 합니다)은 이 사건 학교와 학생들을 위해 설립되었으며, '장학재단설립추진발기인총회'는 이 사건 학교의 행사였고, '한국계측기기연구센터'는 학교 공간을 임대하여 학생들에게 무료로 교육 및 강의실습을 한 것으로 대학수입을 감소시킨 잘못이 없다는 취지로 주장합니다.

2) 원고의 주장에 대한 반박

가) 이 사건 장학재단은 경기과학기술대학교와 무관한 별도의 법인으로 교비회계를 전출할 수 없습니다.

「사립학교법」 제29조 제1항 및 제6항에 따르면 학교법인의 회계는 그가 설치·경영하는 학교에 속하는 회계와 법인의 업무에 속하는 회계로 구분하고, 교비회계에 속하는 수입이나 재산은 다른 회계에 전출하거나 대여할 수 없다고 되어있습니다.

「사립학교법」

제29조(회계의 구분) ①학교법인의 회계는 그가 설치·경영하는 학교에 속하는 회계와 법인의 업무에 속하는 회계로 구분한다.

⑥제2항에 따른 교비회계에 속하는 수입이나 재산은 다른 회계에 전출하거나 대여할 수 없다. 다만, 다음 각 호의 어느 하나에 해당하는 경우에는 그러하지 아니하다.

1. 차입금의 원리금을 상환하는 경우

2. 공공 또는 교육·연구의 목적으로 교육용 기본재산을 국가, 지방자치단체 또는 연구기관에 무상으로 귀속하는 경우. 다만, 대통령령으로 정하는 기준을 충족하는 경우에 한한다.

제73조의2(벌칙) 학교법인의 이사장이나 사립학교경영자(法人인 경우에는 그 代表者 또는 理事) 또는 대학교육기관의 장이 제29조제6항(第51條에 의하여 準用되는 경우를 포함한다)의 규정에 위반한 때에는 **2년 이하의 징역 또는 2천만원 이하의 벌금**에 처한다.

「사립학교법」 제29조 제6항 '교비회계의 다른 회계로의 전출이나 대여 금지' 조항은 위반 시 2년 이하의 징역 또는 2천만원 이하의 벌금(제73조의2)에 처할 만큼 엄격하게 적용되는 사항이며, 교육부 주요 감사 지적사항이기도 합니다.

그런데 이 사건 장학재단은, 「공익법인의 설립·운영에 관한 법률」에 따라 설립된 법인(갑제 22호증의2 정관 제1조(목적))으로 이 사건 대학과 무관한 별도의 법인으로, 교비회계에서 위 법인회계로 전출하거나 대여할 수 없습니다.

즉, 이 사건 장학재단의 설립목적과 상관없이 사립학교법상 교비회계의 타 법인으로의 전출은 엄격히 금지되어 있는바 이 사건 장학재단의 발기인총회 비용 등으로 2,957,190원을 교비회계에서 지출하고, 교내 시설을 장학재단 사무실에 무상으로 임대하여 주고, 관리경비를 모두 교비회계에서 지출하였으며, 이 사건 장학재단 업무지원을 위해 이 사건 대학의 직원을 겸직하게 한 것은 명백히 「사립학교법」제29조 제6항에 위반되는 사항입니다.

참고로, 이 사건 장학재단의 설립 취지서(갑제 22호증의 1)를 보면 '이에 출연자들은 지역 전문대학인 경기과학기술대학교 출신의 우수한 인재를 선발·지원하고 국내·외 우수대학에서 석·박사 학위를 취득하도록 지원함으로써 전문대학 실용학문의 우수성을 널리 알리고...(후략)'이라고 되어있어 이 사건 대학 졸업생들이 대학원을 가는 경우 장학금을 지원하는 것이 목적으로, 사실상 이 사건 대학의 재학생들을 위한 장학재단이라고 보기도 어렵습니다.

나) 이 사건 시설료 감면에는 아무런 근거가 없습니다.

원고는 이 사건 장학재단에 1억원을 기부한 '한국계측기기연구센터'가 대학 시설에 입주함에 있어 임의로 50%를 감면하여 총 25,555,200원의 학교시설사용료를 감면하여 주었는데, 이는 부당하게 교비 수입을 감소시킨 행위로 징계사유에 해당합니다.

원고는 한국계측기기연구센터 대표이사 오□□이 2016년 기계자동학과 학생 등 100여명의 학생에게 무료로 교육을 실시하였으므로 부당한 시설료 감면이 아니라는 취지로 주장하나, 위 교육 활동에 대한 반대급부로 총 25,555,200원의 시설료 감면이 이루어진 데 대한 산정근거나 관련 지침 등이 전혀 존재하지 않으므로 적정한 시설료 감면이라고 볼 수 없습니다.

또한, 위 연구센터의 학교시설사용료 감면 기간(계약기간)은 '2016.7.5.~2018.1.4.'인데(갑 제2호증 15면의 붙임3). 위 학생들을 대상으로 한 강의 기간은 '2016.6.22.~2016.7.20.'(1차), '2016.12.26.~2017.1.14.'(2차)로(갑 제21호증의 1, 2) 실제 이 사건 학교시설을 사용하여 교육을 한 기간은 채 2달이 안되고, 나머지 1년 4개월은 임의로 시설사용료를 50% 감면하여 준 것이므로 사실상 교육과는 상관 없이 임의로 시설사용료를 감면해준 것에 가깝다고 볼 수 있습니다.

바. 소결

위와 같이 원고에 대한 징계사유는 모두 인정됩니다.

2. 기타 참작해야 할 사항

원고의 해임처분 및 이 사건 교육부 실태점검 처분에 따라 이 사건 대학이 입은 피해는 다음과 같습니다.

가. 금전적 손실 추정액 : 약 59억원

1) 교육부 행정처분(학생정원 3% 모집정지)으로 인한 손실 : 약 44억원

원고의 해임과 관련한 이 사건 교육부 실태점검에 따라 이 사건 대학은 **교육부로부터 행정처분(학생정원 3% 모집정지)**을 받게 되었고(갑 제2호증 행정처분). 이로 인한 금전적 손실 추정액은 다음과 같이 2년간 약 44억에 달합니다.

- 다 음 -

교육부 행정처분(정규과정 3%모집정지 등) 등에 따른 손실금액 추정

구 분	모집정지 학생수(명)		연간 손실 추정액(원)			
	학생수	산출근거	2018년	2019년	2020년	합계
정규과정 3%모집정지	45	=1,468명 * 3%	300,990,938	249,401,820	62,927,308	613,320,066
산업체위탁 모집 정지	299	최근 2년 모집 평균인원	1,780,732,239	1,090,616,569	669,013,333	3,540,362,141
e-MU 모집 정지	57	최근 2년 모집 평균인원	168,618,000	148,779,399	-	317,397,399
합 계			2,250,341,177	1,488,797,788	731,940,641	**4,471,079,606**

* 계열별 학생수, 입학금, 전공-학년별 등록금 및 과정-학기별 재학율을 반영하여 산출함

등록금만이 거의 유일한 수입원인 대학에서 등록금 44억원 감소는 매우 큰 손실이 아닐 수 없으며, 이 사건 대학은 이로 인해 대학의 명예실추 및 향후 1년까지 각종 사업 제한과 인력 지원 축소 등 큰 손해를 입게 되었고, 이는 결국 고스란히 학생들에 대한 피해로 돌아가게 되었습니다.

2) 특성화전문대학육성사업 4차년도 사업비 감축으로 인한 손실: 약 15억원

한편, 이 사건 대학은 교육부와 한국연구재단에서 주관하는 '특성화전문대학육성

사업'(이하 'SCK'라고 합니다)에 선정되어 사업을 수행하고 있었는데, 한국연구재단은 SCK 선정 대학이 교육부 감사 등으로 총장 및 주요 보직자가 해임처분을 받는 경우 자체 기준에 따라 사업비를 최대 30%까지 감축하고 있습니다(을나 제7호증).

이 사건 대학은 3차년도 사업까지 높은 평가를 받아 3차년도 사업 기준 48.8억 의 사업비를 받았는데, 2017.4.28. 교육부 실태점검(원고 해임) 처분이 있은 직후인 2017.6.22. 4차년도 사업비가 25.13억(직전 3차년도는 48.8억)으로 감축될 예정임을 통보받았습니다(을나 제8호증). 그 후 2017.10.11. 한국연구재단으로부터 SCK 사업비 배정금액 안내문을 받고 확인해 보니, 실제 위와 같이 사업비가 감축되었음을 확인할 수 있었습니다(을나 제9호증).

추정컨대 **이 사건 대학은 교육부 실태점검 처분(원고 해임)으로 인해 SCK 제재 기준(을나 제7호증)의 '유형 I'에 해당하여 총 사업비에서 30% 감액**되었을 것으로 판단되고, 결국 직전년도 사업비 48.8억원을 기준으로 본다면 제재기준에 따라 이 금 액의 30%인 약 15억원의 손실을 입었을 것으로 추정됩니다.[1]

나. 행정적 손해 및 명예 실추

한편, 교육부는 이 사건 실태점검 처분결과를 전문대학평가인증위원회에 통보하 였고, 이에 따라 이 사건 대학은 **전문대학평가인증위원회로부터 2017.9 ~ 2017.12. 약 3개월 간 '인증효력정지' 처분**을 받게 되었습니다(을가 제14호증).

이는 대학 운영과 홍보에 있어 가장 기본이 되고 가장 중요한 한국전문대학교육

---

[1] 한국연구재단은 SCK 사업비 배정의 세부기준이나 평가내역을 따로 대학에 서면으로 통보하지 않기에 정확한 내역을 확인하기는 어려우나, 한국연구재단 관련 담당자로부터 구두로 확인한 내용입니다.

협의회평가인증원의 '기관평가인증'의 효력이 정지된 것으로, 이로 인해 대학의 명예실추는 물론 3개월간 대내외 홍보 금지 및 인증대학의 자격과 권리 상실이라는 큰 피해를 입게 되었습니다.

또한, 위 인증효력정지 처분으로 인해 **3개월 간 SCK 사업비 집행도 전면 정지됨**에 따라 추가 사업비 지급은 물론 잔액 사업비도 집행이 금지됨으로써 대학 특성화 사업 운영에 막대한 차질을 빚게 되었으며, 행정력의 큰 낭비를 초래하게 되었습니다 (을나 제10호증).

다. 소결

원고의 해임처분 및 교육부 실태점검 처분에 따라 이 사건 대학은 위와 같이 약 59억원[2]의 금전적 손실은 물론 행정적 손실과 명예실추라는 큰 피해를 입게 되었으며, 이는 직접적인 손해만 따진 것으로 대학역량진단평가의 영향 등 간접적인 손해를 따지면 그 피해 정도는 더욱 광범위해질 것입니다.

교육부는 3년 후인 2021년까지 38개 대학이 폐교되며 그 후 통폐합될 대학의 숫자는 더욱 증가할 전망이라고 보도했을 만큼 전문대학의 현실이 매우 녹록치 않은 현 상황에서, 원고의 부적정한 학사관리 및 학교 운영으로 인해 이 사건 대학 및 학생들은 학교의 미래를 위태롭게 할 정도의 중대한 피해를 입게 되었습니다.

위와 같이 피고의 이 사건 징계사유에 해당하는 행위들은 결코 가벼운 위반행위가 아니며 대학의 존폐와도 관련될 만큼 매우 중대한 비위행위에 해당한다고 할 것입

---

2) 이 사건 대학 2018년도 예산액은 약 400억원으로, 59억은 대학 총 예산의 약 15%에 해당하는 금액입니다.

니다.

3. 결론

위와 같이 원고에 대한 이 사건 징계사유는 모두 인정되고, 징계 사유의 종류와 범위, 그로 인한 행정처분 및 추가 조치의 범위 등을 감안하면 징계양정 또한 과하지 않으므로 이 사건 결정은 적법합니다. 따라서 원고의 청구를 기각하여 주시기 바랍니다.

입 증 방 법

1. 을나 제2호증　　　　교원소청심사청구결정서(2017.4.19.)

2. 을나 제3호증　　　　교원연구년제규정

3. 을나 제4호증　　　　교원징계위원회 회의록(2017.6.27.) 발췌

4. 을나 제5호증　　　　교원인사위원회 회의록(2015.6.25.)

5. 을나 제6호증　　　　교원소청심사청구결정서(2017.2.22.) 발췌

6. 을나 제7호증　　　　SCK 제재기준(2017년)

7. 을나 제8호증　　　　SCK 사업비 배정예정금액 안내

8. 을나 제9호증　　　　SCK 사업비 배정금액 안내

9. 을나 제10호증　　　기관평가인증 효력정지에 따른 SCK 처분사항 알림

2018. 11.　.

피고 보조참가인 소송대리인

변호사 이

서울행정법원 제11행정부 귀중

| 기일 | 2018. 11. 9. 15:00 | 주심 | 가 | 나 | 다 |

사　건　　2018구합55425　교원소청심사위원회결정취소

원　고　　김필구

피　고　　교원소청심사위원회

준 비 서 면

2018.　　11.　　.

원고의 소송대리인

법무법인　민 주

서울행정법원 제11행정부　　귀중

준 비 서 면

사 건   2018구합55425 교원소청심사위원회결정취소
원 고   김필구
피 고   교원소청심사위원회

원고의 소송대리인은 다음과 같이 변론을 준비합니다.

다   음

1. 제1, 2징계사유에 관하여

가. 피고 주장의 요지

피고는, 원고는 이 사건 TFT 보고서가 발간된 이후 추가조사를 통하여 김   교수가 인정한 김   학생에 대한 부당한 학점 부여 및 장학금 지급 사실을 자체적으로 시정할 수 있었음에도 방치하였고, 결국 김   교수에 대한 징계 시효를 도과하게 하였으므로 이는 징계사유에 해당한다고 주장합니다.

나. 피고 주장의 부당성

1) 원고로서는 이 사건 TFT 보고서만으로 김'   학생에 대한 학점 부여 및

장학금 지급 사실을 자체적으로 시정할 수 없었습니다.

이 사건 TFT 보고서는 원고가 취임하기 이전에 작성된 것으로, 진상 조사단 교수들이(김　, 서　, 노　), 사건 당사자들과(김　이　) **면담한 내용을 정리한 자료에 불과**했고, 면담 당사자인 **김　교수의 서명이나 전임 총장의 결재도 되어 있지 않은** 상태였는바, 원고로서는 이 사건 TFT 보고서만으로 자체적인 시정 즉, 김　학생에 대한 학점 부여를 취소하거나, 장학금을 반환하도록 하는 조치를 취할 수 없었습니다.

〈증인 노　의 증인신문조서 3, 4쪽 참조〉

문　　원고의 겸임자인 한　총장은 이 사건 TFT 보고서의 내용을 보고 결재한 사실이 있나요.

답　　제가 팀장이 아니었기 때문에, 당시 TFT 팀장은 김　교수로 기억하고 있고, 김 교수가 보고를 했는데, 나중에 알았지만 결재를 한 것으로 알았으나 결재하지 않았다고 들었습니다. 보고는 제가 직접 하지 않고 팀장만 보고했습니다.

문　　이 사건 TFT 보고서 작성을 위한 조사 당시 김　교수는 비리 혐의를 인정하고 있었나요.

답　　최초에 인정을 했습니다. 그런데 나중에 들려는 얘기로는, 김　교수 얘기로는, 사인을 받으려고 하는데 부정했다고 들었습니다. 확인 서명을 받으려고 했는데 받지 못했다는 얘기를 나중에 들었습니다.

한편, 원고는 사건의 진상 파악을 하기 위해 **추가적으로 김　이　교수를 불러 진술을 청취**하였고, 위 문제에 관하여 **교무처장, 기획처장 등과 여러 차례 심도 있는 논의**를 하였으며, 구체적인 비위 내용을 알기 위해 **관할검찰청과 관할법원에 공소장을 보내달라는 공문을 보내기도 하였습니다.**

따라서 원고가 자체적인 시정조치를 할 수 있음에도 사건을 방치하였다는 취지의 피고 주장은 부당합니다.

2) 김   ·교수에 대한 징계 시효가 도과된 것과 관련해서 원고에게 책임을
물을 수 없습니다.

　　사립학교법 제61조는 **"교원의 임용권자는 사립학교 교원에게 직무상의
의무를 위반하는 등의 일정한 사유가 있는 경우, 그 사립학교 교원에 대
한 징계의결을 요구하여야 한다"**고 규정하고 있습니다.

> 사립학교법
> 제61조(징계의 사유 및 종류) ①사립학교의 교원이 다음 각호의 1에 해당하는 때에는 당해 교원의
> 임용권자는 징계의결의 요구를 하여야 하고, 징계의결의 결과에 따라 징계처분을 하여야 한다.
> 〈개정 2016. 2. 3.〉
> 1. 이 법과 기타 교육관계법령에 위반하여 교원의 본분에 배치되는 행위를 한 때
> 2. 직무상의 의무에 위반하거나 직무를 태만히 한 때
> 3. 직무의 내외를 불문하고 교원으로서의 품위를 손상하는 행위를 한 때

　　따라서 이 사건 학교 총장인 원고가, 이사회에 김   교수에 대한 징
계의결을 요구하기 위해서는 김   교수가 교원의 본분에 배치되는 행위
를 하는 등 징계 사유가 어느 정도 특정되어야 합니다.

　　그러나 앞서 살펴본 바와 같이, <u>김만균 교수는 본인의 혐의에 대해서
모두 부인하고 있는 상황에서, 검찰청은 5가지 혐의 중 4가지에 대해서는
무혐의 처분을 하였고 1가지 혐의에 대해서만 기소하였고(갑 제8호증), 기
소된 죄의 구체적 내용을 확인할 방법이 없었던바</u>, 원고로서는 김   교
수에 대한 징계의결 사유를 특정할 방법이 없었습니다.

　　그리하여 결국 원고는 교무처장, 기획처장 등과 여러 차례 심도있게 논

의를 한 결과 김¹ ·교수에 대한 징계를 잠시 보류하자는 결론에 도달하
게 되었습니다.

<증인 노   의 증인신문조서 6쪽 참조>

문   기소가 되었을 때 징계를 하자는 것이었나요. 아니면 형사판결이 1심에서 나면 징계를
     하자는 것이었나요.
답   기소가 되었을 때 징계하자는 의견도 있었고, 기왕에 기다렸으니까 판결이 1심에서 난
     다음에 하자는 의견도 있었습니다.

재판장

증인에게

문   어느 쪽이 더 많았는지는 기억이 없나요.
답   인사위원회에서 몇 차례 논의해서 1심이 끝난 뒤에 하자는 것으로 최종적으로 의견이
     모아졌던 것으로 압니다.

대법원은 '징계요구권자의 징계요구권이 재량인지 여부가 쟁점이 된
사건¹⁾' 에서, "지방공무원의 징계와 관련된 규정을 종합해 보면, 공무원
이 징계사유에 해당하는 경우에 징계권자이자 임용권자인 **지방자치단체장**
은 소속 공무원의 구체적인 행위가 과연 법 제69조 제1항에 규정된 징계
사유에 해당하는지 여부에 관하여 판단할 재량²⁾은 있다고 할 것이지만,
징계사유에 해당하는 것이 명백한 경우에는 관할 인사위원회에 징계를 요
구할 의무가 있다 ......(중간 생략)...... 소속 공무원 213명이 전국공무원노
동조합 파업에 참가한 행위는 지방공무원법 제48조 내지 제50조, 제58조
등이 규정하는 집단행위금지의무, 직장이탈금지의무 등의 직무상 의무에
위반되는 것이어서 임용권자의 징계의결요구 의무가 인정된다" 고 판시한
바(대법원 2007. 7. 12. 선고 2006도1390 판결 참조), 대법원 판례에 의하
더라도 김   ·교수에 대한 징계사유가 불분명한 이 사건에서 원고가 김
     교수의 징계의결요구를 보류하는 재량권을 행사한 것은 매우 정당하

---

1) 울산광역시 소속 구청장이 전국공무원노동조합의 총파업에 참가한 소속 공무원들에 대해서 징계의결을 요구하
   지 않은 사건

2) 지방공무원법은 사립학교법과 다르게 법문에 '징계처분을 하여야 한다'고 규정하고 있음에도, 대법원은 징계요
   구권자에게 재량권을 인정하였습니다.

다 할 것이고, 설령 징계의결요구 보류로 인하여 징계시효가 도과했다고 하더라도 원고의 책임이 크다고 볼 수는 없을 것입니다.

한편, 피고보조참가인은 원고는 수사기관의 수사로 징계의결 요구를 보류할 수는 있지만, 수사 종료 통보를 받은 날부터 1개월 내에는 징계처분을 하여야만 했고, 또 징계와 형사 판결은 원칙적으로 별개인바, 형사 재판에서 유죄가 인정되어야만 징계가 가능한 것도 아니므로 원고에게는 징계 시효 경과에 대한 책임이 있다고 주장합니다.

그러나 사립학교법 제66조의3, 4는 단지 징계의 시효와 관련된 규정으로, 위 규정을 근거로 원고는 수사기관의 수사 종료 통보를 받은 날로부터 반드시 1개월 내에 징계처분을 했어야만 한다고 해석하는 것은 명문에 반하는 해석입니다.

또한 징계와 형사 판결이 원칙적으로 별개이지만, 이 사건 같은 경우 앞에서 언급한 바와 같이, 김   교수는 본인의 결백을 주장하고 있었고, 검찰은 김   교수 혐의 중 대부분에 대해서 무혐의 처분을 내렸으며, 원고는 김   교수의 비위행위가 있을 당시 이 사건 학교에 근무하지도 않아 사실관계를 확인하기 위해 수사기관 과 법원에 공소장 발부를 요청하였으나, 공소장 확인조차 불가능하였는바, 원고로서는 형사판결이 확정되기 전까지는 도저히 김   교수에 대한 징계의결요구를 할 수 없었습니다.

나아가 이 사건의 경우 결과적으로 김   교수의 혐의에 대해서 유죄판결이 선고되어, 원고의 재량권 행사가 잘못된 것으로 귀결되었지만, 당시 상황을 전혀 반대로 가정하여, 원고가 김   교수에 대한 징계절차를 강행했다가 나중에 김'   교수에 대해서 무죄판결이 선고되어 김   교수에 대한 징계처분이 잘못된 것으로 최종 결정되었다면 김'   교수에 대해서 무리하게 징계를 요구한 것과 관련하여, 이 사건 학교 및 원고는 또 다른 제재처분을 받았을 가능성이 매우 높습니다. 그렇게 되면 결국 형사 판결 결과에 따라 징계요구권자의 재량권행사의 적절성 여부가 달라지게 되는바, 이는 매우 불합리하다 할 것입니다.

따라서 원고는 당시 상황상 김 _ 교수의 징계 혐의를 도저히 특정할 방법이 없어 징계를 요구할 수 없었는바, 원고에게 김'   교수에 대한 징계시효 도과 책임을 묻는 것은 부당합니다.

다. 소 결

이상 살펴본 바와 같이, 원고는 이 사건 학교에 부임한지 얼마 되지 않아 부임 전 발생한 이 사건에 대해서 전혀 알지 못하였고, 또 이 사건 TFT 보고서를 받은 이후, 자체조사를 통하여 김   교수 등의 징계요구 여부를 결정하려 하였으나, 여러 가지 사정으로 인하여 징계사유를 특정하기가 거의 불가능하여 1심 판결 선고 이후로 징계의결을 유예한 것인바, 원고의 행위가 사립학교법 제55조, 국가공무원법 제56조에서 규정하는 성실의무를 위반하였다고 볼 수는 없습니다.

2. 제3, 4징계사유에 관하여

가. 피고 주장의 요지

피고는, 원고는 업무방해죄 등으로 기소된 김   교수에게 강의 의무 면제와 자기계발 기회를 주는 연구년을 부여함으로써 부적합자에게 혜택을 주었고, 또 위 혜택을 부여하는 과정에서 교원인사위원회 의사결정 과정에 부당하게 개입하였으므로 이는 징계사유에 해당한다고 주장합니다.

나. 피고 주장의 부당성

1) 원고는 김　　교수에게 혜택을 부여한 사실이 없습니다.

이 사건 학교 교수들은 방학기간 중 자유롭게 활동할 수 있고, 주당 강의 시간이 15시간 정도 밖에 되지 않아 연구 활동에 제약이 전혀 없습니다. 한편, 교수가 연구년을 지내는 동안에는 각종 수당이 나오지 않는 등 실질적으로 경제적인 측면에서 불이익한 점이 많습니다.

따라서 연구년은 교수들에게 반드시 혜택이라고 볼 수 없으며 특히 국내연구년은 교수들에게 아무런 메리트가 없어 더더욱 혜택이라고 볼 수 없습니다. 이와 같은 점은 이 사건 학교의 국내연구년 신청자 현황3)을 보아도 잘 알 수 있습니다(을나 제1호증).

또한 피고는, 원고가 마치 김　　교수에게 국내연구년 제도를 통해 강의 의무 면제 혜택을 준 것처럼 주장하고 있으나, 원고는 이 사건 학교 업무방해 혐의로 기소된 교수가 학생들을 강의하는 것이 바람직하지 않고, 또한 김　　교수의 형사판결이 선고될 경우, 구속 등의 사유로 강의가 중단될 염려가 있어 김　　교수의 강의 배제를 위해 국내연구년 교원으로 선발하는 결정을 하였던 것인바, 피고의 위 주장은 실제 사실과 전혀 다릅니다.

---

3) 2012학년도부터 2018학년도까지 국내연구년 신청자는 총 6명에 불과합니다.

〈증인 노   의 증인신문조서 8쪽 참조〉

이고, 두 번 정도 회의를 더 하고 인사위원회를, 네 번 정도 모인 것 같은데 그 과정에서 연구년 보내는 문제를 원래는 1년을 해외로 신청해 부적절하다고 결론을 내리고, 그때만 하더라도 기소된 것 안 나왔던 것 같습니다. 그 중간에 기소된다고 저희한테 통보된 것으로 기억하고, 그런 다음에 총장님이 김   교수를 어떻게 처리하느냐 상의를 하다가 국내 연수 쪽으로 제시했던 것으로 기억합니다. 6개월이라도 연수를 보내 수업이 단절되는 것이 없는 것으로 징계를 대체하는 수단으로 한 학기를 못 하게 할 방법이 없는지 제안한 것 같습니다. 그런데 인사위원회를 하면서 징계 성격으로 국내 연수를 보내는 것보다는, 그냥 연수로 보내는 것이 어떠냐는 인사위원회 교수들의 의견이 있었던 것 같습니다. 그래서 교원인사위원회에서는 파견근무로 연수를 보내는 것으로 징계의 성격을 가지고 6개월간 강의를 하지 않고 국내 연수를 보내는 것으로 청권을 해 안건에 상정됐는데, 인사위원회에서 그럴 것 같으면 그냥 연수로 보내는 것이 낫지 않느냐 해서 연수를 보내는 것으로 결론이 난 것으로 기억합니다.

2) 원고는 교원인사위원회 의사결정과정에 부당하게 개입한 사실이 없습니다.

    원고는 교원인사위원회에 참석하여 김   교수를 국내연구년 교원으로 선발할 것을 독려한 사실이 없으며, 단지 국내연구년 교원 선발의 최종 결정자인 총장의 지위에서 김   교수의 국내연구년 교원 선발이 징계성 선발이라는 점과 김   교수가 수업을 배정받게 하지 않게 하기 위한 부득이한 조치임을 설명하기 위하여 간담회를 개최한 것뿐입니다.

    결국 교원인사위원회는 김   교수에게 징계성 국내연구년이 아닌 일반 국내연구년을 보내는 것으로 결정한바, 이 점만 보아도 교원인사위원회가 원고의 독려로 인해 마지못해 김   교수를 국내연구년 교원으로 선발하는 취지의 의결을 한 것이 아님을 잘 알 수 있습니다(갑 제10호증의 2).

다. 소 결

이상 살펴본 바와 같이, 원고는 김　　교수에 대한 유죄가 선고되기 전까지 김　　교수에 대해 징계를 보류하는 대신, 형사소송 피고인의 지위에 있는 김　　교수가 수업을 담당하는 것이 타당하지 않다고 판단하여, 교원인사위원회에 김　　교수에 대한 국내연구년 결정의 필요성을 설명한 것뿐인바, 원고의 행위는 사립학교법 제53조의4 및 이 사건 학교 연구년제규정을 위반했다고 볼 수 없습니다.

3. 제5징계사유에 관하여

가. 피고 주장의 요지

피고는, 원고는 교원인사위원회 심의 등의 절차를 거치지 않고 이　　교수의 소속을 중소기업경영과에서 미디어디자인과로 변경시켰고, 결국 위 소속변경으로 인하여 이　　교수가 재임용에서 탈락하게 되었으므로 이는 징계사유에 해당한다고 주장합니다.

나. 피고 주장의 부당성

1) 원고는 이　　교수의 소속을 변경함에 있어서 절차를 위반한 사실이 없습니다.

사립학교법 제53조의 4 제2항은 교원인사위원회에 관한 사항을 정관으로 정하라고 규정하고 있는데, 사건 당시 이 사건 학교 정관에는 교원의 소속변경과 관련하여 교원인사위원회를 거치도록 규정하고 있지 않았습니다(갑 제13호증). 그리하여 원고는 통상 이 사건 학교 관례에 따라 총장의 권한으로 교원의 소속변경을 정하였는바, 원고는 이　　교수의 소속을 변경함에 있어서 절차를 위반한 사실이 없습니다.

한편, 피고보조참가인은 원고는 이　　교수의 동의나 협의 없이 임의로 소속을 변경시켰다고 주장하나, 원고는 교무처에 중소기업경영과 비정년계열교수들 중 미디어디자인과로 소속을 변경시킬 교수를 학과와 의논해서 정하라고 지시했으나, 교무처와 학과의 의논 결과 아무도 소속변경을 원하지 않아, 공정한 기준으로 소속을 변경시키기 위해 실적을 기준으로 이　　교수의 소속을 변경시킨 것인바, 피고보조참가인의 주장은 실제 사실관계와 매우 다릅니다.

나아가 이 사건 학교 모든 비정년계열교수들은 다른 전공으로 소속이 변경되는 것을 원하지 않아 결국 원고는 이 사건 학교 총장으로서 어쩔 수 없이 당사자의 의사에 반하여 실적을 위주로 소속변경 교수를 결정할 수밖에 없었습니다.

따라서 이　　교수의 소속을 변경시킨 원고의 결정에 절차 위반의 점이 있다는 취지의 위 주장은 당시 이 사건 학교가 처한 현실은 감안하지 않고 모두 원고의 탓으로 돌리는 주장으로밖에 볼 수 없습니다.

2) 원고는 이 _ , 교수에게 붙이익을 가하려고 이　　교수의 소속을 변경시킨 것이 아닙니다.

당초 교무처는 중소기업경영과 교수 중 조　　교수를 미디어디자인과로 발령할 것을 원고에게 제안하였습니다. 그러나 조　　교수는 학생들의 취업과 직결되는 시흥시 대규모 아울렛 사업을 참여하고 있어 원고는

이 사건 학교 학생들의 이익을 위해서 조   교수의 소속을 변경시키는
결정을 할 수 없었고, 반면 <u>이   교수는 타 교수들에 비해 실적 점수가
낮았기에 이   교수의 소속을 변경시키는 결정</u>을 한 것입니다.

<증인 노   의 증인신문조서 9쪽 참조>

문   원고는 어떤 이유로 조   교수가 아닌 어   교수를 미디어디자인과로 보냈나요.
답   조   교수는 학과와 관련된 프로젝트를 기획하고 마침 그걸 수행하고 있는 상황이었
      습니다. 특히 시흥 단지에 아웃렛이 들어오는데 프로젝트를 추진하고 있어서, 그런 상
      황에서 보내게 되면 추진 자체가 힘들 것이라고 생각했고, 또 하나는 대상자 중에서
      교원평가를 하고 있는데 이   교수가 점수가 제일 낮다고 했습니다. 그리고 그렇게
      된 추진 원인은 교원 정원을 맞춰야 하는데, 정원을 맞출 때 학과도 맞춰야 되고, 전체
      도 맞춰야 됩니다. 그런데 미디어디자인과에서 당시 학과 인원이 부족했고, 전체로 봐
      서는 교원이 이유가 있어서 보낸 것 같습니다.
문   원고는 평소 교수들의 인사를 결정함에 있어, 실적 평가를 가장 큰 항목으로 삼았지요.
답   에, 그렇습니다.
문   원고는 이   교수가 김   교수를 내부 고발한 것 때문에 이   교수의 소속을 변
      경시킨 것은 아닌가요.
답   그건 아니라고 생각합니다.

3) 이   교수는 본인의 실적부족으로 재임용에서 탈락하였습니다.

이   교수는 학생들의 선호도가 낮은 교수임에도 불구하고, 다른 교
수들과 달리 강의를 배정받기 위해서 교무처에 강의배정요청을 하거나 타
학과에 강의를 요청하는 등의 노력을 전혀 하지 않았습니다. 게다가 이
    교수는 다른 실적도 거의 없어 재임용 기준 실적점수인 120점에 훨씬
미달하는 91.5점을 받았습니다.

<증인 노   의 증인신문조서 9쪽 참조>

문 어 교수는 미디어디자인과로 소속이 변경되는 바람에 재임용에서 탈락된 것은 아
     닌가요.

답 본인은 그렇게 주장하는데, 사실 다른 논란이 있다고 생각합니다. 탈락할 수 없는 상황
     이였다고 판단하는 것은 무리라고 생각합니다.

문 미디어디자인과로 소속이 변경되는 바람에 재임용에서 탈락된 것은 아니라는 것이지
     요.

답 예.

문 증인이 교원인사위원회 위원으로 있는 동안 소속이 변경된 직후 재임용에서 탈락된 교
     수가 이 교수 말고 또 있는가요.

답 없는 것으로 기억합니다.

〈증인 노   의 증인신문조서 14, 15쪽 참조〉

문 이   교수에 대한 재임용거부처분이 교원소청심사위원회에서 취소된 이유 중 하나는
     일방적인 강의 배정에 의해 책임 시수가 미달된 것이므로 이 항목에서 0점을 산정한
     것이 부당하다는 내용인데, 혹시 재임용 심사과정에서 이러한 점을 고려하지 않았나요.

답 그 부분은 판단에 따라 달리 할 수 있는 사항이라고 생각합니다. 이   교수의 주장
     은 그런 것이고, 인사위원회등의 주장은 다르다고 볼 수 있다는 겁니다. 재임용 부분에
     있어서 이   교수가 인사위원회에 참여해서 자기 의견은 개진했는데, 인사위원회에
     서 공감을 못 얻은 겁니다. 아 ! 교수의 주장이고, 교수 자체의 판단은 달리 할 수
     있는 사항이기 때문에 그 부분을 전혀 고려하지 않고 그로 인해 점수를 못 받았다는
     것이 당연하다고 판단할 수는 없었다는 겁니다. 그래서 인사위원회에서 재임용 탈락시
     켰습니다. 재임용시키라는 압력이 많이 오고 있는 상황이었는데도 탈락시킨 것은, 명백
     하게 점수를 못 딴 것이 있어서 인사위원회에서 탈락시킨 겁니다. 그런데 교원소청위
     원회에서는 교육부의 의견이 너무 강하게 내려갔기 때문에 소청심사위원회에서 다른
     시각을 안 본 것 아니냐는 생각인 것 같습니다.

다. 소 결

이상 살펴본 바와 같이, 원고는 총장의 권한 범위 내에서 기존 관행과

객관적인 기준에 따라 이   교수의 소속변경 결정을 하였는바, 이·
교수가 내부 고발한 것을 이유로 원고가 이   교수의 소속을 임의로 변
경시켰다는 피고의 주장은 실제 사실과는 전혀 다릅니다.

4. 제6징계사유에 관하여

가. 피고 주장의 요지

피고는, 원고는 미디어디자인과의 경우 교원확보율이 미충족되었다는
것을 알고 있었음에도 전공심화과정 운영위원회와 한국전문대학교육협의
회에 마치 교원확보율이 충족된 것처럼 보고를 하였으므로 이는 징계사유
에 해당한다고 주장합니다.

나. 피고 주장의 부당성

1) 원고는 미디어디자인과의 서류조작 및 교원확보율 보고에 개입한 사실이 없습니다.

미디어디자인과 학과장 최   교수는 전공심화과정 유지 문제를 해결
하기 위해 교무처장에게 부탁을 하였으나 해결되지 않자, 2015. 9.경 미디
어디자인과 전공심화과정을 유지하기 위해 실제 강의를 담당하지 않고 있
었던 교수들이 마치 실제 강의를 담당하는 것처럼 강의시간표를 독자적으
로 변경하였는바, 위 사실을 원고가 사전에 알기는 불가능하였으며(갑 제
25, 26.호증), 원고는 사후에 이를 알고 미디어디자인과에 잘못된 강의시간
표를 시정하라는 조치를 내렸습니다(갑 제17호증).

2) 원고는 운영결과보고서가 허위보고된 사실을 알지 못하였습니다.

피고는, 원고가 전공심화과정 운영위원회 결과보고, 한국전문대학교협의회에 대한 운영결과보고의 최종 결재권자임을 근거로 원고가 교원확보율이 미충족된 사실을 알면서도 허위보고를 한 것처럼 주장하고 있으나, 모든 학과별보고서가 취합되어 올라오는 과정에서 원고가 일일이 보고서들을 확인하여 허위 보고된 부분을 발견하는 것은 현실적으로 불가능한바[4], 원고가 각종 결과보고에 최종 결재권자라는 이유만으로 원고가 알면서도 허위보고된 사실을 묵인하였다는 취지의 위 주장은 납득하기 어려운 주장입니다(갑 제26호증).

3) 이 사건 학교가 2016년에 작성한 운영결과보고서는 고등교육법상 교원확보율을 준수하였습니다.

고등교육법 제49조, 고등교육법 시행령 제58조의 2 제1항 별표 2는 교수가 해당학과 과목을 실제로 강의하였는지 여부와 무관하게 해당학과 소속 교수의 수를 기준으로 교원확보율을 산정합니다.

한편, "모든 교수가 소속학과에서 1과목 이상 수업을 해야 한다"는 것은 법에서 정하고 있는 것이 아니고, 단지 원고가 이 사건 학교에 부임하고 나서 '2015년 2학기 강의시간표 작성지침'으로 내린 사항에 불과합니다.

따라서 미디어디자인과 소속이지만 미디어디자인과 수업을 담당하지 않은 이   교수와 지   교수를 미디어디자인과 교원인 것으로 교원확보

---

4) 피고가 제출한 을가 제12호증은, 운영결과보고서 전체가 아닌, 운영결과보고서 중 '대학 공통 점검 결과' 부분으로, 실제 운영결과보고서는 학과별 분석 자료까지 모두 담겨져 있어 분량이 수백페이지가 넘습니다.

율을 계산·보고하였다고 해서 이것을 교원확보율 허위보고라 할 수는 없습니다.

다. 소 결

이상 살펴본 바와 같이, 원고는 미디어디자인과 교원확보율 관련 보고에 전혀 개입하지 않았고, 오히려 허위 사실을 바로잡았으며, 원고가 '모든 교수가 소속학과에서 강의를 하였다'는 운영결과보고서의 잘못된 기재내용을 알면서도 방치하였다고 볼 수 없는바, 이와 관련하여 원고에게 관리감독책임을 묻는 것은 매우 부당하다 할 것입니다.

5. 제7, 8징계사유에 관하여

가. 피고 주장의 요지

피고는, 사립학교의 교비회계에 속하는 수입은 '용도가 엄격히 제한된 자금'인데 원고는 교비회계에서 2,957,190원을 경기과학기술대학교 장학재단행사비로 지출하였고, 위 장학재단이 교내시설을 법인 사무실로 무상으로 사용하게 하였으며, 위 장학재단에 1억 원을 기부한 한국계측기기연구센터가 대학시설에 입주하자 시설사용료 25,555,200원을 근거 없이 감면해주었으므로 이는 징계사유에 해당한다고 주장합니다.

나. 피고 주장의 부당성

1) 원고는 이 사건 학교와 학생들을 위해 교비를 지출하였습니다.

이 사건 장학재단은 이 사건 학교가 우수인재를 발굴하여 육성하는 것
을 지원하는데 목적을 두고 설립되었으며, 주 사업은 이 사건 학교 학생
들의 장학금 지원, 졸업 후 국내·외 우수대학 석·박사 학위 취득 지원
입니다(갑 제22호증). 따라서 이 사건 장학재단은 오로지 이 사건 학교와
학생들을 위해 설립되었다고 볼 수 있습니다. 한편, 원고는 이 사건 장학
재단 설립으로 얻은 사적 이익은 전혀 없으며, 위 장학재단에 1000만 원
을 기부하기까지 하였습니다.

따라서 원고가 발기인총회비용 등을 업무추진비에서 지출한 것을 교비 부
정사용으로 보아 원고에게 책임을 묻는 것은 매우 부당하다 할 것입니다.

2) 이 사건 학교는 이 사건 장학재단으로 인해 재정적 손실을 입은 사실이
없습니다.

피고는 원고가 이 사건 장학재단이 이 사건 학교 시설을 무상으로 임대
하여 학교에 재정적 손실을 입혔다고 주장하나, 원고는 이 사건 장학재단
으로 하여금 이 사건 학교 내의 '대학발전 및 산학협력위원회 사무실'
을 공동으로 사용할 수 있도록 한 것에 불과하고 사무실 공간을 따로 마
련해 준 것이 아니었는바 추가적인 비용 발생은 없었으며, 실제로 이 사
건 장학재단이 위 사무실을 활용한 경우도 없어서 운영경비가 발생하지
않았습니다(갑 제27호증).

또한 이 사건 학교 직원의 겸직발령의 경우 이 사건 학교 직원복무규정
제11조 및 제12조에 따른 것이므로 규정에 위반한 점이 없고(갑 제28 내
지 30호증), 또 장학재단 업무는 1년에 1 ~ 2회 개최되는 이사회 및 운영
위원회 지원이 전부이고 별도로 직원 인건비가 들어가지 않는 업무이므로

직원의 겸직으로 인해 이 사건 학교가 재정적으로 손실을 입은 사실이 없습니다.

2) '한국계측기기연구센터' 의 임대료 감면 결정 역시 이 사건 학교와 학생들을 위한 결정이었습니다.

한국계측기기연구센터의 대표이사인 오   교수는 자신이 운영하는 센터를 비롯하여 바이오·제약 등 많은 산업분야에 계량, 측정 관련 교육을 받은 사람이 필요하다는 사실을 학교에 알리면서 무료로 교육설비를 제공하여 교육을 진행할 의사를 표명하였고, 원고는 이 사건 학교 학생들이 무료로 학교에 없는 설비를 이용하여 전문 교육을 받고, 취업 역량을 확대할 수 있는 기회라 생각하여 학교 교수들과 토의 끝에 한국계측기기연구센터가 학교 강의실을 이용함에 있어 임대료를 감면해주는 결정을 하였습니다.

한편, 피고는 원고가 근거없이 임대료 감면 결정을 하였다고 주장하나, <u>이 사건 학교는 1천만 원 이상 대학 발전기금을 납부한 자에게 대학시설 이용료 할인(50%) 규정을 두고 있는바, 원고가 이 사건 학교에 2,900만 원을 기부한 한국계측기기연구센터에 이 사건 학교 이용료를 감면해 준 것은 징계사유가 될 수 없습니다</u>(갑 제31, 32호증).

따라서 위 임대료 감면 결정 역시 오로지 이 사건 학교 학생들을 위한 결정이었고, 또 원고의 독단적인 결정이 아닌 교수들과의 토의 끝에 나온 결정이었는바, 이와 관련하여 원고에게 교비회계 부당 관리 책임을 묻는 것은 타당하지 않습니다.

다. 소 결

이상 살펴본 바와 같이, 원고는 이 사건 학교 총장으로 부임한 이후, 학교에 긍정적인 변화를 주고자, 이 사건 장학재단을 설립하고, 또 전문 수업을 유치하는 등의 일을 추진한 것인바, 위 일을 추진함에 있어 발생하는 비용을 교비회계에서 지출한 것에 대해서 원고에게 책임을 묻는 것은 원고 입장에서는 매우 가혹하다 할 것입니다.

6. 징계양정의 적정성에 대한 판단

가. 피고의 주장

피고는 원고의 비위 정도가 매우 중한 점 등에 비추어 이 사건 징계는 그 양정이 객관적으로 명백히 부당하다거나 사회통념상 현저하게 타당성을 잃은 것으로 볼 수 없다고 주장합니다.

나. 피고 주장의 부당성

그러나 이 사건 징계의 징계사유 면면을 들여다보면 원고가 개인적인 이익을 위해서 비위를 저지르거나, 잘못된 점을 뻔히 알면서도 고의적으로 위법행위를 한 것은 단 한 건도 없으며, <u>원고가 이 사건 학교와 학생들의 이익을 위해 업무를 추진하던 중 불가피하게 법을 준수하지 못한 것입니다.</u> 따라서 이 사건에서 원고의 비위 정도는 결코 중하다고 볼 수 없습니다.

나아가 원고는, 이 사건 학교 총장으로 취임하기 전 1985년 농림수산부 사무관으로 임용되어 2013년까지 산업통상자원부 제품안전정책국장으로 보임하는 동안 단 한 차례 징계를 받은 사실이 없어, 공무원직을 떠나면서 행정안전부장관으로부터 근정포장을 수여받았고(갑 제33호증), 이 사건 학교 총장이 된 이후에도 이 사건 징계를 받기 전까지 어떠한 징계를 받은 사실이 없습니다.

따라서 이 사건 학교는 합리적인 사유 없이 지나치게 원고에게 불리하게 징계재량권을 일탈하였거나 남용하였다고 볼 수 있고, 그렇다면 이 사건 징계 및 이 사건 처분은 위법하다 할 것입니다.

한편 피고보조참가인은, 이 사건 교육부 실태점검에 따라 이 사건 학교는 교육부로부터 행정처분(학생정원 3% 모집정지)을 받아 재정적 손실이 크고, 특성화전문대학육성사업 4차년도 사업비가 감축되었으며, 전문대학평가인증위원회로부터 인증효력정지 처분까지 받았는바, 이 사건 징계의 정도는 정당하다는 취지로 주장합니다.

그러나 먼저 학생정원 모집정지로 인해 재정적 손실이 크므로 이 사건 징계가 정당하다는 주장은, <u>징계양정은 원고의 징계사유 자체를 두고 정하는 것이고, 학교의 재정적 손실에 따라 징계정도를 결정하는 것은 아닌바 그 주장 자체로 전혀 타당하지 않습니다.</u>

또한, 특성화전문대학육성사업 사업비가 감축되었다는 주장 또한, 을나 제7, 8호증을 보면 <u>특성화전문대학육성사업 사업비는 결국 이 사건 학교 총장이 해임되었기 때문에 감축된 것인바</u>(을나 제7호증 4쪽 참조), <u>"특성화전문대학육성사업 사업비가 감축되었으므로 원고는 해임이 되어야 한다"</u>는 취지의 피고보조참가인 주장은 본말이 전도된 주장입니다.

더 나아가 특성화전문대학육성사업은 원고가 총장으로 취임한 직후인 2014년 1학기 때 교육부가 새롭게 시작한 사업으로, 원고는 취임 후 전 교직원과 같이 전력투구하여 동 사업에 선정되기 위한 사업계획서를 수립, 제출한 노력한 끝에 이 사건 학교가 사업 대상학교로 선정되었고, 그리하여 피고보조참가인 주장처럼 2014년부터 2016년까지 우수한 사업시행학교로 평가를 받아 상대적으로 많은 사업비를 지원받아 교육 기자재구입 특강실시 취업지원 등을 실시하였는바, 이런 점들을 종합해 볼 때, 특성화전문대학육성사업 사업비 감축을 이 사건 징계의 정당화 사유 중 하나로 내세우는 피고보조참가인의 위 주장은 납득하기 어렵습니다(갑 제34호증).

끝으로 전문대학평가인증의 경우, 매우 단기간 동안 인증효력이 정지된 것에 불과하고(3개월, 2017. 9. ~ 2017. 12.), 이 사건 학교는 2018년에 결국 전문대학평가인증을 받았습니다. 따라서 이 사건 학교가 인증효력정지 처분을 받았으므로 이 사건 학교의 명예가 실추되었다는 피고보조참가인의 주장 역시 납득하기 어려운 주장입니다(갑 제23호증).

7. 결 론

원고는, 지난 30년이상 기간동안 국가와 대학교에서 근무하면서 공익을 최우선시하며 살아왔고, 항상 본인의 신념에 따라 공정하게 일처리를 해왔음에도 불구하고 이 사건 징계로 인해 하루아침에 원고의 모든 명예가 실추되었으며, "총장으로 근무할 당시 위법행위를 하여 해임을 당했다"는 꼬리표가 항상 붙어 다니게 되어 새로운 직장에 취업하는 것이 매우 어려워졌습니다.

그러나 이미 검토한 바와 같이, 이 사건 징계사유들 대부분은 실제 사실과 다르고, 가사 일부 징계사유가 인정된다 하더라도 해임처분은 재량권의 한계를 벗어난 처분이므로 이 사건 처분은 위법합니다.

그렇다면 원고의 청구는 이유 있으므로 원고의 청구를 인용하여 주시기 바랍니다.

입 증 방 법

1. 갑 제25호증 문자(노   교무처장 - 최   교수)   1부

1. 갑 제26호증 실태점검 지적사항에 대한 소명자료(박   )   1부

1. 갑 제27호증 사진   1부

1. 갑 제28호증 내부결제(이 사건 재단 겸직허가 건)   1부

1. 갑 제29호증 직원복무규정   1부

1. 갑 제30호증 교육부 실태조사 지적사항 이의신청(윤   )   1부

1. 갑 제31호증 이 사건 학교 홈페이지   1부

1. 갑 제32호증 기부금 영수증   1부

1. 갑 제33호증 포장수여증명서   1부

1. 갑 제34호증 신문기사   1부

2018. 11. .

원고 소송대리인 법무법인   민 주

담당 변호사   문

조

서울행정법원 제11행정부   귀중

서 울 행 정 법 원

제 1 1 부

판 결

사　　건	2018구합55425 교원소청심사위원회결정취소
원　　고	김필구
	성남시 분당구
	소송대리인 법무법인 민주
	담당변호사 문 , 조
피　　고	교원소청심사위원회
	대표자 위원장 이근우
	소송대리인 정부법무공단
	담당변호사 박
피고보조참가인	학교법인 한국산업기술대학
	시흥시 산기대학로 237 (정왕동)
	대표자 이사장
	소송대리인 변호사 이
변 론 종 결	2018. 11. 9.
판 결 선 고	2018. 12. 14.

주　　문

1. 원고의 청구를 기각한다.

2. 소송비용은 보조참가로 인한 비용을 포함하여 모두 원고가 부담한다.

청 구 취 지

피고가 2017. 11. 15. 원고와 피고보조참가인 사이의 2017-596호 해임처분 취소청구 사건에 관하여 한 결정을 취소한다.

이 　유

1. 소청심사결정의 경위

가. 피고보조참가인(이하 '참가인'이라 한다)이 설치·경영하는 경기과학기술대학교 (이하 '이 사건 학교'라 한다)의 중소기업경영과 소속 이○○ 교수는 2013년경 '같은 과 학과장인 김○○ 교수가 김□□ 학생에게 학점을 부당하게 부여하고, 학생들로부터 부당하게 돈을 거두어 이를 사용하였다.'라는 내용의 비위사실에 대한 민원을 내부적으 로 제기하였다. 이에 이 사건 학교는 진상조사팀을 구성하여 민원 내용을 조사한 후 2013. 12. 5. 진상조사보고서(이하 '이 사건 보고서'라 한다)를 작성하였다.

나. 원고는 2014. 2. 22. 이 사건 학교의 총장으로 임용된 후 김○○ 교수에 대하여 진상조사가 실시된 사실과 그 결과에 대한 보고를 받았고, 당시 이 사건 보고서를 확 인하였다.

다. 김○○ 교수에 대한 민원사건에 관하여 경찰 및 검찰에서 수사가 진행되었다. 수 원지방검찰청 안산지청은 2015. 6. 30. 김○○ 교수를 업무방해죄로 기소한 후 2015. 7. 29. 이 사건 학교에 김○○ 교수에 대한 사건처분결과(사기: 혐의 없음, 사문서위조:

혐의 없음, 위조사문서행사: 혐의 없음, 횡령: 혐의 없음, 업무방해: 일부 혐의 없음, 일부 불구속 기소)를 통보하였다.

라. 교육부장관은 2016. 11. 29.부터 2016. 11. 30.까지 및 2017. 2. 6.부터 2017. 2. 8.까지 두 차례에 걸쳐 이 사건 학교에 대한 실태점검을 실시한 후 2017. 3. 15. 참가인에게 '① 부적정한 학사관리, ② 부적정한 교원인사관리, ③ 교원확보율 충족을 위한 서류 조작 및 허위보고, ④ 재단법인 경기과학기술대학교 장학재단(이하 '이 사건 장학재단'이라 한다) 관련 위법한 교비지출'의 각 비위행위를 이유로 원고에 대한 중징계(해임)를 요구하였다. 이에 참가인은 2017. 4. 14. 교육부장관의 실태점검 처분(원고에 대한 신분상 조치 포함)에 대한 이의를 신청하였으나, 교육부장관은 2017. 4. 28. 참가인의 이의신청을 모두 기각하였다.

마. 참가인은 원고의 위 각 비위행위로 인해 사립학교법 제61조 제1항의 징계사유가 인정된다는 이유로 같은 법 제64조에 따라 교원징계위원회에 원고에 대한 징계의결을 요구하였고, 교원징계위원회는 2017. 7. 18. '원고에 대한 아래 각 징계사유가 모두 인정되고, 원고가 위법·부당한 학교 운영으로 혼란을 가중시키고 이 사건 학교의 명예를 실추시킨 책임이 크다.'라는 이유로 원고에 대한 해임을 의결하였다. 이에 참가인은 2017. 7. 28. 사립학교법 제61조 제1항에 따라 원고에 대하여 해임의 징계처분(이하 '이 사건 해임처분'이라 한다)을 하였다.

■ 징계사유

1. 학사관리 성실의무 위반(이하 '제1징계사유'라 한다)

이 사건 학교의 진상조사팀은 이 사건 보고서를 통해 김○○ 교수의 비위사실을 완전하게 확인하기 위해 '① 김□□의 면담 및 사실 확인, ② 김□□의 청강에 대한 성적처리에 동참한 교수들의 면담 및 사실 확인, ③ 성적이 임의로 조작되어진 사건에 대한 행위자 및 조작 범위의 확인'등 추

가 조사가 필요함을 보고하였음에도 원고는 이후 어떠한 추가 조사나 처분을 하지 않았다. 이와 같이 추가 조사를 통하여 비위사실을 완전하게 확인하여 학점 및 학위 취소, 장학금 회수 등 잘못을 시정할 수 있는 기회가 있었음에도 부당한 학사운영 및 장학금 지급을 묵과하는 등 부적정하게 학사관리를 하였다.

2. 교원 징계의결 요구 성실의무 위반(이하 '제2징계사유'라 한다)

원고는 이 사건 보고서의 내용만으로도 김○○ 교수 등 교원 13명의 학점 부당부여 사실을 확인할 수 있었다. 그럼에도 원고는 추가 조사를 실시하지 않았고, 사립학교법 제61조, 제64조에 따른 징계의결 요구가 이루어질 수 있도록 하는 조치를 취하지 않음으로써 해당 교원들의 비위 사실을 묵과하여 징계의결 요구의 시효를 도과시켰다.

3. 교원연구년제규정 위반(이하 '제3징계사유'라 한다)

학점 부당부여 비위행위를 주도한 김○○ 교수는 형사기소 되었으므로, 사립학교법 제58조의2에 따라 직위해제를 하는 것이 마땅하다. 그럼에도 원고는 교원연구년제규정에 정해진 교원의 자기계발을 위한 연구년의 의미(제2조)와는 달리 비위교원에게 연구년 혜택을 부여하였고, 그 과정에서 연구년 시작 2개월 전까지 연구년 교원을 선정하여 해당 교원에게 이를 통보해야 하는 절차(제6조)를 위반하였다.

4. 교원인사위원회 규정 위반 및 의사결정 부당 개입(이하 '제4징계사유'라 한다)

위 연구년 혜택과 관련하여, 이 사건 학교 교원인사위원회는 2015. 6. 25. 김○○ 교수의 연구년 선정을 이미 보류하였음에도, 원고는 김○○ 교수의 연구년 선정을 다시 논의하도록 교원인사위원회에 지시하였다. 이에 2015. 8. 17.과 같은 달 19. 및 같은 달 26. 3회에 걸쳐 교원인사위원회가 개최되었다. 같은 달 19.에 개최된 교원인사위원회에는 위원이 아닌 원고가 참석하여 부당하게 의사결정과정에 개입함으로써 같은 달 26. 개최된 교원인사위원회에서 김○○ 교수의 연구년을 선정하도록 하였다.

5. 내부고발자 불이익 및 차별금지 법령위반 관련 관리감독 소홀(이하 '제5징계사유'라 한다)

이 사건 학교는 학점 부당부여 비위사실을 학교에 고발한 이○○ 교수를 교원인사위원회의 심의 등 정당한 절차를 거치지 아니한 채 2015. 2. 16. 미디어디자인과로 부당하게 소속변경을 시켰고, 이로 인해 이○○ 교수는 미디어디자인과에서 강의시수 부족 및 취업지도학생 미배정 등의 사유로

실적평가 불이익을 받아 2017. 2. 28. 재임용에서 탈락하게 되었다. 이로써 교원의 지위향상 및 교육활동 보호를 위한 특별법 제6조에 명시된 내부고발자에 대한 불이익이나 차별을 금지하는 규정을 위반하였고, 원고는 위 규정 위반 등 부당한 교원인사관리에 대한 책임이 있다.

6. 교원확보율 충족을 위한 서류조작 및 허위보고 관련 관리감독 소홀(이하 '제6징계사유'라 한다)

이 사건 학교는 2015. 9. 18. 미디어디자인과의 학사학위 전공심화과정 교원확보율 충족을 위해 실제 강의하지 않은 교원 2명(이○○ 교수, 지○○ 교수)을 강의를 하고 있는 것으로 서류를 조작하였고, 해당 학과의 모집 단위 전임교원 확보율이 실제 36%임에도 60%로, 전체 교원확보율이 실제 75%임에도 100%를 충족한 것으로 교육부에 허위보고를 하였다. 원고는 위와 같은 서류조작 및 허위보고 등 부당한 학사운영 및 교원인사 관리에 대한 책임이 있다.

7. 교비회계로부터 타 회계 전출금지 법령 위반 관련 관리감독 소홀(이하 '제7징계사유'라 한다)

이 사건 학교는 이 사건 장학재단이 이 사건 학교와는 무관한 별도의 법인임에도 2015. 5. 13. 장학재단 설립추진 발기인 총회 비용 등 2,957,190원을 교비회계에서 지출하였다. 이 사건 장학재단이 2015. 12. 28. 설립된 후 이 사건 학교는 이 사건 장학재단의 사무실을 이 사건 학교 내에 두게 하면서 교내 시설을 무상으로 임대하였고, 사무실 임대비용(전화, 전기요금 등)을 교비회계에서 지출하였다. 이 사건 장학재단은 자체 직원 없이 이 사건 학교 직원이 겸직하여 운영함으로써 사립학교법 제29조 제6항의 교비회계의 수입이나 재산을 타 회계에 전출할 수 없는 사항을 위반한 사실이 있다. 원고는 위와 같은 부당한 교비회계 관리에 대한 책임이 있다.

8. 이 사건 장학재단 기부업체의 학교시설사용료 부당 감면 관련 관리감독 소홀(이하 '제8징계사유'라 한다)

이 사건 학교는 대학과 무관한 이 사건 장학재단에 1억 원을 기부한 주식회사 한국계측기기연구센터(이하 '이 사건 연구센터'라 한다)가 대학시설(제2중소기업관 104-1호)에 입주함(2016. 7. 5.부터 2018. 1. 4.까지)에 있어서 시설사용료 총 25,555,200원을 부당하게 감면하여 주어 학교수입을 감소시켰으며, 원고는 대학시설 관리 부실 및 이에 따른 대학수입 감소에 대하여 책임이 있다.

바. 원고는 2017. 8. 28. 피고에게 이 사건 해임처분의 취소를 구하는 소청심사를 청

구하였고, 피고는 2017. 11. 15. '제1 내지 8징계사유가 모두 인정되고, 이 사건 해임처분이 지나치게 과중하거나 재량권을 일탈, 남용한 것으로 볼 수 없다.'라는 이유로 원고의 소청심사청구를 기각하는 결정(이하 '이 사건 결정'이라 한다)을 하였다.

[인정 근거] 다툼 없는 사실, 갑 제1 내지 6, 8호증, 을가 제1, 2호증(가지번호 있는 것은 가지번호 포함, 이하 같다)의 각 기재, 변론 전체의 취지

2. 이 사건 결정의 적법 여부

가. 원고 주장의 요지

1) 아래와 같은 이유로 제1 내지 8징계사유가 인정되지 아니한다.

가) 원고는 이 사건 보고서 이외에 다른 객관적 자료가 없는 상황에서 이○○ 교수와 김○○ 교수의 의견을 청취하고, 교무처장, 기획처장 등과 여러 차례 논의를 하였으며, 구체적인 비위 내용을 알기 위해 관할 검찰청과 관할 법원에 공소장을 보내달라는 공문을 보내기도 하였다. 그런데 양 당사자의 진술이 엇갈렸고, 공소장을 확보할 수 없었다. 이 사건 보고서에는 추가 조사가 필요하다는 보고 내용도 없었다. 이러한 상황에서 김○○ 교수에 대한 징계의결을 곧바로 요구할 수는 없었다. 김○○ 교수의 학점 부당부여 비위행위와 관련하여 김□□ 졸업생에 대한 학위, 학점 취소 조치의 경우 당사자에게 미치는 불이익이 매우 크다고 판단하여 그 취소 결정을 보류한 것이다. 따라서 원고가 의도적으로 김○○ 교수의 비위행위에 대한 추가조사를 실시하지 아니하고 적절한 처분을 하지 않음으로써 부당하게 학사관리를 하였다고 볼 수는 없으므로, 제1 징계사유는 인정되지 아니한다.

나) 원고가 김○○ 교수에 대한 징계의결 요구를 보류하여 결과적으로 징계시효가 도과된 것은 맞으나, 이는 무죄추정의 원칙 등을 고려하여 1심 형사판결 선고 결과를

보고 징계 여부를 결정하려고 하다가 징계시효가 도과되어 버린 것이지 고의로 그렇게 한 것은 아니다. 따라서 원고가 교원징계의결 요구 관련 성실의무를 위반하였다고 볼 수 없으므로, 제2징계사유는 인정되지 아니한다.

다) 원고는 김○○ 교수에 대한 직위해제 문제와 관련하여 매주 2회 개최되는 처장 단회의에서 심도 있게 논의하였는데, 형사재판이 진행되는 동안 직위해제처분을 보류 하는 것이 타당하다는 쪽으로 결론이 났다. 이에 원고는 비위행위로 인해 재판을 받고 있던 김○○ 교수가 강의를 하는 것을 막기 위해 궁여지책으로 김○○ 교수가 연구년 교원으로 선정되도록 한 것일 뿐이다. 따라서 원고는 교원연구년제규정을 위반하지 않 았으므로, 제3징계사유는 인정되지 아니한다.

라) 원고는 김○○ 교수에 대한 연구년 교원 선정이 징계성임을 설명하기 위해 2015. 8. 19. 교원인사위원회 위원들과 간담회를 가졌을 뿐, 교원인사위원회 위원들에 게 부당하게 영향력을 행사한 바 없다. 따라서 원고는 교원인사위원회의 의사결정 과 정에 부당하게 개입하는 등으로 교원인사위원회 규정을 위반하지 않았으므로, 제4징계 사유는 인정되지 아니한다.

마) 이 사건 대학의 교수 소속변경과 관련한 절차규정은 마련되어 있지 않다. 이 사 건 대학에서는 교무처에서 해당 교수의 소속변경을 요청하면 특별한 절차 없이 총장이 결재를 해왔다. 원고는 2015. 2.경 교무처로부터 미디어디자인과의 교원확보율이 낮아 중소기업경영과 비정년계열 교수 3명 중 1명을 미디어디자인과로 소속을 변경할 필요 가 있다는 보고를 받았다. 중소기업경영과 비정년계열 교수 3명은 모두 소속변경을 원 하지 않고 있었으므로, 원고는 전년도 실적평가점수가 가장 낮은 이○○ 교수를 미디 어디자인과로 보낼 수밖에 없었다. 원고가 이○○ 교수에게 내부고발에 따른 불이익을

주기 위해 그 소속을 미디어디자인과로 변경시킨 것이 아니다. 따라서 원고는 내부고발자에게 불이익을 주거나 차별금지 법령에 위반하여 부당하게 교원인사관리를 하지 않았으므로, 제5징계사유는 인정되지 아니한다.

바) 미디어디자인과의 학과장인 최○○ 교수가 이○○ 교수 및 지○○ 교수가 미디어디자인과 과목을 실제로 강의하지 않았음에도 강의를 한 것처럼 허위보고를 한 것을 원고가 알기는 어려웠고, 원고는 이를 인지한 후 바로 그 시정을 지시하였다. 또한, 고등교육법 등 관련 법령에 의하면 해당학과 과목을 실제로 강의하였는지 여부와 관계없이 해당학과 소속 교수의 수를 기준으로 교원확보율을 산정하여야 한다. 이○○ 교수가 미디어디자인과 소속인 것은 맞으므로 교원확보율을 허위로 보고한 것은 아니다. 따라서 이 사건 제6징계사유는 인정되지 아니한다.

사) 이 사건 장학재단은 이 사건 학교와 그 소속 학생들을 위해 설립된 것이다. 이 사건 장학재단 설립을 위해 2015. 5. 13. 개최된 장학재단 설립추진 발기인 총회는 결국 이 사건 학교의 행사에 해당하므로, 위 총회 비용을 이 사건 학교의 업무추진비로 지출한 것이 교비회계에 속하는 수입이나 재산의 부당한 전출에 해당한다고 할 수 없다. 이 사건 학교의 직원 2명은 직원복무규정 제11조 및 제12조에 따라 겸직허가를 받아 적법하게 이 사건 장학재단의 사무를 담당한 것이다. 따라서 원고가 교비회계에 속하는 수입이나 재산을 부당하게 전출하였다고 볼 수 없으므로, 제7징계사유는 인정되지 아니한다.

아) 이 사건 연구센터는 이 사건 학교 건물 중 일부 공간을 빌려서 학생들에게 무료로 전문설비를 활용한 교육을 하여 온 것이어서 이러한 위 연구센터의 긍정적 역할을 고려하고, 이 사건 대학의 발전기금으로 1,000만 원 이상 납부한 자에게는 대학시설

330 | 교육부와 무너진 법치

이용료를 50% 할인해 주는 규정이 이미 존재하고 있어 이에 따라 2,900만 원의 발전기금을 기부한 이 사건 연구센터에 시설사용료 25,555,200원을 감면해 준 것이다. 따라서 원고는 학교시설사용료를 부당하게 감면해 준 것이 아니므로, 이 사건 제8징계사유는 인정되지 아니한다.

2) 제1 내지 8징계사유와 관련하여 원고에게 일부 잘못이 인정된다고 하더라도 그 비위의 정도가 해임처분을 정당화할 정도로 중하다고 볼 수는 없다. 원고는 이 사건 학교의 총장으로 재직하면서 윤리·도덕적으로 잘못을 저지른 적이 없고, 개인적인 이익을 취득한 적도 없다. 따라서 이 사건 해임처분은 원고에게 지나치게 가혹하여 재량권을 일탈, 남용한 위법이 있다.

3) 그럼에도 피고는 '제1 내지 8징계사유가 모두 인정되고 이 사건 해임처분이 지나치게 가혹하여 재량권을 일탈, 남용한 것으로 볼 수 없다.'라고 판단하여 원고의 소청심사청구를 기각하는 이 사건 결정을 하였는바, 이는 위법하므로 취소되어야 한다.

나. 관계 법령

별지 기재와 같다.

다. 판단

1) 징계사유 인정 여부

가) 제1징계사유에 관하여

(1) 인정 사실

(가) 김□□ 학생(산업체위탁교육생)은 2011학년도에 이 사건 대학 중소기업경영과에 입학하였다.

(나) 청강생으로 수업을 들은 과목에 대하여 학점을 인정해 줄 수 있는 근거가 없음

에도 김○○ 교수는 다른 교수들에게 요청하여, 김□□ 학생이 입학 전 2010학년도 2학기에 청강한 15과목(40학점)에 대하여 김□□ 학생이 입학 후인 2011학년도 2학기(8과목) 및 2012학년도 2학기(7과목)에 각 정상적으로 출석하여 수강한 것으로 인정해서 위 각 과목의 성적을 부여하였다.

(다) 김□□ 학생은 위와 같이 부당하게 부여된 학점을 근거로 2011학년도 2학기에 성적우수 장학금 3,057,000원을, 2012학년도 2학기에 성적우수 장학금 2,890,000원을 각 지급받았고, 경영전문학사학위를 수여받았다.

(라) 위와 같은 부당한 학사관리에 대하여 이 사건 대학 중소기업경영과 소속 이○○ 교수가 내부 민원을 제기하였고, 이에 이 사건 학교는 진상조사팀을 구성하여 민원 내용을 조사한 후 2013. 12. 5. 이 사건 보고서를 작성하였다. 이 사건 보고서의 내용 중 조사결과에 따른 처리방안에 관한 의견 부분은 아래와 같다.

■ 처리해야 할 원칙

구 분	처리대상이 되는 사안	처리 내용	문제점(난제)	비 고
성적문제	학생의 정강 및 성적처리를 소급 인정한 것	- 김○○ 교수 본인 인정 - 원천 무효이고 고의성이 있으므로 확실한 처분을 내려야 함	- 효력 없는 성적으로 졸업한 김□□의 졸업취소 문제 - 이에 따른 징학금 회수 문제	- 전례가 없음 - 성적 조작 해당
금전문제	학생회비 25만 원 중 1인당 10만 원씩 요구	- 김○○ 교수 본인 인정 - 전례 없는 행위로 학생들로부터 불신을 초래하여 학교의 명예에 악영향을 끼쳤으므로 적절한 조치 필요	- 전례가 없으므로 어떤 조치가 적절한지를 정하는 문제	- 전례가 없음 - 재발방지 중요
기 타	야간학생이 주간에 출석하여 수업하고	- 김○○ 교수 본인 인정 - 학교에서 금지한 사항임	- 학생에 대한 조치 문제	- 재발방지 중요 (주요 감사 지적

있음	- 학교에서 금지한 사항을 무시하고 재차 위반하였으므로 적절한 조치 필요	- 이전 성적의 조치 문제	사항)

■ 향후 검토사항

- 김○○ 교수가 인정한 사실을 어떤 조치로 처리할 것인가의 문제

- 김○○ 교수의 보직(학과장) 면 및 후임자 임명, 기존 학과 소속 문제 등 인사조치

- 이후의 진행 내용과 절차를 어떻게 이끌어갈 것인가의 문제

　(마) 원고는 2014. 2. 22. 이 사건 학교의 총장으로 임용된 후 김○○ 교수에 대하여 진상조사가 실시된 사실과 그 결과에 대한 보고를 받았고, 당시 이 사건 보고서를 확인하였다. 그 후 원고는 학교 차원에서 진상조사팀을 통한 공식적인 추가조사를 실시하지 않았고, 교육부장관의 실태점검이 있기 전까지 김□□ 학생에 대한 학점 및 학위 취소, 장학금 환수 등의 조치를 취하지도 않았다.

　[인정 근거] 다툼 없는 사실, 갑 제2, 5, 6호증, 을가 제1, 2호증의 각 기재, 변론 전체의 취지

　(2) 판단

　앞서 본 소청심사결정의 경위 및 위 인정 사실에다가 변론 전체의 취지를 종합하여 인정할 수 있는 다음과 같은 사실 및 사정들, 즉 ① 이 사건 보고서에는 '김○○ 교수가 김□□ 학생이 청강한 과목에 대한 학점 인정 및 성적처리를 부당하게 한 점을 시인하였다.'라는 내용과 '효력 없는 성적으로 졸업한 김□□ 학생에 대한 졸업 취소와 장학금 회수 문제가 처리되어야 하며, 이는 전례가 없는 일이고 성적조작에 해당한다.'라는 내용이 기재되어 있고, 원고는 김○○ 교수에 대하여 실시된 진상조사 결과를 보고받으면서 이 사건 보고서를 확인하였는바, 학사관리의 총책임자인 원고로서는 위 비

위행위에 동참한 다른 교수들과 김□□ 학생에 대한 조사를 추가로 실시하여 학점 및 성적이 부당하게 부여된 범위를 확정하고 이에 대한 책임자를 가려내어 그 책임을 묻고, 학점 및 학위 취소, 장학금 회수 등의 조치를 할 의무가 있었다고 할 것인 점, ② 원고의 주장대로 원고가 진위확인을 위해 김○○ 교수와 이○○ 교수를 모두 면담한 결과 쌍방의 주장이 대립되는 상황이었다면, 더더욱 진위확인을 위해 김□□ 학생과 다른 교수들에 대한 추가조사를 실시할 필요성이 컸던 것으로 보이는 점, ③ 김□□ 학생에 대한 학위 및 학점 취소 등의 조치가 위 학생에게 미치는 불이익이 매우 큰 것은 사실이나, 김□□ 학생에 대하여 학점이 부당하게 부여되고 성적이 조작된 것이 사실이라면 이로 인해 선의의 다른 학생들이 입었을 불이익은 더 크다고 할 것이므로, 원고는 이 사건 학교 총장으로서 추가조사를 통해 철저하게 사건의 진상을 파악하고 그 결과에 따라 김□□ 학생의 학위와 학점을 취소하는 등의 조치를 취하여 잘못된 부분을 바로잡을 의무가 있었다고 할 것인 점 등을 종합하여 보면, 원고는 이 사건 학교의 총장으로서 학점 부당 부여의 비위행위를 철저하게 조사하고 그 결과에 따라 앞서 본 바와 같은 합당한 후속 조치를 취할 의무가 있었음에도 이를 게을리 함으로써 학사 관리를 적정하게 하지 못한 책임이 있음이 명백하다고 할 것이다. 따라서 제1징계사유가 인정된다.

나) 제2징계사유에 관하여

(1) 인정 사실

(가) 원고는 2014. 2. 22. 이 사건 학교의 총장으로 임용된 후 김○○ 교수에 대하여 진상조사가 실시된 사실과 그 결과에 대한 보고를 받았고, 당시 이 사건 보고서를 확인하였다.

(나) 김○○ 교수에 대한 민원사건에 관하여 경찰 및 검찰에서 수사가 진행되었다. 수원지방검찰청 안산지청은 2015. 6. 30. 김○○ 교수를 업무방해죄로 기소한 후 2015. 7. 29. 이 사건 학교에 김○○ 교수에 대한 사건처분결과(사기: 혐의 없음, 사문서위조: 혐의 없음, 위조사문서행사: 혐의 없음, 횡령: 혐의 없음, 업무방해: 일부 혐의 없음, 일부 불구속 기소)를 통보하였다.

(다) 교육부장관은 김○○ 교수의 위 비위행위 등과 관련하여 2016. 11. 29.부터 2016. 11. 30.까지 및 2017. 2. 6.부터 2017. 2. 8.까지 두 차례에 걸쳐 이 사건 학교에 대한 실태점검을 실시하였다.

(라) 김○○ 교수는 2016. 7. 8. 1심(수원지방법원 안산지원 2015고단1818)에서 업무방해죄로 벌금 500만 원의 유죄판결을 선고받았다.

(마) 원고는 2016. 12. 22. 참가인 소속 교원징계위원회에 김○○ 교수에 대한 징계의결을 요구하였다. 위 교원징계위원회는 2017. 2. 2. 김○○ 교수에 대한 감봉 3월의 징계처분을 의결하였고, 원고는 2017. 2. 7. 김○○ 교수에 대하여 감봉 3월의 징계처분을 하였다. 이에 김○○ 교수는 2017. 2. 24. 피고에게 위 징계처분의 취소를 구하는 소청심사를 청구하였고, 피고는 2017. 4. 19. '김○○ 교수의 학점 부당 부여행위는 2010년 여름경부터 2012. 12.경까지 이루어졌으므로, 2012. 12.경을 징계시효의 기산점으로 보아야 한다. 그런데 위 기산점으로부터 구 사립학교법(2015. 3. 27. 법률 제13224호로 개정되기 전의 것) 제66조의3 제1항 소정의 징계시효기간인 2년이 경과한 날인 2016. 12. 22.에 징계의결이 요구되었으므로, 징계시효가 이미 완료되었다.'라는 이유로 위 감봉 3월의 징계처분을 취소하는 결정을 하였다.

[인정 근거] 다툼 없는 사실, 갑 제2, 6, 8호증, 을가 제1, 2호증, 을나 제2호증의 각

기재, 변론 전체의 취지

(2) 판단

앞서 본 소청심사결정의 경위 및 위 인정 사실에다가 변론 전체의 취지를 종합하여 인정할 수 있는 다음과 같은 사실 및 사정들, 즉 ① 이○○ 교수가 허위로 김○○ 교수의 비위행위를 고발할 특별한 이유를 찾을 수 없는 상황이었음에도, 김○○ 교수가 자신의 비위행위에 대한 혐의를 부인하고 있다는 이유만으로 원고가 김□□ 학생과 다른 교수들에 대한 추가조사를 해보지도 아니한 채 김○○ 교수에 대한 징계의결의 요구를 늦춘 것은 선뜻 납득하기 어려운 점, ② 사립학교법 제66조의3 제3항은, "검찰·경찰, 그 밖의 수사기관에서 수사 중인 사건에 대하여는 제1항에 따른 수사개시 통보를 받은 날부터 징계의결의 요구나 그 밖의 징계 절차를 진행하지 아니할 수 있다."고 규정하고 있고, 이에 의하면 교원에 대한 수사개시 통보를 받은 경우 징계의결의 요구나 그 밖의 징계 절차를 진행할지 여부를 선택할 수 있다고 할 것인바, 원고로서는 김○○ 교수에 대한 수사개시 통보를 받았더라도 징계시효기간이 도과되는 것을 막기 위해 우선 징계의결을 요구할 수 있었다고 할 것인 점(원고의 주장대로 무죄추정의 원칙에 충실하고자 한다면 징계의결을 요구한 다음 그 이후의 징계절차를 진행하지 않는 방법을 택하면 된다), ③ 사립학교법 제66조의4 제2항은, "제66조의3 제3항에 따라 징계 절차를 진행하지 못하여 제1항의 기간(징계시효기간)이 지나거나 그 남은 기간이 1개월 미만인 경우에는 제1항의 기간(징계시효기간)은 제66조의3 제1항에 따른 조사나 수사의 종료 통보를 받은 날부터 1개월이 지난날에 끝나는 것으로 본다."라고 규정하고 있는바, 원고가 김○○ 교수에 대한 수사가 진행되고 있다는 이유로 형사재판 결과가 나올 때까지 징계의결 요구를 미루고 있었다고 하더라도, 징계시효기간의 도과를 막기

위해서는 김○○ 교수에 대한 수사종료 통보를 받은 날인 2015. 7. 29.로부터 1개월 이내에 징계의결을 요구하였어야 함에도, 원고는 2016. 12. 22.에 이르러서야 김○○ 교수에 대한 징계의결을 요구한 점, ④ 원고는 이 사건 학교의 총장으로서 징계 관련 법령을 숙지하고 이를 준수하여 비위행위를 저지른 교원에 대한 징계가 차질 없이 이루어질 수 있도록 할 의무가 있는바, 원고가 징계 관련 법령을 잘 알지 못하였다는 사정은 단순한 법률의 부지에 불과하므로, 이를 이유로 자신의 책임을 면할 수는 없는 점 등을 종합하여 보면, 원고는 김○○ 교수에 대한 징계의결 요구를 지연하여 징계시효가 도과되도록 한 것에 대한 책임이 있음이 명백하다고 할 것이다. 따라서 제2징계사유가 인정된다.

다) 제3, 4징계사유에 관하여

(1) 인정 사실

(가) 김○○ 교수는 이 사건 대학에 2015학년도 2학기 연구년 교원 선발을 신청하였다.

(나) 이 사건 대학 교원인사위원회는 2015. 6. 24. 제160회 회의를 개최하여 제1호 안건으로 '2015학년도 2학기 연구년 교원 선발(안)'을 심의하였는데, 김○○ 교수에 대하여는 '검찰 조사가 진행되고 있어 기소 여부가 결정되지 않은 상황에서, 김○○ 교수에 대한 연구년 교원 선발 여부를 심사하는 것은 적절하지 않다.'라는 이유로 '심사보류'로 의결하였다.

(다) 그 후 수원지방검찰청 안산지청은 2015. 6. 30. 김○○ 교수를 업무방해죄로 기소한 후 2015. 7. 29. 이 사건 학교에 김○○ 교수에 대한 사건처분결과를 통보하였다. 이에 원고의 요청으로 이 사건 대학 교원인사위원회는 2015. 8. 17. 및 2015. 8. 19. 두 차례에 걸쳐 임시회의를 개최하여 김○○ 교수에 대한 2015학년도 2학기 연구년

위변조 방지를 바코드 입니다.

교원 선발 안건에 대하여 다시 논의하였고, 2015. 8. 19.자 임시회의에서는 원고가 직접 참석하여, 김○○ 교수에 대한 형사재판 결과가 김○○ 교수에게 유리하게 날 수 있음을 강조하면서, 형사재판 결과가 나올 때까지 학생 보호 차원에서라도 징계를 대체하는 수단으로 6개월간 연구년을 보내자는 의견을 제시하였다.

(라) 김○○ 교수는 이 사건 대학 교원인사위원회에 기존에 신청한 연구년 프로그램을 6개월의 국내연구로 변경하여 실시하는 내용으로 2015학년도 2학기 연구년 교원 선발을 다시 신청하였고, 이에 이 사건 대학 교원인사위원회는 2015. 8. 26. 제161회 회의를 개최하여 제3호 안건으로 '2015학년도 2학기 연구년 교원 추가 선발(안)'을 심의한 후 김○○ 교수를 2015학년도 2학기 연구년 교원으로 추가 선발하는 것으로 의결하였다.

(마) 이 사건 학교의 교원연구년제규정 및 교원인사규정 중 이 부분 징계사유와 관련된 부분은 아래와 같다.

■ 교원연구년제규정

제1조(목적)

이 규정은 이 사건 학교에 재직하고 있는 전임교원이 국·내외에서의 연구 활동을 통하여 전공분야의 새로운 영역을 개척하고 학문적 발전을 도모할 수 있도록 하는 교원연구년제에 관한 사항을 규정함을 목적으로 한다.

제2조(용어의 정의)

이 규정에서 사용하는 용어의 정의는 다음과 같다.

1. "전임교원"이라 함은 본교 직제규정 제5조 제1항 제1호에 의한 교수, 부교수 및 조교수를 말한다.
2. "연구년"이라 함은 본교에서 일정기간 근속한 전임교원이 강의를 담당하지 아니하고 학술 및 산학 연구, 기타 연수 등을 통하여 본교 교원으로서의 자기 계발 활동에 전념하는 기간을 말한다.

제6조(신청 및 선발)

① 연구년 희망 교원은 소속 학과장을 경유하여 매 학기 시작일 3개월 이전에 다음 각 호의 서류를

갖추어 교무팀에 제출하여야 한다.

1. 연구년 신청서 1부

2. 연구활동 계획서 1부

3. 관련기관 승인서(해당자에 한함) 1부

4. 서약서 1부

② 연구년 교원은 교원인사위원회 심의를 거쳐 총장이 선발하며, 교무팀에서는 매 학기 시작일 2개월 전까지 선정된 연구년 교원에게 이를 통보하여야 한다.

③ 연구년 교원의 선발은 다음 각 호에 의한다. 다만, 교원인사위원회는 연구년 신청 발표회를 실시할 수 있으며, 전임교원 연구년 심사표(별지 제7호 서식)에 의한 평가 점수 평균이 60점(별지 제7호) 이상인 교원을 대상으로 한다.

1. 연구년을 처음 실시하는 교원

2. 장기근속교원

3. 대학 발전에 공헌이 지대한 교원

4. 교원 실적평가 점수가 우수한 교원

5. 기타 총장이 필요하다고 인정한 교원

제8조(처우)

① 연구년 교원의 급여는 정상근무와 동일한 급여를 지급하되 정액급식비와 교통보조비는 지급하지 아니한다.

② 연구년 기간은 승진, 호봉승급 및 재임용의 기준이 되는 재직년수에 산입한다.

③ 연구년 교원의 교원실적평가점수는 연구년 시행 이전 당사자가 취득한 5개년 간 점수의 평균을 연구년 기간이 포함된 실적평가 연도에 대하여 적용한다.

■ 교원인사규정

제26조(교원인사위원회의 구성)

① 교원인사위원회는 9인의 인사위원으로 구성하며, 보직자의 비율은 50% 미만으로 한다.

② 인사위원은 총장이 임명하는 교원으로 하며, 임기는 1년으로 하되 중임할 수 있다.

[인정 근거] 다툼 없는 사실, 갑 제2, 5, 10, 11호증, 을가 제10호증, 을나 제3, 5호 증의 각 기재, 변론 전체의 취지

(2) 판단

(가) 제3징계사유의 인정 여부

위 인정 사실에다가 변론 전체의 취지를 종합하여 인정할 수 있는 다음과 같은 사실 및 사정들, 즉 ① 김○○ 교수가 2015. 6. 30. 업무방해죄로 기소되었으므로, 김○○ 교수가 강의를 계속하는 것이 적절하지 않다고 원고가 판단하였다면 구 사립학교법 (2016. 2. 3. 법률 제13938호로 개정되기 전의 것) 제58조의2 제1항 제3호에 따라 김○○ 교수에 대하여 직위해제 조치를 하였어야 하는 점, ② 이 사건 학교의 교원연구년 제규정 제1조, 제6조, 제8조에 의하면, 이 사건 학교에서 실시하고 있는 교원연구년 제도는, 일정기간 근속한 전임교원이 강의를 담당하지 아니하고 학술 및 산학 연구, 기타 연수 등을 통하여 자기 계발 활동에 전념할 수 있도록 하는 제도이고, 연구년 교원의 급여는 정상근무와 동일하고, 연구년 기간은 승진, 호봉승급 및 재임용의 기준이 되는 재직년수에 산입되며, 대학 발전에 공헌이 지대한 교원 또는 교원 실적평가 점수가 우수한 교원 중에서 교원인사위원회의 심사를 거쳐 연구년 교원으로 선발됨을 알 수 있는바, 교원연구년제도는 일정한 요건을 갖춘 전임교원에게 혜택을 주기 위한 제도라고 할 것인 점, ③ 그럼에도 원고는 업무방해죄로 기소가 된 김○○ 교수에 대하여 직위 해제 조치를 하지 아니하고, 오히려 연구년 교원으로 선발되도록 하기 위해 교원인사 위원회를 다시 개최하도록 요청하여 그 소속 위원들을 상대로 김○○ 교수를 연구년 교원으로 선발할 필요가 있다는 점을 적극 호소한 점, ④ 이와 같은 원고의 제안에 따라 2015. 8. 26.에 2015학년도 2학기 연구년 교원 추가 선발을 위한 교원인사위원회가

개최되었고, 그 심의·의결을 거쳐 김○○ 교수가 2015학년도 2학기 연구년 교원으로 선발되었는바, 결국 원고로 인해 매 학기 시작일 2개월 전까지 연구년 교원 선발을 마치고 이를 해당 교원에게 통보하도록 규정한 이 사건 학교의 교원연구년제규정 제6조 제2항을 위반하게 된 것으로 보이는 점 등을 종합하여 보면, 원고는 교원연구년제도의 취지에 반하여 김○○ 교수가 2015학년도 2학기 연구년 교원으로 선발되도록 하고 그 과정에서 절차규정을 위반한 것에 대한 책임이 명백히 있다고 할 것이다. 따라서 제3 징계사유가 인정된다.

(나) 제4징계사유의 인정 여부

위 인정 사실에다가 변론 전체의 취지를 종합하여 인정할 수 있는 다음과 같은 사실 및 사정들, 즉 ① 이 사건 대학의 교원연구년제규정 제6조 제2항 전단은 "연구년 교원은 교원인사위원회 심의를 거쳐 총장이 선발한다."라고 규정하고 있는바, 이 사건 대학의 총장인 원고는 김○○ 교수의 연구년 교원 선발에 있어 최종 결정권한을 가지고 있는 점, ② 이 사건 대학의 교원인사규정 제26조에서 인사위원을 총장이 임명하는 교원으로 하도록 정함으로써 총장을 인사위원에서 제외한 것은, 교원인사위원회의 독립성을 보장하기 위한 취지인 것으로 보이는 점, ③ 그럼에도 이 사건 대학의 총장으로서 연구년 교원 선발에 관한 최종 결정권한을 가진 원고가 교원인사위원회 임시회의를 개최하도록 한 후 그 소속 위원들을 상대로 김○○ 교수를 연구년 교원으로 선발할 필요가 있다는 점을 적극 호소한 것은 그 자체로 교원인사위원회의 의사결정과정에 개입한 것으로 평가될 수 있는 점(원고는 교원인사위원회 임시회의가 아니라 간담회 형식의 자리에서 이루어진 일이라고 주장하나, 원고의 주장이 사실이라고 하여 달리 볼 것은 아니다), ④ 실제로 위 임시회의 이후 개최된 2015. 8. 26.자 제161회 교원인사위원회

회의에서 종전 심의내용과 달리 김○○ 교수를 연구년 교원으로 선발하는 것으로 심의·의결이 이루어진 점 등을 종합하여 보면, 원고는 김○○ 교수에 대한 2015학년도 2학기 연구년 교원 선발에 관한 교원인사위원회의 의사결정과정에 부당하게 개입하였다고 보는 것이 맞다. 따라서 제4징계사유가 인정된다.

라) 제5징계사유에 관하여

(1) 인정 사실

(가) 이 사건 학교는 2015. 2. 16. 김○○ 교수의 학점 부당 부여행위 문제를 내부적으로 고발한 이○○ 교수에 대하여 중소기업경영과에서 미디어디자인과로 소속변경 조치를 하였다. 위 소속변경 조치는 이○○ 교수의 동의 없이 이루어졌고 미디어디자인과 학과장에게조차 사전 통보가 이루어지지 않았으며, 위 소속변경과 관련하여 교원인사위원회에서 심의된 바도 없었다.

(나) 미디어디자인과 학과장이었던 최○○ 교수는 징계처분에 대한 소청심사를 청구하면서 그 청구서에 "본인은 다섯 차례 이상 총장님과 교무처장에게 비전공 교원이 미디어디자인과에 소속된 부분을 시정해 주기를 부탁했었으나, 두 사람은 이 부분을 개선하려는 의지가 없었다."고 기재하였다.

(다) 이○○ 교수는 미디어디자인과로의 소속변경 조치로 인해 강의시수 부족, 취업지도 학생 미배정 등의 불이익을 받아 실적평가에서 낮은 점수를 얻어 2016. 12. 30. 재임용에서 탈락하였다. 이에 이○○ 교수는 2017. 1. 5. 피고에게 2016. 12. 30.자 재임용 거부처분의 취소를 구하는 소청심사를 청구하였고, 피고는 2017. 2. 22. '이 사건 대학은 2016학년도에 이○○ 교수에게 총 13시간의 강의시간만 배정하였는데, 이는 다른 교원의 평균 수업시수인 20시간이나 의무수업시수인 연간 18시간에 현저히 미달하

는 것으로 인정된다. 따라서 이○○ 교수가 초과강의점수를 취득하지 못한 것은 자신의 귀책사유로 인한 것이 아니므로, 실적평가에서 초과강의점수를 0점으로 산정한 것은 부당하다. 이 사건 학교는 다른 교원들과는 달리 이○○ 교수에게는 취업지도 학생을 전혀 배정하지 않았으므로, 실적평가에서 취업지도점수를 0점으로 산정한 것은 부당하다.'라는 이유로 이○○ 교수에 대한 2016. 12. 30.자 재임용 거부처분을 취소하는 결정을 하였다.

(라) 참가인의 정관 및 이 사건 학교의 교원인사규정 중 이 부분 징계사유와 관련된 부분은 아래와 같다.

■ 정관

제49조(교원인사위원회의 기능)
① 교원인사위원회는 다음 각 호의 사항을 심의한다.
  4. 기타 학교의 장이 교원인사위원회의 심의가 필요하다고 인정하는 사항

■ 교원인사규정

제25조(교원인사위원회의 기능)
교원인사위원회는 다음 각 호의 사항을 심의한다.
2. 기타 총장이 교원인사위원회의 심의가 필요하다고 인정하는 사항

[인정 근거] 다툼 없는 사실, 갑 제2, 5, 13, 14호증, 을가 제2호증, 을나 제4, 6호증의 각 기재, 변론 전체의 취지

(2) 판단

위 인정 사실에다가 변론 전체의 취지를 종합하여 인정할 수 있는 다음과 같은 사실 및 사정들, 즉 ① 원고는, 2015. 2.경 교무처로부터 미디어디자인과 교원확보율이 낮아

중소기업경영과 비정년계열 교수 3인 중 1인을 미디어디자인과로 소속변경을 할 필요가 있다는 보고를 받고 실적평가점수가 가장 낮은 이○○ 교수를 보내기로 결정하였다는 취지로 주장하나, 미디어디자인과의 교원확보율을 충족시키기 위해 그와는 전혀 학문적 성격이 다른 중소기업경영과 소속 교수를 미디어디자인과로 보내는 것은 그 자체로 부당해 보이는 점, ② 교원의 학과 변경은 그 지위에 중대한 영향을 미치는 것임에도 원고는 이○○ 교수의 동의 없이 소속변경을 단행한 점, ③ 사립학교법 제53조의4 제1항은 "교원의 임용 등 인사에 관한 중요사항을 심의하기 위하여 당해 학교에 교원인사위원회를 둔다."라고 규정하고 있고, 참가인의 정관 제49조 제1항 제4호 및 이 사건 학교의 교원인사규정 제25조 제2호는 "교원인사위원회는 총장(학교의 장)이 교원인사위원회의 심의가 필요하다고 인정하는 사항을 심의한다."라고 규정하고 있는바, 이○○ 교수의 소속변경은 인사에 관한 중요사항에 해당하는 것으로 원고에게는 교원인사위원회에서 이에 대해 심의하도록 할 권한이 있었음에도, 원고는 교원인사위원회의 심의 없이 이○○ 교수에 대한 소속변경을 결정한 점, ④ 원고가 미디어디자인과로 소속변경을 할 다른 학과 교수로 이○○ 교수를 선택한 객관적인 기준이나 이유를 알 수 있는 구체적인 자료를 찾아볼 수 없는 점, ⑤ 이○○ 교수의 미디어디자인과로의 소속변경 조치는 미디어디자인과 학과장에게도 사전 통보가 이루어지지 않은 것으로 보이고, 이후 미디어디자인과 학과장의 계속된 시정 요구도 묵살된 것으로 보이는 점, ⑥ 결국 이○○ 교수는 미디어디자인과로의 소속변경 조치로 인해 강의시수 부족, 취업지도 학생 미배정 등의 불이익을 받아 실적평가에서 낮은 점수를 얻어 2016. 12. 30. 재임용에서 탈락하였다가 이후 교원소청심사청구를 통해 교원 지위를 다시 회복하게 된 점 등을 종합하여 보면, 이○○ 교수에 대한 소속변경 조치는 내부고발자에 대한 신분

상의 불이익이나 근무조건상의 차별을 금지하고 있는 교원의 지위 향상 및 교육활동
보호를 위한 특별법 제6조 제2항을 정면으로 위반한 것에 해당한다고 할 것이고, 이
사건 학교 교원인사관리의 최종책임자인 원고는 이○○ 교수에 대한 부당한 소속변경
조치에 대한 책임이 있음이 명백하다고 할 것이다. 따라서 제5징계사유가 인정된다.

　마) 제6징계사유의 인정 여부

　(1) 인정 사실

　(가) 이 사건 학교는 학사학위전공심화과정의 지정요건과 관련한 교육부의 감사지적
사항을 반영하여 "2015학년도 2학기 강의시간표 작성지침(이하 '이 사건 지침'이라 한
다)"을 마련하였는데, 이 사건 지침에는 '전임교원 확보율을 충족하기 위해서는 전임교
원이 소속 학과의 전문학사학위과정 또는 학사학위 전공심화과정 교과목을 1개 이상
강의하여야 한다.'라고 규정되어 있다.

　(나) 원고는 2015학년도 1학기 시작 직전에 이○○ 교수와 지○○ 교수를 미디어디
자인과로 소속변경을 시켰다.

　(다) 미디어디자인과 학과장 최○○ 교수는 2015. 9. 18. 교육부에 교원확보율이 보
고되는 기준시점(2015. 10. 1.) 이전에 위 두 교수가 미디어디자인과 전공심화과정 교
과목을 실제 강의하지 않았음에도 강의를 한 것처럼 서류를 조작하였다. 원고는 위 서
류에 오류가 있음을 인지하고 2015. 10. 14. 및 2015. 11. 30. 두 차례에 걸쳐 강의담
당교수를 사실대로 변경하도록 조치하였다.

　(라) 이후 이 사건 대학은 소속 학과별로 학사학위 전공심화과정 점검 자료를 제출
받아 이를 취합한 후 한국전문대학교육협의회[1]에 제출할 '2015학년 학사학위 전공

---

1) 고등교육법 제50조의2 제6항(전문기관 위탁), 2015학년도 전문대학 학사학위 전공심화과정 기본계획(2014. 9.
　23.)에 따라 전문대학 학사학위 전공심화과정 인가·지정 업무를 교육부장관으로부터 위탁받은 기관이다.

심화과정 운영결과보고서'를 작성하였는데, 위 보고서에는 이○○ 교수와 지○○ 교수

가 미디어디자인과 전공심화과정 교과목을 실제 강의하지 않았음에도 '모집단위(미디

어디자인과 포함) 전임교원은 소속 학과의 강좌를 모두 담당하고 있다'라는 허위 내용

이 기재되어 있고, 이를 기초로 하여 미디어디자인과의 전임교원 확보율이 60%에 이

르고, 전체교원 확보율이 100%에 이르는 것으로 산정되어 고등교육법 제50조의2 제5

항, 구 고등교육법 시행령(2018. 10. 16. 대통령령 제29222호로 개정되기 전의 것, 이

하 같다) 제58조의2 제4항 [별표 3] 중 모집단위별 기준이 모두 충족된 것으로 기재

되어 있다.

(마) 원고는 2016. 5. 20. 위 보고서의 내용을 면밀히 검토하지 아니한 채 최종 결

재를 하였고, 이로 인해 이 사건 학교는 같은 날 한국전문대학교교육협의회에 허위 내

용이 기재된 '2015학년 학사학위 전공심화과정 운영결과보고서'를 제출하였다.

(바) 이와 관련하여 이 사건 학교는 구 고등교육법 시행령 제58조의2 제4항 위반을

이유로 교육부장관으로부터 총 입학정원의 3% 모집정지 처분을 받았다.

[인정 근거] 다툼 없는 사실, 갑 제2, 5, 17, 18호증, 을가 제2, 11, 12호증의 각

기재, 변론 전체의 취지

(2) 판단

위 인정 사실에 의하면, 원고는 미디어디자인과 학과장 최○○ 교수가 이○○ 교수

와 지○○ 교수가 2015학년도에 미디어디자인과 전공심화과정 교과목을 실제 강의하

지 않았음에도 강의를 한 것처럼 서류를 조작한 것을 인지하고 2015. 10. 14. 및

2015. 11. 30. 두 차례에 걸쳐 이를 시정하도록 조치한 바 있어 고등교육법 제50조의

2 제5항, 구 고등교육법 시행령 제58조의2 제4항 [별표 3] 및 이 사건 지침에서 정한

2015학년도 2학기 전임교원 확보율이 충족되지 않았음을 잘 알고 있었음에도, '2015학년 학사학위 전공심화과정 운영결과보고서'를 면밀히 검토하지 아니한 채 최종 결재를 함으로써 한국전문대학교교육협의회에 허위 내용이 보고되도록 하였다고 할 것이므로, 원고는 한국전문대학교교육협의회에 대한 보고와 관련하여 최종 결재권한을 가진 총장으로서 관리감독의무를 다하지 못한 책임이 있음이 명백하다. 따라서 제6징계사유가 인정된다.

이에 대하여 원고는, 고등교육법 제49조, 같은 법 시행령 제58조의2 제1항 [별표 2]는 해당학과 교과목을 실제로 강의하였는지 여부와 관계없이 해당학과 소속 교수의 수를 기준으로 교원확보율을 산정하도록 정하고 있는데, 이○○ 교수와 지○○ 교수는 미디어디자인과 소속이 맞으므로 교원확보율을 허위보고한 것이 아니라는 취지로 주장한다. 그러나 앞서 본 바와 같이 이 사건 보고서에 실제 강의를 하지 않은 교원이 강의를 한 것처럼 허위 내용이 기재되어 있음은 명백하고, 이 사건 지침은 교육부의 감사지적사항을 반영하여 마련된 것이므로 '전임교원 확보율을 충족하기 위해서는 전임교원이 소속 학과의 전문학사학위과정 또는 학사학위 전공심화과정 교과목을 1개 이상 강의하여야 한다.'라는 요건은 교육부에서 요구한 것으로 보이는바, 교육부장관으로부터 전문대학 학사학위 전공심화과정 인가·지정 업무를 위탁받은 한국전문대학교교육협의회에 학사학위 전공심화과정 운영결과를 보고함에 있어서는 이 사건 지침에 규정된 기준을 준수할 의무가 있다 할 것이므로, 위와 같이 사실과 다르게 이 사건 지침에서 정한 교원확보율 기준을 충족한 것처럼 보고하였다면, 이는 명백히 허위 보고에 해당한다고 할 것이므로, 원고의 위 주장은 받아들일 수 없다.

바) 제7징계사유의 인정 여부

2018-0133084779-BEE46   뒷면조 빨리몰 바코드 입니다.   25 / 39

참고자료 | 347

(1) 인정 사실

(가) 이 사건 장학재단은 공익법인의 설립·운영에 관한 법률에 따라 설립된 재단법인이다. 이 사건 장학재단의 정관 제4조는, "이 법인이 목적사업을 추진함에 있어 이 사건 학교에서 학사학위를 취득한 학생이 국내외의 우수대학에서 석·박사 학위를 취득하는 것을 우선적으로 지원한다."라고 규정하고 있다.

(나) 원고는 이 사건 학교의 교비회계(2015학년도 대학행사비)에서 2015. 5. 13. 이 사건 장학재단 설립추진 발기인 총회 개최비용 2,111,190원을, 2015. 12. 22. 장학재단 설립 간담회 비용 530,000원을, 2016. 6. 22. 장학재단위원회 만찬 비용 316,000원을 각 지출하도록 승인하였다.

(다) 원고는 2015. 12. 3. 이 사건 장학재단이 이 사건 학교의 제2캠퍼스 중소기업관(H동) 제405호(면적 32.4㎡)를 2015. 12. 3.부터 2017. 12. 31.까지 법인사무실로 무상 사용하도록 승인하였고, 전화요금 및 전기요금 등 위 법인사무실 운영을 위한 최소한의 관리경비를 모두 이 사건 학교의 교비회계에서 지출하도록 승인하였다.

(라) 원고는 이 사건 장학재단의 업무지원을 위하여 이 사건 학교 직원 2명에 대한 겸직허가를 하였고, 이 사건 장학재단은 자체 직원 없이 이 사건 학교로부터 지원받은 직원만으로 운영되었다.

[인정 근거] 다툼 없는 사실, 갑 제2, 5, 22, 28, 30호증, 을가 제2, 6 내지 8호증의 각 기재, 변론 전체의 취지

(2) 판단

사립학교법 제29조 제6항 본문은, "교비회계에 속하는 수입이나 재산은 다른 회계에 전출하거나 대여할 수 없다."고 규정하고 있다.

교비회계에 속하는 수입은 위 규정에서 정한 바와 같이 다른 회계에 전출하거나 대여할 수 없는 등 그 용도가 엄격히 제한되어 있으므로, 사립학교의 교비회계에 속하는 수입을 적법한 교비회계의 세출에 포함되는 용도, 즉 당해 학교의 교육에 직접 필요한 용도가 아닌 다른 용도에 사용하였다면 그 사용행위 자체로서 불법영득의사를 실현하는 것이 된다(대법원 2010. 3. 11. 선고 2009도6482 판결 참조).

위 인정 사실에서 본 바와 같이, 이 사건 장학재단은 공익법인의 설립·운영에 관한 법률에 따라 설립된 재단법인으로서 이 사건 학교의 졸업생이 국내외 우수대학에서 석·박사 학위를 취득하도록 우선적으로 지원하는 것을 주된 목적사업으로 하고 있는바, 이 사건 장학재단은 이 사건 학교를 설치·경영하는 참가인과는 다른 별도의 법인이라고 할 것이다. 따라서 이 사건 학교의 교비회계에서 이 사건 장학재단 설립추진 발기인 총회 개최비용, 장학재단 설립 간담회 비용, 장학재단위원회 만찬 비용을 각 지출하고, 이 사건 장학재단으로 하여금 이 사건 학교의 건물을 무상사용하도록 함과 아울러 그 관리경비를 이 사건 학교의 교비회계에서 지출되도록 한 것과 이 사건 학교의 교비회계에서 지출된 돈으로 급여를 지급받는 이 사건 학교 직원 2명으로 하여금 '겸직허가'라는 탈법적인 방법을 이용하여 이 사건 장학재단의 업무를 수행하도록 한 것은 교비회계에 속하는 수입이나 재산을 이 사건 학교 교육에 직접 필요한 용도가 아닌 다른 용도로 사용하게 한 것에 해당한다. 따라서 원고는 이 사건 학교의 총장으로서 교비회계의 타 회계 전출을 금지하고 있는 사립학교법 제29조 제6항 본문 위반에 대한 책임이 있다고 할 것이므로, 제7징계사유가 인정된다.

사) 제8징계사유의 인정 여부

갑 제2, 31, 32호증, 을가 제2, 9호증의 각 기재에 변론 전체의 취지를 종합하면, 원

고는 2016. 6. 14. 이 사건 장학재단에 1억 원을 기부한 이 사건 연구센터가 이 사건 학교 제2중소기업관 제104-1호(면적 297㎡)에 입주함에 있어 시설사용료(관리비) 50%를 감면해 주는 것을 승인한 사실, 이에 이 사건 연구센터는 2016. 7. 5.부터 2018. 1. 4.까지의 시설사용료(관리비) 총 51,110,400원의 50%에 해당하는 25,555,200원을 감면받은 사실을 인정할 수 있는바, 이에 의하면 원고는 참가인과는 별개의 법인인 이 사건 장학재단에 1억 원을 기부하였다는 이유만으로 아무런 법적 근거 없이 이 사건 연구센터에 대하여 이 사건 학교의 시설사용료(관리비) 중 50%를 감면해 줌으로써 이 사건 학교의 교비회계에 속하는 수입을 부당하게 감소시켰다고 할 것이므로, 제8징계사유가 인정된다.

이에 대하여 원고는, 이 사건 연구센터가 이 사건 학교 재학생들을 상대로 무상교육을 실시하였고, 이 사건 학교는 1,000만 원 이상을 발전기금으로 납부한 자에게 대학시설 이용료를 50% 할인해 주는 규정을 두고 있어 2,900만 원을 발전기금으로 납부한 이 사건 연구센터에 대하여 대학시설 이용료 50%를 감면해 준 것이므로 징계사유가 될 수 없다는 취지로 주장한다. 그러나 앞서 본 바와 같이 원고는 이 사건 연구센터가 이 사건 장학재단에 1억 원을 기부하였음을 이유로 하여 시설사용료(관리비) 감면을 승인해 주었음이 명백하므로, 이와는 다른 사유로 인해 시설사용료(관리비)를 감면해 주었다는 취지의 원고의 위 주장은 더 나아가 살펴볼 필요 없이 이유 없다. 설령 원고의 주장대로 이 사건 연구센터가 이 사건 학교 재학생들을 상대로 무상교육을 하였다고 하더라도 이를 이유로 교비회계의 수입에 속하는 시설사용료(관리비)를 감면해 줄 수 있는 근거 규정을 찾아볼 수 없으므로, 원고의 시설사용료(관리비) 감면이 적법하다고 볼 수 없다. 그리고 갑 제31호증의 기재에 변론 전체의 취지를 종합하면, 이 사건 학교의 인터넷 홈페이지의 발전기금 안내 부분에 1,000만 원 이상의 기부자에게는 '대학시설 이용할인(50%)'의 혜택을 주는 것으로 기재되어 있는 사실을 인정할 수 있으나, 그 문언의 객관적 의미 등에 비추어 이는 학교 내 편의시설의 이용료를 할인해 준다는 취지로 보일 뿐, 학교 건물의 임대료 내지 관리비를 할인해 준다는 취지는 아닌 것으로 보인다. 따라서 원고의 위 주장은 어느 모로 보나 이유 없다.

2) 징계재량권 일탈, 남용 여부

교원인 피징계자에게 사립학교법상의 징계사유가 있어 징계처분을 하는 경우 어떠한 처분을 할 것인가는 징계권자의 재량에 맡겨진 것이고, 다만 징계권자가 재량권의 행사로서 한 징계처분이 사회통념상 현저하게 타당성을 잃어 징계권자에게 맡겨진 재량권을 남용한 것이라고 인정되는 경우에 한하여 그 처분을 위법하다고 할 수 있고, 교원에 대한 징계처분이 사회통념상 현저하게 타당성을 잃었다고 하려면 구체적인 사례에 따라 징계의 원인이 된 비위사실의 내용과 성질, 징계에 의하여 달성하려고 하는 목적, 징계 양정의 기준 등 여러 요소를 종합하여 판단할 때에 그 징계 내용이 객관적으로 명백히 부당하다고 인정할 수 있는 경우라야 하고, 징계권의 행사가 임용권자의 재량에 맡겨진 것이라고 하여도 공익적 목적을 위하여 징계권을 행사하여야 할 공익의 원칙에 반하거나 일반적으로 징계사유로 삼은 비행의 정도에 비하여 균형을 잃은 과중한 징계처분을 선택함으로써 비례의 원칙에 위반하거나 또는 합리적인 사유 없이 같은 정도의 비행에 대하여 일반적으로 적용하여 온 기준과 어긋나게 공평을 잃은 징계처분을 선택함으로써 평등의 원칙에 위반한 경우에 이러한 징계처분은 재량권의 한계를 벗어난 처분으로서 위법하다(대법원 2000. 6. 9. 선고 98두16613 판결).

앞서 본 소청심사결정의 경위 및 앞서 든 증거들에 변론 전체의 취지를 종합하여 인

정할 수 있는 아래와 같은 사실 및 사정들을 위 법리에 비추어 보면, 이 사건 해임처분이 징계재량권을 일탈 또는 남용한 것이라고 볼 수 없으므로, 이 사건 결정은 적법하다. 따라서 이와 다른 전제에 선 원고의 주장은 이유 없다.

가) 교원의 비위행위는 교원사회 전체에 대한 국민의 신뢰를 실추시킬 우려가 있으므로, 교원은 일반 직업인보다 더 높은 수준의 도덕성이 요구되고 보다 엄격한 품위유지의무 및 법령준수의무를 부담한다. 특히 대학교의 교무를 총괄하고 소속 교직원을 관리·감독하는 총장은 다른 교원에 비하여 더 높은 수준의 품위유지의무 및 법령준수의무를 부담한다.

나) 원고는 김○○ 교수에 대한 징계사유가 확인되었음에도 징계의결 요구를 지연하여 징계시효를 도과시킴으로써 비위행위를 저지른 교원을 징계할 수 없도록 하였는바, 그 비위의 정도가 매우 중하다. 김○○ 교수가 형사기소가 된 상황에서 직위해제 조치를 하지 아니하고 교원인사위원회의 의사결정과정에 부당하게 개입하면서까지 연구년 교원 선발의 혜택을 부여한 것은 납득하기 어려울 뿐만 아니라, 오히려 김○○ 교수에 대한 내부민원을 제기한 중소기업경영과 소속 이○○ 교수를 당사자의 동의 없이 미디어디자인과로 소속변경 조치함으로써 내부고발자에 대한 신분상의 불이익이나 근무조건상의 차별을 금지하고 있는 교원의 지위 향상 및 교육활동 보호를 위한 특별법 제6조 제2항을 정면으로 위반한 것은 그 비위의 정도가 매우 중하다. 그리고 원고는 이 사건 학교의 총장으로서 교무를 총괄하고 소속 교직원을 관리·감독할 의무가 있음에도 이를 해태하여 교원확보율 관련 허위보고 및 교비회계의 전출 등의 문제가 발생하였고, 이로 인해 이 사건 학교의 교원인사관리에 대한 불신이 초래되고 재정적 손해가 발생하였는바, 원고에 대한 비난가능성이 결코 작다고 할 수 없다.

다) 구 교육공무원 징계양정 등에 관한 규칙(2017. 7. 26. 교육부령 제135호로 개정되기 전의 것) 제2조 [별표] 징계기준을 참고해 보더라도, 원고의 비위행위는 '성실의무위반' 중 '직무태만 또는 회계질서 문란' 및 '신규채용, 특별채용, 승진, 전직, 전보 등 인사와 관련한 비위'와 관련하여 '비위의 정도가 심하고 중과실인 경우' 또는 '비위의 정도가 약하고 고의가 있는 경우'에 해당하므로 해임의 징계처분이 가능하다. 또한, 참가인은 원고가 이 사건 학교를 위법, 부당하게 운영하여 혼란을 가중시키고 대학의 명예를 실추시킨 책임을 엄히 묻는 것이 바람직하다고 판단하여 이 사건 해임처분을 한 것으로 보이는바, 원고가 주장한 여러 사정들을 고려하더라도 참가인의 위 판단이 객관적으로 명백하게 부당하여 사회통념상 현저하게 타당성을 잃은 것이라고 보기는 어렵다.

3. 결론

그렇다면 원고의 청구는 이유 없으므로 이를 기각하기로 하여 주문과 같이 판결한다.

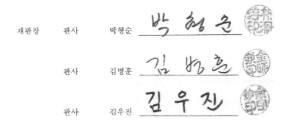

재판장　판사　박형순

　　　　판사　김병훈

　　　　판사　김우진

항소이유서

사 건   2019누30876 교원소청심사위원회 결정취소
항 소 인   1. 김필구
(원고)   경기도 성남시 분당구
피 항소인   1. 교원소청심사위원회
(피고)   대표자 이근우
(피고보조참가) 2. 학교법인 한국산업기술대학
             경기도 시흥시 산기대학로 237 (정왕동) (15073)
             이사장

위 사건에 관하여 항소인(원고, 이하 '항소인'이라 합니다)은 다음과 같이 항소 이유를 제출합니다.

다 음

1. 사건의 개요

① 항소인 취임 전 고발, 고소 사태 발생과 취임 후 보고 수령

경기과학기술대학교(이하 '학교'라 한다)에서는 항소인이 취임하기 약 3개월 전에 소외 이00 교수가 소외 김00 교수의 부당학점 부여 등 비위행위를 내부고발 하였습니다. 학교는 조사팀을 구성하여 조사보고서를 작성하였습니다. 그러자 김00 교수는 이00 교수를 명예훼손으로 고소하였습니다. 항소인은 2014년 2월 22일 학교 총장으로 취임하였습니다. 취임 후 이 같은 상황을 보고받았으나 추가조

사는 하지 않았습니다.

② 이00 교수를 미디어디자인과로 소속변경

항소인은 2015년 2월 말경에 학과별 교원확보율을 맞추기 위해 이00 교수를 미디어디자인과로 소속을 변경하였습니다. 당시 '중소 기업경영과'에는 소속변경 대상 교수가 이00 교수를 포함하여 3인이 있었습니다.

③ 김00 교수를 국내 연구년 교원으로 선발

2015년 7월 말경에 김00 교수가 학교에 대한 업무방해 혐의로 기 소되었다는 통보를 받았습니다. 항소인은 인사위원들과 논의하여 김 00 교수를 6개월간 국내 연구년을 보냈습니다.

④ 강의시간표 작성지침 미준수와 허위보고

2015년 2학기 강의시간표 작성지침에 모든 교수는 소속학과에서 1과목 이상 강의하라는 내용이 포함되었고 교원확보율 충족요건이 라고 하였습니다. 미디어디자인과는 이00 교수 등에게 강의를 배정 하지 않았다가 교무처의 경고를 받았습니다. 그러자 시간표의 교수 이름을 실제와 다르게 이00 교수 등으로 바꾸었습니다. 항소인은 그 런 사실을 보고받고 시정하였습니다. 2016년에 2015년 전공심화과 정 운영결과보고서를 전문대학 교육협의회에 제출하였습니다. 동 보 고서에는 전년에 별도로 제출된 시간표와도 달리 모든 교수가 소속 학과에서 강의하였다는 허위사실이 1줄 기재되어 있었습니다.

⑤ 김OO 교수 징계위원회 회부 및 이OO 교수 재임용 탈락

2016년 7월에 김OO 교수는 벌금 5백만 원을 선고받았습니다. 그 이후 학교는 김OO 교수를 징계위원회에 회부하였습니다. 2016년 말에는 2014년 말 재임용되었던 이OO 교수가 평가점수의 재임용기준 미달로 인해 재임용에 탈락하였습니다.

⑥ 경기과학기술대학교 장학재단 설립과 학교시설 임대료 감면

항소인은 경기과학기술대학교 장학재단(이하 '장학재단'이라 함) 설립을 추진하면서 약 3백만 원의 업무추진비를 사용하였습니다. 장학재단이 학교 사무실을 무상사용하도록 하고 학교직원이 장학재단 직원을 겸직하도록 하였습니다. 장학재단에 1억 원을 납부한 한국계측기기연구센터에 학교시설 임대료 약 26백만 원을 감면하여 주었습니다.

⑦ 교육부의 실태점검과 항소인의 소청심사위원회 심사청구

교육부는 학교 실태점검을 통해 상기와 같은 내용을 잘못이라고 하며 항소인의 해임을 학교법인에 요구했습니다. 학교법인은 교육부에 이의신청 하였으나 기각되자 항소인을 해임하였습니다. 항소인은 피항소인인 교원소청심사위원회에 심사청구 하였으나 기각되어 소송하였습니다. 1심에서 패소하여 항소하였습니다.

2. 원심판결의 요지

(1) 항소인이 학점 부당부여의 비위행위를 철저하게 조사하고 그 결과에 따라 조처를 할 의무가 있었음에도 이를 게을리하였으므로 징계 사유로 인정된다. (2) 징계시효 도과를 방지하기 위하여 징계 의결 요구를 한 다음 징계 절차를 취하지 않는 방법이 있었음에도 징계 의결 요구를 지연하였으므로 징계 사유로 인정된다. (3) 교원 연구년제는 전임교원에게 혜택을 주기 위한 제도이고 절차규정을 어겼으므로 징계 사유로 인정된다. (4) 항소인이 교원인사위원들에게 김00 교수의 연구년 교원 선발 필요성을 호소하였으므로 징계 사유로 인정된다. (5) 이00 교수를 교원인사위원회 심의 없이 미디어디자인과로 소속변경 하였으므로 교원의 지위 향상 및 교육 활동 보호를 위한 특별법 제6조 제2항을 위반한 것에 해당하고 징계 사유로 인정된다. (6) 전임교원확보율이 충족되지 않음을 잘 알고 있었음에도 전공심화과정 운영결과보고서를 면밀히 검토하지 않은 채 허위보고가 되도록 하였으므로 징계 사유로 인정된다. (7) 학교와 별개 법인인 경기과학기술대학교 장학재단을 설립하기 위하여 업무 추진비를 사용하고 학교건물을 무상사용하도록 함과 아울러 학교직원의 장학재단 업무 겸직을 허가하였으므로 징계 사유로 인정된다. (8) 경기과학기술대학교 장학재단에 1억 원을 기부한 한국계측기기 연구센터의 학교시설 사용료 감면은 교비 회계 수입을 부당하게 감소시켰으므로 징계 사유로 인정된다.

3. 원심판결 사안별 오류

(1) 비위행위 조사의무 관련 원심판결의 법리오인, 사실오인 및 심리미진

가. 사립학교법에 따라 비위행위조사 중단 가능

사립학교법 제66조의3 제3항은 '검찰·경찰, 그 밖의 수사기관에서 수사 중인 사건에 대하여는 제1항에 따른 통보를 받은 날로부터 징계 의결의 요구나 그 밖의 징계 절차를 진행하지 아니할 수 있다'라고 규정하고 있습니다. 즉 수사기관에서의 수사가 개시되면 학교는 사실 조사를 진행하지 않을 수 있습니다. 수사기관과 별개로 진행하는 조사가 수사에 혼선을 초래할 수 있음을 고려하면 당연한 규정이라고 생각됩니다.

나. 항소인 취임 전 사실 조사 이미 중단

항소인은 취임하고 3월 초에 당시 교무처장이던 김△△ 교수로부터 이00, 김00 교수 간 내부고발 및 수사기관에 대한 고소 건에 대하여 보고를 받았습니다. 김△△ 교수는 이00 교수의 내부고발에 대한 학교 진상조사팀의 팀장이기도 했습니다. 김△△ 교수는 자신과 김00 교수 사이에는 욕설을 포함한 다툼이 있었다는 사실도 보고하였습니다.

김△△ 교수는 김00 교수보다 나이도 많고 총장 다음 직위인 교무처장임에도 그러한 다툼이 발생한 점과 내부고발 대상자인 김00 교수가 오히려 이00 교수를 수사기관에 명예훼손으로 고소한 점이 사실관계가 단순하지 않다는 직감을 하게 하였습니다. 김△△ 교수도 수사를 통해 모든 사실이 밝혀지길 기대했고 학교 내에는 그런 컨센서스가 형성되어 있었습니다. 이 점은 원심 증인의 증언에도 나타납니다. 원심에서는 2014년 3월에 통보된 시흥경찰서의 수사협조 요청공문만 증거로 제시되었으나 학교는 이미 그해 2월 6일에 시흥경찰서로부터 수사협조 요청을 받은 상태였습니다(갑제35호증)[1]

원심 판결문에서 강조하고 있는 학교의 진상조사팀 보고서는 항소인 취임 3개월 전에 작성되어 당시 총장에게 보고된 것입니다. 항소인에게는 상황 설명을 위하여 보고 되었습니다. 보고서에 명시되어 원심판결에 인용된 '향후 검토사항' 중 김00 교수의 학과장 보직면직은 실행되어있었습니다. 나머지 추가조사 관련 사항들은 김00 교수가 역으로 수사기관에 고소하자 조치를 하지 못하고 상황을 지켜보고 있었던 것입니다. 학교는 내부고발된 금전 문제를 더욱 심각하게 생각하고 사실 여부에 주목했었습니다. 누구도 추가조사를 제기하지 않았고 항소인도 그런 교내의 컨센서스가 이해되었습니다.

다. 당사자들 간 진술대립 상황은 추가조사의 실효성에 의문 제기

원심판결은 당사자들 간에 진술이 대립하므로 더욱 조사할 필요성이 있다고 했습니다. 항소인 취임 전의 조사팀은 당시 교무처장과 기획처장 그리고 직전 교수협의회 회장이었지만, 김00 교수가 인정

---

[1] 수사 중인 사안임을 입증하기에는 갑제7호증(시흥경찰서 협조요청공문)으로 충분하다고 생각했으나 항소인 취임 전에 수사협조 요청이 있었음을 입증하기 위해 제출함

하였다는 내용에 대해 자필진술서도 받지 못하였습니다. 항소인은 김00 교수와 이00 교수를 각각 총장실로 불러 상황을 객관적으로 파악하고자 하였으나 당사자들은 자신들이 옳다는 견해를 강하게 견지한 것입니다. 그 후 학교에는 수십 명이 수사기관에 소환되어 조사를 받았다는 사실이 알려졌습니다. 학교 컴퓨터시스템에 대한 압수수색도 이루어졌습니다. 수사기관과 따로 조사해야 한다는 주장은 현실적이지 않았습니다. 징계도 내부고발된 모든 사실을 규명하고 종합하여서 해야지 일부분만 별개로 징계하는 것은 당시에는 누구도 생각하지 않는 대안이었습니다.

라. 선의의 다른 학생 피해와 김00 학생에 대한 조치는 무관

원심은 선의의 다른 학생 피해를 언급했습니다. 입학경쟁은 없는 야간 산업체 학생들이기 때문에 입학 불이익은 없었습니다. 김00 학생 때문에 다른 학생이 성적이나 장학금에서 불이익을 받았을 수 있습니다. 하지만 학생들이 졸업한 뒤에 문제가 제기되었고 치유 방법도 없다는 점을 고려하면 김00 학생에 대한 조치를 서두를 이유는 되지 않습니다.

원심은 마치 김00 학생이 2010년 2학기에 40학점을 청강하고 입학한 후에 학점으로 인정받은 것처럼 판결하였습니다. 실제는 2010년 2학기 개설과목을 청강하고 2011년 2학기 성적으로 인정받고 1학년이던 2011년 2학기에는 2학년 과목을 청강하고 2012년 2학기에 학점을 인정받았습니다. 부당수령 장학금도 2011년 2학기 성적에 따라 지급된 2012학년도 1학기 장학금입니다. 항소인도 부당학점 부여 전모를 김00 교수의 업무방해 1심판결 후에 알게 되었습니다. 학교는 김00 교수의 업무방해 2심 판결 후에 부당학점 취소를 위해 김00 학생에 대한 청문회를 개최했습니다. 그때 김00 학생은 자신은 4학기인 전문학사 과정을 5학기를 다녔고 가장 공부를 열심히 했다고 억울해했습니다.

마. 항소인의 조사의무와 관련한 소결론

항소인은 부당학점 부여가 일어났을 수 있다는 점을 보고받았지만, 수사기관의 수사에 미루고 취임하자마자 특성화전문대학 육성사업에 선정되는 것에 매달렸습니다. 특성화 전문대학육성사업은 당시 교육부의 대표적인 전문대학 지원사업으로서 선정 여부가 학교의 발전을 가름할 수 있는 사업이었습니다. 모든 전문대학이 신청하여 경쟁하였습니다. 정부에 30년 가까이 근무하여 이런 사업에 능했던 항소인은 계획서작성을 진두지휘하면서 교직원들을 독려하였습니다. 학교의 모든 역량을 결집한 사업계획서를 5월경에 제출하였고 선정되었습니다. 그 결과 2014년부터 매년 40억 원 이상을 지원받아 학교발전에 크게 도움이 되었습니다.

총장으로서 항소인은 해야 할 일과 할 수 있는 일이 있었습니다. 추가조사는 법적으로 반드시 해야 할 일이 아니었고 학교의 발전을 도모하는 것은 할 수 있는 일이었습니다.

(2) 징계 의결 요구를 하지 않은 것과 관련한 원심판결의 법리오
인, 사실오인 및 심리미진

가. 이OO 교수의 내부고발 동기는 누구도 알 수 없음

원심판결은 이OO 교수가 허위로 김OO 교수의 비위행위를 고발할
특별한 이유를 찾을 수 없는 상황이라고 하였습니다. 내부고발 사항
들은 대부분 혐의가 없는 것으로 결론 났습니다. 이OO 교수의 내부
고발 동기는 재판과정에서 전혀 언급되지 않은 사항입니다.

내부고발 당시에 학교에는 당시 총장과 교무처장인 김△△ 교수
및 이OO 교수가 같은 대학 동문으로서 중소기업경영과의 정년계열
교수인 김OO 교수를 밀어내고 그 자리를 이OO 교수가 차지하려 한
다는 소문이 있었습니다. 아마 이 소문이 김△△ 교수와 김OO 교수
간에 욕설이 포함된 다툼의 원인이 아니었을까 항소인은 짐작만 했
습니다.

소문의 진위도 알 수 없지만, 원심의 이OO 교수의 순수성 추론도
알 수 없습니다.

나. 사립학교법령에 따라 징계시효 도과를 막기 위한 징계
의결요구는 불가

원심판결은 수사개시 통보를 받았더라도 징계 의결요구를 해서
징계시효 도과를 막았어야 한다고 합니다. 그렇지만 사립학교법 제
64조의2는 '징계 의결요구권자가 제64조의 규정에 의하여 징계 의
결을 요구할 때에는 징계 의결요구와 동시에 징계대상자에게 징계

사유를 기재한 설명서를 송부하여야 한다'라고 규정하고 있습니다. 사립학교법 시행령 제25조 제4호에 따라 징계 의결요구서에는 징계 혐의 사실을 입증하는 증거서류도 첨부되어야 합니다. 그리고 교원 징계위원회는 사립학교법 시행령 제24조의8에 따라 징계 의결 요구 일로부터 90일 이내에 징계에 관해 의결하여야 합니다. 이는 한정된 법정기한입니다.

즉 현행 사립학교법은 수사기관의 수사와 관련하여 징계 의결의 요구나 그 밖의 징계 절차를 진행하지 아니하거나, 증거서류 등이 있어서 수사와 상관없이 징계 의결을 요구할 때에는 90일 이내에 징계에 관해 의결토록 하는 것입니다. 원심에서 판결하고 있는 것처럼 편의적으로 징계 의결요구를 할 수 있는 것이 아닐뿐더러 징계 의결요구를 했다고 해서 시효가 늘어나는 것도 아닙니다.

다. 수사종료 통보일로부터 1개월 이내에 징계 의결 요구 사실적 불가

항소인은 수사결과가 나오면 사실관계가 분명해져 그에 따라 절차를 밟아나가면 될 것으로 기대했습니다. 항소인이나 학교의 기대와 달리 법원도 검찰청도 구체적인 수사결과를 알려주지 않았습니다. 징계업무를 담당하는 교무팀으로부터 법원에까지 수사결과를 얻기 위해 노력했다는 보고를 받고 더는 학교가 할 수 있는 일은 없다고 생각했습니다. 당시 교무팀장 등과 "어떤 도벽이 있는 교수가 백화점에서 물건을 훔치다가 나중에 백화점으로부터 고발을 당했는데 교수가 절도 사실을 부인하고 재판에 회부되었다면 학교는 어떻게 해야 하는지?" 등을 고민하였습니다. 궁여지책으로 유죄판결이 나면 유죄판결 사실이 교원의 본분을 어긴 것으로 징계 사유가 되는 것 아니냐는 것으로 결론을 내리고 징계를 보류한 것입니다.

라. 징계시효 도과와 관련한 소결론

항소인이 수사기관의 수사가 종료되면 학교도 수사결과에 따른 사실관계를 파악할 수 있을 것으로 기대한 잘못이 있습니다. 그렇지만 전임 총장 재직 시에 일어난 일에 관해 전임 총장이 구성한 조사팀이 명확히 밝혀내지 못하고 수사기관의 수사로 이어진 사안을 또 조사하는 것의 실효성은 의심스러운 것이었습니다. 항소인은 부득이 징계시효를 도과할 수밖에 없었다는 점을 거듭 말씀드립니다.

(3) 김00 교수의 연구년 선발과 관련한 원심판결의 법리오인, 사실오인 및 심리미진

가. 대법원판례에 의하면 형사기소 되었다는 이유만으로 직위해제 불가

원심은 김00 교수를 직위 해제하였어야 한다고 판결하고 있습니다. 항소인도 김00 교수에 대한 직위해제를 검토하였습니다. 직위해제를 검토한 담당 조직인 교무팀이 원심에서 항소인이 제시한 것처럼 다음과 같은 대법원판례를 항소인에게 보고하였습니다. "형사사건으로 기소되었다는 이유만으로 직위해제 처분을 하는 것은 정당화될 수 없고 당사자가 국가공무원법 제33조 제1항 제3호 내지 제6호에 해당하는 유죄판결을 받을 고도의 개연성이 있는지 여부, 당사자가 계속 직무를 수행함으로 인하여 공정한 직무 진행에 위험을 초래하는지 여부 등 구체적인 사정을 고려하여 그 직위해제 처분의 위법 여부를 판단하여야 한다"(대법원 1997.9.17. 선고 98두15412)라는 판례입니다.

이러한 보고를 받고서는 원심판결이 인용한 구 사립학교법 제58조의2 제1항 제3호(현행법과 조항과 내용이 같음)의 "직위를 부여하지 아니할 수 있다"라는 규정에 따라 직위해제 처분을 할 수가 없었습니다.

결과적으로도 김00 교수는 벌금 5백만 원으로 종결되었고 징계위원회의 징계내용도 감봉 3개월이었으므로 직위해제를 하지 않은 것이 옳은 결정이었습니다. 직위해제를 했었다면 오히려 학교가 김00 교수로부터 책임을 추궁당하는 상황이 될 수 있었습니다. 이와 관련 원심은 상기와 같은 대법원판례가 왜 이 건에는 적용되지 않는지 등에 대한 아무런 설명 없이 그냥 직위해제를 했어야 한다니 어안이 벙벙합니다. 원심의 피고 보조참가인인 학교법인이 교육부의 처분(안)(갑제2호증)에 대한 이의신청(갑제3-1호증) 시 대법원판례를 교육부가 무시한 것은 그렇다 하더라도 법원마저 무시하니 당황스럽습니다.

나. 학교의 교원 연구년 규정에 따른 김00 교수 국내 연구년 선발

원심은 연구년제도는 무조건 특혜라고 합니다. 학교의 교원 연구년제 규정(갑제11호증)은 반드시 그렇지 않습니다. 판결문에서도 적시한 교원 연구년제 규정 제6조 제3항 제3호의 '대학발전에 공헌이 지대한 교원'과 동 규정 제4호의 '교원 실적평가가 우수한 교원'이 아닌 제5호의 '기타 총장이 필요하다고 인정한 교원'은 그럼 어떤 교원입니까? 당연히 문제가 있는 교원이 포함됩니다. 신분이 보장되어 직위 해제할 수도 없는 교원을 연수를 보내어 반성하게 하는 것도 제도의 취지라고 할 수 있습니다. 학교에 대한 업무방해 혐의로 기소된 교수를 수업에서 배제하기 위해 연구년을 보낸 것은 징계 사유가 될 수 없다고 생각합니다.

항소인은 당시 재판에 문외한이었지만 언론을 통해 재판 중인 사람이 법정구속 되었다는 사실은 종종 접했었습니다. 금전 문제와 관련하여 나쁜 소문도 있었기 때문에 김00 교수가 수업 중에 구속되어 학생들이 동요하는 사태를 걱정했었습니다.

다. 사정변경으로 인한 뒤늦은 김00 교수 연구년 선발

학기 시작 2개월 전까지 연구년 교수를 선발하여야 한다는 규정은 준수하지 못했습니다. 김00 교수의 수업배제 방안을 고민하던 항소인에게 연구년 아이디어가 생각난 것은 김00 교수가 기소되기 전에 1년간의 해외 연구년을 신청했다가 인사위원회에서 보류되었다는 보고를 받았기 때문입니다. 당시 교무처장을 통해 김00 교수에게 6개월간의 국내 연구년으로의 변경 신청을 권유했고 부득이 김00 교수의 연구년 선정이 늦게 된 것입니다. 내부 구성원에 대해 내부 구성원들의 동의로 이루어진 사정변경이므로 기한규정 미준수가 징계 사유는 되지 않는다고 생각됩니다.

라. 김00 교수의 연구년 선발과 관련된 소결론

학교에 대한 업무방해 혐의로 재판을 받는 교수가 학교에서 분리되고 교통비, 식비, 초과 강의수당 등을 받을 수 없는 연구년을 좋아했을지는 의문입니다. 항소인은 대법원판례나 학교 연구년 규정 등 주어진 여건하에 학교를 위해 최선이라고 생각한 조치를 한 것입니다.

(4) 교원인사위원회의 의사결정에 관한 부당개입과 관련한 원심의 법리오인, 사실오인 및 심리미진

가. 항소인과 인사위원들과의 간담회 의의 및 필요성

인사위원회는 총장이 부의하는 안건을 심의하는 기구입니다. 어떠한 안건이든 총장이 구두로 설명할 권한과 책임이 있다고 할 수 있습니다. 원심판결은 총장으로서 부의된 안건을 설명하는 항소인의 소통 노력이 부당하다는 것입니다.

학교는 각 교수가 독립적으로 강의와 학점 등에 대해 권한과 책임을 행사하기 때문에 내부소통이 쉽지 않습니다. 어떤 교수는 소속학과 이외의 학교 구성원들과는 전혀 교류하지 않고 생활하기도 합니다. 학교에서는 교무처, 기획처, 학생복지 취업처 등의 조직에서 교수들에게 교육부에서 요구하거나 학교발전을 위해서 보조를 맞출 필요가 있는 일 등을 하거나 하지 말 것을 자주 요청합니다. 그럴 때 교수들은 때로는 직접 총장의 생각을 듣고 총장과 토론하기를 원합니다. 인사위원들이 김00 교수 관련 상황을 궁금해하고 교무처가 아니라 총장에게서 직접 듣기를 원해 그렇게 한 것입니다. 항소인은 재직하는 동안 간담회를 많이 했습니다. 간담회는 학교에서 특별한 것도 아니고 항소인의 일상적인 업무의 하나였습니다. 원심의 증인 신문에서도 잘 드러났습니다.

나. 교원인사위원회의 독립적인 김00 교수 연구년 선발 심의 의결

총장인 항소인과의 간담회 이후에 개최된 인사위원회의 참석자들은 항소인과의 간담회 때 참석했던 인사위원들과 완전히 일치하지도 않습니다. 항소인은 징계성 국내 연구년으로 하자는 제안을 하였지만, 인사위원들은 무죄 추정의 원칙을 들어 일반 국내 연구년으로 의결했습니다. (갑제10-2호증)

다. 교원인사위원회 의사결정 개입과 관련한 소결론

학교 행정에 관해 최종 결정권을 가진 총장이 학교 일을 심의하는 위원들과 사전적으로 토론하는 일은 합법적이고 합리적입니다. 이런 일을 문제 삼는 것이야말로 비상식적인 트집 잡기입니다. 더는 변론할 일이 아니라고 생각됩니다.

(5) 이00 교수의 소속변경과 관련한 원심판결의 법리오인, 사실오인 및 심리미진

<u>가. 중소기업경영과 교수의 미디어디자인과로의 소속변경 타당성</u>

원심은 미디어디자인과의 교원확보율 충족을 위해 중소기업경영과 교수를 소속변경하는 것이 부당해 보인다고 하였습니다. 전문대학의 현실을 잘 모르는 지적이라 생각됩니다. 교육부는 NCS(National Competency Standard: 국가직무 능력표준)를 활용한 교육을 강조하고 특성화전문대학 사업비를 지원받는 학과는 NCS 직업기초능력 교양과목 10개 (의사소통능력, 수리능력, 문제해결능력, 자기개발능력, 자원관리능력, 대인관계능력, 정보능력, 기술능력, 조직이해능력, 직업윤리) 중 2과목 이상을 개설토록 하였습니다. 미디어디자인과는 직업기초능력 교양과목을 개설해야 하는 학과입니다. 직업기초능력 교양과목 전공 교수는 따로 없고 경영학 전공 교수가 담당하는 것이 적절한 과목이 많습니다. 학교는 여러 과 학생들이 공통으로 수강하는 영어, 물리, 수학 등의 전공 교수들을 학과별 교원확보율을 고려하여 소속학과를 변경해 왔습니다. 경영학 전공 교수의 미디어디자인과로의 소속변경은 부당하다고까지 할 수 없는 일입니다.

<u>나. 이00 교수의 동의 없는 소속변경의 불가피성</u>

이00 교수의 동의 없이 소속변경을 한 것이 부당하다는 지적 역시 수긍하기 어렵습니다. 모든 인사가 인사대상자의 동의하에 이루어지면 좋겠지만 현실적으로 불가능합니다. 이00 교수의 소속변경과 관련하여서는 '중소기업경영과'에서 논의할 기회를 주어 이00 교수를

포함한 소속 교수들의 의견을 들었습니다. 인사대상 3인의 교수 모두 동의하지 않았습니다. 교무처와 논의를 거쳐 결정하였습니다.

다. 이00 교수 소속변경을 위한 인사위원회 심의 의무 여부

이00 교수의 소속변경을 인사위원회에서 심의토록 할 권한이 있었지만 그렇게 하지 않았다는 지적도 전적으로 동의하기 어렵습니다. 무엇보다도 지금까지 교수의 소속학과 변경에 관해 인사위원회에서 심의한 전례가 없었습니다. 그래서 교무처에서도 그러한 건의가 없었습니다. 왜 더 잘하지 못했냐는 지적이라면 할 말이 없습니다만 학교에서 인사 관련 새로운 사례를 만드는 것은 신중해야 할 사안입니다. 책임을 인사위원회로 미루는 것이 될 수도 있다는 점을 말씀드리고 싶습니다.

라. 미디어디자인과로의 소속변경 교수 선정기준

미디어디자인과로 소속변경 할 다른 학과 교수로 이00 교수를 선택한 객관적인 기준이나 이유를 알 수 있는 구체적인 자료를 찾아볼 수 없다는 지적은 그 의미가 모호합니다. '왜 중소기업경영과 교수인가, 다른 학과도 있지 않나'라는 지적이라면 항소인은 원심재판 중에 재판부가 왜 그런 질문을 하지 않았는지 궁금합니다. 왜 중소기업경영과 교수이냐에 대해서는 교육부의 실태조사 때부터 다툼이 없습니다. 당시 학교에서 교원확보율에 여유가 있는 학과는 중소기업경영과 밖에 없었기 때문입니다. 다른 학과에도 교원확보율에 여유가 있었으면 교육부가 지적했을 것입니다.

3인의 변경 대상 교수 중 가장 실적이 낮은 교수를 선정한 것(갑 제12-2호증)이 객관적인 기준이나 이유가 되지 않는다는 것이 원심 판결이라면 항소인의 말문을 막는 것입니다. 요즘의 대학은 학생모 집에서부터 국비 지원 획득에 이르기까지 경쟁이 치열합니다. 좋은 학생을 선발하여 잘 가르쳐서 높은 취업률을 유지해야 모든 학교 일 이 선순환을 할 수 있습니다. 그러기 위해서는 교수들의 능동적인 참여가 있어야 합니다. 법으로 신분이 보장되고 승진 경쟁이 치열하 지도 않은 (조교수->부교수->교수로의 승진제도가 있으나 다른 조직 사회의 승진탈락에 따른 퇴사나 상하관계 역전 같은 개념은 없음) 교수들의 적극적인 참여를 유발하기 위해서는 실적 위주의 인사를 하는 것이 절실했습니다. 원심에서의 증인신문에서도 나타난 것처럼 항소인은 예외 없이 실적 위주의 인사를 했습니다.

2015년 2월은 항소인이 총장으로 취임한 지 1년이 되었던 때로서 교수들에게 실적을 강조하던 시기였습니다. 그런 항소인이 중소기업 경영과의 소속변경 가능 교수 3인 중 항소인의 방침에 가장 부응하 는 교수(시흥시의 아웃렛 개발사업 참여 및 학생들의 대기업 현장실 습 알선과 그것을 통한 취업유도. 이런 대외적인 활동은 학교 전체 에서도 최상위권에 해당함)를 단순히 신참이라고 원치 않는 인사의 대상으로 할 수는 없었습니다. 그렇게 했다면 실적 쌓기를 독려하는 항소인의 요청은 그 순간부터 공허하게 되었을 것입니다. 자신의 평 가점수 부족을 알면서도 더 나은 계량점수를 얻지 못해 재임용에 있 어 총장의 대학발전 기여도 평가에 의존해야 했던 이OO 교수에 대 해서는 특히 분발을 촉구할 필요도 있었습니다. (그것이 실적 위주

인사를 하는 근본 이유입니다.)

마. 미디어디자인과 학과장에게 사전 미통보 및 시정요구 묵살 주장의 허구성

이00 교수의 미디어디자인과로의 소속변경조치가 미디어디자인과 학과장에게 사전 통보가 이루어지지 않은 것으로 보인다거나 미디어디자인과 학과장의 계속된 시정요구가 묵살된 것으로 보인다는 지적도 터무니없는 사실오인이거나 심리미진입니다. 그런 주장은 실제 강의 교수의 이름을 바꿔치기해 징계를 받게 된 미디어디자인과 학과장의 소명서에 나오는 내용입니다. 학교 일을 알면 상식적으로 이해가 되지 않는 일방적인 주장이기 때문에 항소인도 구태여 설명하지 않은 사안입니다.

우선 미디어디자인과 학과장이 사전에 통보받지 못했다는 주장 자체가 무슨 뜻인지 쉽게 이해가 되지 않는 내용입니다. 학교는 새 학기가 시작되기 전에 등록한 학생 수에 따른 교원확보율을 점검합니다. 교원확보율은 법령에 규정된 중요한 지표로서 매 학기 교육부에 보고하고 공시도 되는 사항입니다. 각 학과에서 교원확보율을 산정해서 교무팀으로 통보하고 교무팀에서는 각 학과의 결과를 점검합니다. 법정의무 교원확보율에 미달하는 학과가 발생하면 교무팀과 해당 학과는 서로 확인하고 의논을 하게 됩니다. 2015년 2월에도 당연히 그렇게 진행되었고 그렇지 않을 수가 없습니다(그렇지 않았다는 주장은 없습니다). 결국, 미디어디자인과 및 중소기업경영과의 교원확보율에 대해서 교무팀, '중소기업경영과', '미디어디자인과'가 정보를 공유하게 됩니다. 즉 중소기업경영과는 미디어디자인과의 교원 확보율 부족으로 인해 교원 1명의 소속이 변경되어야 함을 알게 되고 미디어디자인과는 현재 교원확보율에 여유가 있는 학과가 '중소기업경영과'라는 사실을 알게 됩니다. 미디어디자인과가 중소기업경영과 교원이 소속을 변경할 것을 몰랐다면은 미디어디자인과는 교무팀과 자신들의 교원확보율 부족만 확인하고 보완을 요청했을 뿐 어느 학과 교수가 소속변경 할 것인지에 대해서는 교무팀에 문의하지도 않았고 관심도 없었다는 뜻입니다. 실제 학교의 업무 진행 과정에 비추어 봤을 때 무리가 있습니다.

교수의 신규채용은 3개월 이상 소요되기 때문에 2015년 1학기 개강을 눈앞에 두고 신입생 모집결과에 따른 교원확보율 조정을 하는 2월에는 현실적인 대안이 아닙니다.

본 건 이00 교수의 경우와 같이 '중소기업경영과'와 교무처 그리고 항소인 간의 논의를 통해 소속변경 대상 교수가 정해집니다. 보통은 서류상으로 발령 내기 전에 교무처의 인사담당자가 당사자들(중소기업경영과 학과장, 이00 교수 그리고 미디어디자인과 학과장)에게 알려줍니다(그렇게 할 의무가 있는 것은 아니나 관례적인 소통 과정이며 총장이 관여하는 일도 아닙니다). 미디어디자인과 학과장도 논의 과정에서 대상 교수 선정에 이견이 있으면 항소인을 비롯하여 관련 인사에게 의견을 제시할 수 있습니다.

한편 '중소기업경영과'에서 교무처에 건의한 소속변경 대상 교수와 항소인이 교무처와 논의하여 정한 소속변경 대상 교수가 달랐기 때문에 대상 교수 선정에 1주일가량 소요되었습니다. 미디어디자인과 학과장도 이견이 있었다면 개진할 수 있는 충분한 시간이 있었습니다. 이러한 과정에서 미디어디자인과 학과장에게 사전에 통보되지 않은 것으로 보인다는 원심판결의 내용은 무슨 뜻인지 알 수 없는 지적입니다.

미디어디자인과 학과장의 시정요구가 묵살된 것으로 보인다는 원심판결도 학교행정과는 동떨어진 내용입니다. 시정요구는 미디어디자인과가 원하는 전공 교수를 신규채용하는 것을 말합니다. 그런데 학교의 교수 신규채용은 매년 말에 학교 전체적으로 충원계획을 세워 1개월가량 초빙공고를 합니다. 그리고 외부인사를 포함한 전공 적합성 심사위원회를 구성하여 공고된 전공 분야와 지원자의 전공이 일치하는지를 심사한 다음 통과자에 한해 서류심사, 면접심사 등을 거쳐 그다음 해 2월까지 채용계약을 합니다.

우선 신규 채용계획을 수립하는 과정에서 많은 논의를 거칩니다. 거의 모든 학과가 교수 충원을 희망하기 때문입니다. 11월경이 되면 어느 학과들에 어떤 전공으로 몇 명의 교수를 신규 채용할 것인가에 대해 어느 정도 교내 컨센서스가 이루어지고 처장단 회의를 거쳐 결정합니다. 불만인 교수도 있습니다(전기·전자계열을 원한다든가 기계계열이 더 필요하다든가 하는 이견을 표출한 교수는 학교에 대해 시정요구를 했다고 주장할 수 있습니다.). 미디어디자인과도 2015년에 교수 신규채용 문제를 제기했고 항소인에게도 2번 정도 신규채용 건의를 했던 것으로 기억합니다. 해당연도 말에 신규채용 계획에 포함되어 2016년 2월에 신규채용을 하였습니다. 항소인이 고의로 미디어디자인과의 교수채용 요구를 묵살한 것과 같은 원심판결은 사실과 다릅니다.

바. 이00 교수가 소속변경으로 인해 재임용 탈락하였다는 주장의 허구성

이00 교수가 미디어디자인과로 발령을 받아 강의시수 부족 및 취업지도 학생 미배정으로 재임용에 탈락하였다는 원심판결도 사실과 다릅니다. 원심판결은 2016년만 예를 들어 이00 교수가 책임시수에도 미달하였다고 합니다. 이00 교수는 원심의 소장에서 제시된 것처럼 미디어디자인과로 발령받은 2015년에 총 40시간을 강의하여 22시간이나 초과 강의하였습니다. 재임용을 위한 평가점수는 2015년과 2016년을 합하여 계산합니다. 이00 교수는 미디어디자인과 소속이던 2015년과 2016년에 총 53시간을 강의하여 책임시수 36시간에 17시간이나 초과하였고 상응하는 초과강의 점수를 획득한 것입니다 (한 학기당 책임시수가 9시간이므로 2년 4학기의 총 책임시수는 36시간입니다).

초과강의는 선택사항이며 교수 본인의 노력에 따라 결정되는 것입니다(갑제15호증). 그래서 초과강의에 대해 실적점수와 강의수당을 지급하는 것입니다. 학교는 초과강의를 장려하지만 강요하지도 않고 보장하지도 않습니다. 이00 교수에 대한 학생들의 강의평가는 매년 하위권인 경우가 많습니다(갑제36호증).[2] '중소기업경영과'와

---

[2] 이00 교수에 대한 재임용을 논의할 때 학교에서 작성한 자료이며 비정년계열 교수 중 강의전담 교원들만 비교 평가한 것입니다. 학교는 이렇게 동일군별로 강의평가를 하여 우수교원에 대해 매 학기 시상을 합니다.

'e 비즈니스과'가 '경영과'로 통합되어 강의 교원에 여유가 생긴 2016년에는 강의를 맡기가 쉽지 않았던 것 같습니다. 그래도 초과강의는 본인이 확보하여야 합니다.

학교에서 책임시수란 반드시 강의하여야 하는 의무시수이며 책임시수에 대해서는 별도 강의수당을 지급하지 않습니다. 책임시수 미만으로 강의를 담당하려면 사전에 총장의 승인을 받아야 합니다. 교수가 해당 학기에 몇 시간을 맡게 되는지는 본인 외에는 모릅니다. 학과장의 경우 시간표 작성을 하므로 해당 학과의 개설과목에 대한 교수별 강의시수를 알 수 있지만, 교수들의 타 학과 강의에 대해서는 알 수 없습니다. 학생들의 수강신청 결과 폐강과목까지 정해져서 시간표가 확정되면 교무처에서 교수별 강의시수 통계작성이 가능할 뿐입니다. 그전에는 본인만이 상황을 압니다. 이00 교수는 2016년에 책임시수에도 미달하면서 학교 내의 누구에게도 알리지 않았습니다.

학교가 특정 과목에 대해 어떤 교수가 강의토록 하라고 학과에 요구할 수는 없지만, 전임교원의 책임시수 보장은 요구할 수 있습니다. 이00 교수는 책임시수에 미달하는 강의를 맡게 될 것을 알면서도 학교에 보고하지 않아 스스로 책임시수에 미달한 것입니다. 이것은 학교가 이00 교수에게 책임을 물을 일입니다.

이00 교수가 취업지도 학생을 배정받지 못해 취업 지원실적을 쌓지 못했다는 주장도 사실과 다릅니다. 취업 지원실적은 주로 취업학생 추천의뢰 기업을 발굴했을 때 획득하는 것입니다. 교수가 취업

학생 추천의뢰를 받으면 학생복지 취업처와 협의하여 기업의 요구에 맞는 학생을 추천하고 취업이 되었을 때 취업 지원실적점수를 획득하는 것입니다. 교수가 취업 진로 등을 상담하는 취업지도 학생이 스스로 취업했다고 해서 취업 지원실적을 획득하는 것이 아닙니다. 이00 교수는 '중소기업경영과'에 소속되어 있을 때도 취업지도 학생을 배정받은 적이 없습니다. 항소인이 기억하는 한 이00 교수는 소속학과의 취업률에 따라 소속학과 교수들에게 공통으로 부여하는 취업 지원실적 외에 한 번도 개별적인 취업 지원실적을 획득한 적이 없습니다.

사. 소결론: 내부고발 보상으로 인한 재임용 및 차별주장의 근거 부재

이00 교수는 2013년, 2015년, 2016년 모두 재임용에 미달하는 점수를 획득했으며 2014년에도 내부고발에 대한 평가가 없었으면 재임용 점수에 미달하였습니다.

교수는 자신의 활동이 계량화되는 실적점수를 알 수 있으며 매년 점수를 확정하기 전에 확인하고 이의제기를 할 기회도 있습니다. 이00 교수는 2013년 자신의 평가점수가 재임용기준에 미달함을 잘 알고 있었을 덴데도 불구하고 2014년에도 높은 실적을 쌓지 못하고 2014년 말에 재임용 실적에 미달하여 임용탈락 할 수 있는 위기 상황이었습니다. 학교 교수가 재임용 점수에 미달 되었지만 재임용된 경우는 없었습니다.

재직기간에 늘 실적을 강조한 항소인은 대학발전 기여점수 부과도 정성적 평가에서 벗어나 계량화하기 위해 노력하였고 매년 대학 발전 기여점수 부과기준을 각 교수에게 통보하였습니다. "학생들이 현장실습을 나가는 가족 기업을 몇 개 운용하면 몇 점"같이 계량화하여 통보하였습니다. 이OO 교수는 가족 기업 확보 및 운용, 외부 프로젝트 참가, 학교 홍보 등 어떤 대학발전 기여실적도 없었습니다. 강의평가 등 실적점수가 좋지 않은 교수가 대학발전 기여점수를 높게 받을 수 있는 성과를 가진 경우는 드물었습니다. 이OO 교수도 마찬가지였고 내부고발이 유일한 대학발전 기여였습니다.

2014년 말 당시는 김OO 교수에 대한 수사가 진행 중이었으나 항소인은 내부고발의 사실 여부를 떠나 휘슬블로잉 효과를 높게 평가하였습니다(이OO 교수에 대한 김OO 교수의 명예훼손 고소는 내부고발에 대한 사실 여부 수사로 시작되어 오히려 김OO 교수에 대한 수사가 된 것으로 보고받았음). 모처럼 내부고발을 한 교수가 재임용에 탈락하는 것은 학교에 잘못된 메시지를 전달할 수 있다고 생각했습니다. 그래서 재임용이 가능한 대학발전 기여점수를 부여한 것입니다(50점 만점에 35점을 부여했으며 해당연도 전체 교수들의 대학발전 기여점수 평균보다 높은 점수임). 이OO 교수는 내부고발로 인해 2014년 말 대학발전 기여점수를 높게 받았고 재임용이 되었습니다(갑제12-1호증 및 갑제12-2호증). 이OO 교수를 차별하였다는 주장은 아무 근거도 없습니다.

(6) 전임교원확보율과 관련한 원심의 법리오인, 사실오인 및 심리미진

가. 항소인의 교원확보율 미달 인지 주장은 억지

원심판결은 항소인이 미디어디자인과 전임교원확보율이 충족되지 않았음을 잘 알고 있었다고 합니다. 교원확보율은 고등교육법령이 정하는 것입니다. 그래서 중소기업경영과 교원들이 원하지 않았지만 1인의 교원을 미디어디자인과로 소속변경을 한 것입니다. 항소인은 미디어디자인과의 담당 교수 이름 바꿔치기 사고를 보고받고 전임교원이 소속학과에서 강의하지 않아 교육부로부터의 지적을 염려했으나 올바른 시간표를 제출하도록 지시하고 실행을 확인도 한 것입니다. 항소인은 전임교원확보율은 충족되었으나 해당 전임교원이 미디어디자인과에서 강의하지 않았음을 잘 알고 있었습니다.

나. 학교의 강의지침 미준수는 교내문제이며 교원확보율은 법령 사항

강의시간표 작성지침은 학교가 각 학과에 요청하는 강의 개설 등과 관련된 준수요망 사항으로서 총장이 교무처의 건의를 받아 학기별로 정하는 서면 지시 사항입니다. 2015학년도 2학기 강의시간표 작성지침(이하 '지침'이라 합니다)을 정할 무렵 2014학년도 학사학위 전공심화과정 관련 지적사례에 관한 자료가 학교에 배포되었습니다(갑제37호증).[3] 동 자료에는 교수가 소속학과에서 강의하지 않

---

3) 항소인의 원심 소장에는 '교수가 소속학과에서 강의를 안 할 경우, 주의 조치를 받게 된다는 내용이 들어있는 2015년 배포자료'라고 인용만 되었으나 사실관계를 더욱 분명히 하기 위해 자료 공문 사본을 제시합니다.

아 개선 권고를 하였다는 내용이 있었습니다. 교수가 소속학과에서 강의하는 것이 바람직하며 전공심화과정은 교육부가 매년 인가를 하므로 교육부의 권고를 준수하는 것도 중요했습니다. 그래서 당시의 지침에 교수는 소속학과에서 한 과목이라도 강의해야 한다는 요구가 들어가고 교원확보율 충족요건이라고 한 것입니다(을나제11호증). 교원확보율 관련 사항이라고 하면 교수들이 중요성을 인식하고 더욱 적극적으로 수용할 것으로 기대했기 때문입니다.

그런데도 미디어디자인과에서는 이00 교수 등에게 강의를 배정하지 않았다가 그럴 때 전공심화과정 폐쇄와 같은 불이익이 있을 수 있다는 교무처의 과장된 경고를 받았습니다(갑제25호증). 그래서 시간표의 교수 이름 바꿔치기 같은 이해하기 힘든 짓을 저지르고 항소인이 이를 시정한 것입니다.

원심판결은 이와 관련하여 "지침에서 정한 '전임교원확보율을 충족하기 위해서는 전임교원이 소속학과의 전문학사학위과정 또는 학사학위 전공심화과정 교과목을 1개 이상 강의하여야 한다'라는 요건은 교육부에서 요구한 것으로 보이는바, 교육부 장관으로부터 전문대학 학사학위 전공심화과정 인가·지정 업무를 위탁받은 한국전문대학교육협의회에 학사학위 전공심화과정 운영결과를 보고함에서는 이 사건 지침에 규정된 기준을 준수할 의무가 있었다"라고 하고 있습니다.

이해가 되지 않는 판결입니다. '소속학과에서 1과목 이상을 강의하여야 한다'라는 교육부가 정한 요건이 있었다고 원심 당시에 교육부의 소속기관인 피고가 주장한 적이 없습니다(그런 적이 없으므로 그렇게 주장할 수 없습니다). 항소인은 처음부터 교육부의 '주의 조치' 대상이라고 원심에서 제시하였습니다. 그런데도 '교육부가 요구한 요건으로 보인다'라고 합니다. 교육부가 개선을 권고한 사항이라는 뜻이라면 맞습니다. 그렇지만 개선 권고 사항과 요건은 다릅니다. 그리고는 '지침에 규정된 기준을 준수할 의무가 있었다'라고 합니다. 교육부의 개선 권고 사항이라도 그것을 어기면 법적 요건을 어긴 것과 같다는 뜻인지 그렇지 않으면 개선 권고 사항이라도 총장의 지침에 포함되면 법적 요건이 된다는 뜻인지도 명확하지 않습니다.

예를 들어 수영선수권 대회를 개최하는 주최 측이 9초 이내 기록을 가진 선수의 참가를 장려한다고 가정해보겠습니다. 코치는 선수들을 독려하기 위해 9초 이내 기록자만 참가 자격이 주어졌다고 하고 훈련을 하였습니다. 그리고 10초 기록을 달성한 선수의 참가를 신청하였습니다. 원심판결의 논리라면 이 선수는 참가자격이 없다고 하는 것과 같습니다.

행정제재가 수반되고 공시도 되는 교원확보율은 전국의 모든 대학에 똑같은 기준으로 적용되어야 하며 그래서 법령에 따라야 합니다. 개별 학교의 강의지침에서 무엇이라고 하든지 그것은 학교 내의 정책문제이고 법령에서 정한 기준을 변경할 수는 없습니다. 항소인 또는 학교가 교원확보율을 허위보고 했다는 주장은 고등교육법령에 배치됩니다.

다. 교원확보율과 허위보고와 관련한 소결론

교육부는 한발 더 나아가 학교를 교원확보율 미달로 제재를 하였습니다. 고등교육법 제60조 제1항은 '교육부 장관은 학교가 시설, 설비, 수업, 학사 그 밖의 사항에 관하여 교육 관계 법령 또는 이에 따른 명령이나 학칙을 위반하면 기간을 정하여 학교의 설립자, 경영자 또는 학교의 장에게 그 시정이나 변경을 명할 수 있다'라고 규정하고 있습니다. 이어서 제2항은 '교육부 장관은 제1항에 따른 시정 또는 변경 명령을 받은 자가 정당한 사유 없이 지정된 기간에 이를 이행하지 아니하면 대통령령으로 정하는 바에 따라 그 위반행위를 취소 또는 정지하거나 그 학교의 학생정원 감축, 학과 폐지 또는 학생모집 정지 등의 조치를 할 수 있다'라고 규정하고 있습니다. 고등교육법의 위임에 따라 제재기준을 정하는 동법 시행령 제71조의2 별표4에는 제재의 일반기준으로 '교육부 장관은 위반행위를 적발한 경우에는 법 제60조 제1항에 따라 그 시정이나 변경을 명한 후 시정 또는 변경 명령을 받은 자가 이에 따르지 않는 경우 이 기준에 따른 행정처분을 한다'라고 다시 한번 명시되어 있습니다. 교육부는 없는 교원확보율 미달을 억지로 덮어씌우고 거기에 더해 시정명령조차 없이 제재하여 실정법을 위반한 것입니다.

교육부는 학교가 '모든 교수가 소속학과에서 강의하였다'라는 허위사실 1줄이 기재된 보고서를 제출한 약점을 기회로 엄청난 제재를 폭력적으로 하였습니다. 그런데 그와 관련된 행정재판에서는 어떻게 그런 불법에 대해 침묵하거나 동조하는 듯한 일이 일어날 수 있는지 이해가 되지 않습니다. 과연 우리나라가 법치국가입니까?

(7) 경기과학기술대학교 장학재단 설립과 관련한 원심판결의 법리 오인, 사실오인 및 심리미진

가. 학교가 장학재단 설립을 추진하는 것은 정당한 업무

경기과학기술대학교 장학재단은 재단법인이기 때문에 학교나 학교가 속한 학교법인과는 다른 법인일 수밖에 없습니다. 그렇지만 경기과학기술대학교 학생들을 위한 재단입니다. 학교가 그런 장학재단을 설립하기 위해 노력하고 관련 비용을 지출하는 것이 학교의 교육목적에 어긋나고 교비 회계의 전출에 해당한다고 하는 것은 식사시간에는 식사만 해야지 물을 마시는 것은 안된다고 하는 것만큼이나 궤변입니다.

나. 학교건물의 무상대여 및 직원 겸직허용은 학교의 고유 권한

장학재단의 사무실로 학교의 대학발전 및 산학협력위원회 사무실을 공용토록 한 것 역시 대학에 아무런 부담을 초래하지 않았습니다. 장학재단의 효율적 운용을 통해 장학금 지급능력을 높이는 조치로써 문제 될 것이 없습니다. 대학의 공간은 필요한 경우 학교 학생들만을 위한 재단이 아니라 지역사회를 위해서도 무상으로 제공될 수 있습니다. 지역사회에 대한 대학의 공헌이나 봉사 활동은 각종 대학평가 항목에 포함되기도 하는 현실적인 요구사항입니다. 이를 문제 삼는 것은 그야말로 억지입니다.

학교의 직원복무규정(갑제29호증) 제12조는 '직원이 제11조의 영리업무에 해당하지 아니하는 다른 직무(외부출강 포함)를 겸직하고자 할 때는 총장의 사전 허가를 받아야 한다'라고 규정하고 있습니다. 즉 규정에 따라 총장의 허가를 받아 비영리를 목적으로 하는 일을 겸직할 수 있습니다. 설혹 경기과학기술대학교 장학재단이 아니라 경기도민을 대상으로 하는 장학재단 직원이라 하더라도 사회봉사 차원에서 학교직원이 겸직할 수 있도록 한 것이 직원복무규정입니다. 실제 교직원들은 별도 시간을 내어 단체로 사회봉사 활동을 하며 그것은 칭찬받을 일입니다. 규정에 따라 겸직허가를 한 것을 탈법 운운하는 원심은 심각한 문제를 내포하고 있습니다.

다. 경기과학기술대학교 장학재단 관련 소결론

학교가 학생들을 위한 장학재단의 설립 및 운영을 지원하는 것은 장려되고 표창을 받아야 할 일입니다. 이러한 일을 폄훼하고 비난하는 것은 억지를 넘어 비교육적입니다.

(8) 학교시설 사용료 감면과 관련한 원심판결의 법리오인, 사실오인 및 심리미진

가. 학교시설 임대료 감면은 학교의 고유 권한

사전에 정해진 학교시설 임대료는 쉽게 말해서 tag price입니다. 학교가 필요에 따라서 당연히 감면할 수 있습니다. 한국계측기기연구센터(이하 '센터'라고 합니다)에서는 처음에 일부 교수들과 의논하여 교육에 소요되는 5천만 원 상당의 장비를 학교가 마련해주면 센터가 학교시설을 임대하여 학생들에게 무료교육을 하겠다고 제안을 해왔습니다. 항소인은 그럴 필요성에 대해 여러 교수의 의견을 들었습니다. 학교가 투자를 하는 것에 반대하는 의견이 나왔습니다. 투자했는데 나중에 교육을 그만한다고 하면 장비가 무용지물이 될 우려도 있었습니다. 투자를 거절하자 임대료 감면을 요청해 온 것입니다.

대학발전기금 기부자에 대한 감면은 이미 학교가 운용하고 있으며 센터는 대학발전 기금으로도 요구하는 감면료 이상을 기부하여 대학발전기금 납부 공헌에 비추어도 무리한 요구가 아니라는 검토가 있었습니다. 원심은 대학발전기금 납부자에 대한 감면은 이용료에 한정되는 것으로 보인다는 판결을 하고 있습니다. 원심 당시에 누구도 그런 주장을 한 적은 없습니다. 이용료에 한정할지 또는 임대료를 포함하는 개념으로 할지는 학교가 검토하여 정할 일이라고 생각됩니다. 대학발전기금 납부자에 대해 감면을 해오고 있었다는 사실은 학교가 일정 요율을 사전에 정해놓았더라도 상황에 따라 감면을 한다는 것을 보여주는 것입니다. 예를 들어 어떤 사회적기업이 학교시설에 입주를 원하면서 감면을 요구할 경우 학교는 그렇게 하는 것이 지역사회나 학교에 도움이 된다면 감면할 수 있습니다. 그것을 금지하는 어떤 법령도 없습니다.

나. 학교시설 임대료 감면 관련 소결론

학교가 임대료 감면을 거절해서 센터가 임대를 포기했으면 어떻게 됩니까? 그러면 학교는 임대료 수입도 모두 상실하고 학생들 교육도 못 하지만 임대료 감면은 안 해주어서 괜찮다는 뜻입니까? 원고가 감면받지 않고 임대료를 다 내겠다는 다른 사람을 제쳐두고 감면요청자에게 임대한 것입니까? 정말 실소를 금할 수 없는 일입니다.

4. 결 론

본 건은 교육부가 학교에 2회에 걸쳐 실태점검을 나온 뒤 제기한 실태점검 처분(안)에서 비롯되었습니다.

교육부가 학교에 실태점검을 나온 계기는 당시 국회 교육문화체육관광위원회 소속 국회의원이 이OO 교수 문제를 제기하였기 때문으로 항소인은 이해하고 있습니다. 2016년 11월 말의 1차 점검 이후인 2017년 1월경에 교육부는 학교 교무처장과 기획처장을 호출하였습니다. 그 자리에서 당시 교육부 전문대학정책과 최성부 과장은 기획처장이던 손OO 교수에게 이OO 교수를 재임용하지 않으면 학교와 총장인 항소인을 가만두지 않겠다고 하였습니다.

손OO 교수는 학교에 와서 항소인이 주재하는 처장단 회의에서 이 사실을 전했습니다. 그 자리에서 교육부 요구를 수용할지를 논의하였으나 결론을 내지 못하였습니다. 항소인은 항소인을 제외한 처장단이 끝장 토론을 해서 결론을 내달라고 했습니다. 처장단은 격렬한 토론을 하였으나 합의에 이르지는 못했고 교육부 요구를 수용할 수 없다는 의견이 우세했다고 항소인에게 보고하였습니다.

이OO 교수의 재임용 관련하여서는 이미 인사위원회까지 모두 마친 상황이었습니다. 이00 교수 재임용은 학교에 대한 각종 평가나 감사에서 문제가 될 수 있었습니다. 무엇보다도 다른 교수들에게 끼칠 악영향도 심각했기 때문에 항소인은 처장단 회의 결과를 기쁘게 받아들였습니다.

이00 교수는 재임용되지 못했고 2017년 2월 초에 교육부에서 2차 실태점검을 나왔습니다. 학교 컴퓨터시스템의 마스터키를 요구하여 모든 문서를 샅샅이 뒤지고 간 후 실태점검 처분(안)을 학교에 보내온 것이었습니다. 너무나 황당한 내용에 원심의 피고 보조참가인인 학교법인도 이의신청하였습니다. 형식적인 이의신청 심사결과 (갑제3-2호증)가 내려왔습니다. 그리고 학교법인과 학교에 대한 거센 압박이 있었습니다.

학교에서 평가인증은 거의 생존권과 같은 것입니다. 평가인증을 받지 못했다는 것은 학교가 기본을 갖추지 못한 것으로 해석되어 정부의 지원사업에 신청자격이 박탈됩니다. 당장 재정난은 물론이고 신입생 모집까지 어려움을 겪게 될 것입니다. 학교의 평가인증이 정지되었습니다. 평가인증을 정지하기 전 평가인증을 점검하기 위해 학교에 나온 평가팀이 교육부의 지적사항을 앵무새처럼 되풀이하였습니다(을가제14호증)(평가 인증업무가 교육부의 감독을 받는 전문대학교육협의회에 속해 있습니다. 재정지원과 감독 권한으로 인해 교육부에는 고양이 앞의 쥐 신세인 학교는 교육부의 지시에 따를 수밖에 없습니다.).

본건을 살펴보시면 사실관계는 증거서류들이 명백히 남아있는 경우가 많고 교육부가 많은 교직원의 진술서도 징구하였기 때문에 큰 줄기에 있어 다툼이 없습니다.

오히려 명문 규정에 반하는 지적이 많습니다. 학점 부당부여 조사 의무 및 시효 도과와 관련해서는 사립학교법령과 배치됩니다. 교원 확보율과 관련해서는 고등교육법령과 배치됩니다.

학교의 규정에 따른 조치에 관해서는 규정은 무시하고 그냥 잘못된 조치라고 합니다. 연구년 선발과 직원겸직 허용은 학교 연구년 규정 및 직원 복무규정과 일치합니다. 엉뚱하게 총장이 매 학기 교원들에게 요구하는 시간표 작성지침은 법령과 같은 효력을 가져 마치 법령을 변경하는 것으로 해석하고 있습니다.

항소인과 인사위원들과의 간담회라든지 임대료 감면 같은 사안들과 관련하여서는 상식적인 자치권을 무시하는 모독적인 지적을 하고 있습니다. 법은 멀고 주먹이 가깝다는 말에 딱 어울리는 것이 아닌가 싶습니다.

교육부의 학교에 대한 압력은 무지막지한 것이었습니다. 인증평가 정지라는 압박과 1년간 입학정원 3% 모집정지 및 특성화전문대학육성사업비 삭감 등입니다. 하지만 학교는 교육부와 다투지 않고 순응하는 길을 선택했습니다. 그리고 인증평가(갑제23호증)를 받고 2018년 대학구조개혁 2차 평가에서는 최우수등급인 자율구조개선

대학으로 평가받았습니다. 학교의 선택은 지속해서 교육부와 관계를 맺어야 하는 현실을 반영한 것일지도 모르겠습니다. 원고도 그런 점을 인식하지 않을 수 없었으며 학교 교직원들에게 교육부의 부당함에 같이 대응하자고 강하게 촉구할 수도 없었습니다. 교육부의 실태점검 처분은 전형적인 갑질이고 억지입니다. 반드시 시정되어야 합니다.

원심의 판결은 단순한 법리오인이나 심리미진을 넘어 의도적인 법령 무시에 가깝습니다. 항소심에서는 이와 같은 잘못을 바로잡아 주시기를 요청합니다.

입 증 방 법

갑제35호증	시흥경찰서의 수사협조 요청 공문(2014.2.6.) 사본
갑제36호증	이00 교수 강의평가순위(2011~2016년)
갑제37호증	한국전문대학교육협의회의 '2014학년도 학사학위 전공심화과정 연차 평가 관련 지적사례 안내(전국대학 안내)' 공문 사본

2019년 1월

항소인 김필구

서울고등법원 제2행정부 귀중

준 비 서 면

사　　건	2019누30876	교원소청심사위원회결정취소	
원고(항소인)	김필구		
피고(피항소인)	교원소청심사위원회		
피고보조참가인	학교법인 한국산업기술대학		

위 사건에 관하여 피고(피항소인, 이하 '피고'라 합니다) 소송대리인은 아래와 같이 변론을 준비합니다.

1. 사건의 경위 및 원심판결의 요지

가. 이 사건의 경위

1) 원고(항소인, 이하 '원고'라 합니다)는 2014. 2. 22. 피고보조참가인(이하 '참가인'이라 합니다)이 설치·운영하는 경기과학기술대학교 총장으로 임용되었습니다.

2) 경기과학기술대학교 이○○ 교수 등은 2013.경 김○○교수를 학생들로부터 부당하게 돈을 거두어 사용하고, 학점을 부당하게 부여하였다는 등의 이유로 내부고발하였고, 경기과학기술대학교는 2013. 12. 5. 진상조사결과 보고서를 작성하였습니다.

3) 수원지방검찰청 안산지청은 경기과학기술대학교의 요청에 따라 2015. 7. 29. 김○○교수에 대한 사건처분 결과(사기, 사문서위조, 위조 사문서 행사, 횡령에 대해

'혐의 없음'으로, 업무방해에 대해 '일부 혐의 없음', 일부 불구속기소)를 회신하였습니다(갑 제8호증).

4) 교육부는 2016. 11. 29.부터 11. 30.까지 및 2017. 2. 6.부터 2. 8.까지 경기과학기술대학교에 대한 실태 점검을 하였고, 2017. 3. 15. 원고에 대한 중징계(해임)를 요구하였습니다.

5) 참가인은 2017. 5. 26. 교원징계위원회에 원고에 대한 징계의결을 요구하였고, 교원징계위원회는 2017. 5. 30.(1차), 2017. 6. 27.(2차), 2017. 7. 18.(3차) 회의를 거쳐 원고에 대한 해임을 의결하였습니다. 참가인은 2017. 7. 28.에 2017. 8. 1.자로 원고에 대한 해임처분을 하였습니다.

<원고에 대한 해임처분 사유(갑 제4호증) >

1. 학점 부당부여 및 학사관리 부적정(제1징계사유)

2017. 4. 28. 통보된 교육부 학사운영 실패 점검 결과에 의하면, 김○○ 등 13명의 교원은 중소기업경영과 김△△ 학생이 입학 전인 2010학년도에 청강한 15과목(40학점)을 학점으로 인정할 수 있는 근거가 없음에도 입학 후인 2011학년도 2학기(8과목) 및 2012학년도 2학기(7과목)에 정규과목 취득학점으로 부당하게 인정하였고, 이와 같이 부당하게 부여된 학점을 근거로 김△△는 2012학년도 1학기에 성적우수장학금 289만원을 지급받고, 경영전문학사 학위를 수여받았다.

위 비위사실에 대하여 경기과학기술대학교는 2013. 민원진상조사 TFT를 통하여 진상조사를 실시하였고, 동 TFT는 2013. 12. 5.자 보고서를 통하여 비위사실을 확인하기 위하여 '김△△ 졸업자의 면담 및 사실확인, 김△△ 의 청강에 대한 성적 처리에 동참한 교수들의 명단 및 사실확인, 성적이 임의로 조작되어진 사건에 대한 행위자 및 조작 범위 확인 등' 추가 조사가 필요함을 보고하였음에도 원고는 이후 어떠한 추가조사나 처분을 취하지 않아 추가 조사를 통해 비위 사실을 확인하여 학점 및 학위 취소, 장학금 회수 등 시성할 수 있는 기회가 있었음에도 부당한 학사운영 및 장학금 지급을 묵과한 결과를 초래하는 등 부적

KJS 정부법무공단 Korean Government Legal Service   137-882 서울 서초구 서초중앙로 178(서초동 1685-4) 서초한샘빌딩 Tel 02-2182-0000 Fax 02-2182-0007 www.kgls.or.kr   - 2 -

참고자료 | 391

정하게 학사 관리를 하였다.

2. 교원인사관리 부적정 관련, 교원 징계의결 요구 성실의무 위반(제2징계사유)

위 2013. 12. 5.자 보고서 내용으로도 김○○ 등 교원 13명의 학점 부당부여 비위사실을 확인할 수 있었으므로, 해당 교수들에 대하여 사립학교법 제61조, 제64조에 따라 징계의결을 요구할 수 있도록 조치를 취했어야 함에도 원고는 추가 조사를 실시하지 않고, 징계의결 요구를 위한 조치도 취하지 않음으로써 해당 교원들의 비위 사실을 묵과하여 징계의결 요구의 시효를 도과하게 하였다.

3. 교원인사관리 부적정 관련, 교원연구년제 규정 위반(제3징계사유)

위 학점 부당부여 비위사실을 주도한 김○○ 교수가 형사기소되었으므로 사립학교법 제58조의2에 따라 직위해제를 시키는 것이 마땅함에도 원고는 교원연구년제 규정에 정해진 교원의 자기계발을 위한 연구년의 의미(제2조)와 달리 비위 교원에게 연구년 시작 2개월 전까지 연구년제 선정 및 해당 교원에 통보하여야 하는 절차(제6조)를 위반하여 연구년 혜택을 부여하였다.

4. 교원인사위원회 규정 위반 및 의사결정 부당개입(제4징계사유)

위 연구년 혜택부여와 관련하여 교원인사위원회 2015. 6. 25. 김○○ 교수의 연구년 선정을 이미 보류하였음에도 원고는 김○○교수의 연구년 선정을 재논의 하도록 교원인사위원회에 지시하여 2015. 8. 17., 2015. 8. 19., 2015. 8. 26. 3회에 걸쳐 교원인사위원회가 개최되었으며 2015. 8. 19. 교원인사위원회에 위원이 아닌 원고가 참석하여 부당하게 의사결정과정에 개입함으로써 2015. 8. 26. 교원인사위원회가 김○○교수의 연구년 선정을 하게 하였다.

5. 내부고발자 불이익 및 차별금지 법령 위반 관련 관리감독 소홀(제5징계사유)

위 학점 부당부여 비위사실을 학교에 고발한 중소기업경영과 이○○ 교수를 교원인사위원회 심의 등의 정당한 절차 없이 2015. 2. 16. 미디어디자인과로 부당하게 소속을 변경시켰고, 이로 인해 이○○ 교수는 미디어디자인과에서 강의시수 부족 및 취업지도학생 미배정 등의 사유로 실적평가 불이익을 받아 2017. 2. 28. 재임용에서 탈락하게 됨으로써 '교원의 지위향상 및 교육활동 보호를 위한 특별법 제6조에 명시된 내부고발자에 대한 불이익이나 차별을 금지하는 규정을 위반하였고, 원고는 위 규정 위반 등 교원인사관리의 책임이 있다.

6. 교원확보율 충족을 위한 서류조작 및 허위보고 관련 관리감독소홀(제6징계사유)

경기과학기술대학교는 2015. 9. 18. 미디어디자인과의 학사학위 전공심화과정 교원확보율 충족을 위해 실제 강의하지 않은 교원 2명(이○○, 지○○)을 강의를 하고 있는 것으로 서류를 조작하였고, 해당 학과의 모집 단위 전임 교원 확보율이 실제 36%임에도 60%를, 전

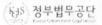

- 3 -

체 교원확보율이 실제 75%임에도 100%를 각각 충족한 것으로 교육부에 허위 보고하였던
바, 원고는 위 서류조작 및 허위보고 등 부당한 학사운영 및 교원인사 관리의 책임이 있다.

7. 경기과학기술대학교 장학재단 관련 교비 지출 부적정 관련, 교비회계로부터 타 회계 전출금지 법령위반 관련 관리 감독 소홀(제7징계사유)

경기과학기술대학교는 경기과학기술대학교 장학재단이 대학과 무관한 별개의 법인임에도
2015. 5. 13. 장학재단 설립추진 발기인 총회 비용 등 2,957,190원을 교비회계에서 지출
하였고, 2015. 12. 28. 장학재단 설립 후 장학재산 사무실을 경기과학기술대학교 내에 두
게 하면서 교내 시설을 무상으로 임대하고 사무실 임대비용(전화, 전기요금 등)을 교비회계
에서 지출하였으며, 장학재단은 자체 직원 없이 경기과학기술대학교 직원이 겸직하여 운영
함으로써 사립학교법 제29조 제6항의 교비회계 수입이나 재산을 타 회계에 전출할 수 없는
사항을 위반한 사항이 있는바, 원고는 위 부당한 교비회계 관리의 책임이 있다.

8. 경기과학기술대학교 장학재단 관련 교비 지출 부적정 관련, 장학재산 기부업체의 학교시설 사용료 부당 감면 관련 관리감독소홀(제8징계사유)

경기과학기술대학교는 대학과 무관한 장학재단에 1억원을 기부한 한국계측기기 연구센터가
대학시설(제2중소기업과 104-1호)에 입주함(2016. 7. 5.부터 2018. 1. 4.까지)에 있어서
시설사용료 총 25,555,200원을 부담하게 감면하여 주어 학교수입을 감소시켰는바, 원고는
대학시설 관리부실 및 이에 따른 대학수입 감소에 책임이 있다.

6) 원고는 2017. 8. 28. 해임처분의 취소를 구하는 소청심사를 청구하였고, 피고
는 2017. 11. 15. 원고의 소청심사를 기각하는 결정(이하 '이 사건 결정'이라 합니다)
을 하였습니다.

나. 원심 판결의 요지

원심은 징계사유가 모두 인정되고, 총장은 다른 교원에 비하여 높은 수준의 품위
유지의무 및 법령준수의무를 부담하는 점, 김○○ 교수에 대한 징계사유가 확인되었음
에도 징계의결 요구를 지연하여 징계시효를 도과시킴으로써 비위행위를 저지른 교원을
징계할 수 없도록 한 것은 비위의 정도가 매우 중한 점 등을 종합하면 이 사건 해임처

분은 재량권을 일탈·남용한 것이라고 볼 수 없으므로 이 사건 결정은 적법하다고 판단하였습니다.

2. 원고 항소이유의 요지

원고는 해임처분 사유는 학교 경영자인 원고의 입장에서 부득이하게 선택할 수밖에 없었던 사항 등이 대부분으로 징계사유로 인정될 수 없음에도 원심이 징계사유가 모두 인정된다고 판단한 것은 위법하다고 주장합니다.

3. 이 사건 결정의 적법성

가. 징계사유가 모두 인정됩니다.

1) 제1, 2징계사유에 관하여

김△△은 2011학년도에 경기과학기술대학교에 입학한 후 관련 교수들에게 요청하여 입학 전에 청강한 2010학년 2학기 과목들을 2011학년도 2학기(1학년 2학기)학점으로 인정받았고, 이후 김○○교수는 김△△가 2011학년도 2학기에 청강한 과목들을 다시 2012학년도 2학기(2학년 2학기)의 학점으로 인정하여 주었습니다. 원고는 김○○ 교수가 위와 같은 사실을 인정하였음에도 김△△에 대한 학점 및 학위취소, 장학금 회수 등의 조치를 취하지 않았고, 원고는 김○○교수에 대한 법적 판결을 기다린다는 이유로 2016. 12. 22.에서야 징계의결을 요구하였습니다.

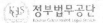

원고는 2013. 12. 5. 진상조사보고서 발간이후 추가조사를 통하여 김○○교수가 인정한 김△△ 학생에 대한 부당한 학점 부여 및 장학금 지급 사실에 대해 자체적으로 시정할 수 있었음에도 이를 방치함으로써 학사관리를 부적정 하게 하였고, 교육부의 실태조사 및 제1심 선고 후인 2016. 12. 22.에서야 김○○ 교수에 대한 징계의결을 요구하여 사립학교법 제66조의4[1]에 따른 징계시효를 도과하게 하였으므로 원고의 행위는 징계사유에 해당합니다.

2) 제3징계사유에 관하여

원고는 수원지검 안산지청이 2015. 6. 30. 김○○교수를 일부기소(업무방해 : 일부 혐의 없음)하였음에도 징계의결 요구를 하지 않고, 오히려, '교원 연구년 규정'에서 매학기 시작 전 2월 전(2015. 7. 1.) 연구년 교원을 선발하여 통보하도록 하는 절차에 위반하여 김○○ 교수에게 2015. 8. 19. 2015학년도 2학기 연구년을 신청하도록 한 후, 김○○교수를 선정하였습니다.

'교원연구년 규정'에서 연구년을 둔 취지는 본교에서 일정기간 근속한 전임교원이 연구년 기간 동안 강의를 하지 않고, 학술 및 산학연구, 기타 연수 등을 통하여 본교 교원으로서의 자기계발 활동에 전념하도록 하는 것에 있습니다. 그러나 원고는 학사관리·학점관리 등 교수의 기본적, 핵심적 업무를 허위로 운용하여 당시 업무방해죄 등으로 기소된 상태로 징계혐의가 있는 김○○ 교수에게 강의 의무 면제와 자기계발 기회를 주는 연구년을 부여함으로써 부적합자에게 혜택을 주었으므로 이 부분 징계사

---

1) 사립학교법 제66조의4(징계사유의 시효) ① 사립학교 교원의 임용권자는 징계사유가 발생한 날부터 3년이 지난 경우에는 제64조에 따른 징계의결을 요구할 수 없다.

유예 해당합니다.

3) 제4징계사유에 관하여

교원인사위원회는 사립학교법 제53조의4, 정관 제48조에서 명시한 독립된 심의 기관으로, 학교의 장을 교원인사위원회의 위원에서 제외한 것은 교원인사위원회의 심의기능을 보장하기 위한 것입니다. 그런데 원고가 간담회라는 형식으로 위원들을 불러 모아 김○○ 교수의 연구년 선발의 필요성에 대해 건의하고 설득한 사실은 위원회의 독립성을 위협하는 의사결정 과정의 개입에 해당하므로 징계사유에 해당합니다.

4) 제5징계사유에 관하여

원고는 김○○ 교수를 내부 고발한 ○○ 교수를 교원인사위원회 심의 등의 절차를 거치지 않고 2015. 2. 16. 미디어디자인과로 소속을 변경시켰고, 이○○ 교수는 미디어 디자인과에서 강의시수 부족 및 취업지도학생 미배정 등의 사유로 실적평가에 불이익을 받아 2017. 2. 28. 재임용에서 탈락하였습니다(이후 이○○교수는 재임용탈락에 대한 교원소청심사를 청구하여 취소결정을 받고 교원의 신분을 회복하였습니다).

이○○교수에 대한 학과 변경(전보 발령)은 교원인사위원회의 심의 대상이 되는 인사에 관한 중요사항(사립학교법 제53조의4, 정관 제48조)에 해당하나 원고는 교원인사위원회의 심의 없이 해당 교수에 대한 전보발령을 하였습니다. 이에 학과장이었던 최○○교수는 '본인은 다섯 차례이상 총장님과 교무처장에게 비전공 교원이 미디어디자인과에 소속된 부분을 시정해 주기를 부탁했고, 두 사람은 이 부분을 개선하려는 의지가 없었으며 비전공 교원을 인사발령하였다'고 하고 있습니다.

 정부법무공단   137-882 서울 서초구 서초중앙로 178(서초동 1685-4) 서초원샘빌딩
Korean Government Legal service   Tel 02-2182-0000 Fax 02-2182-0007 www.kgls.or.kr   - 7 -

이러한 원고의 행위는 내부 고발자에 대한 차별금지를 규정하고 있는 교원의 지
위 향상 및 교육활동 보호를 위한 특별법 제6조를 위반한 것이어서 징계사유에 해당합
니다.

5) 제6징계사유에 관하여

　　　경기과학기술대학교는 2015.경 교육부 학사학위 전공심화과정 기본 방침에 따라
학위심화과정 전임교원으로 포함되기 위해서는 소속학과의 전문박사과정 또는 학사학
위 전공심화과정 교과목을 1개 이상 강의하여야 하는 지침을 만들었습니다.

　　　미디어디자인과 학과장 최○○ 교수는 2015. 9. 18. 교육부에 교원확보율이 보
고되는 기준시점(2015, 10, 1.) 이전에 미디어디자인과의 학사학위 전공심화과정 교원
확보율 충족을 위해 미디어디자인과에서 실제 강의를 하지 않은 교원들을 실제 강의한
교원인 것처럼 변경하였고, 이에 따라 해당학과의 모집단위 전임교원 확보율이 실제
36%임에도 60%로 허위보고 하였습니다(갑 제16호증).

　　　원고는 위 보고의 오류를 인식한 후 다시 강의 담당교수들을 사실에 부합하도록
변경하여 2015학년도 2학기 교원확보율이 미충족되었다는 것을 알고 있었음에도 교원
확보율이 적합한 것으로 2016. 5. 18. 2015학년도 전공심화과정 운영위원회에 결과보
고를 하였고, 2016. 5. 20. 한국전문대학교육협의회에 2015학년 학사학위 전공심화과
정 운영결과보고서를 제출하였습니다. 이로 인해 경기과학기술대학교는 총 입학정원
모집정지 3%의 행정 제재를 받았습니다.

　　　원고는 교무를 총괄하고 소속 교직원을 감독하는 총장으로서 위법사항을 시정할 '

 정부법무공단　137-882 서울 서초구 서초중앙로 178(서초동 1685-4) 서초한샘빌딩
Korea Government Legal Service　Tel 02-2182-0000　Fax 02-2182-0007　www.kgis.or.kr　　－ 8 －

책임이 있음에도 위와 같이 교원확보율에 관해 허위 보고한 것은 적절한 관리감독 책임을 다하지 못한 것으로서 징계사유에 해당합니다.

   6) 제7징계사유에 관하여

   원고는 경기과학기술대학교 장학재단 설립 추진 발기인 총회 2015년 행사비로 2,360,00,000원 예산 진출을 결재하여 학교 교비회계에서 2,957,190원을 지출하였고, 2015. 12. 3. 경기과학기술대학교 장학재단 법인 사무실을 제공하는 등 교내시설을 무상으로 임대하고 사무실 임대비용(전화, 전기요금 등)을 학교 교비회계에서 지출하였습니다.

   경기과학기술대학교와 경기과학기술대학교 장학재단은 별개의 법인이고, 사립학교의 교비회계에 속하는 수입은 '용도가 엄격히 제한된 자금'이므로(대법원 2010. 3. 11. 선고 2009도6582 판결), 원고가 교비회계의 수입이나 재산을 타 회계에 전출하도록 한 것은 징계사유에 해당합니다.

   7) 제8징계사유에 관하여

   원고는 장학재단에 1억원을 기부한 한국계측기기 연구센터가 대학시설에 입주하자 시설사용료 25,555,200원을 근거 없이 감면해 주었습니다. 원고가 경기과학기술대학교와 무관한 장학재단에 기부를 한 한국계측기기 연구센터에 대해 대학 시설 사용료를 부당하게 감면해 준 것은 교비회계상 대학수입 감소를 가져오게 하는 것으로서 원고는 교직원에 대한 지휘·감독 책임을 성실히 하지 못한 것에 해당하여 징계사유에 해당합니다.

 정부법무공단 137-882 서울 서초구 서초중앙로 178(서초동 1685-4) 서초한샘빌딩   Korean Government Legal Service Tel 02-2182-0000 Fax 02-2182-0007 www.kgls.or.kr   - 9 -

398 | 교육부와 무너진 법치

나. 재량권을 일탈·남용한 것이 아닙니다.

사립학교 교원에게 징계사유가 있어 징계처분을 하는 경우 어떠한 처분을 할 것인가는 원칙적으로 징계권자의 재량에 맡겨 있으므로 그 징계처분이 위법하다고 하기 위하여서는 징계권자가 재량권을 행사하여 한 징계처분이 사회통념상 현저하게 타당성을 잃어 징계권자에게 맡긴 재량권을 남용한 것이라고 인정되는 경우에 한하고, 그 징계처분이 사회통념상 현저하게 타당성을 잃은 처분이라고 하려면 구체적인 사례에 따라 직무의 특성, 징계의 사유가 된 비위사실의 내용과 성질 및 징계에 의하여 이루고자 하는 목적과 그에 수반되는 제반 사정을 참작하여 객관적으로 명백히 부당하다고 인정되는 경우라야 합니다(대법원 2008. 2. 1 선고 2007두20997 판결).

원고는 교무를 총괄하고 소속 교직원을 감독할 책임이 있는 총장으로서 경기과학기술대학교 교무 및 학사 전반에 관하여 관리·감독할 의무가 있습니다. 그러나 원고는 김○○ 교수에 대한 징계의결 요구 시효를 도과하여 비위사실을 적기에 바로 잡지 않는 등 직무상의 의무를 태만히 하고, 오히려 김○○ 교수에게 연구년을 주어 교원 인사행정을 자의적으로 처리하는 등 학사관리 및 교원인사관리를 부당하게 처리하여 불신을 초래하였으며 교원확보율 허위 보고 등으로 인하여 입학정원의 3% 모집정지 등 학교에 막대한 손해를 끼쳤습니다.

교육공무원 징계양정 등에 관한 규칙 [별표]는 성실의무 위반(직무태만)의 경우에, 비위의 정도가 심하고 고의가 있는 경우 '파면', 비위의 정도가 심하고 중과실인 경우 또는 비위의 정도가 약하고 고의가 있는 경우 '해임'으로 정하고 있는바, 원고의 비위의 정도가 매우 중한 점 등에 비추어 이 사건 징계처분은 그 양정이 객관적으로 명백히 부당하다거나 사회통념상 현저하게 타당성을 잃은 것으로 볼 수 없으므로 이 사건 결정은 적법·타당하다 할 것입니다.

4. 결론

이상 본 바와 같이 원고의 주장은 이유 없으므로 원고의 항소를 기각하여 주시기 바랍니다.

2019. 3.   .

피고 소송대리인 정부법무공단

변호사   이

변호사   박   .

변호사   이   .

서울고등법원 제11행정부   귀중

준 비 서 면

사   건   2019누30876   교원소청심사위원회결정취소
원고(항소인)   김 필 구
피고(피항소인)   교원소청심사위원회
피고보조참가인   학교법인 한국산업기술대학

　위 사건에 관하여 피고보조참가인 소송대리인은 다음과 같이 변론을 준비합
니다.

다   음

1. 이 사건 징계사유의 존부

가. 이 사건 징계사유

　원고에 대한 이 사건 징계사유는 "① 학점 부당부여 및 학사관리 부적정, ② 교
원징계의결 요구 성실의무 위반, ③ 교원연구년제 규정 위반, ④ 교원인사위원회 규정
위반 및 의사결정 부당개입, ⑤ 내부고발자 불이익 및 차별금지법령 위반 관련 관리
감독소홀, ⑥교원확보율 충족을 위해 서류조작 및 허위보고 관련 관리감독소홀, ⑦ 교
비회계로부터 타회계 전출금지 법령위반 관련 관리감독소홀, ⑧ 장학재단 기부업체의
학교시설 사용료 부당 감면 관련 관리감독소홀"입니다.

나. 징계사유 ①, ②에 관하여

1) 원고의 주장

원고는 김 _ _ 교수의 비위사실 등을 밝혀내기 위해 총장으로서 할 수 있는 노력을 다하였고, 해당 학생의 불이익을 최소화하기 위하여 학점 취소 등의 처분을 보류하였으며, 수사 및 판결이 완료되지 않아 징계처분을 할 수 없었다는 취지로 주장합니다.

2) 원고는 학사관리 및 교원징계 업무에 관하여 최소한의 주의의무를 다하지 않고 자의적으로 의사결정을 하여 성실의무를 위반하였습니다.

원고는 2014년 2월경 김 : 교수의 학점부당행위 등에 관한 민원진상조사 TFT 보고서의 내용을 보고받았음에도 불구하고, 약 2년 10개월 후인 2016년 12월경에 이르러서야 징계의결을 요구하여, 징계시효 도과로 김' 교수에 대한 아무런 징계처분이 이루어지지 못했습니다.

이에 대하여 원고는 당시 수사 중인 상황으로 판단을 보류할 필요성이 있어 징계절차를 연기한 것이라는 취지로 주장하나, 원고의 주장에 따르더라도 원고는 김 교수에 대한 해당 사건의 수사결과(업무방해죄 불구속기소)가 통보된 2015년 7월 29일 이후 곧바로 징계의결 요구를 했어야 합니다(갑 제8호증).

「사립학교법」제66조의3 제3항은 '검찰·경찰, 그 밖의 수사기관에서 수사 중인 사건에 대하여는 제1항에 따른 수사개시 통보를 받은 날부터 징계의결의 요구나 그 밖의 징계 절차를 진행하지 아니할 수 있다'고 규정하면서, 동법 제66조의4 제2항은 '제66조의3 제2항 또는 제3항에 따라 징계 절차를 진행하지 못하여 제1항의 기간이 지나거나 그 남은 기간이 1개월 미만인 경우에는 수사기관의 수사의 종료 통보를 받은 날부터 1개월이 지난 날에 끝나는 것으로 본다'고 규정하고 있습니다.

「사립학교법」

제66조의3(감사원 조사와의 관계 등) ③ 검찰·경찰, 그 밖의 수사기관에서 수사 중인 사건에 대하여는 제1항에 따른 수사개시 통보를 받은 날부터 징계 의결의 요구나 그 밖의 징계 절차를 진행하지 아니할 수 있다.

제66조의4(징계사유의 시효) ② 제66조의3제2항 또는 제3항에 따라 징계 절차를 진행하지 못하여 제1항의 기간이 지나거나 그 남은 기간이 1개월 미만인 경우에는 제1항의 기간은 제66조의3제1항에 따른 조사나 수사의 종료 통보를 받은 날부터 1개월이 지난 날에 끝나는 것으로 본다.

즉, 수사기관의 수사로 징계의결 요구를 보류할 수는 있지만, 징계 시효가 이미 지나거나 그 남은 기간이 1개월 미만일 경우에는 수사 종료 통보를 받은 날부터 1개월 내에는 징계처분을 하여야만 합니다.

이 사건의 경우 김' 교수 등이 김 학생에게 마지막으로 부당하게 학점을 부여한 2012년 12월경을 징계시효의 기산점으로 보면 2년이 지난 (개정 전 사립학교법 기준) 2014년 12월 경 징계시효가 도과한다고 볼 수 있는데, 만약 검찰 수사로 징계의결을 보류한 것이라면 그 수사 종료(업무방해죄 불구속기소)가 통보된 2015년 7월 29일(갑 제8호증)부터 한 달 내에 징계처분 하여야만 시효 도과가 되지 않습니다. 그러나 원고는 단순히 형사 재판이 끝나지 않았다는 이유로 그로부터 약 1년 5개월 뒤인 2016년 12월경에서야 징계의결 요구를 하여 시효를 도과시킨 책임이 있습니다

(을나 제2호증).

한편, "공무원에게 징계사유가 인정되는 이상 관계된 형사사건이 아직 유죄로 인정되지 아니하였거나 수사기관에서 이를 수사 중에 있다 하여도 징계처분은 할 수 있음"(대법원 1984.9.11. 선고, 84누110판결), "징계와 형벌은 그 권력의 기초, 목적, 내용 및 그 사유를 각각 달리하는 것이므로 형사재판의 결과는 징계사유의 인정에 방해가 되지 아니함"(대법원 1982.9.14.선고, 82누46 판결) 등과 같이 판례는 공무원에 대한 징계와 형사 판결은 원칙적으로 별개로 보고 있는바, 반드시 형사 재판에서 유죄가 인정되어야만 징계가 가능한 것도 아닙니다.

이와 같이 원고는 대학의 가장 중요한 업무인 학사 관리와 교원 인사 관리 업무에 있어 총장으로서 최소한의 주의를 기울이지 않고 불성실하고 자의적으로 의사결정을 한 책임이 있습니다.

다. 징계사유 ③, ④에 관하여

1) 원고의 주장

원고는 국내연구년은 혜택이 아니며, 원고는 교원연구년규정 및 관련법령을 위반한 사실이 없고, 교원인사위원회 의사결정에 개입한 것이 아니라 징계성 연구년 부여에 관한 회의를 하였을 뿐이라는 취지로 주장합니다.

2) 원고의 주장에 대한 반박

가) 연구년제도는 혜택이며, 징계성 연구년이라는 개념은 존재하지 않습니다.

피고 보조참가인 산하 경기과학기술대학교(이하 '이 사건 대학'이라고 합니다) 규정 「교원연구년제규정」에 따르면, 제1조(목적)에서 '교원 연구년제'를 '전임교원이 국내외에서의 연구활동을 통하여 전공분야의 새로운 영역을 개척하고 학문적 발전을 도모할 수 있도록 하는 교원 연구년제'로 정의하고 있고, 연구년 교원은 본교 교원으로서 신분을 그대로 유지하며(제7조), 급여는 정상근무와 동일한 급여를 지급하고(제8조 제1항), 연구년 기간은 승진, 호봉승급 빛 재임용의 기준이 되는 재직년수에 산입되는 등(제8조 제3항), <u>연구년 중에도 신분과 급여, 재직년수 산입 등이 모두 정상근무하는 전임교원과 동일하게 적용</u>되고 있습니다(을나 제3호증). 따라서 연구년제도는 사실상 혜택성 제도이며, 이러한 이유로 각 학교마다 선발 기준을 만들어 신청자를 받아 선발하고 있습니다.

이와 같이 연구년 제도는 대학에 출근하거나 근무하지 않고 국내외에서 자유롭게 연구활동을 하면서도 전임교원과 동일한 신분과 급여, 재직년수 산입을 적용받아 교원들에게는 혜택성 제도임이 분명하고, '징계성 연구년'이라는 개념은 원고가 자의적으로 해석하여 언급한 개념입니다.

참고로, 원고가 주장하듯 김 교수가 형사절차 진행기간 동안 강의를 담당하지 못하도록 하려는 의도였다면, 「사립학교법」 제58조의2의 '직위해제' 처분을 할 수 있었으며, 징계절차에 회부되거나 형사 기소된 교원에게 수업을 배정하지 않기 위하여 직위해제를 하는 경우는 빈번하게 발생되는 일입니다.

나) 원고는 교원인사위원회 의사결정에 부당하게 개입하였습니다.

2017.6.27. 개최된 원고에 대한 제2회 교원징계위원회의 회의록을 보면, 원고가 김'   교수의 국내연구년 부여와 관련하여 부당하게 개입하였음을 알 수 있습니다 (을나 제4호증).

위 회의록의 5면~6면을 보면, 당시 교원인사위원회 위원이었던 OOO교수가 참고인으로 출석하여 '인사위원회 위원들은 김   교수에 대해 직위해제로 인사처리할 것을 피력하였고, 연구년을 보낼 경우에는 해당교수에게 혜택을 주는 격이 되어 신중히 처리해야 한다는 의견을 제시하였으나, 총장은 연구년을 보내는 것이 좋겠다고 인사위원회 위원들을 설득하며 종용하였다'고 진술하였습니다. 또한, '인사위원들 중 일부는 끝까지 본 건에 대해 강력하게 반대 의견을 분명히 제시하였다'고 진술하였습니다.

원고는 총장이 교원인사위원회에 개입한 것이 아니고 교원인사위원회에서 독립적으로 의사결정을 하였다고 주장하나, 총장은 교원의 승진, 승급, 전보, 징계 등 모든 인사의 최종 결정권자로서 경험칙상 교원들이 인사권자인 총장의 의견과 상관없이 독립적으로 의사결정 하기는 매우 어려울 것이고, 이 사안의 경우 특히 총장이 별도로 교원인사위원회를 소집하여 연구년을 부여할 것을 적극적으로 설명하고 종용하였으므로 교원인사위원회가 독립적으로 의사결정을 했다고 보기는 힘들 것입니다.

실제로 김   교수의 연구년 신청에 대한 최초의 교원인사위원회(2015.6.25.개최)에서는 연구년 심사에 대해 형사 판결 후 까지 심사를 보류하자고 결정되었지만(을나 제5호증), 원고가 2015.8.19. 교원인사위원회를 소집하고 설득한 이후에 교원인사위원회에서 결정을 번복하여 김   교수에게 연구년을 부여하였습니다(갑 제10호증의 2). 이는 결국 교원인사위원회 의사결정에 원고가 개입하여 의사결정이 번복되었음을 의미합니다.

이 사건 대학 「교원인사규정」에서는 교원인사위원회 위원장을 교무처장으로 하여 회무를 통할하도록 규정함으로써 인사의 중요한 사항을 심의할 때 공정성을 기하기 위해 총장과 교원인사위원회를 별도로 구분하고 있는바, 위와 같이 교원인사위원이 아닌 총장이 인사위원회 위원들을 소집하여 이미 심의완료된 안건에 대해 재설명하고 연구년을 부여할 것을 설득한 행위는 교원인사규정을 위반한 부적절한 행위이며, 직위해제 대상이 되는 교원에게 오히려 혜택을 주는 연구년을 부여한 것은 부당한 교원인사관리 행위에 해당합니다.

라. 징계사유 ⑤에 관하여

1) 원고의 주장

원고는 이 □교수에게 불이익을 준 사실이 없고, 소속을 변경함에 있어 절차를 위반한 사실이 없으며, 이 교수는 소속 변경 때문이 아니라 강의실적 부족 등으로 재임용에서 탈락한 것이라는 취지로 주장합니다.

2) 원고의 주장에 대한 반박

가) 이 □교수의 소속을 변경한 것은 부당하고 불이익한 처분에 해당합니다.

「사립학교법」제2조 및 제53조의4에서는 '임용'이란 신규채용, 승진, 전보 등을

말하며, <u>교원의 임용 등 인사에 중요사항을 심의하기 위하여 당해 학교에 교원인사위</u>
<u>원회를 둔다</u>고 규정하고 있습니다.

한편,「교원의 지위향상 및 교육활동 보호를 위한 특별법」제6조 제2항에서는 교
원은 해당 학교의 운영과 관련하여 발생한 부패행위나 이에 준하는 행위 및 비리 사
실 등을 관계 행정기관 또는 수사기관 등에 신고하거나 고발하는 행위로 인하여 정당
한 사유없이 징계조치 등 어떠한 신분상의 불이익이나 근무조건상의 차별을 받지 아
니한다고 규정하고 있습니다.

그러나 원고는 <u>최초로 김　　교수 등의 학점부당 부여 사실을 고발한 이　　교</u>
<u>수에 대하여 2015.2.16. 경영과에서 미디어디자인과로 소속변경 조치하면서 본인의</u>
<u>동의나 협의 없이, 교원인사위원회 심의도 거치지 않고 임의로 소속변경을 하였습니</u>
<u>다.</u>

교원의 소속변경은 수업 배정 및 수업 평가 등과 관련하여 매우 중요한 문제이므
로 인사권자의 임의적 판단이 아닌 일정한 기준과 절차에 따라야 하며, 교원인사위원
회 심의사항이기도 합니다. 그러나 원고는 이러한 절차 없이 임의로 이　　교수를
전공과 전혀 무관한 미디어디자인과로 소속변경을 하였으며, 이는 내부고발자에 대한
불이익한 처분에 해당합니다.

나) 결국 일방적인 소속변경으로 인해 이　　교수가 청구한 교원소청심사에서 재임
용거부처분 취소 결정이 되었습니다.

이　　교수는 2015.2.16. 소속변경된 후 2016.12.30. 재임용이 거부되자 교원소

청심사위원회에 재임용 거부처분 취소청구를 제기하였고, 2017.2.22. 교원소청심사위원회는 위 재임용 거부 처분을 취소하는 결정을 하였습니다(을나 제6호증).

위 교원소청심사위원회 결정문을 보면, '일방적인 수업 배정에 의해 실적평가에서 감점을 당하거나, 나아가 다른 교원들은 획득할 수 있었던 초과강의점수를 취득하지 못한 것은 청구인의 귀책사유로 인한 불이익이라 보기 어렵다. 따라서 일방적인 강의 배정을 고려하지 않은 채 초과강의점수 항목에서 0점을 산정한 것은 부당하다'고 되어있고, 나아가 '취업지원의 경우 다른 교원에게 취업지도 학생을 배정하는 등 취업지도 활동을 위한 여건을 조성해 준 반면, 청구인에게는 취업지도 학생을 전혀 배정하지 않았으므로 취업지도 항목에서 0점을 산정한 것은 하자가 있다'고 밝히고 있습니다.

즉, 일방적인 소속변경으로 인해 학과에서 수업배정을 전혀 받지 못하였고 취업지도 학생도 배정받지 못하여 이 항목에서 0점을 받아 재임용에서 탈락한 것은 부당하다는 취지입니다.

실제 이　　 교수는 미디어디자인과에서도 동의하지 않은 일방적인 소속변경으로 학과에서도 불만이 많았는데, 원고에 대한 제2회 교원징계위원회의 회의록(을나 제4호증) 제3면~4면에 따르면 당시 미디어디자인과 학과장이었던 OOO교수는 참고인으로 출석하여 '2015년 인사권 권력을 이용하여 중소기업경영과 소속 이　　교수를 본인 동의 없이 또한 미디어디자인과 학과장에게조차 사전통보조차 없이 당해연도 교육개발이 완전히 끝난 2015년 2월 17일 불법적 교수 전보를 하였으며...(중략)...미디어디자인과에서는 이　　교수에게 어떠한 과목도 줄 수 없었음'이라고 진술하였습니다.

위와 같이 학사 비리를 최초로 고발한 이   교수는 의사에 반하여 불이익한 처분(소속 변경)을 받았고 이로 인해 수업과 취업지도학생을 전혀 배정받지 못하여 결국 재임용에서 탈락되었는바. 원고는 내부고발자 불이익 및 차별금지 법령 위반에 관한 관리감독을 소홀히 한 책임이 있습니다.

마. 징계사유 ⑥에 관하여

1) 원고의 주장

원고는 이 사건 대학의 강의시간표 작성지침 상의 '전임교원확보율을 충족하기 위해서는 소속학과 교과목을 1개 이상 강의하여야 한다'는 요건을 위배하였을 뿐. 교원확보율을 허위로 보고한 것이 아니라는 취지로 주장합니다.

2) 원고의 주장에 대한 반박

그러나 원심 판결문에 기재된 바와 같이 이 사건 강의시간표 작성지침(을나 제11호증)은 2015.경 교육부 학사학위 전공심화과정 기본 방침에 따라 '전임교원확보율에 포함되기 위해서는 소속학과의 교과목을 1개 이상 강의하여야 한다'는 요건을 규정한 것이고, 원고는 미디어디자인학과에서 실제 강의를 하지 않은 교원들을 실제 강의를 담당한 것처럼 변경하여 교원확보율을 허위로 보고한 사실을 알면서도 이에 대한 관리감독을 소홀히 한 책임이 있습니다.

바. 징계사유 ⑦, ⑧에 관하여

1) 원고의 주장

원고는 이 사건 경기과학기술대학교 장학재단(이하 '이 사건 장학재단'이라 합니다)은 이 사건 대학과 학생들을 위해 설립되었으며, '장학재단설립추진발기인총회'는 이 사건 대학의 행사였고, '한국계측기기연구센터'는 학교 공간을 임대하여 학생들에게 무료로 교육 및 강의실습을 한 것으로 대학수입을 감소시킨 잘못이 없다는 취지로 주장합니다.

2) 원고의 주장에 대한 반박

가) 이 사건 장학재단은 경기과학기술대학교와 무관한 별도의 법인으로 교비회계를 전출할 수 없습니다.

「사립학교법」제29조 제1항 및 제6항에 따르면 학교법인의 회계는 그가 설치·경영하는 학교에 속하는 회계와 법인의 업무에 속하는 회계로 구분하고, 교비회계에 속하는 수입이나 재산은 다른 회계에 전출하거나 대여할 수 없다고 되어있습니다.

「**사립학교법**」

제29조(회계의 구분) ①학교법인의 회계는 그가 설치·경영하는 학교에 속하는 회계와 법인의 업무에 속하는 회계로 구분한다.

⑥제2항에 따른 **교비회계에 속하는 수입이나 재산은 다른 회계에 전출하거나 대여할 수 없다.** 다만, 다음 각 호의 어느 하나에 해당하는 경우에는 그러하지 아니하다.

1. 차입금의 원리금을 상환하는 경우

2. 공공 또는 교육·연구의 목적으로 교육용 기본재산을 국가, 지방자치단체 또는 연구기관에 무상으로 귀속하는 경우. 다만, 대통령령으로 정하는 기준을 충족하는 경우에 한한다.

> 제73조의2(벌칙) 학교법인의 이사장이나 사립학교경영자(法人인 경우에는 그 代表者 또는 理事) 또는 대학교육기관의 장이 제29조제6항(第51條에 의하여 準用되는 경우를 포함한다)의 규정에 위반한 때에는 **2년 이하의 징역 또는 2천만원 이하의 벌금**에 처한다.

「사립학교법」 제29조 제6항 '교비회계의 다른 회계로의 전출이나 대여 금지' 조항은 위반 시 2년 이하의 징역 또는 2천만원 이하의 벌금(제73조의2)에 처할 만큼 엄격하게 적용되는 사항이며, 교육부 주요 감사 지적사항이기도 합니다.

그런데 이 사건 장학재단은, 「공익법인의 설립·운영에 관한 법률」에 따라 설립된 법인(갑제 22호증의2 정관 제1조(목적))으로 이 사건 대학과 무관한 별도의 법인으로, 교비회계에서 위 법인회계로 전출하거나 대여할 수 없습니다.

즉, 이 사건 장학재단의 설립목적과 상관없이 사립학교법상 교비회계의 타 법인으로의 전출은 엄격히 금지되어 있는바 **이 사건 장학재단의 발기인총회 비용 등으로 2,957,190원을 교비회계에서 지출하고, 교내 시설을 장학재단 사무실에 무상으로 임대하여 주고, 관리경비를 모두 교비회계에서 지출하였으며, 이 사건 장학재단 업무지원을 위해 이 사건 대학의 직원을 겸직하게 한 것은 명백히 「사립학교법」 제29조 제6항에 위반되는 사항입니다.**

참고로, 이 사건 장학재단의 설립 취지서(갑제 22호증의 1)를 보면 '이에 출연자들은 지역 전문대학인 경기과학기술대학교 출신의 우수한 인재를 선발·지원하고 국내·외 우수대학에서 석·박사 학위를 취득하도록 지원함으로써 전문대학 실용학문의 우수성을 널리 알리고...(후략)'이라고 되어있어 이 사건 대학 졸업생들이 대학원을 가는 경우 장학금을 지원하는 것이 목적으로, 사실상 이 사건 대학의 재학생들을 위한 장학재단이라고 보기도 어렵습니다.

나) 이 사건 시설료 감면에는 아무런 근거가 없습니다.

원고는 이 사건 장학재단에 1억원을 기부한 '한국계측기기연구센터'가 대학 시설에 입주함에 있어 임의로 50%를 감면하여 총 25,555,200원의 학교시설사용료를 감면하여 주었는데, 이는 부당하게 교비 수입을 감소시킨 행위로 징계사유에 해당합니다.

원고는 한국계측기기연구센터 대표이사 오 이 2016년 기계자동학과 학생 등 100여명의 학생에게 무료로 교육을 실시하였으므로 부당한 시설료 감면이 아니라는 취지로 주장하나, 위 교육 활동에 대한 반대급부로 총 25,555,200원의 시설료 감면이 이루어진 데 대한 산정근거나 관련 지침 등이 전혀 존재하지 않으므로 적정한 시설료 감면이라고 볼 수 없습니다.

또한, 위 연구센터의 학교시설사용료 감면 기간(계약기간)은 '2016.7.5.~2018.1.4.'인데(갑 제2호증 15면의 붙임3), 위 학생들을 대상으로 한 강의 기간은 '2016.6.22.~2016.7.20.'(1차), '2016.12.26.~2017.1.14.'(2차)로(갑 제21호증의 1, 2) 실제 이 사건 학교시설을 사용하여 교육을 한 기간은 채 2달이 안되고, 나머지 1년 4개월은 임의로 시설사용료를 50% 감면하여 준 것이므로 사실상 교육과는 상관 없이 임의로 시설사용료를 감면해준 것에 가깝다고 볼 수 있습니다.

사. 소결

위와 같이 원고에 대한 징계사유는 모두 인정됩니다.

2. 기타 참작해야 할 사항

원고의 해임처분 및 이 사건 교육부 실태점검 처분에 따라 이 사건 대학이 입은 피해는 다음과 같습니다.

가. 금전적 손실 추정액 : 약 59억원

1) 교육부 행정처분(학생정원 3% 모집정지)으로 인한 손실 : 약 44억원

원고의 해임과 관련한 이 사건 교육부 실태점검에 따라 이 사건 대학은 **교육부로부터 행정처분(학생정원 3% 모집정지)**을 받게 되었고(갑 제2호증 행정처분). 이로 인한 금전적 손실 추정액은 2년간 약 44억에 달합니다.

2) 특성화전문대학육성사업 4차년도 사업비 감축으로 인한 손실: 약 15억원

한편, 이 사건 대학은 교육부와 한국연구재단에서 주관하는 '특성화전문대학육성사업'(이하 'SCK'라고 합니다)에 선정되어 사업을 수행하고 있었는데. 한국연구재단은 SCK 선정 대학이 교육부 감사 등으로 총장 및 주요 보직자가 해임처분을 받는 경우 자체 기준에 따라 사업비를 최대 30%까지 감축하고 있습니다(을나 제7호증).

추정컨대 이 **사건 대학은 교육부 실태점검 처분(원고 해임)으로 인해 SCK 제재기준(을나 제7호증)의 '유형 Ⅰ'에 해당하여 총 사업비에서 30% 감액되었을 것으로**

판단되고, 결국 직전년도 사업비 48.8억원을 기준으로 본다면 제재기준에 따라 이 금액의 30%인 약 15억원의 손실을 입었을 것으로 추정됩니다.[1]

나. 행정적 손해 및 명예 실추

한편, 교육부는 이 사건 실태점검 처분결과를 전문대학평가인증위원회에 통보하였고, 이에 따라 이 사건 대학은 **전문대학평가인증위원회로부터 2017.9 ~ 2017.12.** **약 3개월 간 '인증효력정지' 처분**을 받게 되었습니다(을가 제14호증).

또한, 위 인증효력정지 처분으로 인해 **3개월 간 SCK 사업비 집행도 전면 정지됨**에 따라 추가 사업비 지급은 물론 잔액 사업비도 집행이 금지됨으로써 대학 특성화 사업 운영에 막대한 차질을 빚게 되었으며, 행정력의 큰 낭비를 초래하게 되었습니다(을나 제10호증).

다. 소결

원고의 해임처분 및 교육부 실태점검 처분에 따라 이 사건 대학은 위와 같이 약 59억원[2]의 금전적 손실은 물론 행정적 손실과 명예실추라는 큰 피해를 입게 되었으며, 이는 직접적인 손해만 따진 것으로 대학역량진단평가의 영향 등 간접적인 손해를 따지면 그 피해 정도는 더욱 광범위해질 것입니다.

위와 같이 피고의 이 사건 징계사유에 해당하는 행위들은 결코 가벼운 위반행위

---

[1] 한국연구재단은 SCK 사업비 배정의 세부기준이나 평가내역을 따로 대학에 서면으로 통보하지 않기에 정확한 내역을 확인하기는 어려우나, 한국연구재단 관련 담당자로부터 구두로 확인한 내용입니다.
[2] 이 사건 대학 2018년도 예산액은 약 400억원으로, 59억은 대학 총 예산의 약 15%에 해당하는 금액입니다.

가 아니며 대학의 존폐와도 관련될 만큼 매우 중대한 비위행위에 해당한다고 할 것입
니다.

3. 결론

이상 본 바와 같이 원고의 주장은 이유 없으므로 원고의 항소를 기각하여 주시기
바랍니다.

2019. 4. .

피고 보조참가인 소송대리인

변호사 이

서울고등법원 제11행정부 귀중

상고이유서

사　건　　2019두44941 교원소청심사위원회 결정취소
　　　　　　(담당재판부: 특별3부)
원고(상고인)　김필구
　　　　　　성남시 분당구
피고(피상고인)　교원소청심사위원회
　　　　　　대표자 위원장 이근우
피고 보조참가인 학교법인 한국산업기술대학
　　　　　　시흥시 산기대학로 237(정왕동)

위 사건에 관하여 원고 상고인은 다음과 같이 상고 이유를 제출합니다.

다 음

1. 원심판결의 요지

항소심 판결은 제1심 판결을 일부 사실관계 수정 외에 그대로 인용하면서 여러 사정을 종합적으로 고려하면 원고에 대한 제1에서 제8 징계 사유가 모두 인정되며 이와 다른 전제에 있는 원고의 주장은 이유가 없다고 하였습니다.

2. 제1 상고 이유

항소심 판결이 인용한 제1에서 제8에 이르는 징계 사유는 모두

현행 법령과 경기과학기술대학교(이하 '학교'라 합니다)의 규정에 배치되므로 항소심 판결은 위법한 판결입니다.

가. 제1 징계 사유인 수사 중인 사건에 대한 자체조사 미실시를 상고인의 학사관리 성실의무 위반이라고 하는 것은 현행 사립학교법령에 배치되는 위법한 판결입니다.

상고인이 학교 총장으로 취임하기 전에 부당학점 부여 등과 관련한 내부고발과 학교의 자체 진상조사가 있었고 내부고발된 당사자가 명예훼손 고소를 제기하여 학교는 시흥경찰서로부터 수사협조 요청을 받았으며 추가적인 자체조사는 중단된 상태였다는 사실관계에 대한 다툼은 없습니다.

이와 관련된 사립학교법은 아래와 같습니다.

"제66조의3(감사원 조사와의 관계 등) ① 감사원, 검찰·경찰, 그 밖의 수사기관은 사립학교 교원에 대한 조사나 수사를 시작한 때와 이를 마친 때에는 10일 이내에 해당 교원의 임용권자에게 그 사실을 통보하여야 한다. ② 감사원에서 조사 중인 사건에 대하여는 제1항에 따른 조사개시 통보를 받은 날부터 징계 의결의 요구나 그 밖의 징계 절차를 진행하지 못한다. ③ 검찰·경찰, 그 밖의 수사기관에서 수사 중인 사건에 대하여는 제1항에 따른 수사개시 통보를 받은 날부터 징계 의결의 요구나 그 밖의 징계 절차를 진행하지 아니할 수 있다."

즉 학교는 상고인이 취임하기 전에 이미 사립학교법 제66조의3 제3항에 따라 추가적인 조사는 하지 않는 결정을 하였고 상고인은 이를 승계하였습니다. 법에 명시되어 있는 내용을 따른 것을 징계사유로 삼는 것은 불법입니다.

나. 제2 징계 사유인 징계 의결요구를 할 수 있었음에도 징계 의결요구를 하지 않아 징계시효를 도과한 책임을 인정한 판결 역시 사립학교법령과 배치되는 내용을 포함하여 위법한 판결입니다.

학교는 관할 검찰로부터 김00 교수가 학교에 대한 업무방해 혐의 일부 유죄로 기소되었다는 통보를 받고 구체적인 비위 내용을 알기 위하여 검찰은 물론 관할 법원에까지 기소내용을 알려줄 것을 요청하였으나 협조를 얻지 못해 결국 김00 교수의 1심 판결 때까지 구체적인 업무방해 내용을 알 수 없었다는 점에 대한 사실관계는 다툼이 없습니다.

따라서 상고인은 사립학교법시행령 제25조에 따른 징계 의결요구를 할 수 없었습니다. 징계 의결요구는 편의적으로 할 수 있는 것이 아니고 구체적인 징계 사유에 대한 입증자료 등을 첨부하여야 하기 때문입니다.

관련된 사립학교법시행령은 아래와 같습니다.
"제25조(교원의 징계 의결의 요구) 법 제64조의 규정에 의한 사립학교의 교원에 대한 징계 의결의 요구서에는 다음의 서류를 첨부하여야 한다. 1. 징계혐의자의 인적사항을 기재한 서류 2. 징계의 종류와 양을 기재한 서류 3. 징계사유서와 징계요구자의 의견서 4. 징계혐의사실을 입증하는 증거서류 5. 징계혐의자의 이력서 6. 근무성적표"

상고인이 징계 의결요구를 하지 않은 것은 고의나 과실이 아니라 부득이하게 법적 요건을 충족할 수 없었기 때문입니다.

또한 판결(1심에서 제시되고 항소심에서 그대로 인용되었으므로 1심과 항소심 판결 모두를 가리킵니다. 이하 같습니다)은 징계시효 도과를 막기 위하여 우선 징계 의결 요구를 하고 그 이후 징계 절차를 진행하지 않을 수 있었다는 법령과 일치하지 않는 억지까지 제시하고 있습니다. 법적 요건이 미비한 징계 의결요구를 통해 징계시효를 연장하는 것은 가능하지 않습니다. 사립학교법시행령은 징계 의결요구가 있으면 최장 90일 이내에 징계에 관해 의결토록 강제하고 있었기 때문입니다.

이와 관련된 사립학교법시행령은 아래와 같습니다.

"제24조의8(징계 의결의 기한) ① 교원징계위원회는 징계 의결 요구를 받았을 때는 그 요구서를 받은 날부터 60일[「국가인권위원회법」 제2조 제3호 라목에 따른 성희롱 행위 등 성(性) 관련 비위만을 징계 사유로 하는 경우에는 30일] 이내에 징계에 관한 의결을 해야 한다. 다만, 부득이한 사유가 있을 때는 해당 징계위원회의 의결로 30일의 범위에서 1차에 한정하여 그 기한을 연기할 수 있다. 〈개정 2019. 3. 19.〉 ② 징계 의결이 요구된 사건에 대한 징계 절차의 진행이 법 제66조의3에 따라 중지된 경우 그 중지된 기간은 제1항의 징계 의결 기한에 포함되지 않는다. 〈신설 2019. 3. 19.〉"

위의 사립학교법시행령 제24조의8 제2항은 2019년 3월에 신설된 조항으로 본 사건에 영향을 받아 개정, 보완되었을 것으로 추론되나 어쨌든 본 건 징계와 관련하여서는 적용할 수 없었던 내용이며 판결은 법령과 어긋나는 내용을 제시하면서 상고인의 징계 사유를 수용하고 있으므로 위법합니다.

다. 제3의 징계 사유인 김00 교수를 직위 해제하지 않고 연구년 교원으로 선발한 것은 학교 연구년 규정을 위배한 것으로 인정된다는 판결은 대법원판례와 학교 연구년 규정과는 어긋나는 것으로 사적 자치 원칙과 대학의 자율을 침해한 위법한 판결입니다.

김00 교수가 수사를 받는 중에 해외 연구년을 신청하였으나 인사위원회에서 보류되고 그 후 학교에 대한 업무방해 혐의로 기소되자 학교는 김00 교수 직위해제를 검토하였으나 대법원판례를 고려하여 직위 해제하지 못하고 대신 수업에서 배제하기 위하여 국내 연구년으로 선정한 것은 다툼이 없는 사실입니다.

당시 학교에서 검토한 대법원판례는 아래와 같습니다.
"형사사건으로 기소되었다는 이유만으로 직위해제 처분을 하는 것은 정당화될 수 없고 당사자가 국가공무원법 제33조 제1항 제3

호 내지 제6호에 해당하는 유죄판결을 받을 고도의 개연성이 있는지 여부, 당사자가 계속 직무를 수행함으로 인하여 공정한 직무 진행에 위험을 초래하는지 여부 등 구체적인 사정을 고려하여 그 직위해제 처분의 위법 여부를 판단하여야 한다. (대법원 1997.9.17. 선고 98두15412)"

따라서 김00 교수를 직위 해제했었어야 한다는 판결은 대법원판례와 어긋납니다.

김00 교수를 연구년 교원으로 선정하는 것은 교원 연구년 규정(갑제11호증)과 일치합니다. 판결에서도 일부 적시되어있는 학교의 연구년 규정은 대학발전에 공헌이 지대한 교원이나 실적평가가 우수한 교원이 아니더라도 총장이 필요하다고 인정하는 교원을 선정할 수 있다고 명시하고 있습니다.

학교에서 실적이 우수한 교원을 희망에 따라 연구년 대상으로 선정하는 것도 규정이지만 정반대로 부족한 면이 있는 교원을 연구년을 통해 자기 계발을 할 기회를 주는 것도 연구년의 취지에 어긋나지 않습니다. 그렇지 않다면 '총장이 필요하다고 인정한 교원'을 선정할 수 있도록 한 규정이 무의미해지고 '연구년이란 본교 교원으로서 자기 계발 활동에 전념하는 기간을 말한다'라는 규정의 의미를 반감하는 것이 될 것입니다.

요컨대 학교 연구년 규정에 따른 김00 교수의 연구년 선정을 징계 사유로 삼는 것은 오만하고 독선적이며 사적 자치 원칙을 침해하는 위법한 판결입니다.

라. 제4의 징계 사유인 상고인과 인사위원들과의 간담회개최가 상고인의 인사위원회 의사결정과정에 대한 개입이라는 것을 인용한 판결은 조직사회 내의 의사소통 필요성과 인간의 존엄성을 부정하는 위헌적인 판결입니다.

상고인이 학교 총장으로 재직 시 교직원들과 자주 간담회를 개최하였고 교원들은 현안에 따라 총장으로부터 직접 설명을 듣기를 원하는 경우도 있으며 김00 교수 연구년 선정과 관련하여서는 상고인이 개최한 간담회에 참석했던 인사위원들과 그 후에 김00 교수의 연구년 선정을 의결했던 인사위원회에 참석한 인사위원들이 완전히 일치하지도 않고 상고인은 징계성 연수로 하자고 제안하였으나 인사위원회는 무죄 추정의 원칙을 들어 일반 연수로 의결한 사실관계에 대해서도 다툼이 없습니다.

대학 총장과 인사위원들과의 간담회를 금지하는 법규는 없고 어떤 대학도 그런 간담회를 개최할 수 있으며 더욱이 본 건 간담회는 총장이 필요하다고 인정한 교원의 연구년 선정에 대해 상고인과 참석자들이 정보와 의견을 교환하는 자리였기 때문에 간담회개최를 비난하고 징계 사유로 삼는 것은 상고인을 포함한 학교 교원들의 인격을 무시하고 인간의 기본권을 침해한 것입니다.

마. 제5의 징계 사유인 이00 교수를 인사위원회 심의 없이 미디어디자인과로 소속을 변경하였고 이00 교수의 미디어디자인과로의 소속변경은 '교원의 지위 향상 및 교육 활동 보호를 위한

특별법 제6조 제2항'을 정면으로 위반한 것에 해당한다는 것은 학교의 인사규정과 동법의 구체적인 내용과는 일치하지 않는 위법한 판결입니다.

학교의 교원인사규정(갑제14호증)은 교원의 학과 소속변경을 교원인사위원회의 심의사항으로 규정하고 있지 않았으며 관례적으로 교원인사위원회의 심의 없이 총장의 결재를 거쳐 시행해 온 것은 다툼 없는 사실입니다.

판결에서 적시하고 있는 것처럼 교원인사규정은 총장이 교원인사위원회의 심의가 필요하다고 인정하는 사항도 교원인사위원회가 심의토록 하고 있으므로 상고인이 이00 교수의 학과소속 변경을 인사위원회에 부의할 필요성을 인식하지 않고 관례에 따라 교원인사위원회에 부의하지 않은 것이 관례를 따르는 좋지 못한 결정이었다 하더라도 통상의 좋지 못한 의사결정을 넘어 징계 사유가 된다는 것은 근거 없는 것이며 사회의 통념에 반하는 것입니다.

당시 교원확보율에 여유가 있어 미디어디자인과의 교원확보율 충족을 위해 교원의 소속변경을 수용할 수 있는 학과는 '중소기업경영과'가 유일했으며 보직 등의 약이 없어 소속변경의 대상이 되는 3명의 교원은 모두 학과소속 변경을 원하지 않았고 3명의 교원 중 이00 교수의 실적평가가 가장 낮아서 상고인이 실적 기준으로 이00 교수를 소속변경 대상 교수로 선정한 것은 다툼 없는 사실입니다.

그리고 이00 교수는 2014년 말 향후 2년간 재임용 여부 심사 대상 교수였으며 학생들의 강의평가 등 계량적인 실적점수가 낮아 재임용기준에 미치지 못할 우려가 있었으나 총장이었던 상고인이 내부고발 사실을 대학발전 기여실적으로 인정하고 대학발전 기여점수를 부여하여 재임용된 것도 다툼 없는 사실입니다.

이상과 같은 사실을 고려할 때 상고인이 내부고발자인 이00 교수에 대해 신분상의 불이익이나 근무조건 상의 차별을 했다는 주장은 근거가 없습니다. 이00 교수는 내부고발의 공을 인정받아 재임용 탈락을 면하였습니다. 신분상의 이익을 본 것입니다. 재임용된 다음에는 다른 교원과 동일하게 대우를 받고 인사기준도 동일하게 적용되어야 합니다. 그러므로 소속변경 가능 3인의 교원 중 실적 기준에 따라 이00 교수를 선정한 것이 '교원의 지위 향상 및 교육 활동 보호를 위한 특별법 제6조 제2항'을 위반한 것이 될 수 없습니다.

교원의 지위 향상 및 교육 활동 보호를 위한 특별법 제6조는 아래와 같습니다.

"제6조(교원의 신분보장 등) ① 교원은 형(刑)의 선고, 징계처분 또는 법률로 정하는 사유에 의하지 아니하고는 그 의사에 반하여 휴직·강임(降任) 또는 면직을 당하지 아니한다. ② 교원은 해당 학교의 운영과 관련하여 발생한 부패행위나 이에 준하는 행위 및 비리 사실 등을 관계 행정기관 또는 수사기관 등에 신고하거나 고발하는 행위로 인하여 정당한 사유 없이 징계 조치 등 어떠한 신분상의 불이익이나 근무 조건상의 차별을 받지 아니한다. [전문개정 2008. 3. 14.]

따라서 학교 내 모든 학과의 교원확보율 충족을 위해 교원인사규정과 관례에 따라 교원인사위원회의 심의 없이 이00 교수의 학과소속을 미디어디자인과로 변경한 것을 징계 사유로 하는 것은 근거 없는 징계로서 위법합니다.

바. 제6의 징계 사유인 허위보고는 고등교육법령에 따라 이루어진 교원확보율 보고를 허위보고라고 하는 것이므로 이를 인정하는 판결은 위법합니다.

총장의 학과에 대한 서면 지시인 학교의 2015학년도 2학기 시간표 작성지침에는 교원확보율 충족을 위해 모든 교수는 소속학과에서 강의를 담당하라는 내용이 포함되어 있었으나 미디어디자인과 소속 2명의 교원이 미디어디자인과에서 강의하지 않았습니다. 교육부는 모든 교원이 소속학과에서 강의할 것을 권장하였으나 2015년 말까지 교원이 소속학과에서 강의하지 않았다고 해서 개선 권고 외에 불이익을 주지는 않았습니다. 이상은 다툼 없는 사실입니다.

교원확보율은 '대학설립·운영규정(대통령령 제29699호)'이 정하는 일정 규모의 학생 수 대비 교원 수의 비율을 말하고 공학계열인지 인문계열인지 등에 따라 교원 1인당 학생 수 규모를 달리 정하는 등 세부기준이 법규로 정해져 있습니다.

대학설립·운영규정의 구체적 내용은 아래와 같습니다
"제6조(교원) ①대학은 편제완성연도를 기준으로 한 계열별 학생정원을 별표 5에 따른 교원 1인당 학생 수로 나눈 수의 교원(조교는 제외한다. 이하 같다)을 확보하여야 한다. 이 경우 계열별 학생정원을 합한 학생정원이 500명(대학원대학 및 장애인만을 입학대상으로 하는 대학의 경우에는 200명) 미만인 경우에는 그 정원을 500명(대학원대학 및 장애인만을 입학대상으로 하는 대학의 경우에는 200명)으로 보되, 계열별로 학생정원을 환산하는 방법은 교육부령으로 정한다. ②제1항의 규정에 의하여 확보하여야 할 교원을 산정하는 경우의 계열별 학생정원은 다음 각호의 어느 하나의 학생 수를 말한다. 1. 대학원이 없는 대학 : 대학의 학생정원 2. 대학원이 있는 대학 : 학사과정의 학생정원에 대학원 학생정원의 1.5배(전문대학원의 경우는 학생정원의 2배)를 합한 학생 수 3. 대학원대학 : 대학원 학생정원의 2배의 학생 수 ③삭제 ④제1항의 규정에 의하여 확보하여야 하는 교원에는 겸임교원 등이 포함될 수 있다. 이 경우 대학(산업대학, 전문대학, 전문대학원으로서의 대학원대학 및 이에 준하는 각종학교를 제외한다)의 경우에는 그 정원의 5분의 1(대학에 두는 전문대학원은 3분의 1), 전문대학원으로서의 대학원대학의 경우에는 그 정원의 3분의 1, 산업대학·전문대학 및 이에 준하는 각종학교의 경우에는 그 정원의 2분의 1의 범위 안에서 이를 둘 수 있으며, 겸임 및 초빙교원 등에 관한 산정기준은 교육부령으로 정한다."

위 규정에서 볼 수 있는 것처럼 해당 학교가 전임교원을 얼마나 채용하였는지가 기본적인 전임교원확보율 산정기준입니다. 신규채용 후 일정 기간 동안은 기존 교수들의 강의 상황 등에 따라 다른 학과에서 강의할 수도 있고 연구 활동이나 교내 보직 수행 등에 따라 강의 의무를 경감받고 소속학과에서 강의하지 않을 수도 있으며 교육 목적상 학교 교수들은 학과 간 교차 강의를 하는 것도 가능합니다.

한편, 본 건의 학교 미디어디자인과의 학위심화과정 개설을 위한 개별적인 요건으로서 교원확보율 기준은 고등교육법령이 정하고 있으며 고등교육법시행령 제58조의3 제2항에 의한 별표3이 정한 교원확보율 기준은 아래와 같습니다.

■ 고등교육법 시행령 [별표 3]

재직경력 없이 입학할 수 있는 학위심화과정의 지정 기준 및 수업연한이 4년인
의료인 양성과정의 설치 기준(제58조의3 제2항 및 제58조의5 제2항 관련)

기준	항 목	확보율
대학 전체	전임교원확보율	50
	교사확보율	100
모집 단위	전임교원확보율	60
	교원확보율 (전임·겸임·초빙 교원 포함)	100

비고
1. 교사확보율 및 교원확보율은 각각 「대학설립·운영규정」 제4조 및 제6조에 따라 산정한다. 다만, 교사확보율을 산정할 때 산업체 경력 없이 입학 가능한 학위심화과정 및 수업연한이 4년인 의료인 양성과정을 설치한 모집단위의 교사기준면적은 「대학설립·운영규정」 별표 3 비고에도 불구하고 4년제 대학의 기준을 적용한다.
2. 교원확보율은 편제정원을 기준으로 산정한다.
3. 교사확보율은 개설 과정이 주간일 경우 주간 과정, 야간일 경우에는 야간 과정의 편제정원으로 산정한다.

즉 고등교육법시행령에서 정한 학위심화과정 관련 교원확보율도 소속학과에서 강의한 교원만 교원확보율에 산정한다는 제한이 없습니다. 따라서 학교나 상고인이 미디어디자인과의 학위심화과정 운영과 관련하여 미디어디자인과 소속이나 2015년에 미디어디자인과에서 강의하지 않은 교원을 포함하여 교원확보율을 보고한 것이 허위

보고가 될 수 없습니다. 오히려 강의하지 않은 교원을 제외했다면 법령과 일치하지 않는 자의적인 허위보고의 소지가 있습니다.

이와 관련한 교육부나 판결의 주장은 가소롭습니다. 학교의 2015년 2학기 시간표 작성지침에서 모든 교원은 소속학과에서 1과목 이상 강의를 하여야 하며 이는 교원확보율 충족요건이라고 했기 때문에 경기과학기술대학교의 교원확보율 산정기준은 법령과 달라졌고 법령에 따른 보고는 허위보고라는 것입니다.

이러한 상황을 요약하면 교육부는 법적 의무와는 별도로 모든 교수가 소속학과에서 강의할 것을 장려했고 총장이었던 상고인은 그런 교육부의 권고를 수용하여 교수들에게 교육부 권고에 맞추어 모든 교수가 소속학과에서 강의할 것을 지시하였으나 미디어디자인과에서 총장의 지시를 따르지 않은 사례가 발생했으며 총장의 지시를 따르지 않은 사례가 법적 의무를 위반한 것이 되어 총장에게 허위보고의 징계 사유가 발생했다는 것입니다.

즉 대학 총장의 지시(시간표 작성지침은 총장의 학과에 대한 서면지시입니다)가 법령보다 우선하며 그런 지시를 했으면 법령이 아니라 자신의 지시에 따른 보고를 해야 한다고 주장하는 것입니다. 불법행정이고 위법한 판결입니다.

이 징계 사유와 관련된 교육부의 처분 및 판결에 있어서 설명이 필요한 부분이 있다고 생각합니다. 교육부는 강의하지 않은 학과소속 교원을 교원확보율에서 제외하고는 미디어디자인과가 재직경력 없는 학위심화과정 운영에 있어 교원확보율에 미달하였으므로 '고등 교육법시행령 제71조의2 별표4의 2. 세부기준 중 『거』 항'에 해당 한다고 학교에 입학정원의 10% 모집중단을 처분안으로 제시했다가 결국 3% 모집중단 처분을 하였습니다. 무법천지라고 하지 않을 수 없습니다.

행정제재는 법적 근거가 명확해야 하며 처분요건도 법령에서 구체적으로 정해야 하고 행정청은 처분요건을 반드시 준수해야 할 것입니다.

먼저 본 건과 관련 있는 입학정원 모집중단 제재의 근거법은 고등교육법 제60조이며 세부내용은 아래와 같습니다.

"제60조(시정 또는 변경 명령 등) ① 교육부 장관은 학교가 시설, 설비, 수업, 학사(學事), 그 밖의 사항에 관하여 교육 관계 법령 또는 이에 따른 명령이나 학칙을 위반하면 기간을 정하여 학교의 설립자·경영자 또는 학교의 장에게 그 시정이나 변경을 명할 수 있다. ② 교육부 장관은 제1항에 따른 시정 또는 변경 명령을 받은 자가 정당한 사유 없이 지정된 기간에 이를 이행하지 아니하면 대통령령으로 정하는 바에 따라 그 위반행위를 취소 또는 정지하거나 그 학교의 학생정원 감축, 학과 폐지 또는 학생모집정지 등의 조치를 할 수 있다. ③ 교육부 장관은 위반행위가 이미 종료되는 등 위반행위의 성질상 시정·변경할 수 없는 것이 명백한 경우에는 제1항에 따른 시정 또는 변경 명령을 하지 아니하고 제2항에 따른 조치를 할 수 있다."

고등교육법 제60조의 위임에 따라 고등교육법시행령은 제재행위인 행정처분의 기준을 구체적으로 정하고 있으며 관련 내용 일부는 아래와 같습니다.

"제71조의2(행정처분의 기준) 법 제60조 제2항에 따른 학생정원 감축 등 행정처분의 세부기준은 별표 4와 같다."

<별표4>

학생정원 감축 등 행정처분의 세부기준(제71조의2 관련)

1. 일반기준

　가. 교육부 장관은 위반행위를 적발한 경우에는 법 제60조 제1항에 따라 그 시정이나 변경을 명한 후 시정 또는 변경 명령을 받은 자가 이에 따르지 않는 경우에 이 기준에 따른 행정처분을 한다.

　나. 위반행위의 횟수에 따른 행정처분기준은 최근 3년간 개별기준의 어느 하나의 위반행위를 한 후에 다시 해당 위반행위로 행정처분을 받는 경우에 적용한다. 이 경우 기준 적용일은 같은 위반사항에 대한 행정처분일과 재적발일(再摘發日)을 기준으로 한다.

　다. 위반행위가 최근 3년간 3회 이상인 경우에는 2차 위반 시 행정처분 기준에 따른다.

위에 제시한 고등교육법시행령 별표4의 개별기준은 고등교육 관계 법령 위반사항별 행정처분 내용을 정한 것으로 내용이 너무 많아 제시하지 않았으며 학교는 미디어디자인과가 '고등교육법시행령 제71조의2 별표4의 2. 세부기준 중 『거』 항'에 해당하는 재직경력이 없는 학위심화과정을 운영함에 있어 교원확보율이 미달되었다는 이유로 제재처분을 받은 것은 이미 기술한 바와 같습니다.

미디어디자인과의 교원확보율 미달 여부는 차치하고 고등교육법과 시행령에 중복하여 세세하게 명시된 것처럼 위반사항에 대한 시정요구를 먼저하고 그럼에도 다시 위반이 발생했을 때 행정처분을 할 수 있는 것이 명백한데도 교육부는 법령은 안중에도 없이 학교에 대한 제재까지 한 것입니다. 우리 사회의 법치 수준을 돌아보게 만드는 일입니다.

상고인은 상고인에 대한 징계문제 외에 학교에 대한 제재를 다툴수 없었지만 본 건 소송이 행정소송이기 때문에 교육부의 불법처분에 대해 법원의 판단을 기대했습니다. 그렇지만 판결은 교원확보율 허위보고라는 억지 주장을 수용하면서 커다란 진짜 불법에 대해 눈을 감았습니다.

이와 관련된 행정소송법의 세부내용은 아래와 같습니다.
> "제26조(직권심리) 법원은 필요하다고 인정할 때에는 직권으로 증거조사를 할 수 있고, 당사자가 주장하지 아니한 사실에 대하여도 판단할 수 있다."

사. 제7 징계 사유인 교비 회계의 다른 회계로의 전출금지 위반이라는 주장은 터무니없는 억지이며 이를 용인한 판결은 위법입니다.

상고인이 '경기과학기술대학교 장학재단 설립추진 발기인 총회'라는 명칭을 사용하면서 학교졸업생 중 기업을 경영하시는 분들을 초청하여 장학재단 설립에 참여해 주실 것을 권유하는 회의를 개최하였고 그 외에도 장학재단과 관련한 활동을 하였으며 총 300만 원에 약간 못 미치는 학교예산을 사용하였습니다. 그리고 장학재단 사무실의 주소지를 학교 내 산학협력위원회 사무실을 공용토록 하였으며 학교의 직원복무규정(갑제29호증)에 따라 2명의 학교직원이 경기과학기술대학교 장학재단 직원을 겸직토록 하였습니다(이들 직원은 일 년에 불과 수 회 개최되는 장학재단의 회의 개최를 위한 일을 수행하였습니다.). 이와 같은 내용은 다툼 없는 사실관계입니다.

이상과 같은 사실관계가 사립학교법 제29조 제6항 본문 위반이라는 것이 판결입니다. 사립학교법 제29조의 구체적인 내용은 아래와 같습니다

"제29조(회계의 구분) ①학교법인의 회계는 그가 설치·경영하는 학교에 속하는 회계와 법인의 업무에 속하는 회계로 구분한다. ②제1항의 규정에 의한 학교에 속하는 회계는 이를 교비 회계와 부속병원회계(附屬病院이 있는 경우에 한한다)로 구분할 수 있고, 교비회계는 등록금회계와 비등록금회계로 구분하며, 각 회계의 세입·세출에 관한 사항은 대통령령으로 정하되 학교가 받은 기부금 및 수업료 기타 납부금은 교비 회계의 수입으로 하여 이를 별도 계좌로 관리하여야 한다. ③제1항의 규정에 의한 법인의 업무에 속하는 회계는 이를 일반업무회계와 제6조의 규정에 의한 수익사업회계로 구분할 수 있다. ④제2항의 규정에 의한 학교에 속하는 회계의 예산은 당해 학교의 장이 편성하고 다음 각호의 절차에 따라 확정·집행한다. 1. 대학교육기관: 대학평의원회의 자문 및 「고등교육법」 제11조 제2항에 따른 등록금심의위원회(이하"등록금심의위원회"라 한다)의 심사·의결을 거친 후 이사회의 심사·의결로 확정하고 학교의 장이 집행한다. 2. 「초·중등교육법」 제2조에 따른 학교: 학교운영위원회의 자문을 거친 후 이사회의 심사·의결로 확정하고 학교의 장이 집행한다. 3. 유치원: 「유아교육법」 제19조의

3에 따른 유치원운영위원회의 자문을 거친 후 학교의 장이 집행한
다. 다만, 유치원운영위원회를 두지 아니한 경우에는 학교의 장이
집행한다. ⑤삭제 ⑥제2항에 따른 교비 회계에 속하는 수입이
나 재산은 다른 회계에 전출하거나 대여할 수 없다. 다만, 다
음 각호의 어느 하나에 해당하는 경우에는 그러하지 아니하
다. 1. 차입금의 원리금을 상환하는 경우 2. 공공 또는 교육 ·
연구의 목적으로 교육용 기본재산을 국가, 지방자치단체 또는
연구기관에 무상으로 귀속하는 경우. 다만, 대통령령으로 정
하는 기준을 충족하는 경우에 한한다. ⑦ 삭제"

학생들의 등록금으로 구성된 교비 회계에 속하는 예산을 학생들
의 교육목적 외에 사용해서는 안 된다는 것이며 특히 학교설립자인
학교법인으로 교비 회계를 빼돌리는 것을 금지하고 있습니다.

본 건과 관련하여서는 결국 학교 학생들을 위한 장학재단의 설립
과 관련한 교비 회계의 지출이나 기타 장학재단 운영상의 지원이 교
육목적에 해당하느냐 하는 문제일 것입니다. 법령상으로는 사립학교
법시행령 제13조 제2항 제5호에 해당하느냐 하는 것입니다.

이와 관련된 사립학교법시행령 관련 조항은 아래와 같습니다
"제13조(교비 회계와 부속병원회계의 세입세출)②교비 회계의 세출
은 다음 각호의 경비로 한다. 1. 학교운영에 필요한 인건비 및 물건
비 2. 학교 교육에 직접 필요한 시설 · 설비를 위한 경비 3. 교원의
연구비, 학생의 장학금, 교육지도비 및 보건체육비 4. 제1항 제8호
의 차입금의 상환 원리금 5. 기타 학교 교육에 직접 필요한 경비"

거의 모든 대학이 학생들을 위한 장학금을 모금하기 위하여 많은

노력을 하고 있으며 그러한 노력에는 경비가 소요됩니다. 따라서 장학금 모금을 위한 교비지출이 기타 학교 교육에 직접 필요한 경비가 아니라는 것은 사회 통념에 어긋난다고 할 것입니다.

학교의 시설은 지역사회에 개방될 수 있고 사회봉사 목적으로 제공될 수 있습니다. 거의 모든 대학이 다양한 시설을 유무상의 다양한 방법으로 지역사회에 개방하고 있으며 특히 무상제공을 하는 경우 그것이 학생들에게 도움이 되거나 사회에 대한 참여와 봉사를 교육하는 효과가 있기 때문일 것입니다. 학교시설을 교육을 방해하지 않는 범위 내에서 사회봉사 차원에서 지역사회에 무상으로 제공하는 것을 금지하는 법은 없습니다. 따라서 경기과학기술대학교 장학재단 주소지 사무실(5억 원이 넘는 장학기금을 관리하는 이사장은 비상근이고 전속직원도 없기 때문에 사무실을 실제로 사용하는 경우도 거의 없음)로 학교시설을 제공한 것이 통상적인 대학시설 무료 개방을 넘어 불법적인 교비지출에 해당한다고 하는 것은 터무니없는 것입니다.

학교직원의 영리업무 외의 직무에 대한 겸직허가는 이미 학교 직원복무규정에 명문화되어 있는 것이며 학교와 같은 공익기관의 사회봉사 차원에서 이해되어야 한다고 생각합니다. 이러한 규정에 따른 겸직허가를 탈법 운운하는 것은 음해입니다. 제7 징계 사유에 대한 판결은 위법할 뿐만 아니라 악의적입니다.

아. 제8 징계 사유인 한국계측기기연구센터에 대한 시설 사용료

50% 감면은 학교의 교비 회계에 속하는 수입을 부당하게 감소시킨 것이라는 것을 용인한 판결은 어떤 법적 또는 사실적 근거가 없는 황당하고 위법한 판결입니다.

한국계측기기연구센터(이하 '연구센터'라 한다)의 장은 학교의 총동문회 회장이며 학교가 5천만 원 상당의 교육용 장비를 제공하면 자신이 시설(강의 공간) 사용료를 할인 없이 납부하고 학생들에게 무료로 교육을 실시하겠다고 학교에 제안하였으나 학교가 장비의 향후 활용 가능성 등을 고려하여 거절하자 자신이 장비를 제공하는 대신 시설 사용료 할인을 요청하여 학교가 이를 수락하고 할인을 제공하는 한편 다른 동문에게도 장학재단에의 참가를 촉구하고자 장학재단에 1억 원을 출연하여 시설 사용료를 할인한다는 내용을 시설사용계약서에 명시하게 된 것은 다툼이 없는 사실관계입니다.

학교는 학교발전기금 납부자에게는 발전기금 납부 규모에 따라 학교시설사용료를 감면해왔고 연구센터의 장은 동 시설 사용계약 전까지 학교발전기금 납부액이 29백만 원에 달해 동 관례에 비추어도 미리 정해놓은 학교시설사용료의 50%인 약 26백만 원을 감면하는 데 무리가 없었습니다.

교비 회계 수입을 감소시켰다는 지적은 너무나 어이없는 것으로 동 시설사용계약을 통해 약 26백만 원의 학교시설 사용료 수입이 발생한 것과 정반대인 지적입니다. 만약 학교와 연구센터 간의 협상이 결렬되어 연구센터가 학교시설을 사용하지 않게 되면 학교는 사용료 수입도 못 얻고 학생 교육도 못 하게 되는 것입니다. 센터는 자신의 장비를 모두 가져와서 센터의 장이 교육한 것입니다. 학생 교육을 위해 시설을 임대하면서 임대료를 할인하는데 무슨 근거 규정이 있어야만 합니까? 도대체 상고인이 무슨 법규를 어떻게 위반하여 징계 사유가 된다는 건지 입을 다물 수 없는 억지이며 위법한 판결입니다.

자. 소결론

제1 징계 사유부터 제8 징계 사유에 이르기까지 현행 법령에 배치되는 내용이 많습니다. 현행 법령과 관련이 없으면 우리 사회의 기본원리인 사적 자치에 속하고 헌법에도 규정되어 있는 대학 자율에 해당하는 사항에 대하여 억지를 부리고 있습니다. 대학에 대한 재정지원 등을 미끼로 대학들에 왕처럼 군림해온 교육부의 방자함이 속속들이 드러난 사례라 할 것입니다. 전임 정권 시기에 취임한 총장이라 하더라도 본 건처럼 불법적으로 해임할 수는 없습니다.

이와 관련된 헌법의 규정은 아래와 같습니다

"제31조 ①모든 국민은 능력에 따라 균등하게 교육을 받을 권리를 가진다. ②모든 국민은 그 보호하는 자녀에게 적어도 초등교육과 법률이 정하는 교육을 받게 할 의무를 진다. ③의무교육은 무상으로 한다. ④교육의 자주성·전문성·정치적 중립성 및 대학의 자율성은 법률이 정하는 바에 의하여 보장된다. ⑤국가는 평생교육을 진흥하여야 한다. ⑥학교 교육 및 평생교육을 포함한 교육제도와 그 운영, 교육재정 및 교원의 지위에 관한 기본적인 사항은 법률로 정한다."

3. 제2 상고 이유

항소심 판결은 민사소송법 제208조 제2항이 정한 판결의 이유를 밝히지 않았습니다.

가. 상고인이 항소이유서에서 제1 징계 사유에서 제8 징계 사유에 이르는 징계 사유들이 불법, 부당하며 1심 판결이 왜 잘못되었는지에 대해 너무 명백하여 1심에서 제기하지 않았거나 강조하지 않은 법령과 규정들을 제시하였습니다. 이와 아울러 상고인이 중요한 논점이 아니라 생각하여 1심에서 자세하게 논의하지 않았거나 아예 제기하지 않았지만 1심 판결문에서 제시된 이00 교수의 내부고발 동기, 교원확보율과 관련한 중소기업경영과 교수 선택이유, 미디어디자인과 학과장의 인사 불만, 이00 교수의 재임용 탈락 등과 관련된 사실관계를 항소이유서에서 자세하게 설명하였고 이에 대해 피고나 피고 보조참가인이 반론을 제기하지 않았습니다. 다툼이 없는 사실이기 때문입니다.

나. 그럼에도 불구하고 항소심 판결은 상고인의 항소 이유들에 대해 아무런 반론도 제기하지 않고 그냥 여러 사정을 종합적으로 고려하면 제1에서 제8 징계 사유가 모두 인정된다고 하였습니다. 도대체 각각의 징계 사유에 대한 상고인의 위법성 주장을 수용하지 않는 이유를 제시하지 못하면서 '여러 사정을 종합적으로 고려하면 징계 사유가 모두 인정되므로 이와 다른

전제에 있는 원고의 주장은 이유 없다'라는 판결은 '재판부가 유죄라고 하면 유죄이지 이유는 필요 없다'라는 판결과 무엇이 다릅니까? 이는 명백히 행정소송법 제8조에 따라 적용되는 민사소송법 제208조 위반입니다.

민사소송법 제208조의 관련 부분의 구체적인 내용은 아래와 같습니다

"제208조(판결서의 기재사항 등) ①판결서에는 다음 각호의 사항을 적고, 판결한 법관이 서명날인하여야 한다. 1. 당사자와 법정대리인 2. 주문 3. 청구의 취지 및 상소의 취지 4. 이유 5. 변론을 종결한 날짜. 다만, 변론 없이 판결하는 경우에는 판결을 선고하는 날짜 6. 법원 ②판결서의 이유에는 주문이 정당하다는 것을 인정할 수 있을 정도로 당사자의 주장, 그 밖의 공격·방어방법에 관한 판단을 표시한다."

다. 항소심 판결이 판결 이유를 제시하지 않은 것은 이유를 제시할 수 없었기 때문입니다. 상고인의 주장을 배척하기 위해서는 명문 법규의 내용이나 일반 상식에 반하는 판결 이유를 명시해야 합니다. 즉 "①수사기관이 수사 중인 사안도 법령과 다르게 징계 절차를 중단하지 않았어야 하는 이유 ②법령과 달리 법정 증거서류들이 미비해도 징계 의결요구는 했었어야 하며 징계 의결을 늦출 수 있었던 방안 ③본 건의 경우 형사 기소된 교수를 직위 해제하더라도 기존 대법원판례와 배치되지 않는 이유와 학교규정에 따라 총장이 필요하다고 인정한 교원을 연구년 교원으로 선정한 것이 징계 사유에 해당하는

이유 ④대학 총장으로서 학교 인사위원들과 간담회를 개최한 다던가 교원인사규정과 관례에 따라 인사위원회에 안건을 부의하지 않은 것이 좋지 못한 의사결정을 넘어 징계 사유가 되는 이유 ⑤내부고발을 한 교수를 다른 교수들과 동일하게 실적을 기준으로 인사를 하는 것이 '교원의 지위 향상 및 교육활동 보호를 위한 특별법'의 차별금지 의무 위반인 이유 ⑥교원확보율은 법령과 달리 각 학교의 지침으로 요건을 엄하게 하면 법령에 우선하게 되고 학교의 지침위반이 법령위반에 해당하는 법리 ⑦장학금 모금을 위해 사용한 총장의 업무추진비는 교비 회계의 불법지출이었으며 대학의 인력, 시설을 지역사회가 아닌 학생들을 위한 장학재단에 제공하는 것이 불법인 이유 ⑧학생들의 교육을 위해 임대하는 공간이라도 할인요금으로 임대하기보다는 임대하지 않았어야 하는 이유" 등과 같은 내용을 적시해야 하기 때문입니다. 항소심 판결문은 민사소송법 제420조를 탈법적으로 이용한 위법한 판결문입니다.

민사소송법 제420조의 구체적 내용은 아래와 같습니다.

"제420조(판결서를 적는 방법) 판결 이유를 적을 때에는 제1심 판결을 인용할 수 있다. 다만, 제1심 판결이 제208조 제3항에 따라 작성된 경우에는 그러하지 아니하다."

라. 소 결 론

항소심 판결문은 2쪽으로 이루어져 있으나 판결 이유를 적은 부분은 1쪽에도 못 미칩니다. 판결 이유 밑의 여백에는 판사

들의 서명이 커다랗게 되어있습니다. 서명을 조그맣게 하더라
도 판결 이유를 적는 것이 준법하는 것입니다.

4. 결 론

상고인은 얼마나 많은 판결이 이루어지고 그중에 위법한 판결이
얼마나 많은지에 대해서 물론 모릅니다. 본 건 판결도 수많은 판결
속에 묻혀 세간의 주목을 받지 못할 수 있습니다.

하지만 본 건은 대학에서 흔히 다루어지는 징계, 인사위원회, 교
원확보율, 장학재단, 시설의 임대 등과 관련된 것으로 향후 대학들
에 큰 영향을 미칠 수 있습니다. 명백한 법령의 해석과 적용이 있어
야 합니다.

판결은 세간의 주목 여부와 상관없이 기록으로 남습니다.

2019년 7월 26일
원고 상고인 김필구

대법원 귀중

상고이유에 대한 답변서

사　　　건　　　2019두44941　　　　　교원소청심사위원회결정취소

원고(상 고 인)　　　김필구

피고(피상고인)　　　교원소청심사위원회

피고보조참가인　　　학교법인 한국산업기술대학

　위 사건에 관하여 피고(피상고인, 이하 '피고'라 합니다) 소송대리인은 원고(상고인, 이하 '원고'라 합니다)의 상고이유에 대하여 아래와 같이 답변합니다.

1. 사건의 경위 및 원심판결의 요지

가. 이 사건의 경위

　1) 원고는 2014. 2. 22. 피고보조참가인(이하 '참가인'이라 합니다)이 설치·운영하는 경기과학기술대학교 총장으로 임용되었습니다.

　2) 경기과학기술대학교 이○○ 교수 등은 2013.경 김○○교수를 학생들로부터 부당하게 돈을 거두어 사용하고, 학점을 부당하게 부여하였다는 등의 이유로 내부고발하였고, 위 대학교는 2013. 12. 5. 진상조사결과 보고서를 작성하였습니다.

　3) 수원지방검찰청 안산지청은 위 대학교의 요청에 따라 2015. 7. 29. 김○○교수에 대한 사건처분 결과(사기, 사문서위조, 위조 사문서 행사, 횡령에 대해 '혐의 없

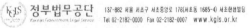

음'으로, 업무방해에 대해 '일부 협의 없음', 일부 불구속기소)를 회신하였습니다.

　　4) 교육부는 2016. 11. 29.부터 11. 30.까지 및 2017. 2. 6.부터 2. 8.까지 경기
과학기술대학교에 대한 실태 점검을 하였고, 2017. 3. 15. 원고에 대한 중징계(해임)
를 요구하였습니다.

　　5) 참가인은 2017. 5. 26. 교원징계위원회에 원고에 대한 징계의결을 요구하였
고, 교원징계위원회는 2017. 5. 30.(1차), 2017. 6. 27.(2차), 2017. 7. 18.(3차) 회의
를 거쳐 원고에 대한 해임을 의결하였습니다. 참가인은 2017. 7. 28.에 2017. 8. 1.자
로 원고에 대한 해임처분을 하였습니다.

[해임처분사유(갑 제4호증)]

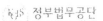

1. 학점 부당부여 및 학사관리 부적정(제1징계사유)

2017. 4. 28. 통보된 교육부 학사운영 실패 점검 결과에 의하면, 김○○ 등 13명의 교원은
중소기업경영과 김△△ 학생이 입학 전인 2010학년도에 청강한 15과목(40학점)을 학점으로
인정할 수 있는 근거가 없음에도 입학 후인 2011학년도 2학기(8과목) 및 2012학년도 2학기
(7과목)에 정규과목 취득학점으로 부당하게 인정하였고, 이와 같이 부당하게 부여된 학점을
근거로 김△△는 2012학년도 1학기에 성적우수장학금 289만원을 지급받고, 경영전문학사
학위를 수여받았다.

위 비위사실에 대하여 경기과학기술대학교는 2013. 민원진상조사 TFT를 통하여 진상조사를
실시하였고, 동 TFT는 2013. 12. 5.자 보고서를 통하여 비위사실을 확인하기 위하여 '김△△
졸업자의 면담 및 사실확인, 김△△ 의 청강에 대한 성적 처리에 동참한 교수들의 명단 및
사실확인, 성적이 임의로 조작되어진 사건에 대한 행위자 및 조작 범위 확인 등' 추가 조사
가 필요함을 보고하였음에도 원고는 이후 어떠한 추가조사나 처분을 취하지 않아 추가 조
사를 통해 비위 사실을 확인하여 학점 및 학위 취소, 장학금 회수 등 시정할 수 있는 기회
가 있었음에도 부당한 학사운영 및 장학금 지급을 묵과한 결과를 초래하는 등 부적정하게
학사 관리를 하였다.

{KGLS} 정부법무공단　137-862 서울 서초구 서초중앙로 178(서초동 1685-4) 서초한샘빌딩
Tel 02-2182-0000 Fax 02-2182-0007 www.kgls.or.kr

- 2 -

2. 교원인사관리 부적정 관련, 교원 징계의결 요구 성실의무 위반(제2징계사유)

위 2013. 12. 5.자 보고서 내용으로도 김○○ 등 교원 13명의 학점 부당부여 비위사실을 확인할 수 있었으므로, 해당 교수들에 대하여 사립학교법 제61조, 제64조에 따라 징계의결을 요구할 수 있도록 조치를 취했어야 함에도 원고는 추가 조사를 실시하지 않고, 징계의결 요구를 위한 조치도 취하지 않음으로써 해당 교원들의 비위 사실을 묵과하여 징계의결 요구의 시효를 도과하게 하였다.

3. 교원인사관리 부적정 관련, 교원연구년제 규정 위반(제3징계사유)

위 학점 부당부여 비위사실을 주도한 김○○ 교수가 형사기소되었으므로 사립학교법 제58조의2에 따라 직위해제를 시키는 것이 마땅함에도 원고는 교원연구년제 규정에 정해진 교원의 자기계발을 위한 연구년의 의미(제2조)와 달리 비위 교원에게 연구년 시작 2개월 전까지 연구년제 선정 및 해당 교원에 통보하여야 하는 절차(제6조)를 위반하여 연구년 혜택을 부여하였다.

4. 교원인사위원회 규정 위반 및 의사결정 부당개입(제4징계사유)

위 연구년 혜택부여와 관련하여 교원인사위원회 2015. 6. 25. 김○○ 교수의 연구년 선정을 이미 보류하였음에도 원고는 김○○교수의 연구년 선정을 재논의 하도록 교원인사위원회에 지시하여 2015. 8. 17., 2015. 8. 19., 2015. 8. 26. 3회에 걸쳐 교원인사위원회가 개최되었으며 2015. 8. 19. 교원인사위원회에 위원이 아닌 원고가 참석하여 부당하게 의사결정과정에 개입함으로써 2015. 8. 26. 교원인사위원회가 김○○교수의 연구년 선정을 하게 하였다.

5. 내부고발자 불이익 및 차별금지 법령 위반 관련 관리감독 소홀(제5징계사유)

위 학점 부당부여 비위사실을 학교에 고발한 중소기업경영과 이○○ 교수를 교원인사위원회 심의 등의 정당한 절차 없이 2015. 2. 16. 미디어디자인과로 부당하게 소속을 변경시켰고, 이로 인해 이○○ 교수는 미디어디자인과에서 강의시수 부족 및 취업지도학생 미배정 등의 사유로 실적평가 불이익을 받아 2017. 2. 28. 재임용에서 탈락하게 됨으로써 '교원의 지위향상 및 교육활동 보호를 위한 특별법 제6조에 명시된 내부고발자에 대한 불이익이나 차별의 금지하는 규정을 위반하였고, 원고는 위 규정 위반 등 교원인사관리의 책임이 있다.

6. 교원확보율 충족을 위한 서류조작 및 허위보고 관련 관리감독소홀(제6징계사유)

경기과학기술대학교는 2015. 9. 18. 미디어디자인과의 학사학위 전공심화과정 교원확보율 충족을 위해 실제 강의하지 않은 교원 2명(이○○, 지○○)을 강의를 하고 있는 것으로 서류를 조작하였고, 해당 학과의 모집 단위 전임 교원 확보율이 실제 36%임에도 60%를, 전체 교원확보율이 실제 75%임에도 100%를 각각 충족한 것으로 교육부에 허위 보고하였는바, 원고는 위 서류조작 및 허위보고 등 부당한 학사운영 및 교원인사 관리의 책임이 있다.

7. 경기과학기술대학교 장학재단 관련 교비 지출 부적정 관련, 교비회계로부터 타 회계 전출금지 법령위반 관련 관리 감독 소홀(제7징계사유)

경기과학기술대학교는 경기과학기술대학교 장학재단이 대학과 무관한 별개의 법인임에도 2015. 5. 13. 장학재단 설립추진 발기인 총회 비용 등 2,957,190원을 교비회계에서 지출하였고, 2015. 12. 28. 장학재산 설립 후 장학재단 사무실을 경기과학기술대학교 내에 두게 하면서 교내 시설을 무상으로 임대하고 사무실 임대비용(전화, 전기요금 등)을 교비회계에서 지출하였으며, 장학재단은 자체 직원 없이 경기과학기술대학교 직원이 겸직하여 운영함으로써 사립학교법 제29조 제6항의 교비회계 수입이나 재산을 타 회계에 전출할 수 없는 사항을 위반한 사항이 있는바, 원고는 위 부당한 교비회계 관리의 책임이 있다.

8. 경기과학기술대학교 장학재단 관련 교비 지출 부적정 관련, 장학재산 기부업체의 학교시설 사용료 부당 감면 관련 관리감독소홀(제8징계사유)

경기과학기술대학교는 대학과 무관한 장학재단에 1억원을 기부한 한국계측기기 연구센터가 대학시설(제2중소기업과 104-1호)에 입주함(2016. 7. 5.부터 2018. 1. 4.까지)에 있어서 시설 사용료 총 25,555,200원을 부당하게 감면하여 주어 학교수입을 감소시켰는바, 원고는 대학 시설 관리부실 및 이에 따른 대학수입 감소에 책임이 있다.

6) 원고는 2017. 8. 28. 해임처분의 취소를 구하는 소청심사를 청구하였고, 피고는 2017. 11. 15. 원고의 소청심사를 기각하는 결정(이하 '이 사건 결정'이라 합니다)을 하였습니다.

나. 원심판결의 요지

원심은 제1심 판결을 인용하면서 제1내지 8징계사유가 모두 인정되고 나아가 이 사건 해임처분이 징계재량권을 일탈·남용한 것으로 볼 수 없다고 판단하였습니다.

2. 원고 상고이유의 요지

원고는 해임처분 사유가 모두 존재하지 않고, 원심에서 판결의 이유를 밝히고 있지 않으므로 원심의 판단은 위법하다고 주장합니다.

3. 사안은 심리불속행 사유에 해당합니다.

상고심절차에 관한 특례법은 제4조 제1항은 '원심판결(原審判決)이 헌법에 위반되거나, 헌법을 부당하게 해석한 경우'(제1호), '원심판결이 명령·규칙 또는 처분의 법률 위반 여부에 대하여 부당하게 판단한 경우'(제2호), '원심판결이 법률·명령·규칙 또는 처분에 대하여 대법원 판례와 상반되게 해석한 경우'(제3호), '법률·명령·규칙 또는 처분에 대한 해석에 관하여 대법원 판례가 없거나 대법원 판례를 변경할 필요가 있는 경우'(제4호), '제1호부터 제4호까지의 규정 외에 중대한 법령위반에 관한 사항이 있는 경우'(제5호), '민사소송법 제424조 제1항 제1호부터 제5호까지에 규정된 사유가 있는 경우'(제6호) 사유를 포함하지 않은 경우 더 나아가 심리를 하지 아니하고 판결로 상고를 기각하도록 규정하고 있습니다.

원고의 상고이유는 실질적으로 징계사유의 존재에 관한 사실인정의 문제이고 항소심은 판결이유에서 제1심 판결을 원용하면서 제1내지8 징계사유가 모두 인정되고 나아가 이 사건 해임처분이 징계재량권을 일탈·남용한 것으로 볼 수 없다고 판단하였는 바, 원고가 주장하는 상고이유는 위 제4조 제1항 각호의 사유에 해당하지 않으므로 더 나아가 심리할 필요 없이 상고를 기각하여야 할 것입니다.

 정부법무공단   137-882 서울 서초구 서초중앙로 178(서초동 1685-4) 서초한샘빌딩
Korean Government Legal Service   Tel 02-2182-0000 Fax 02-2182-0007 www.kgls.or.kr   - 5 -

4. 상고이유 제1점(징계사유가 모두 인정되지 않는다는 주장)에 관하여

가. 제1, 2징계사유의 존재

김△△은 2011학년도에 경기과학기술대학교에 입학한 후 관련 교수들에게 요청하여 입학 전에 청강한 2010학년 2학기 과목들을 2011학년도 2학기(1학년 2학기)학점으로 인정받았고, 이후 김○○교수는 김△△가 2011학년도 2학기에 청강한 과목들을 다시 2012학년도 2학기(2학년 2학기)의 학점으로 인정하여 주었습니다. 원고는 김○○ 교수가 위와 같은 사실을 인정하였음에도 김△△에 대한 학점 및 학위취소, 장학금 회수 등의 조치를 취하지 않았고, 원고는 김○○교수에 대한 법적 판결을 기다린다는 이유로 2016. 12. 22.에서야 징계의결을 요구하였습니다.

원고는 2013. 12. 5. 진상조사보고서 발간이후 추가조사를 통하여 김○○교수가 인정한 김△△ 학생에 대한 부당한 학점 부여 및 장학금 지급 사실에 대해 자체적으로 시정할 수 있었음에도 이를 방치함으로써 학사관리를 부적정 하게 하였고, 교육부의 실태조사 및 제1심 선고 후인 2016. 12. 22.에서야 김○○ 교수에 대한 징계의결을 요구하여 사립학교법 제66조의4[1]에 따른 징계시효를 도과하게 하였으므로 원고의 행위는 징계사유에 해당합니다.

나. 제3징계사유의 존재

원고는 수원지검 안산지청이 2015. 6. 30. 김○○교수를 일부기소(업무방해 : 일부 혐의 없음)하였음에도 징계의결 요구를 하지 않고, 오히려, '교원 연구년 규정'에서

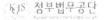

[1] 사립학교법 제66조의4(징계사유의 시효) ① 사립학교 교원의 임용권자는 징계사유가 발생한 날부터 3년이 지난 경우에는 제64조에 따른 징계의결을 요구할 수 없다.

매학기 시작 전 2월 전(2015. 7. 1.) 연구년 교원을 선발하여 통보하도록 하는 절차에 위반하여 김○○ 교수에게 2015. 8. 19. 2015학년도 2학기 연구년을 신청하도록 한 후, 김○○교수를 선정하였습니다.

'교원연구년 규정'에서 연구년을 둔 취지는 본교에서 일정기간 근속한 전임교원이 연구년 기간 동안 강의를 하지 않고, 학술 및 산학연구, 기타 연수 등을 통하여 본교 교원으로서의 자기계발 활동에 전념하도록 하는 것에 있습니다. 그러나 원고는 학사관리·학점관리 등 교수의 기본적, 핵심적 업무를 허위로 운용하여 당시 업무방해죄 등으로 기소된 상태로 징계혐의가 있는 김○○ 교수에게 강의 의무 면제와 자기계발 기회를 주는 연구년을 부여함으로써 부적합자에게 혜택을 주었으므로 이 부분 징계사유에 해당합니다.

다. 제4징계사유의 존재

교원인사위원회는 사립학교법 제53조의4, 정관 제48조에서 명시한 독립된 심의기관으로, 학교의 장을 교원인사위원회의 위원에서 제외한 것은 교원인사위원회의 심의기능을 보장하기 위한 것입니다. 그런데 원고가 간담회라는 형식으로 위원들을 불러모아 김○○ 교수의 연구년 선발의 필요성에 대해 건의하고 설득한 사실은 위원회의 독립성을 위협하는 의사결정 과정의 개입에 해당하므로 징계사유에 해당합니다.

라. 제5징계사유의 존재

원고는 김○○ 교수를 내부 고발한 ○○ 교수를 교원인사위원회 심의 등의 절차를 거치지 않고 2015. 2. 16. 미디어디자인과로 소속을 변경시켰고, 이○○ 교수는 미

 정부법무공단
Korean Government Legal Service   137-882 서울 서초구 서초중앙로 178(서초동 1685-4) 서초한샘빌딩
Tel 02-2182-0000 Fax 02-2182-0007 www.kgls.or.kr   - 7 -

448 | 교육부와 무너진 법치

디어 디자인과에서 강의시수 부족 및 취업지도학생 미배정 등의 사유로 실적평가에 불이익을 받아 2017. 2. 28. 재임용에서 탈락하였습니다(이후 이○○교수는 재임용탈락에 대한 교원소청심사를 청구하여 취소결정을 받고 교원의 신분을 회복하였습니다).

이○○교수에 대한 학과 변경(전보 발령)은 교원인사위원회의 심의 대상이 되는 인사에 관한 중요사항(사립학교법 제53조의4, 정관 제48조)에 해당하나 원고는 교원인사위원회의 심의 없이 해당 교수에 대한 전보발령을 하였습니다. 이에 학과장이었던 최○○교수는 '본인은 다섯 차례이상 총장님과 교무처장에게 비전공 교원이 미디어디자인과에 소속된 부분을 시정해 주기를 부탁했고, 두 사람은 이 부분을 개선하려는 의지가 없었으며 비전공 교원을 인사발령하였다'고 하고 있습니다. 이러한 원고의 행위는 내부 고발자에 대한 차별금지를 규정하고 있는 교원의 지위 향상 및 교육활동 보호를 위한 특별법 제6조를 위반한 것이어서 징계사유에 해당합니다.

마. 제6징계사유의 존재

경기과학기술대학교는 2015.경 교육부 학사학위 전공심화과정 기본 방침에 따라 학위심화과정 전임교원으로 포함되기 위해서는 소속학과의 전문박사과정 또는 학사학위 전공심화과정 교과목을 1개 이상 강의하여야 하는 지침을 만들었습니다.

미디어디자인과 학과장 최○○ 교수는 2015. 9. 18. 교육부에 교원확보율이 보고되는 기준시점(2015. 10. 1.) 이전에 미디어디자인과의 학사학위 전공심화과정 교원확보율 충족을 위해 미디어디자인과에서 실제 강의를 하지 않은 교원들을 실제 강의한 교원인 것처럼 변경하였고, 이에 따라 해당학과의 모집단위 전임교원 확보율이 실제

36%임에도 60%로 허위보고 하였습니다(갑 제16호증).

원고는 위 보고의 오류를 인식한 후 다시 강의 담당교수들을 사실에 부합하도록 변경하여 2015학년도 2학기 교원확보율이 미충족되었다는 것을 알고 있음에도 교원확보율이 적합한 것으로 2016. 5. 18. 2015학년도 전공심화과정 운영위원회에 결과보고를 하였고, 2016. 5. 20. 한국전문대학교육협의회에 2015학년 학사학위 전공심화과정 운영결과보고서를 제출하였습니다. 이로 인해 경기과학기술대학교는 총 입학정원 모집정지 3%의 행정 제재를 받았습니다.

원고는 교무를 총괄하고 소속 교직원을 감독하는 총장으로서 위법사항을 시정할 책임이 있음에도 위와 같이 교원확보율에 관해 허위 보고한 것은 적절한 관리감독 책임을 다하지 못한 것으로서 징계사유에 해당합니다.

바. 제7징계사유의 존재

원고는 경기과학기술대학교 장학재단 설립 추진 발기인 총회 2015년 행사비로 2,360,00,000원 예산 지출을 결제하여 교비회계에서 2,957,190원을 지출하였고, 2015. 12. 3. 경기과학기술대학교 장학재단 법인 사무실을 제공하는 등 교내시설을 무상으로 임대하고 사무실 임대비용(전화, 전기요금 등)을 교비회계에서 지출하였습니다.

경기과학기술대학교와 경기과학기술대학교 장학재단은 별개의 법인이고, 사립학교의 교비회계에 속하는 수입은 '용도가 엄격히 제한된 자금'이므로(대법원 2010. 3. 11. 선고 2009도6582 판결), 원고가 교비회계의 수입이나 재산을 타 회계에 전출하도록 한 것은 징계사유에 해당합니다.

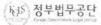

사. 제8징계사유의 존재

원고는 장학재단에 1억원을 기부한 한국계측기기 연구센터가 대학시설에 입주하자 시설사용료 25,555,200원을 근거 없이 감면해 주었습니다. 원고가 경기과학기술대학교와 무관한 장학재단에 기부를 한 한국계측기기 연구센터에 대해 대학 시설 사용료를 부당하게 감면해 준 것은 교비회계상 대학수입 감소를 가져오게 하는 것으로서 원고는 교직원에 대한 지휘·감독 책임을 성실히 하지 못한 것에 해당하여 징계사유에 해당합니다.

5. 상고이유 제2점(원심이 판결이유를 적시하지 않았다는 주장)에 관하여

원심은 제1심 판결을 인용하면서 제1심 판결에서 판단한 것처럼 여러 사정을 종합적으로 고려하면 제1 내지 8징계사유가 모두 인정되고 나아가 이 사건 해임처분이 징계재량권을 일탈·남용한 것으로 볼 수 없다고 판단하였으므로, 원심이 판결이유를 적시하지 않았다는 원고의 주장은 전혀 근거가 없습니다.

6. 결론

이상과 같이 이 사건 상고는 심리불속행 사유에 해당하고, 그 상고이유 또한 모두 이유 없으므로 이 사건 상고를 기각하여 주시기 바랍니다.

 정부법무공단   137-882 서울 서초구 서초중앙로 178(서초동 1685-4) 서초한샘빌딩
Tel 02-2182-0000 Fax 02-2182-0007 www.kgls.or.kr   - 10 -

2019. 8. .

피고 소송대리인 정부법무공단

변호사   이

변호사   박

변호사   김

변호사   조

대법원 특별3부 귀중

 정부법무공단   137-882 서울 서초구 서초중앙로 178(서초동 1685-4) 서초한샘빌딩
Korean Government Legal Service   Tel 02-2182-0000 Fax 02-2182-0007 www.kgls.or.kr   − 11 −

452 | 교육부와 무너진 법치

답 변 서

사   건   2019두44941   교원소청심사위원회결정취소

원   고   김 필 구

피   고   교원소청심사위원회

피고 보조참가인   학교법인 한국산업기술대학

위 사건에 관하여 피고 보조참가인(이하 "참가인" 이라 합니다)의 소송대리인은 다음
과 같이 답변합니다.

상고취지에 대한 답변

1. 원고의 상고를 기각한다.

2. 소송비용은 보조참가로 생긴 비용을 포함하여 1,2,3심 모두 원고가 부담한다.

라는 판결을 구합니다.

상고이유에 대한 답변

1. 상고이유 제1점에 대하여

가. 원고(상고인, 이하 "원고"라고만 합니다)는, 원심 판결이 적법한 것으로 인정한 각 징계 사유는 피고(피상고인, 이하 "피고"라고만 합니다) 보조참가인(이하 "참가인"이라고만 합니다) 소속 경기과학기술대학교(이하 "이 사건 대학"이라 합니다)의 규정 및 사립학교법령 등에 배치되는 것이라고 주장합니다.

나. 원심의 원고에 대한 징계사유 판단은 적법한 것으로서 사립학교법령 및 이 사건 대학의 규정 등을 위반하지 않았습니다.

1) 사립학교법 제66조의3제3항은, "검찰·경찰, 그 밖의 수사기관에서 수사 중인 사건에 대하여는 제1항에 따른 수사개시 통보를 받은 날부터 징계의결의 요구나 그 밖의 징계 절차를 진행하지 아니할 수 있다."고 규정하고 있고, 이에 의하면 교원에 대한 수사개시 통보를 받은 경우 징계의결의 요구나 그 밖의 징계 절차를 진행할지 여부를 선택할 수 있는 것이어서, 이를 반드시 진행하지 못하는 것은 아니라고 할 것입니다.

2) 사립학교법 제66조의4제2항은, "제66조의3제3항에 따라 징계 절차를 진행하지 못하여 제1항의 기간(징계시효기간)이 지나거나 그 남은 기간이 1개월 미만인 경우에는 제1항의 기간(징계시효기간)은 제66조의3 제1항에 따른 조사나 수사의 종료 통보를 받은 날부터 1개월이 지난날에 끝나는 것으로 본다."라고 규정하고 있는바, 원고가 김○○

교수에 대한 수사가 진행되고 있다는 이유로 형사재판 결과가 나올 때까지 징계의결 요구를 미루고 있었다고 하더라도, **징계시효기간의 도과를 막기 위해서는 김○○ 교수에 대한 수사종료 통보를 받은 날인 2015. 7. 29.로부터 1개월 이내에 징계의결을 요구하였어야 함에도, 원고는 2016. 12. 22.에 이르러서야 김○○ 교수에 대한 징계의결을 요구하**였습니다. 즉, 원고는 김○○ 교수에 대한 징계의결 요구를 지연하여 징계시효가 도과되도록 한 것에 대한 책임이 있음이 명백하다고 할 것입니다.

3) 한편 사립학교법 시행령 제25조는 교원의 징계의결 요구서에 징계혐의를 입증하는 증거서류를 제출하도록 하고 있고, 위 김○○ 교수에 대한 이 사건 대학의 자체조사 보고서 등에는 그 비위행위를 입증할 수 있는 자료들이 포함되어 있었으므로, 김○○ 교수에 대한 업무방해죄의 1심 판결이 있을 때까지 그 비위사실을 알 수 없었다는 것은 사실이 아니라고 할 것입니다.

4) 이 사건 대학의 교원연구년 제규정 제1조, 제6조, 제8조에 의하면, 이 사건 대학에서 실시하고 있는 교원연구년 제도는, 일정기간 근속한 전임교원이 강의를 담당하지 아니하고 학술 및 산학 연구, 기타 연수 등을 통하여 자기 계발 활동에 전념할 수 있도록 하는 제도이고, 연구년 교원의 급여는 정상근무와 동일하고, 연구년 기간은 승진, 호봉승급 및 재임용의 기준이 되는 재직년수에 산입되며, 대학 발전에 공헌이 지대한 교원 또는 교원 실적평가 점수가 우수한 교원 중에서 교원인사위원회의 심사를 거쳐 연구년 교원으로 선발됨을 알 수 있는바, **교원연구년제도는 일정한 요건을 갖춘 전임교원에게 혜택을 주기 위한 제도라고 할 것입니다. 그럼에도 원고는 업무방해죄로 기소가 된 김○○ 교수에 대하여 직위 해제 조치를 하지 아니하고, 오히려 연구년 교원으로 선발되도록 하기 위해 교원인사 위원회를 다시 개최하도록 요청하여 그 소속 위원들을 상대로 김○**

○ 교수를 연구년 교원으로 선발할 필요가 있다는 점을 적극 호소하였고, 이와 같은 원고의 제안에 따라 2015. 8. 26.에 2015학년도 2학기 연구년 교원 추가 선발을 위한 교원인사위원회가 개최되었으며, 그 심의·의결을 거쳐 김○○ 교수가 2015학년도 2학기 연구년 교원으로 선발되었는바, 결국 원고로 인해 이 사건 대학은 매 학기 시작일 2개월 전까지 연구년 교원 선발을 마치고 이를 해당 교원에게 통보하도록 규정한 이 사건 대학의 교원연구년제규정 제6조제2항을 위반하게 되었습니다.

　　　5) 이 사건 대학의 교원연구년제규정 제6조 제2항 전단은 "연구년 교원은 교원인사위원회 심의를 거쳐 총장이 선발한다."라고 규정하고 있는바, 이 사건 대학의 총장인 원고는 김○○ 교수의 연구년 교원 선발에 있어 최종 결정권한을 가지고 있는 자입니다. 한편, 이 사건 대학의 교원인사규정 제26조에서 인사위원을 총장이 임명하는 교원으로 하도록 정함으로써 총장을 인사위원에서 제외한 것은, 교원인사위원회의 독립성을 보장하기 위한 취지입니다. 그럼에도 이 사건 대학의 총장으로서 연구년 교원 선발에 관한 최종 결정권한을 가진 원고가 교원인사위원회 임시회의를 개최하도록 한 후 그 소속 위원들을 상대로 김○○ 교수를 연구년 교원으로 선발할 필요가 있다는 점을 적극 호소한 것은 그 자체로 이 사건 대학의 제규정을 위반하고 교원인사위원회의 의사결정과정에 개입한 것에 해당하고, 이는 원고가 주장하는 조직 내 의사소통에 해당한다고 볼 수 없습니다.

　　　6) 사립학교법 제53조의4제1항은 "교원의 임용 등 인사에 관한 중요사항을 심의하기 위하여 당해 학교에 교원 인사위원회를 둔다."라고 규정하고 있고, 참가인의 정관 제49조제1항제4호 및 이 사건 대학의 교원인사규정 제25조제2호는 "교원인사위원회는 총장(학교의 장)이 교원인 사위원회의 심의가 필요하다고 인정하는 사항을 심의한다."라

고 규정하고 있는바, **이○○ 교수의 소속변경은 인사에 관한 중요사항에 해당하는 것으로 원고에게는 교원인사 위원회에서 이에 대해 심의하도록 할 권한이 있었음에도, 원고는 교원인사위원회의 심의 없이 이○○ 교수에 대한 소속변경을 결정**하였습니다. 원고가 미디어디자인과로 소속 변경을 할 다른 학과 교수로 이○○ 교수를 선택한 객관적인 기준이나 이유를 알 수 있는 구체적인 자료를 찾아볼 수도 없고, 이○○ 교수의 미디어디자인과로의 소속 변경 조치는 미디어디자인과 학과장에게도 사전 통보가 이루어지지 않았으며, 이후 미디어디자인과 학과장의 계속된 시정 요구도 묵살되었습니다. 결국 이○○ 교수는 미디어디자인과로의 소속변경 조치로 인해 강의시수 부족, 취업지도 학생 미배정 등의 불이익을 받아 실적평가에서 낮은 점수를 얻어 2016. 12. 30. 재임용에서 탈락하였다가 이후 교원소청심사청구를 통해 교원 지위를 다시 회복하게 된 바 있습니다. **이○○ 교수에 대한 소속변경 조치는 내부고발자에 대한 신분상의 불이익이나 근무조건상의 차별을 금지하고 있는 교원의 지위 향상 및 교육활동 보호를 위한 특별법 제6조 제2항을 정면으로 위반**한 것에 해당한다고 할 것입니다.

7) 원고는 미디어디자인과 학과장 최○○ 교수가 이○○ 교수와 지○○ 교수가 2015학년도에 미디어디자인과 전공심화과정 교과목을 실제 강의하지 않았음에도 강의를 한 것처럼 서류를 조작한 것을 인지하고 2015. 10. 14. 및 2015. 11. 30. 두 차례에 걸쳐 이를 시정하도록 조치한 바 있어 고등교육법 제50조의2제5항, 구 고등교육법 시행령 제58조의2제4항 [별표 3] 및 이 사건 지침에서 정한 2015학년도 2학기 전임교원 확보율이 충족되지 않았음을 잘 알고 있었음에도, '2015학년도 학사학위 전공심화과정 운영결과 보고서'를 면밀히 검토하지 아니한 채 최종 결재를 함으로써 한국전문대학교교육협의회에 허위 내용이 보고되도록 하였습니다. 즉, 원고는 한국전문대학교교육협의회에 대한 보고와 관련하여 최종 결재권한을 가진 총장으로서 관리감독의무를 다하지 못한 책임이

있음이 명백합니다.

8) 사립학교법 제29조제6항 본문은, "교비회계에 속하는 수입이나 재산은 다른 회계에 전출하거나 대여할 수 없다." 고 규정하고 있습니다. 우리 판례는, "교비회계에 속하는 수입은 위 규정에서 정한 바와 같이 다른 회계에 전출하거나 대여할 수 없는 등 그 용도가 엄격히 제한되어 있으므로, 사립학교의 교비회계에 속하는 수입을 적법한 교비회계의 세출에 포함되는 용도, 즉 당해 학교의 교육에 직접 필요한 용도가 아닌 다른 용도에 사용하였다면 그 사용행위 자체로서 불법영득의사를 실현하는 것이 된다." 고 판시하고 있습니다(대법원 2010. 3. 11. 선고 2009도6482 판결 참조).

9) 경기과학기술대학교 장학재단(이하 "이 사건 장학재단" 이라 합니다)은 공익법인의 설립·운영에 관한 법률에 따라 설립된 재단법인으로서 이 사건 대학의 졸업생이 국내외 우수대학에서 석·박사 학위를 취득하도록 우선적으로 지원하는 것을 주된 목적사업으로 하고 있는바, 이 사건 장학재단은 이 사건 대학을 설치·경영하는 참가인과는 다른 별도의 법인이라고 할 것입니다. 따라서 이 사건 대학의 교비회계에서 이 사건 장학재단 설립추진 발기인 총회 개최비용, 장학재단 설립 간담회 비용, 장학재단위원회 만찬 비용을 각 지출하고, 이 사건 장학재단으로 하여금 이 사건 대학의 건물을 무상사용하도록 함과 아울러 그 관리경비를 이 사건 대학의 교비회계에서 지출되도록 한 것과 이 사건 대학의 교비 회계에서 지출된 돈으로 급여를 지급받는 이 사건 대학 직원 2명으로 하여금 '겸직허가' 라는 탈법적인 방법을 이용하여 이 사건 장학재단의 업무를 수행하도록 한 것은 교비회계에 속하는 수입이나 재산을 이 사건 대학 교육에 직접 필요한 용도가 아닌 다른 용도로 사용하게 한 것에 해당합니다. 따라서 원고는 이 사건 대학의 총장으로서 교비회계의 타 회계 전출을 금지하고 있는 사립학교법 제29조제6항 본

문 위반에 대한 책임이 있습니다.

10) 또한 원고는 2016. 6. 14. 이 사건 장학재단에 1억 원을 기부한 이 사건 연구센터가 이 사건 대학 제2중소기업관 제104-1호(면적 297㎡)에 입주함에 있어 시설사용료(관리비) 50%를 감면해 주는 것을 승인한 사실, 이에 이 사건 연구센터는 2016. 7. 5.부터 2018. 1. 4.까지의 시설사용료(관리비) 총 51,110,400원의 50%에 해당하는 25,555,200원을 감면 받은 사실을 인정할 수 있는바, 이에 의하면 원고는 참가인과는 별개의 법인인 이 사건 장학재단에 1억 원을 기부하였다는 이유만으로 아무런 법적 근거 없이 이 사건 연구센터에 대하여 이 사건 대학의 시설사용료(관리비) 중 50%를 감면해 줌으로써 이 사건 대학의 교비회계에 속하는 수입을 부당하게 감소시켰다고 할 것입니다.

다. 이처럼 원고에 대한 각 징계사유는 모두 타당한 것이고, 위와 같은 징계사유가 인정되어 원고에 대한 징계가 정당하므로 이에 대한 소청을 기각한 교원소청심사위원회의 결정이 정당하다고 판단한 원심의 판단에는 위법이 없다고 할 것입니다.

2. 상고이유 제2점에 대하여

원고는 원심 판결이 판결의 이유를 밝히지 않았다고 주장하고 있으나, 원심은 판결문에서 1심 판결을 인용하여 원고에 관한 각 징계사실에 대한 판단을 하였고, 덧붙여 원고에 대한 징계처분이 재량권을 일탈·남용하였는지 여부도 판단하여 이를 판결문에 적시하였습니다. 따라서 이는 사실이 아니므로 상고이유 제2점은 이유 없다고 할 것입니다.

3. 결론

앞서 살펴 본 바와 같이, 원심이 이 사건 징계사유를 판단함에 있어 헌법·사립학교
법 및 이 사건 대학의 규정 등을 위반한 사실이 없어 원고의 상고는 이유 없는 것이므
로 이를 기각하심이 상당하다고 할 것입니다.

2019. 8.   .

피고 보조참가인 소송대리인

변호사 진

대법원 특별3부 귀중

김필구 ————————————————————————————————————

1958년생
성균관대학교 법과대학 졸업
미국 University of Missouri-Columbia 경제학 석사
행정고시 제28회(재경직)
산업통상자원부 산업구조과장, 수출입과장, 지역특화발전특구기획단장 등
대구광역시 신기술산업본부장
미국 Hudson 연구소 객원연구원
경기과학기술대학교 총장
저서: 미국 벤처캐피탈의 이해(한국생산성본부, 2003)

경기판부 버스도 교학도 행정하는 교육부 초자와
그것을 심판 법원의 가족 사례

교육부와 무너진 법치

초판인쇄 2020년 3월 2일
초판발행 2020년 3월 2일

지은이 김필구
펴낸이 채종준
펴낸곳 한국학술정보㈜
주소 경기도 파주시 회동길 230(문발동)
전화 031) 908-3181(대표)
팩스 031) 908-3189
홈페이지 http://ebook.kstudy.com
전자우편 출판사업부 publish@kstudy.com
등록 제일산-115호(2000. 6. 19)

ISBN 978-89-268-9868-0 93340